JN441102

고서의 은밀한 매력

고서의 은밀한 매력
— 편집의 시각으로 옛책을 보다

2026년 1월 22일 1판 1쇄 인쇄
2026년 1월 29일 1판 1쇄 발행

지은이 이재정
펴낸이 박혜숙
디자인 이보용 김진
펴낸곳 도서출판 푸른역사
우) 03044 서울시 종로구 자하문로8길 13
전화: 02)720-8921(편집부) 02)720-8920(영업부)
팩스: 02)720-9887
전자우편: 2013history@naver.com
등록: 1997년 2월 14일 제13-483호

ISBN 979-11-5612-320-0 03900

고서의 은밀한 매력

편집의 시각으로 옛책을 보다

이재정 지음

푸른역사

머리말

지인들에게 책을 쓰고 있다거나 출간할 예정이라고 하면 제일 먼저 "제목이 뭐야?"라고 묻는다. 대답이 궁색해진다. 대부분의 책 제목은 고심에 고심을 거듭해서 출간 직전에 확정되기 때문이다. 그만큼 제목은 책의 얼굴이자 핵심으로 구매와도 직결된다. 그렇게 탄생한 제목은 책의 인상을 결정하는 앞표지에 배치된다. 제목의 위치, 글자 크기, 글자체 모두 고르고 골라 결정한다.

국립중앙박물관에 입사하여 활자를 연구하면서 고서에 관심을 갖게 되었다. 고서 중에는 표지에 제목이 없는 경우가 꽤 있다는 사실에 적잖이 놀랐다. 그토록 중요한 제목이 없는 책이라니? 놀라움은 여기서 끝이 아니었다. 같은 책인데 표지의 제목이 서로 다르다. 예를 들어 《자치통감강목》을 어떤 책에는 '강목', 어떤 책에는 '통감강목'으로 표지에 표시했다. 왜 오늘날의 책과 이처럼 다를까?

옛사람들의 책 제목에 대한 인식은 오늘날과 달랐다. 통용되는 책은 대부분 이미 제목이 널리 알려진 책이었다. 설사 새로운 책을 쓴다 해도 판매가 주목적이 아니기 때문에 매력적인 제목을 굳이 달 필요도 없었다. 표지에 제목이 없는 것은 제목 없이도 책주인이 어떤 책인지 알아차릴 수 있었기 때문이다. 표지마다 제목이 다른 것은 소장자가 자기 뜻대로 개성대로 제목을 썼기 때문이다.

표지에 제목이 없는 책에는 정말 제목이 없을까? 그렇지는 않다. 본문이 시작되는 첫 번째 줄에 제목이 있다. 이걸 '권수제' 또는 '권두제'라고 한다. 그냥 제목이라고 하지 않는 이유는 제목이 하나가 아니기 때문이다. 표지를 비롯하여 책 여러 곳에 완전한 제목도 있고, 줄인 제목도 있다. 고서의 제목에 대한 이런 설명은 우리가 가장 흔히 접하는 양면으로 펼치는 선장본에 해당한다. 두루마리로 된 책의 제목은 이와 또 다르다.

제목 설명에서부터 이미 고서와 절대 친해질 수 없겠다고 생각할지 모르겠다. 하지만 이 복잡하고 낯선 고서의 제목 표시 방식에는 독자를 좌절시키려는 의도가 전혀 없다. 오히려 독자가 책을 최대한 편리하게 이용할 수 있도록 마련한 장치들이다. 물론 오늘날의 독자가 아니라 책이 통용될 당시의 독자다. 제목뿐만 아니다. 오늘날 책 편집자들이, 디자이너들이 읽기 편하고 보기에도 좋은 책을 만들려고 정성과 아이디어를 쏟는 것처럼, 고서 편집자나 제작자도 똑같은 길을 걸었다.

이런 관점으로 고서를 마주하면 어려운 한문으로 된 내용을 읽지 못하는 것이 문제가 되지 않는다. 그림에서 시대와 작가의 의도, 숨겨진 기호 등을 읽어 내듯이 고서에서도 편집자나 제작자가 마련한 장치를 읽어 낼 수 있다. 때로는 독자나 소장자가 무심코 남긴 흔적을 발견할 수도 있다. 하나의 책이 단순히 지식을 습득하는 도구가 아니라 시대와 미감, 거쳐 간 사람들의 온기를 품은 존재임을 알게 된다.

하지만 박물관에 전시된 멋진 고서를 눈여겨보고 즐기는 관람객을 찾아보기 힘들다. 고서 보는 방법을 알아야 그 매력에 공감할 수 있는데, 고서 보기는 진입 장벽이 꽤 높은 편이다. 이 책은 그 진입 문턱을 조금이라도 낮추고 싶은 마음에서 출발했다.

여기 소개하는 열다섯 고서는 내용 중심으로 선정한 것이 아니다. 제목, 저자 표시, 판권, 본문 배치 방식, 제본 방식, 교정 방식, 소장자의 이력, 책의 메모 등 책이라는 물질의 특성과 변천 과정을 잘 설명할 수 있느냐를 기준으로 선정했다. 귀중본이나 유일본이 아니라도 편집이 돋보이는 책, 낡고 헤진 책이라도 소장자의 흔적과 온기를 느낄 수 있는 책이면 선정했다. 책이라는 물질에 관심을 가지면서 서양과 동양의 책이 어떻게 같고 다른지도 궁금했다. 마지막 세 권의 책은 서양 서적의 변화를 설명하기 좋은 사례로 선정했다.

저마다의 이야기를 담은 소중한 책이 셀 수 없이 많지만, 모두 확인한 후 고를 수는 없었다. 선정된 책은 박물관에 근무하면서 흥미롭게 보았던 책 중 위의 기준에 맞는 것이 주를 이룬다. 책을 쓰는 과정에서 새롭게 발견한 책도 있다. 독자들이 여러 박물관이나 전시관에서 볼 수 있는 책, 실물이 아니라도 국립중앙도서관, 서울대학교 규장각한국학연구원 홈페이지 등에서 제공하는 이미지로 확인할 수 있는 책들이다.

책을 쓰면서 고서에 담긴 무궁무진한 이야기를 새로 발견하고, 교감하는 즐거움을 맛볼 수 있었다. 확인하지 못한 미지의 책들에는 또 다른 새로운 이야기가 담겨 있을 것이다. 독자들에게도 그 즐거움이 전달될 수 있기를 진심으로 바란다.

끝으로 앞서 출간한 《활자본색》(2002)부터 이 책 초고까지 첫 번째 독자로서 진심 어린 조언을 해 준 강창훈 후배님께 감사의 마음을 전한다. 인문 서적의 생존이 위협받고 있는 현실에서 뚝심 있게 출판을 이어 가는 박혜숙 대표님께 존경을 표하며, 책이 나오기까지 애써 주신 편집진께 감사드린다.

2026년 1월

이재정

차례: 고서의 은밀한 매력

책의 원형
_목간

목간이 책이라고?

책을 왜 책冊이라고 할까? 한자어인 '冊'은 사물의 모양을 본떠 만든 상형문자에서 비롯되었다. 실제로 '冊'이라는 글자의 모습과 꼭 닮은 실물이 여럿 남아 있다. 그중 하나인 중국 둔황 지역의 한나라 시대 유적에서 출토된 물건을 보자(도 1-1). 글자가 적힌 동일한 크기의 나뭇조각 여러 개를 끈으로 엮은 모습이다. 원래는 나뭇조각 수가 더 많았을 테지만 떨어져 나가고 일부만 남았다. '冊'이라는 한자는 바로 이런 모습을 표현한 것이다.

상나라 시대의 갑골문에 '冊'이라는 글자가 이미 나오는데 형태는 조금 다르다(도 1-2). 나뭇가지 수가 더 많고 길이도 들쭉날쭉하다. 아래, 위로 묶은 끈의 모습을 두 줄로 표현했다. 당시의 '冊' 모습을 그림처럼 거의 그대로 묘사한 글자다. 이런 모양의 책이 상나라 시대에 이미 있었으며, 그때는 나뭇조각의 길이가 일정하지 않았음을 짐작해 볼 수 있다. 이후 책을 구성하는 '나뭇조각[간簡]'의 길이를 일정하게 맞췄다. "가지런하다"라는 뜻의 '등等'자는 책을 구성하는 "간簡을 가지런하게 하는" 행위를 표현한 것이라고 한다.

중국에서 실물로 확인된 가장 오래된 '冊' 모양의 물건은 1978년 후베이성 수이현隨縣(지금의 수이저우시隨州市)의 한 무덤에서 발굴된 것이다. 무덤의 주인공은 전국시대 초기 주 왕실의 제후국인 증국曾國의 통치자 증후을曾候乙이다. 이 무덤은 압도적 크기의 악기인 편종과 같은 출토품으로 유명하지만, 가늘고 긴 나뭇조각에 문자를 쓴 '冊' 모양의 유물도 240매 나왔다.

증후을 묘에서 나온 유물들은 앞서 소개한 둔황 출토품과 모양이 비슷하지만 다른 점이 있다. 이 지역에서 흔한 대나무를 사용해, 나뭇조각이 더 길고 가늘다는 점이다(도 1-3). 쪼갠 대나무 조각을 엮은 끈이 없는 것은 습한 기후로 삭아 버렸기 때문이다. 반면 둔황을 비롯해 중국 북부 지역에는 대나무가 자라지 않아 일반 목재를 사용했으므로, 상대적으로 나뭇조각의 길이가 짧고 폭이 넓다. 둔황에서 나온 '冊'에 끈이 남아 있는 것은 이 지역이 건조 지역이기 때문이다.

중국에서는 글자를 기록한 대나무 조각을 죽간竹簡, 나뭇조각을 목독木牘으로 구분해서 부르지만, 죽간이 발견되지 않은 한국에서

1–1. 중국 간쑤성 둔황 쉬엔취안懸泉 한나라 시대 유적에서 출토된 목간.
글자가 적힌 동일한 크기의 나뭇조각 여러 개를 모아 끈으로 아래위 쪽을 묶었다.
원래는 나뭇조각 수가 더 많았을 테지만 떨어져 나가고 4조각만 남았다.
'冊'이라는 한자는 이런 모습을 표현한 것이다.
소장처: 간쑤간독박물관甘肅簡牘博物館
사진 출처: 李明君,《歷代書籍裝幀藝術》, 文物出版社, 2009.

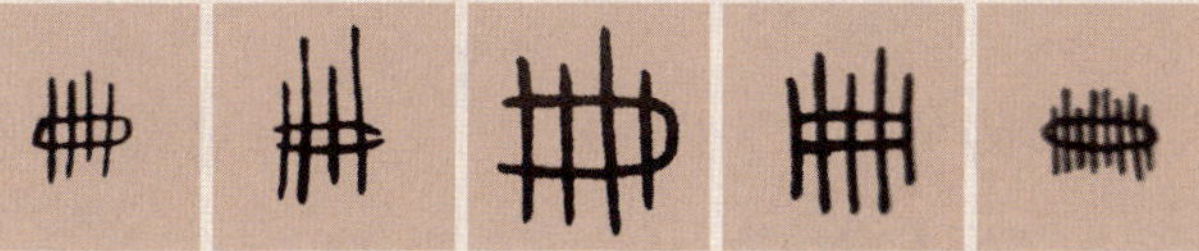

1–2. 갑골문에 나오는 '冊'의 모습.
갑골문에 나오는 한자 冊의 원형이다. 나뭇조각을 끈으로 묶어 놓은 모습을 그대로 표현했다.
그림 출처: 《한자왕국》, 청년사, 2002, 303쪽.

冊

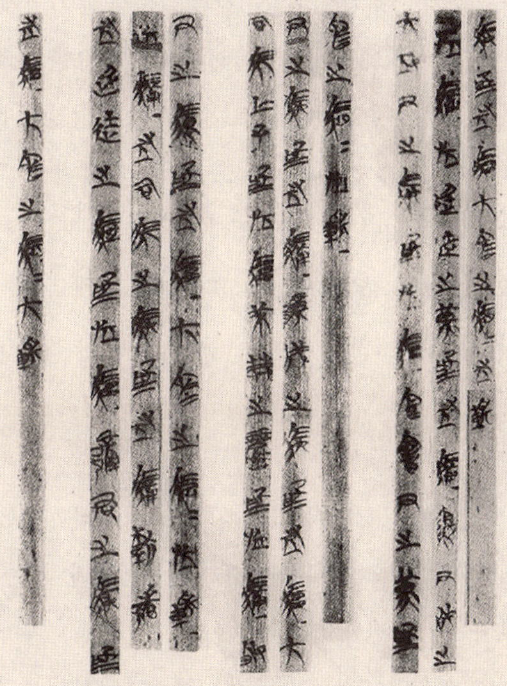

1–3. 중국 후베이성 수이현 전국시대 증후을 묘에서 출토된 죽간.
증후을 묘에서는 문자가 있는 죽간이 240매 출토되었다. 대나무를 사용해 나뭇조각이 길고 가늘다. 대나무 조각을 엮은 끈이 없는 것은 습한 기후로 삭아 버렸기 때문이다.
소장처: 후베이성박물관
사진 출처: 인터넷 바이두百度

竹

는 목간이라고 통칭한다. 여러 개의 목간을 끈으로 묶은 것이 바로 '책冊'이다.

왜 나무나 대나무에 글자를 썼을까? 무엇보다 주변에서 구하기 쉽기 때문이었을 것이다. 종이가 보편화되기 전까지 세계 각지의 문명에서는 지역의 특성에 맞는 여러 재료에 문자를 기록했다. 메소포타미아 지역에서는 점토판에 처음 문자를 기록했고, 이집트에서는 나일강 변에서 자라는 식물인 파피루스 속껍질에 문자를 썼다. 유럽에서는 파피루스를 구하기 어려워지자 양피지와 같은 동물 가죽에 문자를 기록했다. 돌은 어느 지역에서나 문자를 기록하는 중요한 재료였다.

중국에서 최초로 문자를 기록한 재료는 거북의 등껍질이나 동물의 뼈, 즉 갑골이다. 청동솥과 같은 금속에도 문자를 기록했고, 전국시대 묘지에서는 글자를 쓴 비단도 발견되었다. 하지만 갑골은 구하기 어려우며 금속 역시 귀하고 무겁기까지 하다. 가볍고 매끄러운 비단은 글쓰기에 좋지만, 너무 비싸다. 반면 나무는 어디서나 구할 수 있고 갑골이나 금속보다 다루기 쉽다. 특히 대나무는 목재의 성질이 치밀하고 단단하여 가볍고 내구성이 좋다.

중국에서는 이런 장점을 가진 목간을 상나라 시대부터 사용했을 것으로 추정한다. 105년경 한나라 채륜蔡倫(?~121)이 종이를 개량하여 본격적으로 서사 재료로 쓰이기 전까지, 아니 종이가 주로 쓰인 이후에도 위진 시대(3~6세기)까지 1,400여 년 동안, 목간은 중국에서 가장 보편적인 서사 재료였다. 사용 기간으로 따지면 종이 사용 기간과 크게 차이가 없다.

그렇다 하더라도 오늘날의 책과는 모습이 달라도 한참 다른 목간을 표현한 '冊'이라는 명칭을 오늘날까지 사용하는 이유는 무엇일까? 모양은 다르지만 목간에 이르러 오늘날 '책'을 정의하는 요소들이 제대로 갖추어졌기 때문이다. 돌이나 대형 솥과 같은 청동기에는 담을 수 있는 글자가 한정되어 있다. 가지고 다닐 수도 없다. 반면 목간은 오늘날의 책처럼 여러 조각을 연결하여 많은 글자를 기록할 수 있다. 무엇보다 목간은 가지고 다닐 수 있다. 내용 면에서도 오늘날의 책처럼 경전, 문서, 일기, 글쓰기 연습에 이르기까지 다종다양하다. 이뿐만 아니다. 이 책에서 다루게 될 고서의 글쓰기 방식, 책의 형식도 대부분 목간에 연원을 두고 있다. 목간이야말로 동아시아에서 책의 시작이다.

전시할 수 없는 목간

책의 시초를 이야기하면서 굳이 중국의 사례를 든 이유는 한반도에서는 '冊'과 같은 형태의 목간이 나오지 않았기 때문이다. 하나 있기는 하다. 1990년대 초 북한의 평양 낙랑묘에서 출토된 《논어》의 일부를 쓴 죽간이다. 고조선 멸망 이후 한나라가 설치한 한사군 중 하나인 낙랑 지역 무덤에서 발굴된 이 죽간은 중국에서 제작했을 것이다. 당시 이 지역에서는 대나무가 자라지 않아 죽간을 만들 수 없었다. 그렇다면 한반도에서는 어떤 목간을 사용했을까? 중국과 같이 '册'의 형태를 띤 전형적인 목간은 없지만, 책이 갖는 특징을 갖춘 목간들이 곳곳에서 나오고 있다.

1975년 경주 안압지에서 발굴된 총 61점의 목간이 남한 지역에서 최초로 확인된 목간이다. 이후 경주, 부여, 함안, 하남, 인천 등 삼국-통일신라 시대 유적에서 목간이 발굴되었다. 태안 앞바다에서 발굴된 고려와 조선시대 선박에서 물품 꼬리표로 사용한 목간도 다수 확인되었다. 가장 오래된 것은 함안 성산산성에서 발굴된 6세기 신라의 목간이며, 나머지도 신라와 백제, 통일신라 지역, 시기는 6~7세기에 집중되어 있다.

대부분의 목간은 중국 목간처럼 여러 개의 나무 조각을 연결한 '册' 형태가 아니라 낱개로 된 목간이다. 종이로 치면 낱장과 같은 것이다. '册' 형태의 목간을 사용했으나 남아 있지 않은 것인지, 원래 사용하지 않았는지는 알 수 없다. 분명한 것은 발굴된 목간이 제작된 6~7세기에는 이미 종이가 사용되었다는 점이다. 경주 월성해자에서 발굴된 6~7세기 목간에 기록된 사경寫經, 즉 불경을 쓰는 데 필요한 종이 구입을 요청하는 내용이 이를 증명한다. 적어도 그 즈음에는 '册' 형태의 목간은 수요가 많지 않았을 것이다.

목간이 수십만 점 남아 있는 중국이나 일본과 비교하면 적은 숫자이지만, 한반도에서도 목간이 발굴되었는데 박물관에서 접한 기억이 별로 없을 것이다. 아주 특별한 경우 외에 박물관에서는 목간을 전시하지 않는다. 아니 전시하기가 어렵다. 전시실에서 볼 수 있는 목간은 대부분 복제품이다. 땅속 습지에서 발굴된 목간은 공기를 접하는 순간 습기가 날아가면서 뒤틀리고 먹으로 쓴 글자가 날아가 버린다(도 1-4). 목간의 원형을 최대한 유지하기 위해 알콜 등의 물질에 담근 다음 급속 냉동하거나 물에 담가 밀폐해 보관해야 한다. 그러니 전시실에서 보기 어려운 것이다.

설사 보존 문제가 없다 하더라도 목간은 전시하기에 그리 적합하지 않다. 발굴된 목간은 대부분 폐기된 것이어서 온전한 형태를 갖춘 것이 많지 않다. 글자가 지워진 것도 많고, 남아 있는 글자도 선명하지 않다. 약자로 쓴 글자가 많아 내용도 명확히 알기 어렵다. 이 때문에 연구자에 따라 목간의 글자를 달리 읽기도 하며, 대부분의 목간 관련 논문에서는 여러 연구자들의 판독문을 함께 소개한다.

온전한 형태도 아니고 판독하기도 어렵지만, 목간은 많은 연구자들의 관심을 받고 있다. 기록이 부족한 고대 사회를 이해하는 데 중요한 자료가 될 수 있기 때문이다. 고대 사회에 대한 기록은 중국의 역사서 아니면 《삼국사기》와 《삼국유사》가 거의 전부라 할 수 있다. 국가의 통치 방식을 알 수 있는 문서를 비롯해, 곡식 대여 기록, 세금 징수 기록, 물품 꼬리표, 글자 쓰기 연습, 구구단 자료, 시가, 편지 등 다양한 내용이 담겨 있는 목간은 역사서의 공백을 메우는 역할을 한다.

무엇보다 기존의 역사 기록은 중국 사서에 나오는 단편적인 것이거나 고려시대 사람들의 시각으로 기록한 것이지만, 목간은 당시 사람들이 직접 쓴 생생한 기록이다. 목간의 글자는 한문이지만 중국어와는 언어 체계와 어순이 다른 우리말을 표현하기 위해 사용한 이두의 흔적도 남아 있다. 이 때문에 당시 사람들의 언어생활을 알 수 있는 귀중한 자료가 된다. 당시 사람들이 사용한 서체 역시 연구자의 관심 대상이다.

땅속에서 발굴된 목간은 글자가 흐릿하여 잘 알아 볼 수도 없는데, 어떻게 이런 연구를 할 수 있을까? 비밀은 적외선 카메라 촬영에 있다. 적외선을 제외한 나머지 광선을 반사하여 적외선 파장만 인식하는 필터를 끼워 촬영함으로써 카메라에 찍힌 글자를 선명하게 보이도록 하는 것이다. 물론 촬영 후 보정 작업을 하여 글자가 더 선명하게 보이도록 해야 한다. 목간을 수록한 도록이나 자료집에는 대부분 적외선으로 촬영한 목간 사진을 원래의 목간과 함께 수록한다(도 1-5). 전시실에서는 목간을 보기 어렵지만 여러 기관과 연구자들이 목간 자료를 다양하게 수집하여 제공하고 있다. 특히 2007년 결성된 한국목간학회에서는 매년 학술대회를 열고 《목간과 문자》라는 학술지를 발간하고 있다. 홈페이지에서 논문을 무료로 내려받을 수도 있다.

1–4. 부여 궁남지 출토 백제시대 목간의 발굴 당시 모습.
습지에서 발굴된 목간은 햇볕을 받으면 먹이 날아가 버린다.
목간의 원형을 최대한 유지하기 위해 약품으로 강화처리를 한 다음
급속 냉동하거나 물에 담가 밀폐시켜 보관해야 한다.
소장처: 국립부여박물관

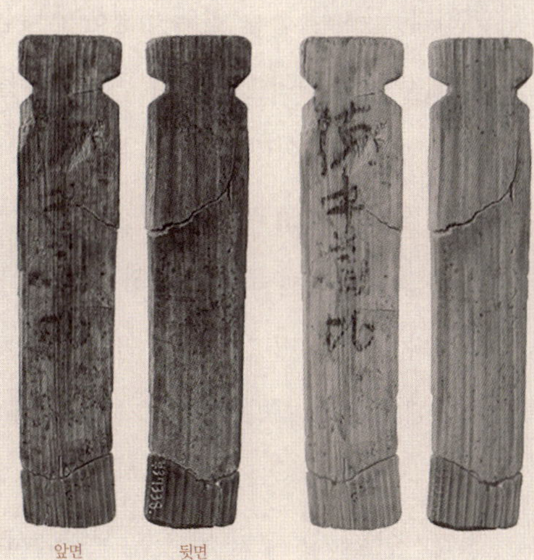

1–5. 부여 쌍북리 출토 '덕솔수비德率首比' 목간 실물과 적외선 사진.
땅속에서 발굴된 목간은 글자가 흐릿하여 잘 알아 볼 수 없으므로 적외선 카메라로 촬영하여
먹글자를 선명하게 보이도록 한다. 목간을 수록한 도록이나 자료집에는
대부분 적외선으로 촬영한 목간 사진을 원래의 목간과 함께 수록한다.
소장처: 국립부여박물관

목간에 글쓰기와 수정하기

이제 한반도에서 나온 목간의 모습을 한번 살펴보자. 목간은 어떤 나무로 만들었을까? 한반도 각지에서 발굴된 목간의 수종을 분석해 보니 80퍼센트 이상이 소나무다. 역시 소나무는 이 땅에 가장 많이 분포하는 나무인 것이다. 나무가 주변에 아무리 많다 해도 목간을 만드는 일이 쉽지만은 않았다. 먼저 적당한 크기의 나뭇가지를 골라 칼로 자르고 쪼개서 원하는 크기로 만들어야 한다. 나무껍질도 벗겨 내야 한다. 나무껍질을 벗기지 않고 그대로 사용한 예도 있기는 하다.

나무 진액 때문에 나뭇조각에 바로 글자를 쓸 수는 없다. 먼저 나무를 건조해야 한다. 건조는 나무의 뒤틀림을 방지하기 위해서도 필요하다. 글자를 쓰는 면도 평평하게 다듬어야 한다. 대나무에 글자를 쓸 때는 불에 쬐어 대나무의 푸른 색깔을 없애 주는 과정이 필요하다. 이를 '살청殺青'이라고 한다. 살청은 대나무의 즙액을 빼주고 벌레 먹거나 썩지 않는 효과도 있다.

이렇게 완성된 목간 하나하나가 종이 한 면과 같은 방식으로 사용되었다. 서양의 필기도구인 연필, 펜, 볼펜 등이 등장하기 전에 동아시아에서 가장 널리 쓰인 필기도구는 말할 필요도 없이 붓이다. 갑골문에도 붓이 사용되기도 하고, 칼로 문자를 새긴 목간도 있지만, 붓이 본격적인 필기도구가 된 것은 목간에서부터다. 물론 붓은 종이에, 비단에, 나무에 글을 쓸 수 있는 만능 필기도구였다. 붓을 사용했다는 것은 먹과 벼루를 함께 사용했다는 뜻이다. 우리나라에서는 기원전 1세기 무렵으로 추정되는 창원 다호리 무덤에서 붓과 칼이 출토되었으며, 백제의 마지막 수도였던 부여(사비) 궁남지에서도 목간 2점과 함께 벼루와 칼이 나왔다.

요즘에는 연필로 썼다면 지우개, 볼펜과 같이 지우개로 지울 수 없는 재료로 썼다면 수정액으로 지우기도 한다. 목간에 글자를 쓰다 틀리면 어떻게 했을까? 그냥 버리고 다른 목간에 썼을 것 같지만 그렇지 않다. 작은 칼로 틀린 부분을 깎아 냈다. 칼이 지우개와 같은 역할을 한 것이다. 연필과 지우개가 짝을 이루듯이 당시에는 붓과 칼이 짝을 이루었기에 중국의 역사서 《사기史記》와 같은 기록에서 문서를 작성하는 관리를 "도필지리刀筆之吏"로 지칭했다.

부여 능산리 절터 출토 목간 중에 글자를 칼로 도려낸 수정 흔적이 있는 목간이 있다. 두께가 0.2~0.3센티미터밖에 되지 않는 목간 부스러기도 100여 점 출토되었다(도 1-6). 작은 칼로 도려낸 이 목간 부스러기에는 글자가 남아 있다. 필기한 부분을 칼로 도려내는 것은 목간이라 가능했다. 종이나 비단은 이런 방식으로 수정할 수 없다. 돌에 새긴 글자도 돌 전체를 갉아 낼 수 없으니 어림없는 일이다. 서양에도 비슷한 사례가 있다. 양피지에 글을 쓸 때 틀린 부분을 칼로 긁어 내고 수정한 것이다. 도구와 재질은 다르지만 문자생활에 필요한 서사 재료를

1-6. 부여 능산리 절터 출토 목간 부스러기.
목간은 글자 부분을 도려낸 후 재활용할 수 있다. 작은 칼로 도려낸 목간 부스러기에는 글자가 남아 있다. 원래의 목간을 재활용하기 위해 글자를 도려낸 것이다.
소장처: 국립부여박물관

1-7. 부여 궁남지 출토 다면형 목간.
납작한 목간 앞면 또는 앞뒷면에 글자를 쓴 목간들과 달리 휘어진 막대기 모양의 목간이다. 목간 사면에 돌아가며 '文' · '也' 등 글자가 있다. 글자 연습용 목간으로 추정된다.
소장처: 국립부여박물관

최대한 효율적으로 활용하려 했던 모습은 닮았다.

목간의 이런 장점을 활용하여 단순히 글자를 수정한 것만 아니라 목간 전체를 재활용한 경우도 꽤 있었다. 다 쓴 목간의 표면 전체를 도려내고 다시 글을 쓰는 것이다. 앞서 언급한 글자가 있는 목간 부스러기도 목간을 재활용하기 위해 도려내었을 것이다. 능산리 절터에서 나온 두께 0.5센티미터의 얇고 긴 목간에는 같은 글자를 여러 번 반복해서 쓴, 글자 연습 흔적이 남아 있다. 글자 연습을 한 표면을 도려내고 원래의 목간은 재활용했을 것이다.

부여 궁남지 북서쪽에서 벼루, 칼과 함께 나온 2점의 목간 가운데 1점도 '文'·'也' 등을 반복해서 쓴 글자 연습 목간이다(도 1-7). 이 목간은 모양이 특이하다. 납작한 목간 앞면 또는 앞뒷면에 글자를 쓴 목간들과 달리 휘어진 막대기 모양이다. 휘어진 나뭇가지의 표면을 다듬기만 해 그대로 활용한 듯하다. 목간 사면에는 돌아가며 쓴 글자가 있다. 마치 제대로 된 공책이 아니라 연습장에 글자 연습하듯 대충 다듬은 나뭇가지에 글자 연습을 한 것 같다. 문서와 같은 공식 기록이 아닌 연습장이라면 여러 면을 쓸 수 있는 이 형태가 맞춤하다.

이런 형태의 목간을 다면형 목간, 원주형 목간, 또는 막대형 목간이라고 한다. 중국에서는 이런 형태의 목간을 '고觚'라고 부른다. 역시 주로 글자 연습용으로 사용되었으나, 책 모양의 목간보다 많이 사용되지 않았다. 반면 한반도에서 출토된 목간 중에는 다면형 목간이

유난히 많다. 주로 3~4면에 글자를 썼지만 5면까지 사용한 예도 있다. 기록한 내용도 행정기관이 주고받은 다양한 형식의 문서, 장부, 주술적 내용, 《논어》 일부를 쓴 것 등 다양하다.

《논어》 목간의 경우 김해 봉황동, 인천 계양산성, 부여 쌍북리 3곳에서 출토되었는데 모두 다면형 목간이다. 이 중 계양산성 목간은 5면에 글자를 썼으며, 봉황동과 계양산성 목간은 현재는 일부만 남아 있지만, 원래는 1미터 넘는 긴 목간으로 추정한다(도 1-8). 중국에도 없는 특별히 긴 길이다. 용도에 대해서는 이견이 있지만, 궁남지에서 출토된 글자 연습용 목간처럼 한두 번 쓰고 버릴 용도는 결코 아니었음은 분명하다. 다면형 목간 중에 가장 눈에 띄는 특이한 목간은 남근 모양의 목간이다. 그중 백제 능산리 절터에서 나온 목간은 주술적 목적으로 사용되었을 것으로 본다(도 1-9).

하나의 목간에 여러 면을 쓸 수 있는 다면형 목간은 여러 개 나뭇조각을 엮은 '冊' 모양의 목간을 대신하는 효과를 얻기 위해 사용되었을 것이다. 많지는 않지만, 일반 목간보다 너비가 넓어서 2~3행까지 쓸 수 있는 목간도 사용했다. 중국에서 '독牘'이라고 부르는 이런 형태의 목간 역시 글자 쓰는 면을 더 확보하는 효과가 있다.

중국의 목간처럼 여러 개의 나뭇조각을 끈으로 묶었던 흔적이 있는 목간도 없지는 않다. 편철간編綴簡이라고 부르는 이런 목간의 대표적인 실물은 부여 궁남지 동쪽에서 출토된 목간으로, 윗부분에 구멍

1-8. 인천 계양산성 출토 《논어》 목간.
5면으로 된 다면형 목간이다. 각 면에 《논어》 제5편 〈공야장〉의 구절들이 적혀 있다.
원래는 1미터 넘는 긴 목간으로 추정한다. 중국에도 없는 특별히 긴 길이다.
소장처: 국립공주박물관

[1-9] [1-10] [1-11]

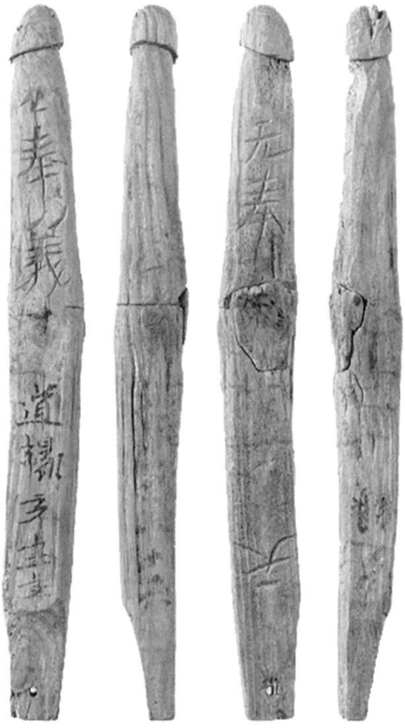

1면 2면 3면 4면

1-9. 부여 능산리 절터 출토 남근형 목간.
남근 모양의 다면형 목간이다. 남근형 목간은 신라 지역에서도 출토되었다.
나쁜 기운을 막기 위한 주술적 용도로 사용된 것으로 추정한다.
소장처: 국립부여박물관

1-10. 부여 궁남지 출토 목간, 1-11 부여 관북리 출토 목간.
윗부분에 구멍이 뚫린 목간이다. 1점씩만 확인되었지만, 원래는 같은 형식과 크기의 목간을 모아서 구멍을 뚫어 끈을 끼워 못에 걸었을 것으로 추정한다. 같은 종류의 문서를 철해서 함께 정리하기 위해 고안한 방식이다.
소장처: 국립부여박물관

이 있다(도 1-10). 구멍이 있는 목간은 왕궁 및 관아터로 추정되는 관북리 연꽃 연못에서도 출토되었다(도 1-11). 목간 1점만 확인되었지만, 원래는 같은 형식과 크기의 목간을 모아서 구멍을 뚫어 끈을 끼워 못에 걸었을 것으로 추정한다. 같은 종류의 문서를 철해서 함께 정리하기 위해 고안한 방식으로 오늘날 문서철과 다를 바 없다. 책 형식으로 묶은 중국 목간과 차이가 있지만, 제본의 원형이라 할 수 있겠다.

6~7세기에 사용한 목간은 형태와 내용이 다양하지만, 7세기 이후 목간은 물품이나 장부 등에 사용되는 꼬리표가 주를 이룬다. 아마도 종이가 목간의 기능을 대체하기 시작했기 때문일 것이다. 책으로서의 목간의 기능은 사라졌지만, 목간은 물품 꼬리표 용도로 고려를 넘어 조선시대까지도 계속 사용되었다.

책과 권

가로쓰기에 익숙한 오늘날에는 세로쓰기로 된 글을 낯설고 읽기 불편하다고 여기지만, 가로쓰기가 주류를 이룬 것은 의외로 최근의 일이다. 1990년대까지도 대부분 신문은 세로쓰기를 했다. 일본에서는 요즘에도 가로쓰기와 세로쓰기를 함께 사용한다. 특히 'かな/カナ(가나)'가 아니라 한자를 많이 사용한 논문 등에서는 주로 세로쓰기를 한다. 필사법에 관한 조사에 따르면 인류는 세로로 읽는 것이 가로

로 읽는 것보다 속도가 빠르다고 한다. 이는 아마 눈의 근육과 관련돼 있을 것이다. 세로쓰기는 특히 한자에 적합하다. 고립어인 한자는 문장 속에서 각 글자의 위치에 따라 문법적 기능이 결정되며 어형이 변하지 않기 때문이다. 서양에서도 세로쓰기를 한 예가 있지만 일찍부터 가로쓰기로 통일되었다. 한자와 달리 어형이 변하는 알파벳을 세로로 쓰면 읽기 어렵기 때문일 것이다.

갑골문, 금문에 가로쓰기를 한 경우도 있지만, 역시 세로쓰기가 주를 이루었다. 목간에 이르러서 세로쓰기는 더욱 강화되었고 이후 2천

1-12.
중국 후베이성 창사長沙 마왕되이馬王堆 출토 죽간.
마왕되이 한나라 무덤에서 말려 있는 모양의 죽간이 출토되었다.
책 모양의 목간은 둘둘 말아서 보관하고 이동할 때도 말아서 이동했다.
목간이 말려 있는 모습을 가리키는 한자가 '권卷'이다.
소장처: 후베이성박물관
사진 출처: 李明君, 《歷代書籍裝幀藝術》, 文物出版社, 2009.

여 년간 한자문화권에서 지속되었다. 한글이나 일본의 '가나' 역시 한자와 함께 사용함에 따라 세로로 쓰게 되었다. 나뭇가지는 세로로 길어 세로로 켜기에 적합하며 세로로 켜야 나무의 속성에 맞아 잘 뒤틀리지 않는다. 특히 대나무는 세로로 쪼개야 한다. 이런 나뭇가지라는 재료의 특성을 생각하면, 목간이 널리 사용되면서 세로쓰기가 거스를 수 없는 대세가 되었을 것이다.

책 모양의 목간은 둘둘 말아서 보관하고 이동할 때도 말아서 이동했다. 단독형 목간이 주를 이루는 우리나라 목간에서는 찾아볼 수 없지만 중국 창사長沙 마왕되이馬王堆 한나라 무덤에서 출토된 목간 중에는 말려 있는 형태의 것이 있다(도 1-12). 종이 역시 목간의 보관 방식을 이어받아 오랜 기간 말아서 보관했다. 목간이 말려 있는 모습을 가리키는 한자가 '卷권'이다. 오늘날 우리가 쓰는 "책 한 권"이라는 표현은 목간을 펼쳤을 때의 모습 '책', 말았을 때의 모습 '권'에서 비롯되었다.

서사 재료로서의 목간은 거의 2천 년 전에 사용이 중지되었지만, 책이라는 물체를 지칭하는 '책'과 '권'이라는 용어가 오늘날까지 사용되는 것이 신기할 것이다. 그러나 목간을 자세히 들여다보면 수긍이 된다. 여러 면을 쓸 수 있다거나 가지고 다니기 쉽다는 특성 외에도 제목, 단 나누기, 주 달기 등 오늘날의 쓰기 방식의 기본적인 요소들을 목간에서 이미 사용하고 있기 때문이다. 이런 요소들이 명확하게 보이는 것은 중국 목간이지만 한국 목간 중에도 이런 사례가 있다.

2002년 부여 능산리 절터에서 발굴된 길이 44센티미터, 너비 2센티미터, 두께 2센티미터의 목간이 그중 하나다(도 1-13). 윗부분만 온전한 형태인 이 다면형 목간은 처음 쓴 글자를 깎아 없앤 후 재활용했다. 네 면을 돌려가며 쓴 이 목간의 시작 부분은 어디일까? 바로 윗부분에 "支藥兒食米記지약아식미기"라는 글자가 있는 면이다. "지약아식미기"가 이 목간의 내용을 알려 주는 제목이기 때문이다. '약아에게 식미를 준 기록'이라고 해석하기도 하고 '지약아에서 식미를 준 기록'이라고 해석하기도 한다. "지약아식미기" 아래 약간의 간격을 두고 초일, 이일, 삼일에 식미를 지급한 액수를 적은 일종의 장부다. 이 면의 왼쪽에 5~8일까지 식미 지급 액수가 이어진다. 오른쪽에서 시작하여 왼쪽으로 돌려가며 썼음을 알 수 있다. 다른 두 면은 식미 지급 내용이 아니라서 해석이 분분하지만, 최근까지도 유지된 오른쪽에서 왼쪽으로 써 가는 한자 쓰기 방식과 일치한다.

2008년 부여 쌍북리에서 나온 목간 중에 제목이 있는 목간이 하나 더 있다. 길이 29.1센티미터, 너비 3.8~4.2센티미터, 두께 0.4센티미터로, 위에서 2.4센티미터 부분에 작은 구멍이 뚫려 있는 목간이다(도 1-14). 이 구멍으로 여러 개의 목간을 철해서 묶었을 것으로 추정된다. 폭이 넓은 이 목간은 앞뒷면에 글자를 배치한 방식이 독특하다. 한 면에 한 행을 쓴 목간들과 달리 한 면에는 2~3행, 다른 한 면에는 3행씩 그것도 3단으로 나누어 썼다.

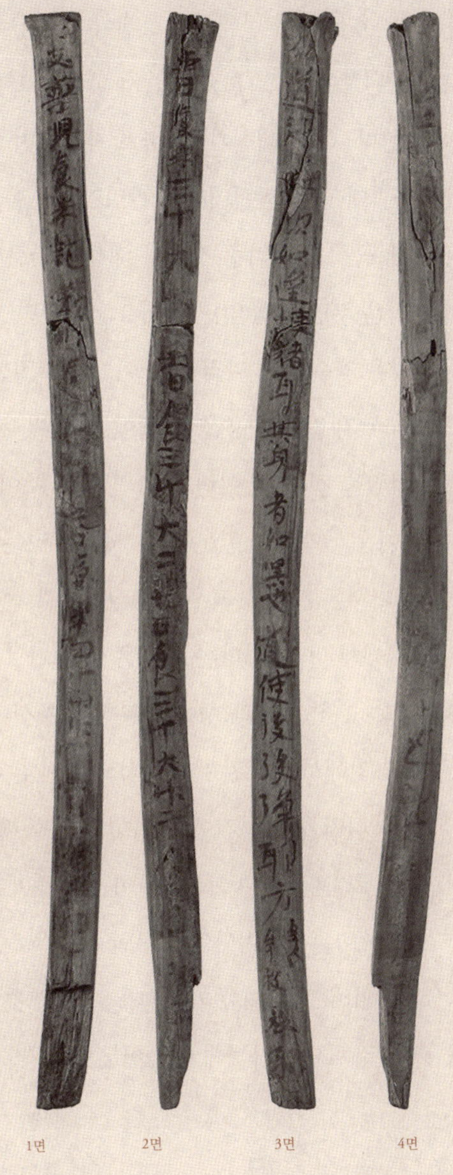

1-13. 부여 능산리 절터 출토 다면형 목간.
네 면을 돌려가며 쓴 이 목간에는 제목에 해당하는 "支藥兒食米記지약아식미기"라는 글자가 있다. 제목이 있는 면부터 오른쪽에서 왼쪽 방향으로 읽게 되어 있다.
소장처: 국립부여박물관

먼저 앞면을 보자. 3단 중 첫 번째 단은 2행이다. 오른쪽에 "戊寅年六月中무인년유월중", 왼쪽에 "佐官貸食記좌관대식기"라고 썼다. 무인년은 618년으로 추정한다. "좌관대식기"가 바로 제목이며 이 면이 앞면임을 알려 준다. "좌관대식"이 좌관이라는 관리가 곡식을 빌려준 것인지, 국가가 좌관에게 곡식을 빌려준 것인지 해석이 다르지만 곡식 대여 관련 장부인 것만은 분명하다. 앞면 아래 2단과 뒷면 3단에 이름과 빌려준 액수, 돌려받은 액수 등이 나와 있어 이렇게 추정한다.

이 목간에 단을 나누지 않고 내용을 한 행에 계속 써 내려갔다면 한눈에 파악하기 어려웠을 것이다. 이런 배치 방식은 주어진 지면에서 제목과 제작 시기, 이름과 액수를 한눈에 알아볼 수 있는 최적의 방식이라 할 수 있다. 여기서는 간격을 띄우는 방식만으로 단 나눔을 표시했지만, 부여 능산리에서 나온 또 다른 목간은 아예 가로선을 그어 단을 명확히 표시했다(도 1-15). 행과 행을 구분하는 계선界線의 시초라 할 수 있다. 나주 복암리에서 출토된 목간에서도 이런 흔적이 보인다.

이런 모습은 당시 사람들이 목간에 기록한 내용을 일목요연하게 정리하기 위해 노력한 결과물이다. 특히 부여 쌍북리에서 출토된 길이 30.1, 너비 5.5, 두께 1.4센티미터의 구구단 목간은 2단부터 9단까지 각 단을 구분하기 위해 단 사이에 가로선을 그었을 뿐 아니라 아래로 내려가면서 폭이 좁아지고 가늘게 만들어 손에 쥐기 편리하게 만들었다(도 1-16).

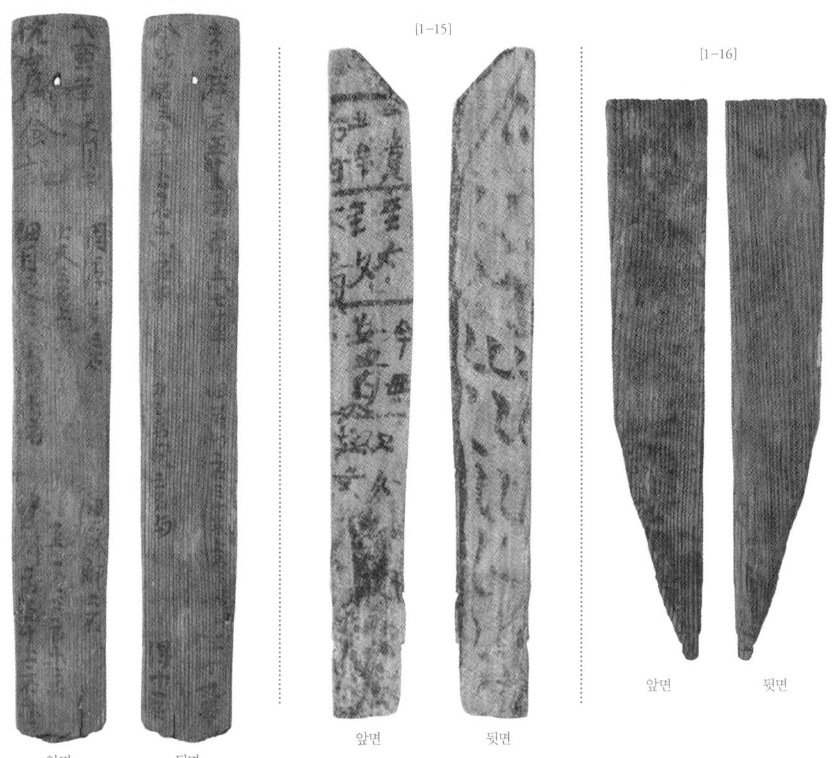

1-14. 부여 쌍북리 출토 목간.
3단으로 나누어 글자를 쓴 목간의 첫 번째 단은 오른쪽에 "戊寅年六月中무인년유월중" 왼쪽에 "佐官貸食記좌관대식기"라고 써서 제목과 작성 연대를 알 수 있다. 곡식 대여 관련 장부로 추정되며 윗쪽에 뚫린 작은 구멍으로 여러 개의 목간을 철해서 묶었을 것으로 추정된다.
소장처: 국립부여박물관

1-15. 부여 능산리 절터 출토 목간.
원래는 윗부분이 삼각형인 목간을 좌우로 나눈 것으로 추정된다. 앞면에는 가로선을 그어 4단으로 구분하고 단마다 사람 이름을 나열하여 알아보기 쉽게 했다.
뒷면에 글자 연습을 한 듯 '乙'자를 반복해서 썼다.
소장처: 국립부여박물관

1-16. 부여 쌍북리 출토 구구단 목간.
구구단을 쓴 목간이다. 2단부터 9단까지 각 단을 구분하기 위해 단 사이에 가로선을 그었을 뿐 아니라 아래로 내려가면서 폭이 좁아지고 가늘게 만들어 손에 쥐기 편리하게 만들었다.
소장처: 국립부여박물관

이처럼 목간은 내용뿐 아니라, 오늘날 책이 갖추어야 할 모양과 쓰기 방식 등의 기원이라는 점에서도 중요하고 의미가 있다. 이런 관점에서 목간을 자세히 관찰하면, 볼품없고 읽기도 어려운 목간일지라도 소중하고 친근하게 다가올 것이다.

‖ 더불어 읽기 ‖

: 죽책, 옥책, 금책

종이가 등장함에 따라 목간은 서사 재료 기능을 점차 상실했다. 조선시대 책에 이르면 목간에서 비롯된, 말아서 보관하던 방식마저 거의 사용하지 않게 되었다. 그런데 조선시대에도 대나무나 나뭇조각을 엮은 간책과 비슷한 모양의 책을 만들었다. 나무 대신 대나무, 옥, 금으로 만든 죽책竹冊, 옥책玉冊, 금책金冊이다. 모두 왕실에서 제작했으므로 이를 아울러 어책御冊이라고 한다.

어책은 왕실에서 왕비나 왕세자를 책봉할 때, 왕실의 혼인, 존호尊號(왕이나 왕비 등의 덕을 기리는 칭호), 시호諡號(왕이나 왕비 등의 사후에 공덕을 칭송하며 올리는 칭호)를 올릴 때 등 왕실 중요 의례 때 만들었다. 왕세자 책봉 때 만든 어책에는 통치자로서 알아야 할 덕목을 함축적으로 표현한 문구를 새기고, 존호나 시호를 올릴 때는 존호나 시호를 새겼다. 모양은 글을 새긴 막대 모양의 대나무나 옥을 대여섯 개씩 나란히 묶어 만든 판 여러 장을 경첩이나 고리로 연결한 구조로 되어 있다(도 1-17). 간책과 모양이 똑같지는 않지만, 막대 모양의 물질을 나란히 엮은 모습이 비슷하며, 조선시대의 일반적인 책 모양과는 완전히 다르다.

어책의 기원은 중국 주나라 시대의 통치체제인 봉건제까지 거슬러 올라간다. 봉건제는 천자가 제후와 신하들에게 땅과 작위를 주어 간접 통치하는 방식이다. 땅과 작위를 줄 때는 그 내용을 기록한 일종의 증서, 임명장과 같은 문서를 주었다. 문서는 당시에 널리 사용한 대나무나 나무를 엮어 만든 간책 형태였다. 천자가 작위나 땅을 하사하며 제후나 신하로 삼는 것을 '책봉冊封'이라고 한다. 문서[冊]로 봉封하기 때문이다. 이후 왕위 계승자를 정하는 일을 "왕세자 책봉"이라고 하듯 책봉이 포괄하는 범위가 넓어졌지만, 책봉할 때 문서를 발급하는 전통은 여러 왕조에서 지속되었다. 아울러 문서의 모양도 주나라 때 천자가 하사한 '간책'을 그대로 따랐다. 유교에서 이상국가로 여기는 주나라의 전통을 계승함으로써 위엄과 권위를 드러내려는 것이었다. 조선 왕실의 어책도 마찬가지다.

어책은 독서용 책이 아니라 의례에 사용하는 예물이자 일종의 징표다. 재질은 신분에 따라 차이를 두었다. 왕과 왕비의 어책은 옥책, 왕세자와 왕세자빈은 죽책, 대한제국 선포 후 황실 인물들의 어책은 금책이다. 왕세자는 책봉 때 죽책을 받고 국왕에 즉위하면 옥책을 받았다. 왕세자빈과 왕비도 마찬가지다. 왕과 왕비는 죽은 뒤 묘호와 시

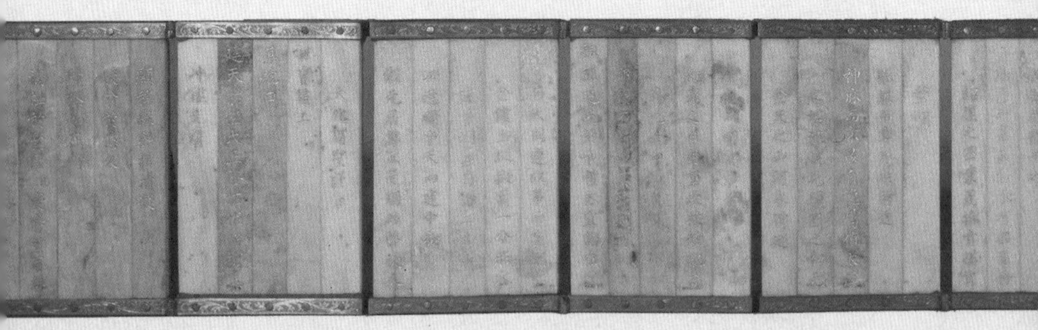

호가 정해지면 옥으로 만든 시책諡冊을 받았다.

책봉과 같은 의례 때는 어책과 함께 보인寶印, 즉 도장을 만들었다. 국왕과 왕비의 존호나 시호를 새긴 도장을 보, 왕세자와 세자빈의 도장을 인이라고 한다. 보와 인 역시 재질이 다르다. 왕이나 왕비의 도장은 금으로, 왕세자나 왕세자빈의 도장은 옥으로 만들었다.

조선의 왕과 왕비가 일생에 걸쳐 받은 어책과 보인은 신주와 함께 종묘에 봉안되었다. 현재는 국립고궁박물관이 소장하고 있으며, 2017년 '조선 왕실 어보와 어책'이라는 명칭으로 세계기록유산에 등재되었다. 500여 년 동안 지속적으로 책보를 제작하여 봉헌한 사례는 한국이 유일무이하기 때문이다.

1-17. 조선 태종 추상존호 옥책.

1872년(고종 9) 고종이 태종에게 추상존호追上尊號를 올리면서 제작한 옥책이다. 글을 새긴 막대 모양의 옥을 5개씩 나란히 묶어 만든 판 여러 장을 경첩으로 연결했다. 간책과 모양이 똑같지는 않지만, 막대 모양의 물질을 나란히 엮은 모습이 비슷하며, 조선시대의 일반적인 책 모양과는 완전히 다르다.

소장처: 국립고궁박물관

금속판을 책처럼

_왕궁리 오층석탑 은제도금금강경판

국립익산박물관의 국보

2020년 1월에 개관한 국립익산박물관은 도립미륵사지유물전시관을 확장 개편한 박물관이다. 백제 최대의 사찰이었던 미륵사의 옛터(사적)에 자리한 탓에 교통이 꽤 불편한 편인데도 관람객이 많다. 절은 사라졌지만 넓고 평평한 절터에 1,400년 가까이 버티고 서 있는 석탑이 워낙 유명하기 때문일 것이다. 탑 일부가 파손되었음에도 높이가 14.2미터에 이르며 원래는 24미터 정도였을 것으로 추정한다. 현존 석탑 중 제일 규모가 크고 오래된 국보 '익산 미륵사지 석탑'이다. 이 탑은 2009년 복원을 위해 해체 수리하다가 발견된 사리장엄구로 더 유명해졌다. 사리장엄구란 부처님의 사리를 탑에 모실 때 사용하는 용기나 함께 봉안되는 공양물을 통틀어서 가리키는 말이다.

사리를 담은 용기도 용기지만 사리함과 함께 봉안된 금속판에 새긴 기록, 즉 〈금제사리봉영기〉(도 2-1)가 세간의 엄청난 관심과 주목을 끌었다. 미륵사의 창건 목적과 시주자, 석탑의 건립 연대 등을 기록했기 때문이다. 이로써 이 석탑이 639년(무왕 40)에 건립되었음이 밝혀졌다. 절을 세우도록 시주한 사람은 좌평 사택적덕沙宅積德의 딸인 백제 왕후인 것도 밝혀졌다. 《삼국유사》의 기록에 따라 신라 선화공주가 탑을 창건한 것으로 믿어 왔는데, 백제 귀족의 딸이 창건한 것으로 밝혀져 서동왕자와 선화공주 설화의 진위에 대한 논란이 일어나기도 했다. 이 사리장엄구는 미륵사지유물전시관이 국립익산박물관으로 전환되는 결정적인 계기가 되었다 해도 과언이 아니다. 현재 국립익산박물관 '미륵사지실'에 전시되어 있으며, 2022년에 보물에서 국보로 승격되었다.

하지만 이 글의 주인공은 미륵사지 석탑 사리장엄구가 아니다. 국립익산박물관에는 미륵사지 석탑 사리장엄구와 쌍벽을 이루는 또 하나의 국보 사리장엄구가 전시되어 있다. '미륵사지실' 앞 '익산백제실'에 전시되어 있는 왕궁리 오층석탑에서 나온 사리장엄구다. 1965년 12월 탑을 보수하던 중 발견된 이 사리장엄구는 아쉽게도 제작 연대를 알 수 있는 기록은 나오지 않았다. 백제에서 고려까지 제작 연대에 대한 의견이 갈리지만, 전시실 가운데 설치된 단독장에서 조명을 받아 눈부시게 반짝이는 녹색 사리병과 이 병을 담았던 금제 사리함

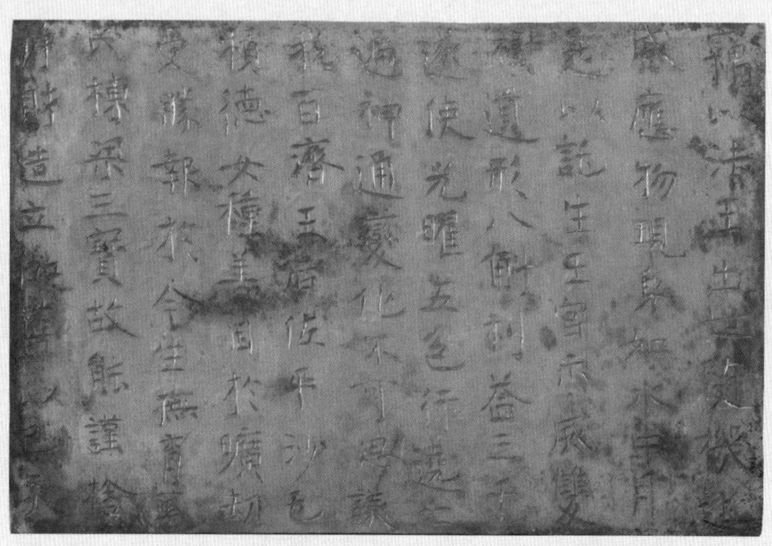

2-1. 익산미륵사지 석탑 출토 〈금제사리봉영기〉.

2009년 미륵사지 석탑 사리공에서 〈금제사리봉영기〉와 사리용기가 발견되었다. 〈금제사리봉영기〉는 금판의 앞면과 뒷면에 칼로 글자를 새기고 글자가 선명하게 보이도록 주사朱砂를 입혔다. 미륵사의 창건 목적과 시주자, 석탑의 건립 연대 등이 기록되어 있다.

소장처: 국립익산박물관

은 관람객의 걸음을 절로 멈추게 한다. 바로 옆에는 탑에서 나온 청동 여래입상이 자태를 뽐낸다. 이 두 개의 단독장 뒤쪽 벽에는 반짝이는 금속판이 전시되어 있다. 이 글의 진짜 주인공은 이 금속판이다.

이 금속판 역시 왕궁리 오층석탑에서 나온 사리장엄구에 포함된 것이다. 발견 당시 금속판이 담겨 있던 금동함과 여러 물건도 금속판 앞쪽에 전시되어 있다. 3.3미터 길이의 이 금속판은 불경의 하나인 《금강경》을 담은 것이다. 워낙 길어 전모를 볼 수 있는 기회가 많지 않았는데, 2020년 국립익산박물관이 개편하면서 전체를 볼 수 있도록 특별히 진열장을 마련하여 항시 관람할 수 있게 되었다(도 2-2).

불교 미술 연구와 관심은 불상이나 사리함 등에 집중되어, 이 경판은 상대적으로 주목을 받지 못하고 있다. 미륵사지 석탑에서 나온 것처럼 탑의 제작 연대나 목적 등을 보여 주는 기록이 아니기에 더욱 그렇다. 그러나 당시에는 불경이 사리 못지않게, 아니 동등하게 중요한 것이었다. 대부분의 종교가 그렇듯 불교 역시 창시자인 석가모니의 말씀에서 비롯되었다. 말씀이 곧 부처이자 종교(불교) 그 자체이기 때문에 말씀을 담은 불경을 사리와 함께 탑에 묻고 이를 '법사리'라 불렀다.

고대 탑에서 나온 금속판에 문자를 기록한 실물이 몇몇 남아 있지만, 불경을 기록한 예는 이 '금강경판'이 거의 유일하다. 무엇보다 제작 방식이 독특할 뿐 아니라 우리에게 익숙한 종이에 쓰거나 인쇄한 고서의 글쓰기 방식과 비교할 수 있는 흥미로운 자료이기도 하다. 이런 특별함 때문에 책을 다루는 이 글에서는 사리함이나 불상이 아니라 이 금강경판을 주인공으로 소개하며, 주인공이 될 수밖에 없는 이유를 설명하려고 한다.

금속판에 불경을 담고 보관하는 방법

불경은 모두 종이에 기록되었다고 생각하기 쉽다. 오늘날 남아 있는 불경은 대부분 종이에 쓰거나 인쇄한 것도 사실이다. 석가탑에서 나온 《무구정광대다라니경》이 그렇고, 고려시대에 제작된 사경寫經, 고려대장경도 모두 종이에 쓰거나 인쇄한 것이다. 조선시대는 말할 필요도 없다. 그런데 이 금강경은 금속판에 '담았다.' '담았다'로 표현하는 이유는 뒤에 자세히 설명하겠지만, 금속에 직접 새긴 것이 아니라고 보기 때문이다.

불경이 처음부터 종이에 기록된 것은 아니다. 인도 지역에서 탄생한 초기의 불경은 그 지역에 흔한 야자나무 잎에 기록했다. 야자나무 잎을 말리고 찌고 삶아 건조한 뒤 송곳처럼 뾰족한 도구로 긁어 불경을 새기고 먹을 입힌 다음 낱장의 잎들을 모아 끈으로 묶었다. 이를 패엽경이라 한다. 중국 베이징에서 멀지 않은 산속에는 돌에 새긴 거대한 불경이 숲을 이루는 방산석경房山石經이 있다. 돌 역시 종이 이전에, 종이가 나온 이후에도 불경을 기록하는 재료로 널리 활용되었던 것이다. 중국 시안의 비림碑林처럼 유교 경전을 새긴 거대한 비숲도 있다.

돌과 함께 많이 사용된 서사 재료 중 하나가 금속이다. 중국 고대의 청동기에 새긴 명문에서 보듯 금속 역시 일찍부터 서사 재료로 사용되었다. 익산 미륵사지 석탑에서 나온 〈금제사리봉영기〉처럼 우리나라 고대 유물 중에도 금속에 글자를 새긴 경우가 종종 있다. 금속은 아무나 가질 수 없는 귀중품이며 특유한 광택으로 신비로움을 자아낸다. 그렇기에 고대나 고려시대에 부처님을 장엄하는 사리기는 대부분 금속으로 만들었을 것이다. 여기에 더하여 왕궁리 오층석탑에는 금속으로 경판까지 만들어 넣었으니 더욱 특별한 기원을 담고자 했을 것이다.

길이 3미터가 넘는 금속판에 불경을 담아 탑 속에 넣는 결정은 새로운 도전이었을 것이다. 종이나 목간과 달리 금속에는 붓으로 문자를 쓰기 어렵다. 더욱이 종이나 목간처럼 말아서 보관할 수도 없다. 3미터가 넘는 금속판을 탑에 넣으려면 새로운 방식을 찾아야 했을 것이다. 금강경판을 자세히 살펴보면 이 문제를 어떻게 해결했는지 해답을 얻을 수 있다.

이 금강경판은 길이 14.8센티미터, 너비 17.4센티미터의 금속판 19장을 연결해서 만들었다. 금속판을 연결하기 위해 판마다 왼쪽 끝부분에 금속실을 대고 만 다음, 위아래 끝부분 두 곳에 1.5센티미터 정도의 금속판을 덧붙였다. 그러고는 금속판 위 두 곳에 구멍을 뚫어 금속실로 묶어 좌우를 연결하였다. 발견 당시 경판 19장이 접힌 상태

2-2. 왕궁리 오층석탑 출토 금강경판 전시 모습.
국립익산박물관 '익산백제실'에는 왕궁리 오층석탑에서 출토된 사리장엄구 전체가 전시되어 있다. 3.3미터의 금강경판은 두 개의 단독장 뒤쪽 벽에 전시되어 있다. 2020년 국립익산박물관이 개편하면서 전체를 볼 수 있도록 특별히 진열장을 마련하여 항시 관람할 수 있다.

2-3. 왕궁리 오층석탑 출토 금강경판과 내함·외함.
1965년 왕궁리 유적 오층석탑 사리공에서 사리장엄구가 발견되었다. 금동제 내함에는 길이 14.8센티미터, 너비 17.4센티미터 크기의 경판 19장이 접힌 상태로 금속 띠로 묶인 채 담겨 있었다. 금동제 내함은 주칠금동제 외함에 담겨 있었다.
소장처: 국립중앙박물관

[2–2]

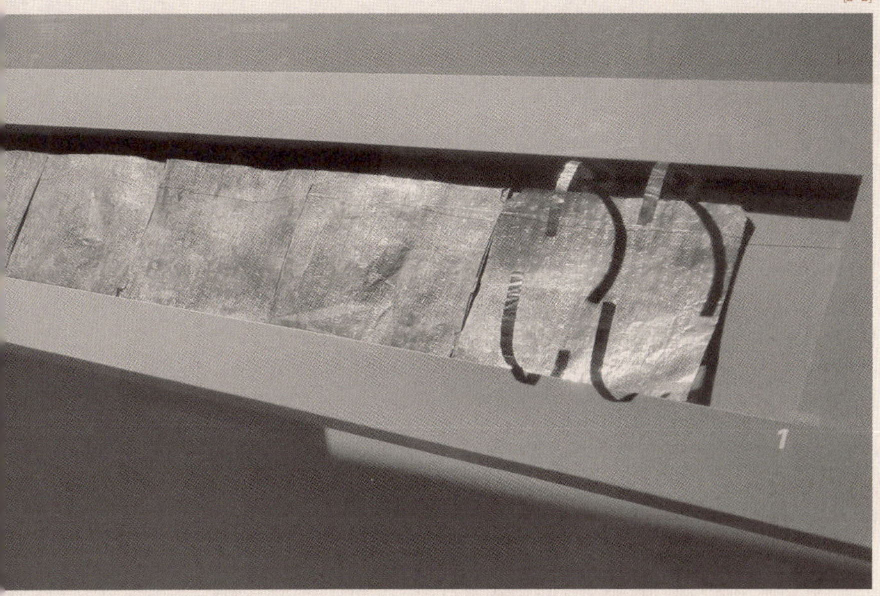

[2–3]

로 금속띠로 묶인 채 금동 내함에 담겨 있었다(도 2-3). 내함은 다시 외함으로 감쌌다. 경첩의 원리를 이용해 종이처럼 말 수 없는 금속판을 접을 수 있도록 고안한 것이다. 간단해 보이지만 당시로서는 고도의 기술과 집중력이 필요한 작업이었다.

금강경판의 연결과 보관 방식은 여러 제본 방식을 응용했다는 점에서도 흥미롭다. 이런 접기 방식은 같은 크기의 야자수 잎을 쌓아서 연결한 패엽경과 비슷하다(도 2-4). 643년경 신라 승려 자장이 중국에서 석가모니의 사리 등과 함께 패엽경을 들여왔다고 하니 패엽경의 제본 방식을 알고 있었을 것이다. 하지만 패엽경의 방식을 그대로 활용할 수는 없었을 것이다. 가로쓰기를 하는 인도어는 긴 야자나무 잎을 가로로 길게 재단하여 쓰기에 유리하지만, 세로쓰기를 하는 한자는 이런 방식에 적합하지 않기 때문이다. 위아래 방향으로 접는 패엽경과 달리 좌우로 접는 방식을 택한 것은 종이를 좌우로 이어 붙여 두루마리 형태로 말았던 당시의 종이 제본 방식을 따랐을 것이다. 종이는 접착제로 이어 붙일 수 있지만 금속판은 그럴 수 없으므로 실을 꿰어 엮은 패엽경처럼 금실을 꿰어 연결하는 방식을 택했을 것이다. 이런 경첩식 형태는, 방식이 조금 다르지만 872~873년 황룡사 탑을 수리하고 그 경위를 기록한 경주 황룡사지 목탑의 찰주본기(목탑 기둥을 세우는 것과 관련된 기록)에서도 볼 수 있다(도 2-5). 이런 방식은 고려시대 사경 제본에 주로 사용한, 병풍처럼 접었다 폈다 할 수 있는 절

2-4. 판차락사 패엽경(다섯 수호여신 패엽경).
다라니경의 일종으로 14세기 말 인도 북동부 지역에서 자생하는 야자나무 잎에 네팔 문자로 필사했다. 야자나무 잎에 불경을 새기고 먹을 입힌 다음 낱장의 잎들을 모아 끈으로 묶는 방식은 금강경판의 연결 방식과 비슷하다.
소장처: 국립세계문자박물관

2-5. 경주 황룡사지 구층목탑 출토 찰주본기.
872~873년 황룡사 구층목탑을 수리하고 그 경위를 기록한 금동판이다.
4장의 금동판을 경첩으로 연결하여 접어서 보관할 수 있도록 제작했다.
소장처: 국립중앙박물관

첩식 제본의 원조격이기도 하다.

이제 왜 금강경을 새겼다고 하지 않고, 담았다고 했는지 설명할 차례다. 금빛으로 빛나는 이 금강경판은 당연히 금으로 만들었다고 생각할 것이다. 지금은 바뀌었지만 문화유산 지정 명칭도 원래는 '금제금강경판'이었다. 하지만 이 금강경판은 순금이 아니라 표면만 금을 입힌 것, 즉 도금한 것이다. 2006년 국립중앙박물관에서 조사해 본 결과 밝혀진 사실이다. 예상하지 못한 일이었다. 도금이라는 사실과 함께 청동이 아니라 은에 도금했다는 사실도 예상밖이었다. 청동에 도금한 금동 유물은 많지만 은에 도금을 한 예는 많지 않기 때문이다.

청동보다 값나가는 은에 도금을 한 이유는 무엇일까? 청동의 경우 동이 부식하여 도금이 떨어져 나가거나 부식된 청동이 도금 위에 덮여 도금층이 잘 유지되지 않는다. 반면 은에 도금하면 도금층이 잘 유지된다. 육안으로 볼 때 금강경판이 순금처럼 보이는 이유도 도금층이 잘 유지되었기 때문이다. 부처님의 말씀을 담은 경판을 번쩍이게 하고 싶지만 19장이나 되는 판을 값비싼 금으로 만들기는 어려웠을 것이다. 청동보다 도금층이 잘 유지되는 은에 도금을 함으로써 이 문제를 해결한 것이다.

순금을 사용하지 않고 은도금을 한 이유는 단순히 순금이 비싸기 때문만은 아니었다. 진짜 이유는 이 금강경판의 제작 방식에 있다. 순금에 글자를 새긴 미륵사지 석탑에서 나온 봉영기와 달리, 이 경판의 글자는 먼저 목판 등에 글자를 새기고 그 위에 금속판을 올려놓은 후 두드려서 글자가 도드라지게 한 것으로 추정한다. 이렇게 하려면 경판이 잘 늘어나야 한다. 청동에 비해 전성展性(얇게 펴지는 성질)과 연성延性(늘어나는 성질)이 더 높은 은이 이 점에서 더 적합한 까닭에 청동이 아니라 은에 도금했을 것으로 추정할 수 있다.

경판에 글자가 도드라지게 만들면서 고려해야 할 문제가 하나 더 있었다. 19장의 경판을 접어서 보관해야 한다는 점이다. 경판에 글자를 새기지 않고 뒷면에서 눌러서 도드라지게 했기 때문에 경판이 무거우면 아래쪽 경판은 위쪽 경판의 무게에 눌려 글자가 내려앉을 수 있다. 이 위험을 없애려면 경판을 최대한 가볍게 만들어야 했다. 실제 이 금강경판 한 장의 두께는 0.15밀리미터로 비슷한 시기에 만든 다른 금속판에 비해 얇다. 이런 점에서도 비중이 낮은 은이 유리하다. 은에 비해 비중이 배나 되는 순금으로 경판을 만들었더라면 이처럼 도드라진 글자가 생생하게 남아 있지 않았을 것이다.

금빛이 나되 글자가 도드라져 보이게 하는 경판을 사용하고, 탑 속에 접어서 넣되 무거워서 글자가 눌리지 않도록 만들어야 한다는 과제. 이 과제에 직면한 당시 사람들은 많이 고민하고 시도하고 실패했을 것이다. 현재의 금강경판이 보여 주듯 결과는 성공적이었다.

제목과 계선

이렇게 정성과 아이디어를 쏟아부어 만든 금강경이 어떤 모습으로 배열되어 있는지 알아 볼 차례다. 먼저 이 경판의 이름을 '금강경판'이라 부르고 경판의 내용이 금강경임을 단번에 알 수 있었던 것은 1행(첫 번째 줄)에 '불설금강반야바라밀경'이라고 되어 있기 때문이다. 바로 제목이다(도 2-6).

오늘날 글이나 책에 제목이 없다는 것은 상상할 수 없는 일이지만 글이나 책에 처음부터 제목이 있었던 것은 아니다. 미륵사지 석탑에서 나온 금속판에 새겨진 기록을 '금제사리봉영기'로 부르지만, 금속판에 이런 제목은 없다. 발견된 후 전문가들이 편의를 위해 적절한 제목을 붙인 것이다. 《논어》와 《맹자》 같은 유교 경전의 제목도 후대 사람들이 붙인 것이다. 공자가 돌아가신 후 제자들이 공자의 언행을 기록한 《논어》는 여러 이름으로 불리다 한나라 시대에 와서 《논어》라는 제목으로 확정되었다. 맹자의 언행을 기록한 《맹자》 역시 맹자 자신이 직접 쓰고 제목을 붙인 것이 아니다. 《맹자》라는 제목은 첫 번째 문장 "맹자견양혜왕孟子見梁惠王"에서 비롯되었을 것이다. 서양에서도 인쇄술이 등장한 후에야 책 내용을 대변하는 제목을 제대로 붙이게 되었다. 제목이 있다는 것은 책으로서의 체계를 갖추었다는 의미로 볼 수 있다.

이 금강경판의 제목이 '불설금강반야바라밀경'이라는 점에 특별히 주목할 필요가 있다. '불설佛說'은 "부처님께서 말씀하셨다"라는 뜻이

[2-6]

[2-7]

2-6, 2-7 왕궁리 오층석탑 출토 금강경판, 권수제와 권미제.
왕궁리 오층석탑 금강경판의 첫 번째 판(2-6).
1행에 제목 '불설금강반야바라밀경'이 새겨져 있다.
금강경판의 마지막 판(2-7) 마지막 행에도 제목 '불설금강반야바라밀경'이 새겨져 있다.
앞의 것을 권수제 또는 권두제, 마지막 제목을 권미제, 권말제라고 한다.
소장처: 국립중앙박물관

다. 대부분의 경전이 그러하듯 불경 역시 부처님이 돌아가신 후 제자들이 그 말씀을 기억했다가 기록한 것이다. 여러 불경에서 "여시아문如是我聞", 즉 "나는 이렇게 들었다"로 문장을 시작하는 것은 이 때문이다. 하지만 금강경의 제목을 '금강반야바라밀경', '금강반야경'이라고 한 예는 종종 있지만 앞에 '불설'을 붙인 경우는 거의 없다. 제목에 '불설'을 덧붙인 것은 부처님의 말씀임을 강조함으로써 경전에 권위를 더하고자 함이라고 해석하기도 한다. 이 특별한 제목은 이 금강경판이 오늘날 널리 통용되는 《금강경》과 다른 계통임을 짐작하게 한다.

경판의 맨 마지막에 '불설금강반야바라밀경'이라는 제목이 한 번 더 나온다. 책 제목은 표지에 나와야 마땅하다고 여기겠지만, 오늘날의 책 표지와 같은 모습의 표지는 종이책이 나오고도 한참이 지난 후 등장했다. 그전에는 본문 앞에 제목을 넣고, 이 금강경판처럼 본문 마지막에 제목을 한 번 더 넣었다(도 2-7). 앞에 있는 제목을 권두제卷頭題, 권수제卷首題, 말미에 쓴 제목을 권말제卷末題, 권미제卷尾題라고 한다.

본문의 앞과 뒤에 각각 제목이 필요했던 이유는 오늘날의 책과 달리 초기의 책은 가로로 이어 붙인 종이를 목간처럼 말고 펴는 두루마리 형태였기 때문이다. 권卷이라는 글자 자체가 '말다'라는 뜻이다. 두루마리는 말았다 폈다를 반복하며 내용을 확인해야 하니, 글이 끝나는 부분에 명확한 표시가 있는 편이 편리하다. 하나의 두루마리에 몇 가지 내용(장·절)이 기록되어 있다면, 더더욱 장·절이 끝나는 부분에 표식이 필요하다. 금강경판은 두루마리 형식이 아니지만, 당시 두루마리 종이 형식에 사용했던 제목 쓰기 방식을 그대로 따른 것이다. 권수제와 권미제를 쓰는 전통이 얼마나 강고했던지, 두루마리 제본을 사용하지 않게 된 후에도 권수제는 물론 권미제까지 계속 표기했으며, 책을 세는 단위로서의 권은 오늘날까지 사용되고 있다.

이제 본문은 어떻게 배치되었는지 살펴보자. 제목 다음 2행부터 시작되는 본문을 자세히 보면 행과 행 사이에는 약 1센티미터 간격으로 새긴 세로줄이 있다. 글자는 그 가운데 위치하고 있다. 이 세로줄을 계선界線이라고 한다. 행과 행을 경계 짓는 선이라는 뜻이다. 대부분의 고서에서 확인할 수 있는 계선은 글자를 가지런히 배열하기 위한 장치다. 가로줄이 일정한 간격으로 인쇄된 오늘날의 노트를 떠올리면 쉽게 이해할 수 있다. 지금은 가로쓰기를 하니까 가로줄이 인쇄되어 있지만 여기서는 세로쓰기를 했으므로 세로줄을 그은 것이다.

1행에 들어간 글자 수는 약간의 예외가 있지만, 대부분 17자로 일정하다. 한자로 된 글은 대부분 한 행에 들어가는 글자 수가 일정하다. 글자가 없는 빈칸도 글자 수에 포함한다. 이렇게 하려면 한 글자에 할당되는 공간이 기본적으로 같아야 하는데, 한자는 글자 하나가 하나의 뜻을 담고 있는 표의문자이기에 가능했을 것이다. 물론 처음부터 그랬던 것은 아니며, 가독성을 높이는 방법을 찾아가는 과정에서 이런 방식이 정착했을 것이다. 한 행의 글자 수뿐 아니라 경판 하나에 들어간 행 수도 마지막 판을 제외하고는 17행으로 일정하다. 같은 크기의 경판에 같은 간격으로 글자를 넣었으니 일정할 수밖에 없다. 이 금강경은 한 경판에 17행 17자를 넣은 것이다. 이를 행자수(行字數)라고 한다. 행자수를 표기하는 방식은 고서의 형태에 따라 다르지만, 서지 정보에 행자수가 반드시 들어가는 것은 이처럼 한 면에 들어가는 행자수가 일정하기 때문이다.

경판에는 위아래에 가로선도 이어져 있다. 선을 기준으로 위아래 여백은 거의 비슷하다. 이 선에서 삐져나온 글자가 간혹 있지만 대부분은 위아래 선의 범위를 벗어나지 않는다. 이 역시 글자의 위아래 선이 가지런하도록 한 장치인 것이다. 위아래 선 역시 대부분의 고서에서 확인할 수 있다.

이 금강경판의 형식은 오늘날 남아 있는 고려시대 사경의 형식과 닮은 점이 많다. 재료는 금속과 종이로 각각 다르지만 접어서 보관하는 방식도 비슷하다. 왕궁리 오층석탑 근처에 있는 백제의 절터 제석사지 탑에 봉안된 사리유물과 관련된 문헌 자료 중에 "동을 종이로 삼아 금강반야경을 썼다以銅作紙 寫金剛般若經"는 내용이 있다. 당시 금속판으로 불경을 제작하는 일이 종종 있었던 모양이지만, 남아 있는 것은 오직 이 금강경판뿐이니 학술적으로도 흥미롭고 귀한 자료임에 틀림없다.

문단 나누기

책을 펼쳤을 때 한 페이지가 하나의 문단으로 되어 있다고 상상해 보자. 읽기도 전에 질려 버릴 것이다. 글을 내용에 따라 일정한 단락으로 나누는 문단 나누기는 독자가 글을 이해하고 계속 읽도록 유도하는 중요한 장치다. 문단 나누기는 근대에 와서야 등장했을 것 같지만, 그 역사는 의외로 길다. 오늘날에도 문단 나누기에 일정한 규칙은 없지만, 옛 기록의 문단 나누기는 더욱 다양하다. 시기마다, 기록의 내용에 따라, 편찬자에 따라 나누는 구절도 표현 방식도 다르다.

문단 나누기는 보통 한 문장이 끝난 다음 한 줄을 다 채우지 않고 다음 줄로 바꿔 쓰는 방식으로 표시한다. 컴퓨터로 문서를 작성하는 요즘에는 엔터키를 치면 문단이 저절로 나누어진다. 문단이 달라졌음을 명확히 나타내려고 보통 첫 문단은 한두 자 들여쓰기를 한다. 어떤 책에서는 들여쓰기 대신 서양 고서의 두문자頭文字(initial) 장식처럼 문단의 첫 글자의 크기를 키우는 등 특별한 방식으로 표시하기도 한다.

이 금강경판에도 오늘날의 문단 나누기와 같이 1행 17자를 다 채우지 않고 행을 바꾼 곳이 있다. 오른쪽부터 세로쓰기로 표기했으므로 행을 다 채우지 않고 왼쪽 행으로 옮긴 점이 다를 뿐이다. 행을 바꿨다는 것은 앞의 행과 다름을 시각적으로 표현하려는 의도일 것이다. 이것이 오늘날 우리가 알고 있는 문단을 나눈 표시일까? 문단 나누기라면 기준은 무엇일까? 이 의문을 해결하려면 내용에 따라 단락을 확실히 나눈 《금강경》과 비교해 볼 필요가 있다.

오늘날 가장 널리 통용되는 《금강경》은 중국 오호십육국의 하나인 후진後秦(402~412) 시대에 쿠차의 승려 구마라집鳩摩羅什(344~413)이 한문으로 번역한 것이다. 1회 〈법회인유분法會因由分〉부터 32회 〈응화비진분應化非眞分〉까지 32장章(Chapter)으로 구성되어 있다. 장이 시작하는 곳에 제목이 있고 한 장이 끝나면 행을 바꾸어 다음 장이 시작된다. 이런 것을 분장分章이라고 한다.

이 금강경판의 내용, 즉 글자를 구마라집이 번역한 《금강경》과 대조해 보니 대체로 일치한다. 단락 앞에 제목이 없기는 하지만 문단을 나눈 부분 역시 구마라집 번역본과 대체로 일치한다. 이 경판의 문단 나누기는 분장分章을 의미하는 것으로 해석할 근거가 생겼다. 그런데 하나하나 자세히 대조해 보니 완전히 일치하지는 않는다. 예를 들어 구마라집이 번역한 《금강경》의 1장과 2장이 이 금강경판에서는 한 장으로 합쳐져 첫 번째 단락이 되었다. 반대로 구마라집이 번역한 《금강경》에서 14장에 해당하는 부분은 두 단락으로 나누어져 있다. 20번째 단락(구마라집 《금강경》의 21장)은 뒤에 상당 부분 누락되어 있기도 하다.

왜 이런 차이가 발생했는지 설명하려면 《금강경》의 '분장'부터 설명해야 할 것 같다. 앞서도 말했지만 불경은 부처님이 쓴 것이 아니라 돌아가신 후 제자들이 생전에 하신 말씀을 기억하고 적은 것이다. 처음에는 제자들이 모여서 주기적으로 암송을 했다. 이를 '결집'이라 한다. 부처님이 돌아가신 후 시간이 너무 많이 흘러 암송으로 전수하는 데 한계에 이르자 기억한 내용을 문자로 기록하게 된 것이다.

최초의 불경은 부처님이 태어나신 지역에서 사용했던 문자로 기록되었다. 불교가 중국에 전파됨에 따라 불경을 한문으로 번역할 필요가 있었다. 문화도 다르고 언어체계도 달라 불경을 한문으로 번역하기란 쉬운 일이 아니었다. 내용의 이해도에 따라 번역의 수준도 다르다. 중국에 들어온 불경은 여러 차례 번역이 되었다. 《금강경》은 구마라집이 최초로 한문으로 번역했고 이 번역본이 가장 널리 통용되고 있지만, 이후에도 여러 차례 번역되었으며 중요 번역만도 총 6차례 이루어졌다고 한다. 번역자나 시기에 따라 내용이 조금씩 다르며, 분장 방식 역시 누가, 언제 번역했느냐에 따라 차이가 있다. 부처님이 처음부터 장을 나누어 설법한 것이 아니라 번역이나 편집 과정에서 분장을 했기 때문이다.

사실 구마라집이 번역한 《금강경》을 32장으로 나눈 사람은 구마라집이 아니라 그가 《금강경》을 번역한 후 약 1세기가 지난 남조 양梁(502~557)의 소명태자昭明太子(501~531)라고 한다. 구마라집 번역본에는 없던 각 장의 제목도 이때 붙였다. 《금강경》 중에는 29장으로 나눈 것도 있고 아예 분장이 없는 것도 있다. 문단 나누기는 언제나 정답이 없는 듯하다.

그렇다면 이 금강경판은 몇 장으로 나누었을까? 오늘날 통용되는 구마라집이 번역한 32분장 《금강경》과 비교해 보니 31장으로 나누어져 있다. 앞서 '불설금강반야바라밀경'이라는 제목이 특별하다고 했는데, 《금강경》을 31장으로 나눈 예도 드물다. 이 금강경판이 일반적으로 통용되는 《금강경》과 다른 계통임을 다시 한번 확인할 수 있다.

31장으로 나누었으니 단락 역시 당연히 31개로 나누었으라 짐작하겠지만, 금강경판의 단락 수는 권수제와 권미제를 빼고 총 33단락이다. 말하자면 엔터키를 33번 누른 셈이다. 사실 32분장 《금강경》도 내용을 32개로 나눈 것이지 단락이 32개인 것은 아니다.

내용은 31장으로 구분되는데 단락은 33개인 이유는 무엇일까? 해답은 장을 구분하는 곳 외에도 행 바꾸기, 즉 단락 나누기를 한 곳이 있기 때문이다. 26번째 단락(16판)이 그런 경우다(도 2-8). 25번째 단락의 마지막은 '언言' 한 글자로 끝나고 26번째 단락으로 이어지는데, 이 단락은 다른 행이 17자인 것과 달리 "약이색견아 이음성구아 시인행사도 불능견여래若以色見我 以音聲求我 是人行邪道 不能見如來" 총 20자다. 5자 단위로 한 칸을 비웠으니 비운 칸까지 합치면 23자가 된다. 17자가 들어갈 곳에 23자를 넣다 보니 아래위 글자 간격이 다른 행에 비해 좁다. 이 부분은 현재 통용되는 《금강경》 26장 〈법신비상분法身非相分〉의 마지막 부분이다. 마지막 경판에 두 번째 행 "일체유위법 여몽환포영 여로역여전 응작여시관一切有爲法 如夢幻泡影 如露亦如電 應作如

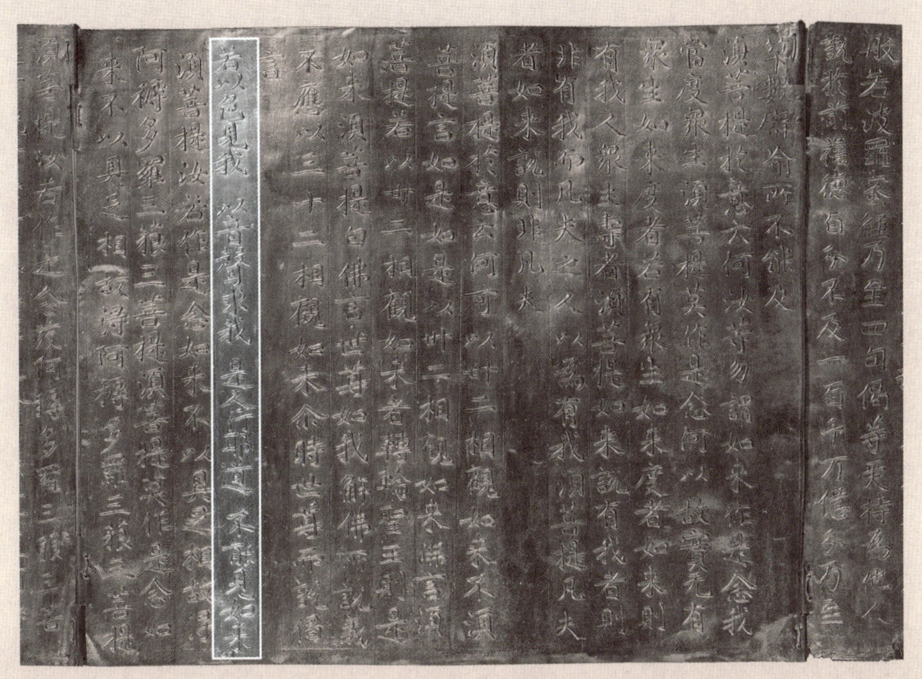

2-8. 왕궁리 오층석탑 출토 금강경판 16번째 판.
25번째 단락의 마지막은 '언言' 한 글자로 끝난다.
이어지는 26번째 단락은 다른 행이 17자인 것과 달리 총 20자를 5자 단위로 배치하여
본문과 다른 게송임을 시각적으로 확인할 수 있다.
소장처: 국립중앙박물관

是觀" 역시 5자 단위로 한 칸씩 비워 총 20자를 넣었는데,《금강경》32장 〈응화비진분〉의 일부다.

내용상 단락을 나눌 곳이 아닌데 단락을 나누고, 행자수도 달리한 이유는 이 두 부분이 게송偈頌이기 때문이다. 게송은 불경에서 부처님의 공덕이나 가르침을 찬양하는 노래 형식의 한시다. 노래 부분이라는 점을 각인시키는 시각적 효과를 위해 이런 변형을 적용한 것이다. 불경을 읽을 때 게송 부분은 그냥 읽지 말고 가락을 넣어 노래로 부르라는 신호일 것이다. 게송 부분에서 단락과 상관없이 행을 바꾸는 것은 불경에서 흔히 보이는 일종의 규칙이다.

2-9.《대방광불화엄경》.
감색 종이에 금먹으로 쓴《대방광불화엄경》의 게송 부분. 위 아래 2단으로 7자씩 가지런히 쓴 게송이 길게 이어지는 부분은 질서정연한 화려함을 보여 준다.
소장처: 국립중앙박물관

從身語意之所生　一切我今皆懺悔
十方一切諸衆生　二乘有學及無學
一切如來與菩薩　所有功德皆隨喜
十方所有世間燈　最初成就菩提者
我今一切皆勸請　轉於無上妙法輪
諸佛若欲示涅槃　我悉至誠而勸請
唯願久住刹塵劫　利樂一切諸衆生
所有禮讚供養福　請佛住世轉法輪
隨喜懺悔諸善根　迴向衆生及佛道
我隨一切如來學　修習普賢圓滿行
供養過去諸如來　及與現在十方佛
未來一切天人師　一切意樂皆圓滿
我願普隨三世學　速得成就大菩提
所有十方一切刹　廣大清淨妙莊嚴
衆會圍遶諸如來　悉在菩提樹王下
十方所有諸衆生　願離憂患常安樂
獲得甚深正法利　滅除煩惱盡無餘
我爲菩提修行時　一切趣中成宿命
常得出家修淨戒　無垢無破無穿漏
天龍夜叉鳩槃荼　乃至人與非人等
所有一切衆生語　悉以諸音而說法
勤修清淨波羅蜜　恒不忘失菩提心

2–10. 《태조실록》(정족산 사고본). 왕을 지칭하는 글자를 시작할 때 내용과 상관없이 행을 바꾸는 것을 '개행改行'이라고 한다. 이때 이 글자들은 다른 글자보다 1~2칸 올려 배치한다. 《태조실록》에는 태조의 '太', 태조의 성 '李', 태조를 지칭하는 '公'을 다른 글자보다 1칸 올려 배치했다. 소장처: 서울대학교 규장각한국학연구원

雲觀所藏秘記有建木得子之說又有王氏滅
李氏興之語終高麗之季秘而不發至是乃見又有早明之語人莫諭其意及
國號朝鮮然後乃知早明卽朝鮮之謂也宜州有大樹枯朽累年先開國一
年復條達敷榮時人以爲開國之兆又
太祖在潛邸嘗至侍中慶復興之第復興迎入使其妻出見禮意甚至且屬其
子孫曰吾之豚犬惟
公將庇之煩
公幸勿忘每待之必尊異
太祖武臣征討出外則復興每告曰東韓社稷將歸 掌握毋憚汗馬之勞克
成鎭國之功嘗有相命師惠澄私謂其所親曰吾相人之命多矣無如
李太祖舊諱者所親問曰命雖善位極於冢宰耳澄曰若冢宰何足道哉吾之所相
者君長之命也其代王氏而必興乎又三軍蒐于新京之地

太祖實錄卷第一

五十二

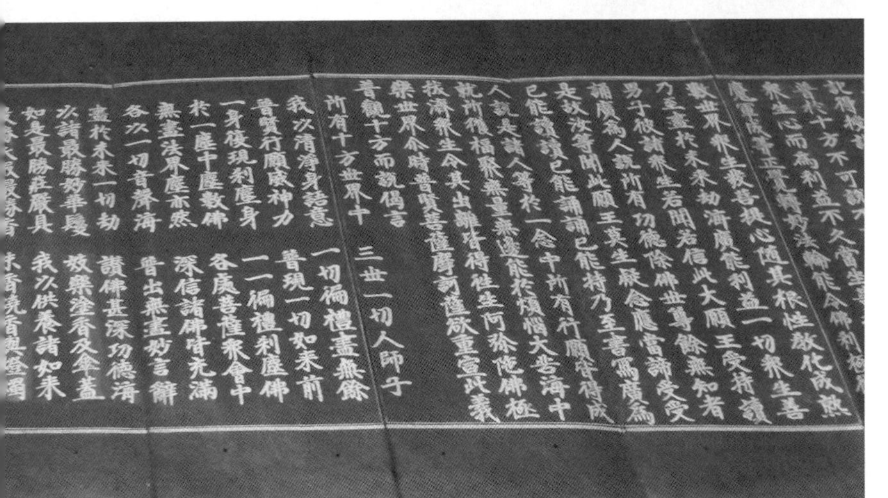

이런 시각적 효과는 글자가 두드러지지 않고 게송도 두 곳밖에 없는 이 금강경판에서는 잘 드러나지는 않지만, 금이나 은으로 쓴 고려시대 사경에서는 한눈에 드러난다. 특히 위아래 2단씩 가지런히 쓴 게송이 길게 이어지는 부분은 질서정연한 화려함에 절로 눈길이 간다(도 2-9). 불경의 게송뿐 아니라 4자, 5자, 7자 등으로 구절을 이루는 한시나 노래에는 행을 바꾸고 구절 사이에 간격을 두어 구분하는 방식은 이후에도 널리 사용되었다.

고서나 옛 기록에는 내용을 구분하기 위해서도, 노래 가사와 같이 문장의 형식이 바뀌는 것을 시각적으로 표시하기 위해서가 아님에도 행 바꾸기, 즉 개행改行을 하는 경우도 있다. 왕을 뜻하는 상上, 전하殿下 같은 글자를 시작할 때 내용과 상관없이 행을 바꾸는 경우다. 이때 이 글자들은 다른 글자보다 1~2칸 올려 배치한다(도 2-10).

행 바꾸기는 오늘날 문단 나누기와 똑같은 기능을 한 것은 아니다. 하지만 옛사람들도 나름의 글쓰기 규칙에 따라 글을 쓰고 독자를 생각해서 가독성을 높이려고 노력했던 흔적들이다. 고서를 볼 때 내용을 다 읽지 못하더라도, 이런 부분을 찾아보는 것 역시 옛 기록을 이해하는 방식의 하나이자 재밋거리가 될 수 있다.

‖ 더불어 읽기 ‖

: 안평대군과 《금강경》

《금강경》은 삼국시대에 불교 전파와 함께 한반도에 전래된 후 수없이 필사되거나 인쇄되었겠지만, 남아 있는 《금강경》은 다른 불경에 비해 그리 많지 않다. 특히 필사본은 알려진 것이 거의 없다. 그런데 국립중앙박물관에 예사롭지 않은 필사본 《금강경》이 하나 있다.

52면을 병풍처럼 접은 형태로 표지부터 예사롭지 않다. 흰색 비단 표지에 '비해당서법匪懈堂書法'이라고 썼다(도 2-11). '비해당'은 세종의 아들 안평대군安平大君(1418~1453)의 호다. 비해당서법은 안평대군의 글씨라는 뜻이니 표지만으로는 어떤 내용인지 알 수 없다. 표지를 넘기면 두터운 흰종이에 금먹으로 위아래 가로선, 세로로 계선을 그리고, 글씨까지 금먹으로 정성스레 쓴 본문이 나온다. 첫 번째 행의 제목 '금강반야바라밀경'이 《금강경》을 필사한 것임을 말해 준다(도 2-12). 마지막 장 앞면에는 금먹으로 섬세하게 그린 신장상神將像이 있다(도 2-13). 두터운 종이, 값비싼 금먹, 섬세한 그림 솜씨, 비단 표지까지. 한눈에 봐도 고급스럽고 우아하다. 안평대군이 직접 쓴 《금강경》일까?

본문 마지막에 본문과 같은 필체로 《금강경》을 만든 시기와 목적을 기록했다(도 2-14). "경태 원년(1450) 경오년 5월에 신빈 김씨가 세상을 떠난 막내아들 담양군潭陽君 회간공懷簡公 거璖의 극락왕생을 기원

2-11. 《금강반야바라밀경》의 표지.
'비해당서법匪懈堂書法'이라고 써 있다.
'비해당'은 세종의 아들 안평대군의 호다.
비해당서법은 안평대군의
글씨라는 뜻이다.

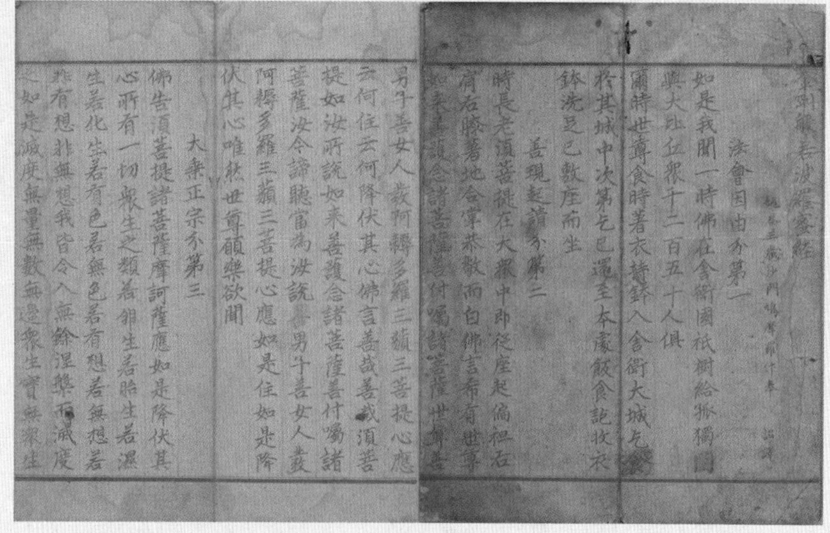

剛般若波羅蜜經
姚秦三藏沙門鳩摩羅什奉 詔譯
法會因由分第一
如是我聞一時佛在舍衛國祇樹給孤獨園
與大比丘衆千二百五十人俱
爾時世尊食時著衣持鉢入舍衛大城乞食
於其城中次第乞已還至本處飯食訖收衣
鉢洗足已敷座而坐
善現起請分第二
時長老須菩提在大衆中即從座起偏袒右
肩右膝著地合掌恭敬而白佛言希有世尊
如來善護念諸菩薩善付囑諸菩薩世尊善
男子善女人發阿耨多羅三藐三菩提心應
云何住云何降伏其心佛言善哉善哉須菩
提如汝所說如來善護念諸菩薩善付囑諸
菩薩汝今諦聽當為汝說善男子善女人發
阿耨多羅三藐三菩提心應如是住如是降
伏其心唯然世尊願樂欲聞
大乘正宗分第三
佛告須菩提諸菩薩摩訶薩應如是降伏其
心所有一切衆生之類若卵生若胎生若濕
生若化生若有色若無色若有想若無想若
非有想非無想我皆令入無餘涅槃而滅度
之如是滅度無量無數無邊衆生實無衆生

2-12. 《금강반야바라밀경》 권수제 부분.
1행에 제목 '금강반야바라밀경', 2행에는 본문 글자 크기보다 작은 글씨로
'요진삼장사문구마라집봉 조역姚秦三藏沙門鳩摩羅什奉 詔譯'이라고 번역자를 명기했다.
3행에는 1장의 제목을 먼저 썼다. 금강경판에 비해 책으로서의 체제가 훨씬 잘 갖춰져 있다.
소장처: 국립중앙박물관

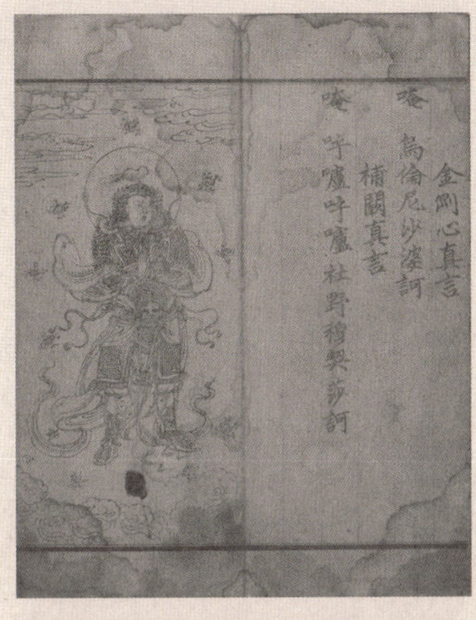

金剛心真言
唵 烏倫尼沙婆訶
補闕真言
唵 呼嚧呼嚧社野穆契莎訶

2-13.
《금강반야바라밀경》의 신장상.
마지막 장 앞면에는 금먹으로
섬세하게 그린 신장상神將像이 있다.
값비싼 금먹, 섬세한 그림 솜씨,
비단 표지까지 고급스럽고 우아하다.
소장처: 국립중앙박물관

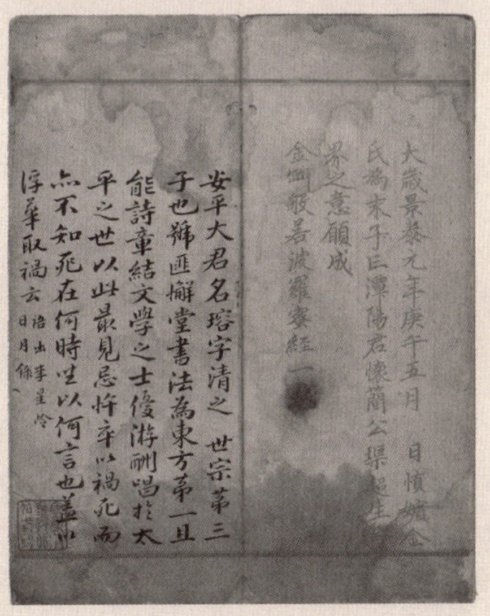

大歲景泰元年庚午五月 日慎嬪金
氏爲末子巨潭陽君懷簡公璖超生
界之意願成
金剛般若波羅蜜經一

安平大君名瑢字清之 世宗第三
子也稱匪懈堂書法爲東方第一且
能詩章結文學之士優游酬唱於太
平之世以此最見忌忤卒以禍死而
亦不知死在何時生以何言也蓋此
浮華取禍云

2-14.《금강반야바라밀경》의 제작 기록.
본문 마지막에 1450년 신빈 김씨가 세상을 떠난 막내아들
담양군潭陽君 회간공懷簡公 거璖의 극락왕생을 기원하며 만들었다는 기록이 있다.
이어지는 뒤표지 안쪽 백지에 소장자가 검은 먹으로 쓴 글씨가 있다.
소장처: 국립중앙박물관

하며 금강반야바라밀경을 만들었다"는 기록이다. 담양군 이거는 1450년 사망한 세종의 서자다. 회간은 그의 시호다. 어머니는 세종의 후궁 신빈 김씨다. 담양군이 12세 어린 나이로 죽자 어머니 신빈 김씨가 아들의 명복을 빌고자 《금강경》을 만든 것이다. 왕실에서 만든 불경이라 이처럼 화려하고 고급스러운 것이다. 여기에는 글씨를 쓴 사람이 누구인지는 기록하지 않았다. 담양군이 안평대군의 이복동생이니 안평대군이 직접 썼을 가능성도 없지 않다. 하지만 안평대군의 글씨가 거의 남아 있지 않아 확인하기 어렵다.

표지의 '비해당서법' 글씨는 누가 왜 썼을까? 뒤표지 안쪽 백지에 검은 먹으로 쓴 글씨가 단서를 제공한다. 마지막에 찍은 도장 "안동인김교행백삼인安東人金教行伯三印"으로 김교행(1712~1766)이 쓴 글임을 알 수 있다(도 2-14). 내용은 안평대군에 대한 간략한 소개인데 "호는 비해당, 서법은 동방의 제일"이라는 구절이 있다. 어쩌면 김교행이 이 《금강경》의 글씨를 비해당이 쓴 것으로 보고 표지에 '비해당서법'이라고 썼는지 모르겠다.

안평대군이 쓴 것인지 알아내는 일도 중요하고 흥미롭지만, 1450년에 만든 이 《금강경》이 이보다 수백 년 전에 제작한 왕궁리 오층석탑 출토 금강경판과 어떻게 다른지 관찰하는 것도 책을 보는 재미이자 책이 발전해 온 여정을 보는 방법이다. 금속판과 종이, 두 《금강경》의 재질은 다르지만, 병풍처럼 접어서 보관하는 방식은 비슷하다.

위아래 선과 계선, 1행에 17자를 넣은 것 등 글자 배열 방식 역시 기본적으로 같다. 하지만 다른 점도 많다. 우선 제목이 다르다. 금강경판의 제목에 있던 '불설'이 빠진 '금강반야바라밀경'이다. 앞서 언급했듯이 '불설'이라는 제목이 있는《금강경》은 거의 없다. 제목의 차이에서 두《금강경》이 다른 계통임을 짐작할 수 있다.

제목 다음 2행에는 본문 글자 크기보다 작은 글자로 "요진삼장사문구마라집봉 조역姚秦三藏沙門鳩摩羅什奉 詔譯"이라고 번역자를 명기했다(도 2-12). 구마라집이 중국 오호십육국 시대 후진 황제 요흥姚興의 명으로 번역했으므로 쿠차 출신 구마라집의 국적을 요진姚秦으로 표기했다. 반면 금강경판에는 제목과 번역자에 대한 정보가 없다. 구마라집 번역이 명기된《금강경》과 비교하여 구마라집이 번역한 것으로 추정할 뿐이다. 번역자를 명기한 책이 더 진화한 책이다. 뒤에 소개하는 통일신라 시대《화엄경》에 번역자가 명기되어 있으니 이런 진화는 일찌감치 일어났다.

가장 다른 점은 금강경판에는 없는 분장별 소제목이다. 번역자 다음 3행의 "법회인유분제일法會因由分弟一"이 첫 번째 분장의 소제목이다. 소제목은 32까지 나온다. 제목은 없고 문단만 나눈 금강경판에 비해 훨씬 눈에 잘 들어온다. 앞서 설명했듯《금강경》을 32분장으로 나눈 것도, 제목을 붙인 것도 구마라집이 아니라 남조 양나라의 소명태자다. 소제목을 붙인 것 역시 한 단계 진화한 책의 모습이다.

돌에 새긴 책
_대낭혜화상탑비

남아 있는 가장 큰 신라 비석

서해안의 대표 해수욕장인 대천해수욕장은 여름이면 보령 머드축제가 열리는, 충남 보령시의 대표 관광지다. "보령에서 가볼 만한 곳"을 검색하면 대천해수욕장을 비롯해 주변의 여러 섬이나 자연경관이 좋은 곳이 주로 소개되어 있다. 이런 명소도 좋지만, 보령에 간다면 꼭 들러보기를 권하고 싶은 곳이 있다. 대천해수욕장에서 16킬로미터 정도 떨어진 곳에 있는 성주사지라는 절터다. 절도 아니고 절터에 무슨 볼거리가 있을까 싶지만, 이 절터는 보령시 소재 국보, 보물 5점이 다 모여 있는 곳이다. 절터 자체도 사적으로 지정되어 있다. 절터라니 황량할 것 같지만 성주산(숭엄산) 아래 펼쳐진 9천여 평의 반듯하고 너른 평지가 고즈넉한 분위기로 마음을 끈다. 지금은 절의 흔적만 남아 있지만, 전성기에는 승려가 2천 명이 넘는 큰 절로 통일신라 시대 선교 9산 중 하나인 성주산문의 중심지였다. 절터에 있는 성주사지천년역사관에서 성주사의 역사와 원래 규모를 확인할 수 있다.

절터에는 통일신라 오층석탑을 비롯한 4기의 석탑이 남아 있다. 모두 보물로 지정되어 있다. 이외에도 충청남도 유형문화유산인 성주사지 석등, 고려 말~조선 초에 만들었다는 불상이 하나 서 있다. 불당(금당) 터에는 불상은 없어지고 불상이 앉았던 좌대만 남아 있는데, 좌대의 규모만으로도 원래 불상의 크기와 절의 규모가 얼마나 컸는지 짐작할 수 있다.

절터에 도착하면 석탑, 불상의 실루엣과 함께 절터 서북쪽에 치우친 전각이 하나 보인다. 절터의 가장 중요한 문화재이자 보령시 유일의 국보이자 이 글의 주인공이 이 전각에 모셔져 있다. 보령 성주사지 대낭혜화상탑비(이하 낭혜화상탑비), 성주사를 창건한 승려 낭혜화상朗慧和尙(800~888)을 기념하기 위해 세운 비석이다(도 3-1). 부처님의 사리를 탑에 모셨듯이 고승들도 돌아가시면 화장을 하고 그 유골을 매장하여 탑(부도)을 세웠다. 아울러 탑에 모신 승려를 기리기 위해 탑비를 세웠다. 불교가 성행했던 통일신라와 고려에서는 유명한 고승이 입적했을 때 탑과 탑비를 세웠고, 오늘날에도 꽤 많이 남아 있다. 낭혜화상탑비 내용 중에 낭혜화상이 돌아가신 2년 후 탑을 세웠다는 기록이 있지만, 현재 탑은 없고 탑비만 남아 있다.

비의 높이는 263.8센티미터, 폭은 156.6센티미터다. 비석을 받친 받침돌부터 비석 위의 머릿돌까지 총 길이는 455센티미터나 된다. 워낙 너른 벌판에 놓여 있어 규모를 실감하기 어렵지만, 통일신라 시대 돌로 만든 비석 가운데 가장 큰 것이다. 거북 모양의 받침돌 머리와 몸체 일부가 파손되기는 했지만, 받침돌과 머릿돌의 장식도 예사롭지 않다.

이처럼 큰 돌로 비석을 만들려면 이보다 큰 원석이 필요하다. 원석을 운반하여 직사각형으로 반듯하게 자르고 평면을 다듬은 다음 글자나 문양을 새기고 조각하는 과정은 오늘날에도 보통 어려운 일이 아니다. 그래서 초기의 돌에 새긴 자료는 원석 모양이 그대로 드러나기도 하고, 표면이 매끄럽게 다듬어지지 않은 경우도 많다.

이런 어려움에도 불구하고 종이가 발명된 후에도, 심지어 오늘날까지도 돌은 서사 재료로 여전히 사용되고 있다. 돌이 오랫동안 변하지 않고, 야외에 세워 두면 많은 사람들이 볼 수 있기 때문이다. 특히 고대에는 웅장한 크기의 비석은 사람들을 압도하고, 비석 주인공에게 권위를 부여하고 경외심을 불러일으켰을 것이다.

이렇게 큰 돌로 비석을 만들고 받침돌과 머릿돌을 화려하게 조각했다는 것은, 탑비의 주인공인 낭혜화상이 예사롭지 않은 사람이라는 뜻일 것이다. 비석에 새긴 글에 따르면 낭혜화상은 태종무열왕의 8대손이다. 13세에 출가하였으며, 법명은 무염無染이다. 당나라에서 불교를 공부한 후 귀국하여 성주사에 40여 년 동안 머물면서 명성을 떨쳤

3-1. 보령 성주사지 대낭혜화상탑비.
비의 높이는 263.8센티미터, 폭은 156.6센티미터이다. 비석을 받친 받침돌부터 비석 위의 머릿돌까지 총 길이는 455센티미터나 된다. 통일신라 시대 돌로 만든 비석 가운데 가장 큰 것이다.
사진 출처: 국가유산청

碑

다. 통일신라 두 임금 경문왕과 헌강왕이 스승으로 모시며 국사國師 지위를 주었다. 국사는 당시 승려로서 최고의 지위였다.

이 비석을 유명하게 만든 또 하나의 요소는 비문의 글이 당나라까지 이름을 날렸던 대문장가 최치원崔致遠(857~?)이 지은 사산비명 중 하나라는 점이다. 최치원의 뛰어난 문장과 사상, 신라 하대의 사회상을 잘 보여 주는 자료로 역사학, 한문학, 사상사 등 다양한 방면에서 연구가 이루어져 왔다. 국사편찬위원회, 국립문화유산연구원 홈페이지 등에서 비문 탁본을 디지털 자료로 볼 수 있다. 비문의 원문, 번역문, 해제 등을 다양하게 탑재하여 누구나 이용할 수 있도록 해놓았다. 이 글 역시 이런 자료와 연구 성과들의 도움 없이는 쓸 수 없었다.

이 자료의 역사적·문학적 가치 등은 관련 전문가들에게 미루어 두고 여기서는 책이라는 관점에서 이 비문을 들여다보고자 한다. 그동안 보지 못했던, 보았으되 주목하지 않았던 흥미로운 점들, 재질이 다를 뿐 책이 갖추어야 할 요소가 이 비석에 이미 갖추어져 있음을 발견하게 된다.

3-2. 보령 성주사지 대낭혜화상탑비의 비면 탁본.
세로 263.8센티미터, 폭 156.6센티미터나 되는 비석의 한 면을
가로 58자, 세로 96자의 커다란 원고지 한 장처럼 사용했다.
소장처: 성균관대학교박물관

有唐新羅國故 兩朝國師敎諡大朗慧和尚白月葆光之塔碑銘 幷序

58×96자의 원고지

컴퓨터의 문서 작성기로 글을 쓰는 요즘에는 보통 A4 용지 단위로 글의 분량을 헤아린다. 글을 쓰기 전에 글자 크기, 줄 간격, 여백 등을 미리 정하면 문서 작성기가 알아서 줄과 칸을 맞춰 주며, 문단 수와 글자 수도 알아서 계산해 준다. 그 전에 손으로 글을 쓰던 시절에는 주로 200자 또는 400자 원고지를 사용했다. 200자 원고지는 가로 20칸 세로 10칸, 400자 원고지는 가로 20칸 세로 20칸으로 이루어져 있다. 컴퓨터로 작성한 글에서도 메뉴에서 문서정보를 보면 200자 원고지 기준으로 원고의 장수, 글자 수, 문단 수 등이 자동으로 계산되어 원고지는 지금도 유효하다.

원고지는 일본에서 처음 나온 것이라고 하지만 가로·세로 글자 수를 각각 일정하게 맞추는 글쓰기는 종이에 글을 쓰기 훨씬 이전부터 존재했다. 앞서 소개한 익산 왕궁리 오층석탑 출토 금강경판이 그런 경우다. 세로선만 있고 가로선은 없지만, 19장으로 이루어진 경판 하나하나가 가로 세로 각 17자로 구획된 원고지 1장과 같다고 볼 수 있겠다. 가로선을 넣지 않은 이유는 세로쓰기 방식에서 가로보다는 세로선이 더 필요했기 때문일 것이다. 좁은 공간에 가로·세로 선을 다 넣었다면 여백이 없어 오히려 가독성이 떨어졌을 것이다.

이런 관점으로 이 비문에 새긴 글자를 한번 살펴보자. 비면에 구획선은 없지만, 가로·세로 구획이 일정한 정사각형 안에 글자를 쓴 것처럼 가지런하다. 행수는 58행이며 1행에 들어간 글자 수는 96자로 일정하다(뒤에 자세히 설명하겠지만 몇몇 예외적인 경우도 있다). 말하자면 가로 58자, 세로 96자 원고지에 글을 쓴 것과 같다. 세로 263.8센티미터, 폭 156.6센티미터나 되는 비석의 한 면을 커다란 한 장의 원고지처럼 사용한 것이다(도 3-2).

3-3. 포항 중성리 신라비.
현존 최고의 신라비로 501년 제작되었다. 돌을 사각형으로 잘 다듬지 않고 원래 모양대로 글자를 새겨, 가로·세로 글자 수가 일정하지 않을뿐더러 줄도 맞지 않다.
사진 출처: 국가유산청

남아 있는 고대 비문에 새긴 글자를 보면 처음부터 원고지에 쓴 것처럼 가로·세로 글자가 일정하지는 않았다. 현존하는 신라 비석 중 가장 오래된 포항 중성리 신라비가 그런 예이다. 501년(지증왕 2) 제작된 것으로 알려진 이 비석은 사각형이 아니며 가로·세로 글자 수가 일정하지 않을뿐더러 줄도 맞지 않다. 돌을 사각형으로 잘 다듬지 않고 원래 모양대로 글자를 새겼기 때문이다(도 3-3).

고대의 비석 중에는 오늘날의 원고지에 글을 쓰듯 비문 자체에 가로·세로 구획을 하고 그 안에 글자를 넣은 것이 있다. 우물 정井자처럼 생긴 이런 구획을 정간井間이라고 한다. 654년(의자왕 14)에 백제의 대좌평 사택지적이 세운 사택지적비가 그런 예다(도 3-4). 682년(신문왕 2)에 만든 문무왕릉비는 비편 일부만 남아 있지만, 역시 비면에는 선명한 정간이 새겨져 있다. 818년(헌덕왕 10)에 만든 이차돈 순교비(도 3-5)와 890년(진성여왕 4)에 세운 월광사 원랑선사탑비도 정간을 그은 예이다.

왕궁리 오층석탑에서 나온 금강경판처럼 가로선은 없고 세로선만 있는 비석도 있다. 고구려를 대표하는 광개토왕비문 탁본을 확인해 보면 세로선이 있음을 알 수 있다. 남아 있는 고대 비석 중에 정간을 새긴 것보다 세로선만 새긴 것이 더 많다. 아무래도 세로선이 더 필요했고, 시각적으로도 더 나았기 때문일 것이다.

그런데 낭혜화상탑비에는 아예 가로·세로선이 없다. 사산비명 중

3-4. 사택지적비 탁본.
654년 백제의 사택지적이
사찰을 세운 것을 기록한 사택지적비에는
비면에 정간을 긋고 글자를 새겼다.
소장처: 성균관대학교박물관

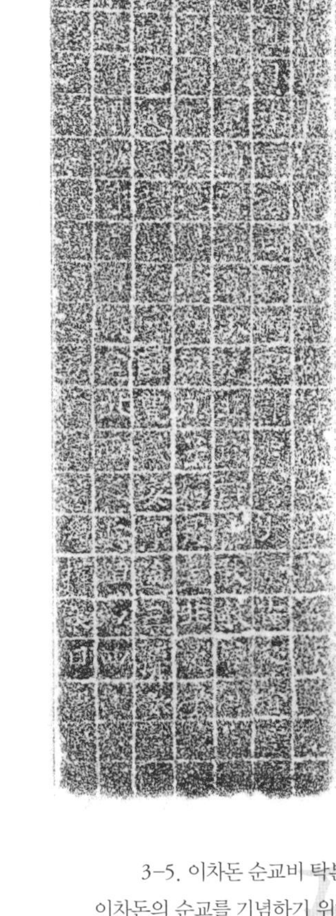

3-5. 이차돈 순교비 탁본.
이차돈의 순교를 기념하기 위해
818년경 세운 이차돈 순교비
(백율사육면석당栢栗寺六面石幢). 역시 비면에
정간을 긋고 정간 안에 글자를 새겼다.
소장처: 성균관대학교박물관

나머지 세 비석도 마찬가지다. 가로·세로 구획이 없는 비는 이외에도 많다. 이런 비문들은 정말 구획을 하지 않고 글을 새겼을까? 비슷한 시기에 만든 비석의 표면을 정간이나 세로선으로 구획한 것으로 미루어 보아, 분명 구획을 했을 것이다. 거대한 돌에 구획 없이 수백 자를 가지런하게 새기는 번거로움을 굳이 감수할 필요는 없었을 것이다. 어떤 방식으로 구획 흔적을 남기지 않았는지 알 수 없지만, 방법을 찾기는 어렵지 않았을 것 같다. 사실 비면에 글자가 많으면 구획선도 많아져, 보기에 깔끔하지 않고 가독성이 떨어질 수 있다. 낭혜화상탑비를 만든 사람들은 비면에 구획선을 남기지 않음으로써 이런 문제를 해결하려 했던 것 같다.

제목, 저자, 판권

요즘 책들은 표지 디자인에 공을 들인다. 표지는 독자와 책이 첫 대면하는 지점이자 구매 여부를 결정하는 얼굴과도 같아, 제목과 저자, 출판사 등 책의 기본 정보가 꼭 들어간다. 표지 디자인을 응용한 속표지에 제목, 저자, 출판사 등의 정보를 다시 한번 표시한다. 책의 앞이나 뒤에는 발행일, 발행자, 가격 등을 표시한 판권이 있다. 대부분의 고서도 앞뒤에 표지가 있고, 표지에 제목을 넣는 것도 오늘날과 비슷하다. 물론 왕궁리 오층석탑 금강경판에서 확인했듯, 오늘날과 같은 형태의 표지를 가진 책이 등장하기 전에는 본문이 시작되는 부분의 첫 번째 행에 제목, 즉 권수제를 넣었다. 경우에 따라 두 번째 행에 저자나 편자를 표시하기도 했다.

한 면, 아무리 많아도 4면밖에 허락되지 않는 비석에도 표지, 제목, 권수제, 저자, 제작 연도 같은 요소들을 표시했을까? 크기와 재질은 다르지만 비면에도 제목, 저자 같은 정보들을 종종 표시했다. 비석이라는 특성 때문에 표지는 따로 마련할 수 없었지만, 책의 얼굴이라 할 수 있는 표지와 같은 역할을 하는 부분도 있다. 낭혜화상탑비에는 이런 정보를 어디에 어떻게 표시했는지 살펴보자.

먼저 낭혜화상탑비의 머릿돌을 자세히 보자(도 3-6). 연꽃을 두르고 그 위로 구름과 용이 뒤엉킨 모양으로 조각한 머릿돌의 가운데 부분에 액자 형태의 구획이 있다. 조각 장식 형태는 다르지만 쌍계사 진감선사탑비와 국립중앙박물관에 있는 봉림사 진경대사탑비도 머릿돌 가운데 액자 형태의 구획이 있다(도 3-7). 차이점은 진감선사탑비와 진경대사탑비의 액자 구획에는 글자가 새겨져 있는데 낭혜화상탑비의 액자 안에는 글자가 없다는 점이다. 이 액자 모양 안에 새긴 글자를 제액題額이라고 한다. 글자 그대로 해석하면 이마에 쓴 제목이다. 진감선사탑비 제액의 글자는 '당해동고진감선사비唐海東故眞鑑禪師碑'이며 진경대사탑비의 글자는 '고진경대사비故眞鏡大師碑'다. 약간 차이가 있지만 두 내용은 비문의 제목에 해당한다.

[3-6]

[3-7]

3-6. 보령 성주사지 대낭혜화상탑비의 머릿돌.
연꽃을 두르고 그 위로 구름과 용이 뒤엉킨 모양으로 조각한 머릿돌 가운데 부분에 액자 형태의 구획이 있다. 액자 안에는 글자가 없다.
사진 출처: 국가유산청

3-7. 하동 쌍계사 진감선사탑비의 머릿돌.
머릿돌 가운데 부분에 액자 형태의 구획이 있다. 액자 안에 전서체로 '당해동고진감선사비易矢海東故眞鑑禪師碑'라고 새겼다. 액자 모양 안에 새긴 글자를 제액題額 또는 전액篆額이라고 한다.
사진 출처: 국가유산청

머릿돌이 아니라 비석의 본문 위쪽에 자리를 마련하여 제액을 넣은 예도 있다. 제액의 글자는 본문과 구분할 수 있도록 글자의 배치와 크기도 다르다. 서체도 본문과 다른 전서체를 주로 사용하므로 제액을 전액篆額으로 부르기도 한다. 종이로 만든 책처럼 표지를 붙이고 제목을 넣을 수 없는 비석에서 제액은 표지 제목과 같은 기능을 하는 것이다.

문제는 낭혜화상탑비는 특이하게도 머릿돌 가운데 부분에 제액을 넣는 자리는 마련되어 있는데, 정작 제목은 새기지 않았다는 점이다. 지금까지 원래는 제액이 있었으나 마멸이 심하여 전혀 읽을 수 없는 것으로 이해했으나, 처음부터 제액을 넣지 않았을 가능성이 더 크다고 보기도 한다. 최치원이 지은 사산비명 중 다른 하나인 문경 봉암사 지증대사탑비도 제액의 자리만 있고 글자는 새기지 않았기 때문이다.

제액의 자리만 있고 제목을 새기지 않은 이유를 정확히 알 수 없지만, 다른 곳에 제목을 표시했기 때문에 제액을 표시하지 않아도 문제가 되지 않았을 것이다. 왕궁리 오층석탑 금강경판에 권수제와 권미제, 제목이 두 번 나오는 것처럼, 비문에도 제액 외에 제목을 표시하는 자리가 있다. 고서에서 제목은 종종 여러 곳에 표시된다. 따지고 보면 오늘날의 책에도 앞표지 외에 속표지, 책장에 꽂았을 때 찾기 쉽게 책등에도 제목이 있다.

낭혜화상탑비문의 제목은 어디에 있을까? 왕궁리 오층석탑 금강경판의 권수제처럼 비문의 첫 번째 행, 본문 앞에 나온다(도 3-8). "유당

신라국고 양조국사교시대낭혜화상백월보광지탑비명 병서有唐新羅國故兩朝國師敎諡大朗慧和尙白月葆光之塔碑銘 并序". 엄청나게 길고 어려운 제목이다. 하나씩 따져봐야 하겠다. '유당신라국有唐新羅國'은 "당나라 시대의 신라" 정도로 이해할 수 있겠다. 비문이 건립된 시기에 중국을 다스린 나라가 당나라여서 이렇게 표기했다. 우리나라 기록 자료에는 우리나라 왕조 앞에 유당, 유송有宋, 유명有明, 대당大唐 등 당시 중국을 다스린 왕조를 붙이는 경우가 많다. 아무래도 동아시아에서 중국이 천자의 나라로 이웃을 조공국으로 편성하는 질서가 유지되었기 때문일 것이다. 그래서 '유有'자에 존칭의 의미가 있는지 등에 대해서 논란이 있으며, 단순히 발어사이며, 존칭의 의미가 없다고 보기도 한다.

'고양조국사故兩朝國師'는 돌아가신 낭혜화상이 경문왕과 헌강왕 두 왕대에 국사를 지냈음을 뜻한다. '교시대낭혜敎諡大朗慧'는 사후에 왕명으로[敎] '대낭혜'라는 시호[諡]를 내렸다는 뜻이다. '화상和尙'은 승려, '백월보광지탑白月葆光之塔'은 왕이 낭혜화상을 기리는 탑을 만들라고 명하면서 내린 탑 이름이다. '비명碑銘'은 비에 새긴 글, '병서并序'는 비에 새긴 글과 함께 서序를 썼다는 뜻이다.

두 번째 행은 "회남입본국송국신 조서등사전동면도통순관승무랑시어사내공봉사자금어대신최치원봉 교찬淮南入本國送國信 詔書等使前東面都統巡官承務郎侍御史內供奉賜紫金魚袋臣崔致遠奉 敎撰"이다. 40자나 되지만 앞의 긴 내용은 최치원의 직함과 관련된 것이다. 핵심은 "최치원봉교

찬崔致遠奉 教撰", 최치원이 왕명을 받들어 지었다는 것, 바로 저자 표시다. 이 두 번째 행은 첫 칸부터 시작하지 않고 아래쪽으로 한참 내려서 39번째 칸부터 썼다. 요즘 글을 쓸 때 제목을 가운데 정렬로 쓰고, 글쓴이는 보통 우측 정렬로 쓰는 것과 같은 이치다. 마지막 행인 58행 "종제조청대부전수집사시랑사자금어대신최인연봉 교서從弟朝請大夫前守執事侍郎賜紫金魚袋臣崔仁滾奉 教書"는 최치원의 종제인 최인연崔仁滾이 명을 받들어[奉教] 이 비명에 새긴 글의 원본을 썼다[書]는 뜻이다(도 3-9). '찬撰'은 문장을 지었다는 뜻이고, '서書'는 지은 글을 붓으로 옮겨 썼다는 뜻이다. 사산비명 중에 다른 것은 최치원이 문장을 짓고 글씨까지 쓰기도 했지만, 이 탑비는 문장만 지은 것을 알 수 있다.

제목과 저자와 서자를 각각 1행, 2행, 그리고 마지막 행인 58행에 1행씩 별도로 할애하여 표시한 것은 이 정보들을 한눈에 알아 볼 수 있도록 한 장치다. 이 정보들을 눈에 띄게 하는 장치는 또 있다. 바로 글자 크기다. 비문의 글자는 손글씨인 만큼 똑같을 수는 없지만, 한 칸에 들어간 글자 크기는 기본적으로 같다. 그런데 1행의 제목 글자는 본문보다 커서 가로선이 다른 행과 조금 맞지 않다. 저자를 쓴 2행과 서자를 쓴 마지막 58행도 가로선이 맞기는 하지만 다른 글자들보다 살짝 크다. 저자, 서자가 본문과 구분됨을 표시하기 위해 크게 썼고, 제목이 가장 두드러져 보이도록 유난히 크게 쓴 것이다.

남아 있는 통일신라 시대 비문들은 다소 차이가 있지만, 당나라 비

[3-8-아래] 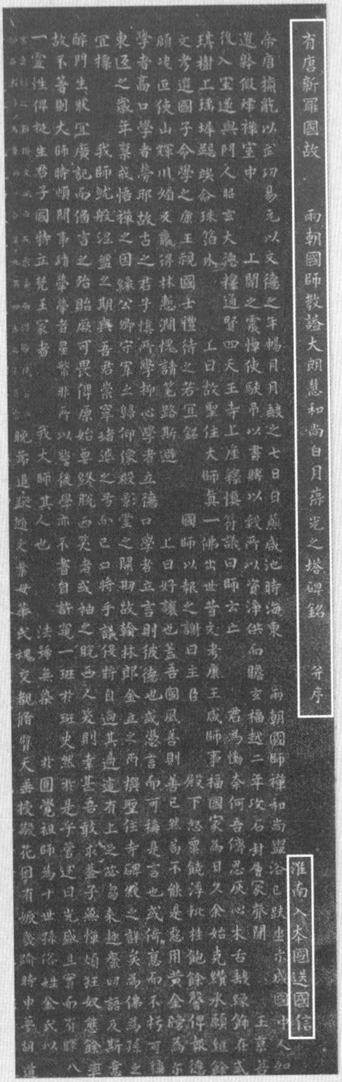 [3-8-위]

3-8. 낭혜화상탑비문의 제목과 저자 표기 부분.
1행의 제목은 첫 번째 칸부터, 2행의 저자는 39번째 칸부터 표기했다.
제목과 저자의 글자 크기는 본문보다 살짝 크다.
요즘 원고 작성 형식에서 제목과 저자를 눈에 띄게 표시하고
저자를 제목 다음 줄에 우측 정렬로 표기하는 것과 같은 이치다.

[3-9-아래] [3-9-위]

3-9. 낭혜화상탑비문의 서자 표기와 비명 부분.
마지막 58행에는 비문에 새긴 글의 원본을 쓴 서자書者를 표기했다. 53~56행에는 5자 단위로
한 칸을 비운 문장 16구절이 배치되어 있다. 마지막 57행은 12구절로 끝난다.
이 부분이 이 비문의 본문에 해당하는 명銘이다.

석 형식을 모방하여 제목, 지은이, 글씨를 쓴 사람 등에 대한 정보를 표기하는 방식은 비슷하다. 그런데 낭혜화상탑비문에는 빠진 정보가 있다. 비석의 글자를 새긴 사람과 세운 시기에 대한 기록이다. 최인연이 붓글씨로 비문을 쓰기는 했지만, 비석의 글자를 새긴 것은 아니다. 각수刻手가 최인연의 글씨대로 비문에 새긴 것이다. 글을 새기는 일은 글을 짓고 쓰는 일과는 다른 석각 기술자의 영역이기 때문이다. 이 비문에는 글자를 새긴 사람에 대한 정보는 빠져 있는 셈이다. 비문 내용 중에 최치원이 왕명을 받아 글을 짓기 시작한 것이 890년(진성여왕 4)이라고 명시되어 있지만, 비문이 완성된 시기와 실제로 비석이 세워진 시기를 비문에 새기지 않았다. 물론 다른 기록에도 없다. 그래서 이 비문의 완성 시기와 비석을 세운 시기에 대해 의견이 엇갈린다.

띄어쓰기와 주 달기

이제 본문을 보자. 비문에는 몇 글자를 새겼을까? 금강경판과 같이 단락 나누기가 되어 있지 않으니 58행×96자면 총 5,568자가 되어야 한다. 1행, 2행, 58행은 한 행을 다 채우지 않았으니 조금 줄었다고 예상할 수 있다. 그런데 비문의 글자 총수는 5,120자다. 이런 숫자가 나온 이유는 두 가지 불규칙한 점 때문이다. 첫 번째 불규칙은 제목, 저자, 서자를 표시한 1행, 2행, 58행 외에도 글자 크기가 다른 부분이 또 있다는 것이다. 1행 제목 중에서도 마지막 두 글자 '병서并序'는 길이는 다른 글자와 같지만 폭은 다른 글자의 반 정도인 소자小字다. 이런 소자는 본문의 다른 곳에도 보인다. 본문에 처음 나오는 소자가 있는 부분은 14행의 마지막 부분부터 15행 앞부분까지다(도 3-10). 본문의 소자는 대자 한 행에 두 줄씩 썼으니 대자만 쓴 부분보다 글자 수가 늘었다. 또 한 가지 불규칙은 중간중간에 글자가 없는 공백이다.

공백부터 이야기해 보자. 내용을 모른 채 공백 부분을 보면 마치 띄어쓰기를 한 것 같지만, 띄어쓰기가 나온 것은 문자의 역사에서 보면 그리 오래된 일이 아니다. 방식은 문자마다 시기마다 다르지만, 띄어쓰기는 소리 내어 읽기에서 눈으로 조용히 읽기로 독서 방식이 변화한 것과 관련이 있다. 소수 지식층만 문자를 해독할 수 있던 시절에 오늘날과 같은 띄어쓰기 개념은 없었다. 띄어쓰기가 아니라면 이 공백은 어떤 의미일까?

첫 번째 공백은 제목의 '고故'와 '양조兩朝' 사이에 있다. 두 번째 공백은 저자 정보 중 '신信'과 '조서詔書', '봉奉'과 '교찬敎撰' 사이에 있다. 세 번째 행에도 '해동海東'과 '양조兩朝' 사이에 공백이 있다. 이 공백의 의미를 알려면 공백 다음의 글자 '양조', '조서', '교'에 주목해야 한다. 모두 왕이나 왕의 명령을 뜻하는 글자다. 왕이나 중요한 인물을 지칭하거나 왕이 내린 명령 등에 쓰는 글자 앞에 공백을 둔 것이다. 본문의 다른 부분에서도 왕을 뜻하는 '군君', 왕의 명령을 뜻하는 '교敎', 낭혜화상을 가리키는 '대사大師' 앞에 공백이 있다. 앞에 설명한 개행改行처럼 공백 뒤의 글자가 지칭하는 대상에 대한 존경을 시각적으로 드러내는 장치다. 공격空格 또는 간자間字라는 용어로 표현하는 이런 공백은 872년(경문왕 12) 황룡사탑에 넣은 사리함 안쪽에 새긴 글자(찰주본기)에서도 발견되며, 글에 따라 비운 칸의 규모는 다르지만 조선시대까지 이어진 규칙이었다. 오늘날 띄어쓰기를 배워야 하듯 옛사람들은 글을 배울 때 공격을 쓰는 법을 반드시 배워 익숙해져야 했을 것이다. 틀렸다가는 자칫 불경죄에 걸릴 수도 있었을 것이기 때문이다. 지금은 상상할 수 없는 이런 띄어쓰기는 문자가 곧 권력이었음을 잘 보여 준다.

한편 이 비문의 마지막 부분인 53~57행에는 3칸의 공백을 두어 존경을 표현하는 공격과 다른 형식의 공백이 있다(도 3-9). 53~56행에는 5자 단위로 한 칸을 비운 문장 16구절이 배치되어 있다. 마지막 57행은 12구절로 끝난다. 앞서 소개한 금강경판의 게송에서 봤던 형식과 같다. 5자 단위로 한 칸씩 띄운 이 부분의 공백은 운문임을 표시하는 장치로 오늘날의 띄어쓰기와 비슷한 성격이라 할 수 있다.

이 운문이 바로 비문 제목 "유당신라국고 양조국사교시대낭혜화상백월보광지탑비명 병서"에 나오는 '명銘'이다. '명'은 원래 돌이나 금속 등에 글자를 새긴다는 뜻이지만, 사건의 전말, 기물의 내력, 유래 등을 물건에 새김에 따라, 사람의 공적을 기리는 글도 '명'이라고 일컫게 되었다. 그래서 죽은 사람을 기리는 뜻으로 쓴 글을 '명'이라고 한다. 묘지에 새긴 글을 '묘지명'이라고 하는 것도 여기서 비롯되었다. 그런데 이상하지 않은가? 비문에 새긴 5,120자 중 글의 주인공이라 할 수 있는 '명'은 5자 단위로 지은 76구절 380자가 전부다. 제목과 저자, 서자를 빼고도 4천 수백 자가 남는다. 이게 무슨 내용일까? 첫째 행의 제목에 답이 있다. 제목 마지막 '비명' 다음에 공백을 두고 소자로 '병서'라고 새겼다. 명과 함께 '서序'를 썼다는 뜻이다. 본문의 나머지 4천 수백 자가 바로 '서'다. '서' 역시 한문 문장의 한 형식으로 사적의 요지를 적은 글을 뜻하며 이 비문에서 보듯 글의 앞부분에 둔다. 오늘날 책이나 글 앞에 쓰는 '서문'도 여기에서 비롯되었다.

'서'에 기록한 내용은 낭혜화상의 행적, 입적 당시의 상황, 탑을 건립하게 된 내력 등이다. 글의 요지만 간단하게 써야 할 서문이 글의 주인공인 '명'에 비해 지나치게 길다. 낭혜화상탑비의 경우는 '서'가 특별히 길지만, 다른 비문들도 '서'가 길고 '명'이 짧기는 마찬가지다. 비문의 '서'를 길게, '명'은 짧게 쓰는 방식은 통일신라 시대부터 하나의 법식이 되어 고려, 조선시대 묘지명 역시 죽은 사람의 일생에 대해 앞부분에 길게 쓰고 마지막에 '명'이나 '사詞'를 간략하게 기록하는 방식으로 지었다.

글의 순서로는 '서'가 앞, '명'이 뒤지만 제목을 '명 병서'라고 한 것은 '명'이 핵심이고 '서'는 명에 곁들이는 글이라는 의미다. 게다가

‘병서’는 두 칸을 띄우고 소자로 썼다. 앞에서 말한 첫 번째 불규칙, 글자 크기가 달라진 사례다. 이 역시 비록 분량으로는 ‘명’이 ‘서’에 훨씬 미치지 못하지만, ‘명’이 주인공이고 ‘서’는 조연이라는 점을 시각적으로 드러낸 것이다.

본문에서는 소자를 어떨 때 사용했는지 살펴보자. 앞서 소개한 14행 마지막 부분에서 15행 앞부분은 “14-1國有五品日聖/14-2而眞骨日

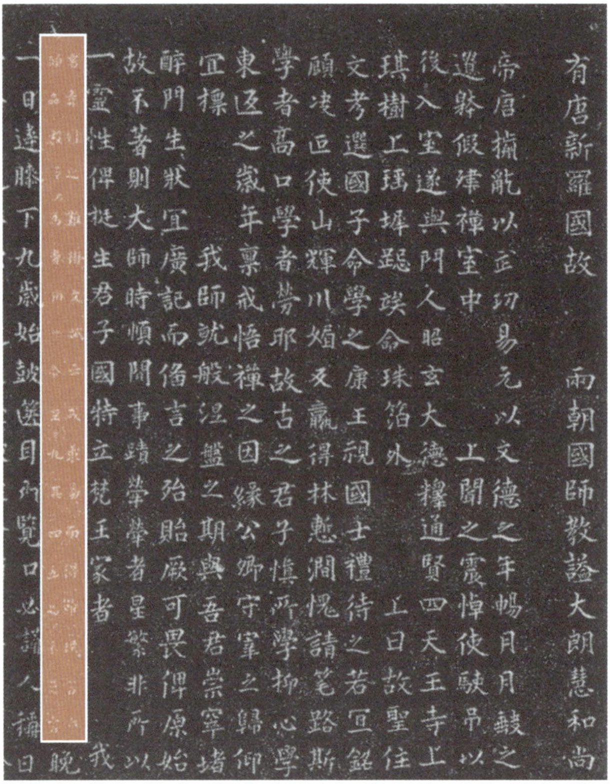

3-10. 낭혜화상탑비문 소자쌍행 부분.
14행의 마지막 부분부터 15행 앞부분까지 소자쌍행으로 새긴 부분은 골품제에 대해 설명하면서 자주 인용되는 ‘득난得難’에 대해 부연 설명한 부분, 바로 ‘주註’다.

得難/15-1言貴姓之難得文賦云或求易而得難從言六/15-2頭品數多爲貴猶一命至九其四五品不足言"이다. 신라 골품제에 대해 설명하면서 자주 인용되는 '득난得難'에 대해 부연 설명한 부분, 바로 '주註'다. 본문의 다른 부분에 있는 소자도 주에 해당한다.

오늘날에도 주는 본문보다 조금 작은 글자로 표시하지만, 다른 점이 있다. 주의 글자 크기를 세로는 본문 글자 크기와 같고 가로는 절반 크기로 조정해서 본문 한 자 아래 두 자씩 넣었다는 점이다. 본문 한 자 아래 작은 글자 두 자를 나란히 넣는 것을 '소자쌍행小字雙行'이라고 한다. 소자쌍행으로 배치한 주는 본문과 긴밀하게 연결하면서도 본문과 명확하게 구분하는 시각적 효과를 가져온다.

주를 소자쌍행으로 표시하는 방식은 조선시대 책에까지 이어졌다. 이런 주 달기 방식은 오늘날 주로 사용하는 각주와 비슷하지만 완전히 같지는 않다. 오히려 본문에서 괄호 안에 간단한 보충 설명을 넣는 방식과 비슷하다. 지금이야 보충 설명을 괄호 안에 넣든 각주로 처리하든 컴퓨터가 알아서 처리해 주니 문제 될 것이 없다. 하지만 모든 작업을 손으로 해야 했던 당시에 공격과 각주와 운문 표시까지 고려하면서 5,120자를 58×96자의 돌원고지 한 장에 새기는 일은 결코 쉽지 않았을 것이다. 몇 번의 리허설이 필요했을 일이다.

‖ 더불어 읽기 ‖
: 피휘_난이도 최상의 존대 표시법

2007~2008년 MBC에서 인기를 끌었던 사극 드라마 〈이산〉은 조선 22대 왕 정조의 이야기다. 이산李祘은 정조의 이름이라 본의 아니게 왕의 이름을 부르게 된다. 조선시대에 왕의 이름을 이렇게 불러댔다간 치도곤을 당했을 것이다. 존엄한 왕의 이름을 함부로 불러서는 안 되기에, 왕의 이름을 '꺼리다'는 뜻의 '휘諱'라고 한다. 왕의 이름뿐 아니라 성인의 이름, 돌아가신 조상의 이름도 휘라고 했다. 모두 함부로 부르거나 쓸 수 없었다. 세종은 도裪, 정조는 산祘처럼 왕의 이름을 외자에 흔히 쓰지 않는 글자인 벽자僻字로 지은 것은 '휘'자를 쓸 수 없는 불편을 조금이나마 덜어 주려는 뜻이었다고 한다.

조선시대에는 그나마 왕의 이름을 벽자로 지어 쓸 일이 별로 없었겠지만, 왕의 이름으로 쓰인 글자를 꼭 써야 할 때가 있다. 이런 경우는 어떻게 해야 할까? 이때도 글자를 그대로 쓸 수 없었다. 피휘避諱, 휘를 피해서 써야 했다. 피휘는 신라시대에 당나라에서 유입되어 조선시대까지 문자생활에 적용되었으므로, 고서에서 피휘한 글자를 종종 볼 수 있다. 피휘 방법 중 널리 쓰이는 것 중 하나가 같은 글자를 쓰되 획을 하나 빼는 것이다. 이를 피휘결획避諱缺劃이라고 한다. 낭혜화상탑비 3행 6번째 글자가 그런 예다. 원래는 '武'라고 써야 하지만

‘㇏’획을 뺐다. 고려대장경에도 이런 글자가 종종 발견된다. 초조본 《대보적경大寶積經》의 ‘경敬’자에는 마지막 획이 없다(도 3-11). ‘경敬’이 송나라 태조 조부의 이름이기 때문이다. ‘경敬’과 발음이 같은 ‘경鏡’과 ‘경竟’도 마지막 획을 빼고 썼다. 고려 태조 왕건의 건建자도 마지막 획을 빼고 표시했다. ‘건建’을 같은 뜻인 ‘립立’자로 바꾸듯 뜻이 통하는 다른 글자로 대체하거나 이름 자리에 휘諱라고 표시하기도 했다. 조선 왕실 책 중에는 왕의 이름이나 자字를 글자 크기에 맞게 자른 네모난 붉은 비단[紅方紗紬]으로 가린 것도 있다.

왕이나 존경해야 할 대상과 관련된 글자 앞에 공백을 두는 ‘공격’, 행을 바꾸는 ‘개행’을 지키는 것만으로도 격식을 갖춘 글쓰기는 어려웠을 것이다. 피휘는 그보다 훨씬 어렵고 복잡하며 경우의 수가 많다. 존대 표시법으로 어려움이 최상이었을 것이다.

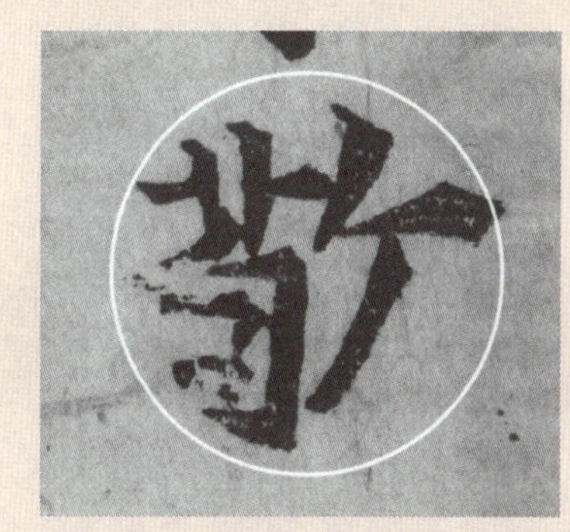

3-11. 초조본《대보적경》권59.
‘경敬’자에 마지막 획이 없다. ‘敬’이 송나라 태조 조부의 이름이기 때문이다.
고려대장경에는 ‘敬’과 발음이 같은 ‘경鏡’과 ‘경竟’도 마지막 획을 빼고 썼다.
소장처: 국립중앙박물관

두루마리에서 절첩으로

_《대방광불화엄경》

다양한 모습의 《대방광불화엄경》

박물관에 고서가 많이 전시되어 있지만, 도대체 무얼 봐야 할지 모르겠다고 느끼는 사람이 많다. 온통 어려운 한자로 되어 있어 읽을 수가 없다. 설명문을 읽어 보지만 설명문 자체를 이해하기 힘들 때도 있다. 박물관에 전시된 대부분의 고서가 불교경전이나 유교경전 같은 어려운 내용이니, 설명 자체가 어려울 수밖에 없다. 관련 분야를 제대로 공부한 사람이 아닌 이상 전시한 사람도 내용을 속속들이 알기 어렵다. 사실 책의 내용을 이해하는 것이 목적이라면, 인터넷에서 여러 사이트를 검색해서 자세한 설명을 찾을 수 있다. 개인 블로그에 친절하고 자세한 설명들이 나와 있는 경우도 종종 있다. 그렇다면 박물관에 전시된 책을 그냥 지나치고 말아야 할까? 책의 제본(형태)을 한번 유심히 보는 것은 어떨까?

박물관에 전시된 고서는 대부분 이른바 '선장본線裝本'이라는 방식으로 제본되어 있다. 국어사전에는 선장본을 "인쇄된 면이 밖으로 나오도록 책장의 가운데를 접고 등 부분을 끈으로 튼튼하게 묶어 만든 책"으로 설명한다. 좀 더 자세한 설명이 필요할 것 같다. 우리나라를 비롯한 동아시아의 종이는 양면을 사용하기 어렵다. 얇고 반투명하여 양면에 글을 쓰거나 인쇄를 하면 반대쪽에 비치기 때문이다. 선장본은 일정한 규격의 종이의 앞면에 붓으로 쓰거나 인쇄한 후 글자가 있는 면이 앞으로 나오도록 가운데를 접고, 접은 곳과 반대쪽 면이 가지런히 오도록 종이를 모은 다음 앞뒤에 표지를 하고 실로 묶어 제본하는 방식이다. 실로 묶어 제본한 책이어서 '선장본'이다. '선'은 실을 뜻하는 '선線'자를 쓴다.

고서는 다 선장본이라고 생각하기 쉽지만, 선장본은 조선시대부터 사용된 제본 방식이다. 선장본이 등장하기 전에 사람들은 일정한 규격의 종이를 모아 어떻게 제본할지에 대해 여러 방식을 시도했다. 그 결과 가장 편리한 방식인 선장본을 선택하게 된 것이다. 박물관에 전시된 책들을 유심히 보면 선장본이 등장하기 전에 사용한 제본 방식의 책들이 있다. 두루마리로 된 책과 병풍처럼 접었다 폈다 할 수 있는 책과 같은 것이다.

이런 책 가운데 《대방광불화엄경大方廣佛華嚴經》, 줄여서 《화엄경》이라 부르는 불경을 소개하려고 한다. '대방광불'은 무한한 광명의 부처님(비로자나불)을, '화엄'은 아름다운 꽃으로 장식함, 즉 찬란함을 뜻한다. 부처가 되기 전의 석가모니(고타마 싯다르타)가 보리수나무 아래에서 명상 끝에 깨달은 진리의 내용을 서술한 경전이다. 불교의 근본 철학을 담고 있어 우리나라에서 신라시대부터 줄곧 불교 연구와 신앙 및 수행의 근거로 중요한 역할을 해왔다. 그런 만큼 여러 시대에 만든 다양한 모습의 《화엄경》이 남아 있을 뿐 아니라 같은 이름의 소설과 영화가 있을 만큼 우리에게 친숙하다. 무엇보다 현존하는 종이에 쓴 불경 중에 연대를 알 수 있는 가장 오래된 것이 《화엄경》이다. 시기별로 형태별로 《화엄경》은 어떻게 변천해 왔으며 무엇이 같고 다른지 살펴보자.

표지가 있는 8세기 두루마리

앞서 소개한 낭혜화상탑비문에는 최치원이 비문을 쓸 때 낭혜화상의 제자들이 쓴 행장行狀(사람이 죽은 뒤에 그 사람의 행적을 기록한 글)을 왕(진성여왕)으로부터 받았다는 내용이 나온다. 재미있는 것은 이 행장을 '방망이' 모양이라고 묘사하고 있다는 점이다. 방망이 모양이란 아마도 둘둘 만 종이를 표현한 것일 것이다.

최치원이 낭혜화상탑비문을 쓴 9세기 후반엔 종이 사용이 이미 일반화되었을 것이다. 2세기 전인 610년(영양왕 21)에 고구려 승려 담징曇

徵(579~631)이 중국에서 전래한 종이 제작 기술을 일본에 전해 주었으니 말이다. 낭혜화상탑비문에는 헌강왕이 왕을 만나고 성주사로 돌아가는 낭혜화상을 환송하는 시를 여러 사람에게 짓게 하고 그 시를 모아 '성축成軸', 즉 축을 만들어서 증정했다는 내용이 나온다. 축은 종이나 천과 같이 길게 이어져 있는 것을 말 때 사용한다. 여기서는 방망이 모양이라는 표현 대신 축에 말았다는 더 직접적인 표현을 썼다. 이때 축에 만 것이 비단인지 종이인지 명확히 알 수 없지만, 비문 중에 헌강왕이 나라를 잘 다스릴 수 있는 계책을 '신라 종이[蠻牋]'에 써서 올리라고 했다는 표현이 있는 것으로 보아 십중팔구 종이를 만 것일 것이다. 이처럼 초기의 종이책은 종이를 가로로 길게 이어 붙여 축에 말아 두루마리 형태로 제본했다. 이런 책을 권축본卷軸本, 권자본卷子本, 제본 방식을 권축장卷軸裝이라고 한다.

실제 통일신라 시대의 권자본은 어떤 모습이었을까? 이를 알 수 있는 유일한 자료가 리움미술관이 소장하고 있는 불경, 즉《대방광불화엄경》이다. 국보로 지정된 이 책의 정식 명칭은《신라백지묵서 대방광불화엄경 주본 권1~10, 44~50新羅白紙墨書 大方廣佛華嚴經 周本 卷一~十, 四十四~五十》이라는 길고 어려운 이름이다(이하《백지묵서 화엄경》으로 부르겠다). '신라백지묵서'는 신라시대에 흰 종이에 검은 먹으로 썼다는 뜻이다. 엄밀히 말하면 통일신라다. '주본周本'은 뒤에 설명하겠다. '권1~10, 44~50'은 1~10까지 묶인 두루마리와 44~45까지 묶인 두루마

4-1. 《신라백지묵서 대방광불화엄경》 권1~10.

《대방광불화엄경》 권1~10의 1축은 펼치기 어려울 만큼 훼손된 상태였고, 이후 보존처리 등을 통해 겨우 펼칠 수 있게 되었다. 펼쳐진 본문도 앞부분은 훼손이 심해 사라진 글자가 많다.

소장처: 리움미술관

[4-2]

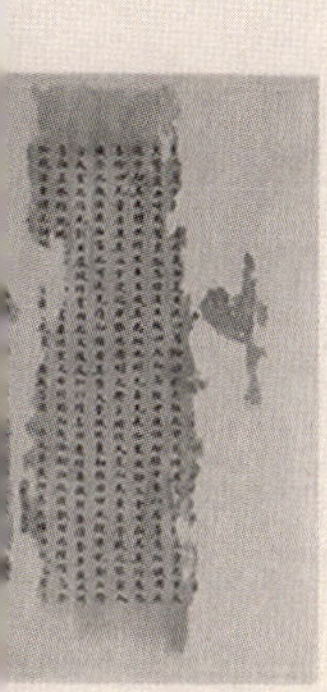

[4-3]

4-2. 《신라백지묵서 대방광불화엄경》 권44~50 시작 부분.
원래는 권41~50까지 수록된 것으로 추정되지만 권44~50까지만 남아 있다.
권44 시작 부분 앞 행에 '대방광불화엄경권제43', 즉 권43의 권미제가 있고 그 앞부분은 잘려 나갔다.
소장처: 리움미술관

4-3. 《신라백지묵서 대방광불화엄경》 권44~50 마지막 부분 조성기와 축.
마지막 부분에 경전 제작 시기, 만든 목적, 절차 등을 기록한 조성기造成記가 있다.
경전은 나무로 만든 23.8센티미터, 지름 1.0센티미터 정도의 가는 원통형 축에 말려 있다. 축목 위아래에 수정으로 만든 길이 2.8센티미터, 가장 넓은 부분 지름이 1.1센티미터인 축수軸首를 끼웠다.
소장처: 리움미술관

리, 즉 두 개의 두루마리임을 알려 준다.

이 불경은 실물을 볼 기회가 거의 없음은 물론 전체를 다 볼 수 있는 이미지도 찾기 어렵다. 이유는 이 불경의 현재 상태 때문이다. 권1~권10의 1축은 처음 세상에 공개되었을 때는 펼치기 어려울 만큼 훼손된 상태였고, 이후 보존처리 등을 통해 겨우 펼칠 수 있게 되었다(도 4-1). 그만큼 상태가 나빠 세심하게 보존, 관리해야 한다. 펼쳐진 본문도 앞부분은 훼손이 심해 글자가 사라진 부분이 많다. 또 다른 축은 권44~권50까지 필사한 것이지만 원래는 권41~권50까지 수록되었을 것으로 추정한다. 권44 시작 부분 앞 행에 "대방광불화엄경권제43", 즉 권43의 권미제가 있고 그 앞부분은 잘려 나갔기 때문이다(도 4-2). 화엄경이 80권으로 이루어졌으니 원래 10권씩 두루마리로 만든 8개 축 가운데 2개 축이라고 보는 것이다.

두 축 모두 마지막에 불경을 만든 시기, 만든 목적, 절차 등을 기록한 조성기造成記가 있어 이 불경이 755년(경덕왕 14)에 완성되었으며 연기법사가 제작을 주도한 것임을 알 수 있다(도 4-3). 조성기가 워낙 귀중한 기록이어서 이를 소개한 글은 꽤 있지만, 실물을 볼 기회가 거의 없어서인지 정작 불경 자체에 대해서는 많이 알려지지 않았다. 이제 현존하는 가장 오래된 권자본을 어떻게 쓰고 제본했는지 관찰해 보자.

먼저 제본(장황)을 어떻게 했는지 알아 보자. 권1~10축은 세로 25.5~26.1센티미터, 가로 42.3~47센티미터(수리 후 26.9×42.6~47.2

센티미터. 마지막 장은 25.5×36.3센티미터)의 종이 43장을 0.2센티미터 폭으로 연결했다. 총 길이는 198.28센티미터이다. 권44~권50은 세로 평균 25.2센티미터, 세로 47센티미터의 종이 30장을 이어 총 길이는 139.19센티미터이다. 이어 붙인 종이의 왼쪽 끝에는 길이 23.8센티미터, 지름 1.0센티미터 정도의 가는 원통형 나무를 천연 아교로 붙였다. 이 원통형 나무가 종이를 말기 위한 굴대, 즉 축목軸木이며, 불경은 이 축목에 말려 있었다.

축목의 모양은 고려시대에 인쇄한 초조대장경의 그것과 비슷하지만, 특이하게도 위아래에 길이 2.8센티미터의 원통형 수정을 끼웠다. 이를 축수軸首라고 한다. 더욱 특별한 점은 위쪽 축수 안쪽에는 사리 한 알이 들어 있었다는 것이다. 경전 마지막 부분 조성기에 사리를 넣었다는 기록이 있어 경전을 만들 당시 사리를 넣었음을 알 수 있다. 축목 역시 사리를 넣을 당시 그대로의 모습으로 짐작된다. 사리를 넣기 알맞도록 위쪽 축수를 아래쪽 축수와 달리 특별히 제작했는데, 이런 사례는 거의 유일하다.

여기서 질문을 하나 해보자. 이 불경은 낱장 하나하나에 경문을 쓴 다음 이어 붙였을까? 아니면 종이를 이어 붙인 다음 경문을 썼을까? 경문을 자세히 들여다보면 해답이 있다. 앞서 왕궁리 오층석탑에서 출토된 금강경판에 가로·세로선을 긋고 글자를 넣었음을 확인했다. 이 《백지묵서 화엄경》에도 위아래에 여백을 두고 종이 전체에 가로줄을 긋고, 일정한 간격으로 세로줄, 즉 계선을 그었다. 세로줄의 길이는 20.3센티미터, 간격은 0.9센티미터 정도이다. 본문은 가로줄의 테두리 안, 세로줄 사이에 1행씩, 각 행에는 34자로 일정하게 썼다. 한 면은 54행 정도다. 금속과 종이로 재질은 각각 다르지만, 경전을 쓰는 형식은 같았던 것이다.

그런데 종이를 이어 붙인 부분에도 가로선이 이어져 있다. 이런 모습은 종이를 이어 붙인 다음 선을 그었다는 증거로 볼 수 있다. 종이를 이어 붙인 경계선까지 글자가 이어진 경우도 있다. 이 역시 종이를 이어 붙인 다음 글자를 썼기에 발생할 수 있는 일이다(도 4-4).

본문의 레이아웃을 보자. 먼저 제목이다. 권44의 사례를 보면 권수제는 '대방광불화엄경십통품大方廣佛華嚴經十通品 제28, 권44, 신역新譯'이다. 그 앞 행의 '대방광불화엄경권제43'은 권43의 권미제다. 권수제의 내용 풀이는 다음에 소개하는 고려대장경에서 함께하기로 하고, 여기서는 권수제와 권미제가 일치하지 않고 권미제를 간략하게 썼다는 점에 주목하자. 권수제가 진정한 제목이며 권미제는 1권이 끝나는 지점을 표시하는 기능만 하므로 간략히 쓴 것이다. 왕궁리 오층석탑 출토 금강경판에서 권수제와 권미제가 일치한 것과는 다른 점이다.

본문은 1행에 34자씩 띄어쓰기 없이 일정한 간격으로 썼지만, 끝까지 채우지 않고 행을 바꾼 부분이 있다. 금강경판에서도 확인했지만, 행을 바꾼 것은 단락을 구분하기 위함이다. 권44 십통품은 보현보살이 설한 선지타심지신통善智他心智神通 등 10가지 신통을 서술했는데, 신통이 바뀔 때마다 행을 바꾸고 제목을 넣어 구분할 수 있게 했다. 게송 역시 금강경판과 마찬가지로 행을 바꾸어 5자 또는 7자 단위로 끊어 썼다. 이런 방식은 뒤에 소개하는 고려시대의 대장경과 사경에도 그대로 이어졌다.

마지막으로 표지 이야기를 해보자. 글자를 새긴 판 위에 금속판을 눌러 만든 금강경판이나 돌에 새긴 낭혜화상탑비문은 애초에 표지를 만들 수 없다. 낭혜화상탑비에는 없지만, 다른 비석에는 표지 대신 제액을 두기도 했다. 종이에 쓴《백지묵서 화엄경》에 이르러 드디어 표지가 등장했다. 바로 본문이 시작되는 부분에 이어 붙였던 자주색으

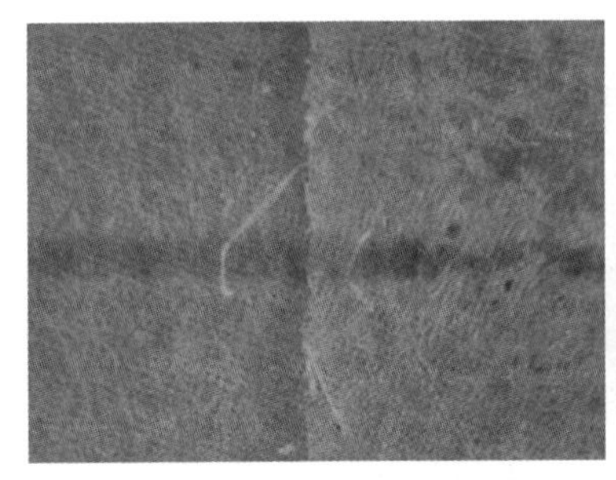
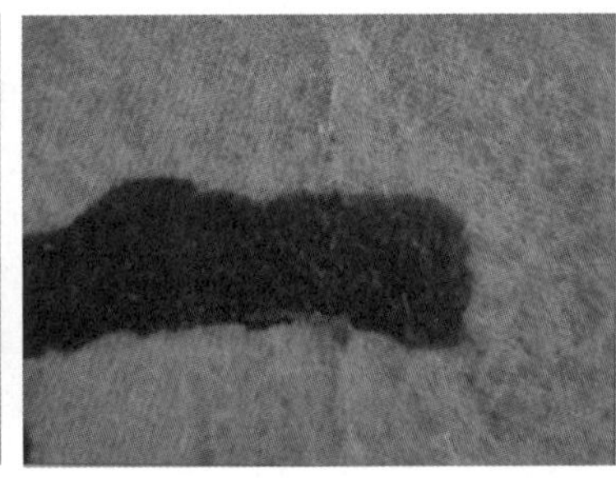

4-4.《신라백지묵서 대방광불화엄경》 종이 이음 부분.
종이를 이어 붙인 부분에 먹으로 그은 가로선이 이어져 있으며
종이를 이어 붙인 경계선까지 글자가 이어진 경우도 있다.
이런 모습은 종이를 이어 붙인 다음 글자를 썼음을 알 수 있는 자료다.
사진 출처: 남유미, 〈755년 신라백지묵서 대방광불화엄경의 형태〉, 《서지학보》 39, 2012.

로 염색한 종이 두 조각이다(도 4-5).

두 조각 중 하나는 25.7×10.9센티미터, 다른 하나는 24×9.3센티미터로 크기가 비슷하다. 종이 양면에는 금먹과 은먹으로 그림을 그렸다. 그림을 맞춰 보면 두 조각은 원래 하나였음을 알 수 있다. 한쪽은 은먹으로 그린 역사상力士像, 다른 한쪽은 금먹과 은먹으로 그린 불보살상이다. 종이 조각의 손상 형태는 권1 앞부분의 손상 형태와 비슷하다. 이 조각이 권1~10권 두루마리와 함께 말려 있었다는 뜻이다. 종이 조각 한쪽에는 세로로 폭 2밀리미터의 접착제 흔적이 남아 있다. 권1의 앞부분과 그림이 있는 이 종이를 접착제로 이었다는 뜻이다. 역사상에는 가로 8밀리미터의 끈으로 눌린 흔적이 있다. 말아서 끈으로 묶은 흔적[卷緖]이다. 불보살상에는 끈으로 묶은 흔적이 없어 역사상을 그린 쪽이 겉표지, 불보살상을 그린 쪽이 속표지였던 것으로 추정할 수 있다. 즉 사경을 말면 겉에 은먹으로 그린 역사상이 보이고 두루마리를 펼치면 본문 앞에 금먹과 은먹으로 그린 불보살상이 나오는 형태였던 것이다.

그런데 표지라면 마땅히 있어야 할 제목이 없다. 표지 일부만 남아 있으니 원래는 제목이 있었던 것일까? 단언할 수는 없지만 애초에 제목을 넣지 않았을 가능성도 있다. 오늘날의 관점에서 보자면 표지는 제목을 표시하는 곳이지만, 사실 표지의 첫 번째 용도는 본문을 보호하는 것이었다. 그 점은 오늘날에도 변함이 없다. 이 《백지묵서 화엄

4–5. 《신라백지묵서 대방광불화엄경》 표지.
자주색으로 염색한 종이 두 조각 중 하나는 25.7×10.9센티미터,
다른 하나는 24×9.3센티미터로 크기가 비슷하다. 종이 양면에는 금먹과 은먹으로
그림을 그렸다. 그림을 맞춰 보면 두 조각은 원래 하나였음을 알 수 있다.
권1~10 본문이 시작되는 부분에 이어 붙였던 표지로 추정된다.
소장처: 리움미술관

경》의 표지는 제목을 표기하기보다는 본문을 보호하는 기능을 했을 것이 분명하다. 겉표지에 역사상을 그려 불경을 수호하는 의미를 더하고 속표지에 화엄경의 내용을 그린 불보살도를 넣음으로써 제목을 대신했던 것이다.

고려대장경으로 이어진 두루마리

통일신라 시대에 사용된 두루마리 제본은 고려시대에도 이어졌다. 현존하는 고려시대의 두루마리 제본 책 중 가장 대표적인 것은 11세기에 거란의 침입을 부처님의 힘으로 막기 위해 만든 초조대장경이다. 불경을 다 모았으니 원래는 분량이 엄청나게 많았지만 현재 일부만 남아 있다. 대부분은 국보로 지정되었다.

《화엄경》은 분량이 많아 초조대장경 중 남아 있는 《화엄경》(이하 《초조본 화엄경》)도 전체는 아니다. 이 중 권1, 권2, 권13, 권29, 권36, 권74, 권75는 국보, 권30, 권 41, 권66·67은 보물이다. 이 외에 국립중앙박물관에도 《초조본 화엄경》 권54, 권78이 소장되어 있다. 소장처는 여러 곳이지만, 크기나 형식은 기본적으로 같다. 같은 시기에 만든 목판으로 인쇄했기 때문이다. 통일신라 시대의 《백지묵서 화엄경》과 고려시대의 《초조본 화엄경》은 둘 다 두루마리 형태의 제본, 즉 권자본이며 축 모양도 비슷하다(도 4-6). 하지만 두 《화엄경》을 자세히 비교해 보면《초조본 화엄경》이 형식적으로 더 개선되었음을 확인할 수 있다.

먼저 표지다.《초조본 화엄경》중에는 표지가 남아 있는 것이 없지만《초조본 현양성교론》권3과 같이 표지가 남아 있는 초조대장경이 더러 있다(도 4-7). 본문 한 장의 절반 정도 길이의 남색 종이를 본문 앞에 이어 붙인 모양이다.《초조본 화엄경》에도 원래는 이런 표지가 있었을 것이다.《백지묵서 화엄경》의 표지도 같은 방식으로 본문에 이어져 있었을 것이다.

《초조본 현양성교론》권3의 표지에서 눈여겨봐야 할 것은 겉표지, 즉 말린 상태에서 바깥으로 드러나는 면에 금먹으로 쓴 '현양성교론 권제삼', 제목이다.《백지묵서 화엄경》의 표지에는 없는 제목이 드디어 등장했다. 언제 썼는지 정확히 알 수 없지만, 이 권자본을 제본한 시기와 그리 차이가 나지 않을 것이다. 다른 초조대장경도 원래는 이런 모습이었을 가능성이 크다. 수많은 두루마리 불경을 일일이 펴지 않고 내용을 확인하려면 겉표지에 제목을 쓸 필요가 생겼기 때문이다.

《백지묵서 화엄경》과《초조본 화엄경》의 본문 배치 방식을 비교해 보자. 먼저 눈에 띄는 차이는《초조본 화엄경》에는 아래위에 가로선은 있지만 행을 구분하는 계선이 없다는 점이다. 대장경은 손으로 쓰지 않고 인쇄했기 때문에 종이에 선을 그릴 필요가 없다. 목판 자체에 선을 새기면 되는 것이다. 초조대장경판은 남아 있지 않지만, 같은 형식으로

[4-6]

[4-7]

顯揚聖教論卷第三　　慶
無著菩薩造
三藏法師玄奘奉　詔譯
攝事品第一之三
通達者謂七種通達廣說如經一字
通達謂於三十二字無分別故所行
相義如實覺了先已於心增上法行

4-6. 《초조본 대방광불화엄경》 권1 마지막 부분.
11세기에 인쇄한 고려 초조대장경 중 하나인 《대방광불화엄경》.
종이를 가로로 이어 붙여 가는 원통형 나무로 만든 축에 말아 보관했다.
소장처: 경기도박물관

4-7. 《초조본 현양성교론》 권3. 표지와 축에 말린 모습.
본문 한 장의 절반 정도 너비의 남색 종이를 본문 앞에 이어 붙인 모양이다.
겉표지, 즉 말린 상태에서 바깥으로 드러나는 면에 금먹으로
제목 '현양성교론권제3'을 표시했다.
소장처: 서울역사박물관

[4-8]

[4-9]

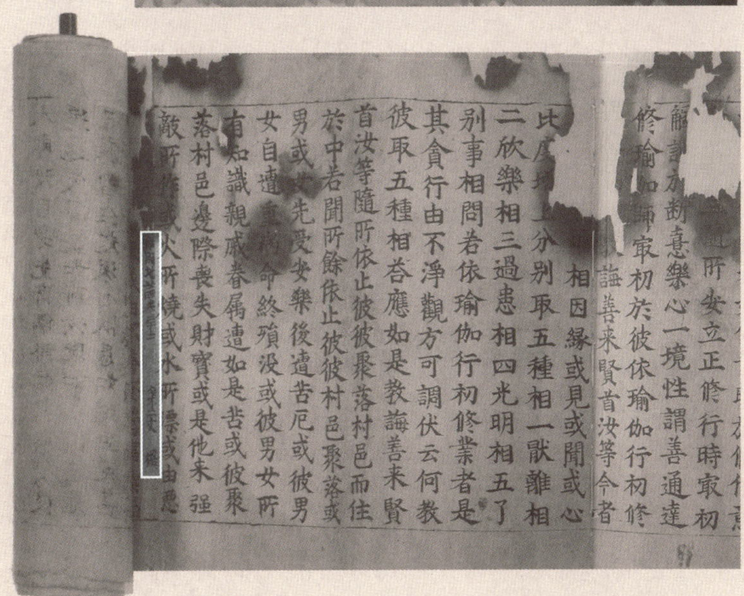
解說方斷意樂心一境性謂善通達
修瑜伽師寂初於彼依瑜伽行初修
[illegible]論善來賢首汝等今者
相因緣或見或聞或心
比度現上分別取五種相一猒離相
二欣樂相三過患相四光明相五了
別事相問若依瑜伽行初修業者是
其貪行由不淨觀方可調伏云何教
彼取五種相答應如是教誨善來賢
首汝等隨所依止彼彼聚落村邑而住
於中若聞所餘依止彼彼村邑聚落或
男或女先受安樂後遭苦厄或彼男
女自遭重病命終殞沒或彼男女所
有知識親戚眷屬遭如是苦或彼聚
落村邑邊際喪失財寶或是他來强
敵所侵或火所燒或水所漂或由惡

4-8. 《초조본 대방광불화엄경》 권1.
권수제 '대방광불화엄경권제1' 아래에는 작은 글씨로
'신역'이라고 표기했다. 신역은 새로 번역했다는 뜻이다. 다음 행은 작은 글씨로
'당우전삼장실차난타역唐于闐三藏實叉難陀譯'이라고 번역자를 표기했다.
소장처: 경기도박물관

4-9. 《초조본 유가사지론》 권32.
1면과 2면이 연결된 부분 왼쪽에 '유가사지론권제32瑜伽師地論卷第三十二',
'제2장第二丈', '화禍'라는 글자가 있다. 가운데 '제2장'은 페이지 번호, 위에 있는
'유가사지론권제32'는 제목, '화禍'는 이 경전의 보관함을 표시하는 함차函次다.
소장처: 국립중앙박물관

經

만든 재조대장경판(팔만대장경판)에도 가로선은 있지만 계선은 없다. 계선을 새기지는 않았지만, 세로선을 맞출 수 있는 장치를 했을 것이다.

종이 크기와 한 행의 글자 수도 다르다. 《초조본 화엄경》 권1의 낱장 크기는 28.5×47센티미터 정도로 낱장 크기 25.5×47센티미터 정도인 《백지묵서 화엄경》에 비해 세로는 조금 길고 폭은 같다. 반면 한 면(장)의 행자수는 34행 14자다. 초조본에 포함된 다른 경전도 종이 크기에는 약간의 차이가 있지만 행자수는 같다. 《초조본 화엄경》의 한 면 당 글자 수가 54행 34자인 《백지묵서 화엄경》에 비해 훨씬 적은 것은 《초조본 화엄경》의 글자가 훨씬 크다는 뜻이다. 대체로 1권이 하나의 두루마리인 《초조본 화엄경》과 달리 《백지묵서 화엄경》은 두루마리 하나에 10권을 담은 것도 글자 크기가 작기에 가능했다. 어쩌면 《화엄경》 전체를 10개 두루마리에 담으려고 글씨를 작게 썼을 수도 있겠다.

두 《화엄경》의 제목(권수제) 표시 방식도 다르다. 《백지묵서 화엄경》의 권수제는 '대방광불화엄경십통품제28 권44 신역'이다. 초조대장경 중 《화엄경》 권44는 남아 있는 것이 없으므로 권1과 비교해 보자. 권수제는 '대방광불화엄경권제1'이다. 권수제 아래에는 작은 글자로 '신역'이라고 표기했다. 신역은 새로 번역했다는 뜻이다. 다음 행은 소자로 '당우전삼장실차난타역唐于闐三藏實叉難陀譯'이라고 번역자를 표기했다(도 4-8). 《백지묵서 화엄경》에는 없는 항목이다.

앞서 미뤄 두었던 주본周本에 대한 설명을 여기서 해야 할 것 같다. 왕궁리 오층석탑에서 나온 금강경판에서 설명했듯이 불경은 여러 차례 한문으로 번역되었다. 《초조본 화엄경》은 '당우전삼장실차난타역'에서 알 수 있듯이 당나라 시대에 우전국 사람 실차난타(652~710)가 695~699년에 새로 번역한 것이다. 신역이 있다면 구역이 있을 터이다. 실차난타에 앞서 《화엄경》을 한문으로 번역한 사람은 북인도의 승려 불타발타라佛陀跋陀羅(359~429)다. 동진東晋 시대 418~420년에 번역했다. 신역과 구역은 문장의 차이도 있겠지만 체제가 조금 달라 신역은 80권, 구역은 60권이다. 이 신역본을 주본이라고 부르는 이유는 번역이 이루어진 시기가 측천무후가 세운 무주武周 왕조(690~705) 때이기 때문이다. 이에 비해 불타발타라가 번역한 구역본은 동진시대에 번역된 것이어서 '진본晉本'이라고 부른다. 불경 제목에는 없는 '주본'이라는 국보 명칭은 구역본과 신역본을 구분하기 위해 오늘날 붙인 것이다. 그래서 《초조본 화엄경》 권1의 국보 명칭도 '초조본 대방광불화엄경 주본 권1'이다.

《초조본 화엄경》 권1은 경문에 앞서 서문과 목차가 갖추어져 있으며, 마지막 부분에는 번역이 끝난 일자(699년 10월 8일)와 번역 작업에 참여한 사람들의 이름이 열거되어 있다. 이런 요소들은 조선시대에 간행된 책에 나오는 것과 다를 바 없다. 《백지묵서 화엄경》과 두루마리라는 형태는 같지만, 《초조본 화엄경》이 책으로서 더 완성된 형식을 갖춘 것이다.

《백지묵서 화엄경》에 비해 또 하나 개선된 점은 페이지 번호 매김이다. 《초조본 화엄경》에서는 확인할 수 없지만, 다른 여러 초조본 대장경의 면과 면을 이어 붙인 곳에는 작은 글자로 쓴 페이지 번호가 있다. 《백지묵서 화엄경》의 경우 종이를 이어 붙인 후 글자를 썼기 때문에 페이지가 흩어질 염려가 없었을 것이다. 반면 대장경은 목판에 한 장씩 인쇄한 후 종이를 이어 붙였기 때문에 페이지가 섞이지 않게 한 조치였다.

페이지 번호의 실례를 보자(도 4-9). 《초조본 유가사지론瑜伽師地論》 권32 1면과 2면이 연결된 부분 왼쪽에 작은 글자가 있다. '유가사지론권제32瑜伽師地論卷第三十二', '제2장第二丈', '화楇' 이렇게 세 부분으로 나뉜다. 가운데 '제2장'이 페이지 번호다. 위에 있는 '유가사지론권제32'는 권수제와 같다. 페이지 정보와 함께 넣은 책 제목은 선장본에서 판심제版心題로 이어지며, 오늘날 발간하는 책의 면마다 아래쪽에 페이지 번호와 함께 표시하는 장·절 제목과 같은 기능을 한다. '제2장' 아래 '楇'라는 표시의 정체는 함차函次 표시다. 대장경이 워낙 분량이 많았으니 보관함의 수 또한 엄청나서 경전 자체에 보관함의 위치를 표시하고 이를 함차라 불렀다.

절첩, 새로운 제본 방식

755년에 제작된 《백지묵서 화엄경》과 11세기에 제작된 초조대장경은 모두 두루마리로 제본되어 있다. 두루마리 제본이 적어도 300~400년 동안 이어질 수 있었던 이유는 가로로 순서대로 붙여 축에 말면 완성되므로 비교적 만들기 쉬웠기 때문이었을 것이다. 하지만 두루마리 제본은 보기에는 참으로 불편한 방식이다. 책의 중간이나 뒤쪽을 보려면 두루마리를 펼쳐야 한다. 읽기가 끝나면 되말아야 하고 원하는 곳을 찾기도 번거롭다.

사람들은 이런 결점을 해결할 방법을 찾았다. 바로 절첩折帖이라는 방식이다. 동일한 크기의 종이를 가로로 이어 붙이는 것까지는 권자본과 같지만 절첩본은 이를 축에 마는 대신 일정한 폭으로 접어 병풍처럼 펼쳤다 접었다 할 수 있도록 만든 것이다(도 4-10). 절첩은 접은 부분이 쉽게 상하는 단점은 있지만, 권자본에 비해 발전된 형태였음은 분명하다. 13세기에 만든 재조대장경은 절첩본이며, 특히 오늘날 다수 남아 있는 고려시대 사경은 권자본보다 절첩본이 주를 이룬다.

사경은 글자 그대로 불경을 손으로 베껴 쓰는 것이다. 불경을 베껴 쓰는 일 자체가 신앙심의 표현이자 공덕을 쌓는 일이다. 그런 의미에서 《백지묵서 화엄경》도 사경이다. 오늘날 불교 신자들 중에도 사경을 하는 사람들이 있다. 하지만 많은 사람들이 '사경' 하면 고려시대 사경을 떠올린다. 오늘날 남아 있는 사경이 대부분 고려시대에 만든 것이기 때

4-10. 《묘법연화경》 권5.
감색 종이에 은먹으로 쓴 《묘법연화경》이다.
동일한 크기의 종이를 가로로 이어 붙인 후
일정한 폭으로 접어 병풍처럼
펼쳤다 접었다 할 수 있도록 만든
절첩본이다.
소장처: 국립중앙박물관

문일까? 물론 부정할 수 없는 사실이지만, 그보다는 얼핏 봐도 섬세하고 고급스러운 고려 사경의 모습 자체가 갖는 매력 때문일 것이다.

국립중앙박물관 소장 《대방광불화엄경》 권47을 예로 들어 보자(도 4-11). 오늘날의 명명 방식으로 표기하면 '감지금니紺紙金泥대방광불화엄경 주본 권47'이다(이하 《감지금니 화엄경》). '감지금니'란 감색(푸른 색) 물을 들인 종이에 금먹으로 썼다는 뜻이다. 고려시대 사경 중에는 백지가 아니라 쪽물을 들인 감지, 상수리나무 열매(도토리)로 갈색 물을 들인 상지橡紙에 금먹이나 은먹으로 쓴 것이 많다. 상지에 은먹

4-11. 《대방광불화엄경》 권47.
절첩본으로 앞뒤에 감물을 들인 종이 여러 장을 붙인 두터운 표지가 있다.
앞표지 한가운데 금색으로 그린 굵은 테두리 안쪽에 역시 금먹으로 제목을 썼다.
경전 본문 앞에는 이 경전의 핵심 내용을 금먹으로 그린 변상도가 있다.
소장처: 국립중앙박물관

으로 쓴 사경을 '상지은니사경'이라고 한다. 이런 사경은 흰 종이에 먹으로 쓴 것에 비해 훨씬 많은 비용과 정성이 들어갔음은 말할 필요도 없다. 고려 사경은 화려하고 섬세한 고려 귀족 사회를 대표하는 예술품의 하나이자 강렬한 신앙심을 보여 주는 것이다.

14세기 말에 제작했을 것으로 추정하는 이 《감지금니 화엄경》이 바로 절첩본이다. 접었을 때 크기는 33.3×11.5센티미터이다. 화려하게 장식한 표지가 먼저 눈길을 끈다. 《백지묵서 화엄경》이나 초조본 대장경에도 표지가 있지만, 말아서 보관해야 했으므로 온전히 한 면을 볼 수 없다. 절첩이라는 새로운 제본 방식을 사용하였기에 온전한 한 면의 표지를 확보하게 된 것이다.

표지는 앞뒤에 각 1장씩 붙어 있는데, 본문을 잘 보호할 수 있도록 감물을 들인 종이 여러 장을 붙여서 두텁게 만들었다. 앞표지에서 가장 두드러져 보이는 것은 표지 한가운데 금색으로 그린 굵은 테두리 안쪽에 역시 금먹으로 쓴 '대방광불화엄경권제47'이라는 제목이다. 제대로 된 표제, 즉 표지에 넣는 제목이 등장한 것이다. 제목 첫 번째 글자 '대'자 좌우에 따옴표 같은 특별한 부호가 있다. 경전을 읽기 전에 외우는 주문인 '개법장진언開法藏眞言'을 의미한다.

제목 부분을 제외한 면 전체에 금·은먹을 사용하여 화려한 꽃으로 장식하고 테두리도 금으로 이중의 선을 둘러 그 안쪽에 당초문을 장식했다. 표제를 쓴 금색 테두리 아래위에 꽃장식을 넣어 표제를 연꽃

받침 장식 위에 놓인 위패처럼 묘사했다. 뒤표지 역시 표제를 제외하고는 같은 방식으로 화려하게 장식했다. 고려시대 사경의 표지는 단순히 본문을 보호하고 책 내용에 대한 정보를 알리는 지면이 아니라 만든 사람의 신앙심과 미의식을 표현하는 신성한 지면이었던 것이다. 물론 많은 비용이 따르는 작업이었으니 왕족이나 귀족 정도는 되어야 이런 사경을 만들 수 있었다.

화려하고 섬세한 사경의 진면목은 본문을 펼치면 제일 먼저 나오는 그림이다. 1장에 걸쳐 그린 그림(접은 면으로는 4면이다)의 맨 앞에는 금먹으로 '대방광불화엄경제사십칠권변상大方廣佛華嚴經第四十七卷變相', 약간의 간격을 두고 '주周'라고 썼다. 네모난 구획 속에 넣은 그림 오른쪽 위에는 '불부사의품삼십삼지이佛不思議品三十三之二'라는 소제목을 썼다. 이런 글자는 이어지는 본문 내용과 일치한다.

금먹으로 가늘고 섬세하게 그린 그림은 어떤 내용일까? 청련화보살이 부처의 신통한 힘을 받들어 연화장 보살에게 말하는 내용으로, 이 경전의 핵심 내용을 그림으로 표현한 것이다. 어떤 내용인지 명확하게 알 수 있도록 가운데 쯤에 '청련화보살설법'이라 쓰고 마지막 부분에 '불사의법'이라고 썼다. 사경의 맨 앞에 나오는 이런 그림을 변상變相 또는 변상도라고 한다. 변상도는 중국에서 불교를 전파한 초기에 글을 읽지 못하는 사람들이 불경 내용을 이해하기 쉽도록 그림으로 설명한 데서 비롯되었다. 그 전통을 이은 사경변상도는 내용의 핵심을 그림으로 설명한다는 의미도 있겠지만, 그보다는 부처님에 대한 신앙과 공경을 사경에 담아 공덕을 쌓으려는 소망을 표현한 것이었다.

사경변상도가 확실히 눈에 띄고, 연구자들도 주로 변상도를 연구한다. 보는 사람도 변상도만 보고 사경을 다 본 것처럼 생각한다. 하지만 사경의 본령은 역시 경전 내용을 쓴 본문이다. 본문을 보자. 감색 종이에 역시 금먹으로 정갈하게 썼다. 행자수가 다른 점 외에 사경을 쓰는 방식은 앞서 소개한 《백지묵서 화엄경》, 《초조본 화엄경》과 다르지 않다. 1행 권수제는 '대방광불화엄경권제47'이다. 2행에 '우전국삼장실차난타봉 제역于闐國三藏實叉難陀奉 制譯'이라고 제목보다 조금 작은 크기로 번역자를 표시했다. 이 《화엄경》 역시 우전국의 실차난타가 번역한 신역이다. 여기서는 신역이라 쓰지 않고 '봉 제역', 즉 "황제의 명을 받들어 번역했다"라고 쓴 점이 다르다. 또 한 가지 눈에 띄는 것은 '봉奉'과 '제制' 사이의 띄어쓰기다. 낭혜화상탑비문에서 설명한 공격이다. '제'가 황제의 명령을 뜻하는 글자여서 공격을 쓴 것이다. 앞서 신역한 《화엄경》을 '주본'이라 부른다고 했는데, 변상도 앞 제목 끝에 나오는 '주周'가 바로 '주본'을 뜻한다. 이 사경을 제작한 시점에는 이미 무주시대를 지났기에 '주본'이라고 표기할 수 있었을 것이다.

《백지묵서 화엄경》과 《초조본 화엄경》 그리고 《감지금니 화엄경》

은 내용은 모두 같지만, 시대에 따라, 또는 제작 방식에 따라 이처럼 다양한 형식으로 제작되었다. 어려운 불경 내용을 모르더라도 다양한 형식과 변천 과정을 보는 것도 책을 감상하는 재미가 될 수 있다.

완성형 종이책 선장본 편집의 모든 것

_《자치통감강목사정전훈의》

조선판 《자치통감강목》의 결정판

종이를 가로로 이어 붙여 제본하는 권자본과 절첩본은 보기에 불편한 점이 많다. 이 불편함을 개선한 새로운 제본 방식이 가운데를 반으로 접은 종이를 쌓은 다음 묶는 것이다. 발상의 전환이다. 쌓은 종이를 묶는 방식은 몇 차례 변화를 거쳐 선장본線裝本으로 최종 안착했다. 오늘날 남아 있는 대부분의 고서가 선장본이며 전시장에서 보는 고서도 대부분 선장본이다.

선장본은 오늘날의 책과 가장 비슷한 형식으로, 독서하기에는 편리하지만 전시하고 감상하기에 그리 좋지 않다. 권자본이나 절첩본은 펼쳐 놓으면 전체를 볼 수 있으니 제목이나 행자수도 확인하고 중간중간에 있는 공격空格도 관찰할 수 있다. 하지만 선장본은 그럴 수 없다. 단 2면밖에 전시할 수 없기 때문이다. 전시된 책 주변에 저자와 판본, 주요 내용과 의의 등을 설명한 카드가 놓여 있지만, 책 자체를 '감상'하는 데 그다지 도움이 되지 않는다. 이런 고서들은 어떤 점을 봐야 할까?

선장본에는 계선, 권수제, 권미제와 같이 권자본이나 절첩본에 표시된 형식이 그대로 이어져 있는가 하면, 선장본만의 새로운 방식도 있다. 자세히 보면 선장본의 모습도 다 다르다. 손으로 쓴 것, 활자로 인쇄한 것, 목판으로 인쇄한 것이 있고, 책 크기, 글자 크기, 서체도 다르다. 깨끗하고 윤이 나는 책이 있는가 하면, 꼬질꼬질하고 너덜너덜한 책도 있다. 책을 거쳐 간 사람들의 흔적과 손때도 남아 있다.

다양한 선장본 가운데 먼저 소개하는 책은 1438년(세종 20) 세종의 명으로 간행한 《자치통감강목사정전훈의資治通鑑綱目思政殿訓義》다. 제목이 꽤 길고 어려워 제목부터 설명해야 할 것 같다. 제목은 '자치통감', '강목', '사정전', '훈의' 네 요소로 이루어져 있다. 동양 고전에 관심이 있는 사람이라면 《자치통감》은 한 번쯤 들어봤을 것이다. 송나라의 사마광司馬光(1019~1086)이 전국시대 주나라 위열왕 23년(기원전 403)부터 오대십국 시대 후주 세종 6년(959)까지 1,362년 역사를 연대순으로 서술한 책이다.

이 《자치통감》을 성리학의 창시자인 주희朱熹(1130~1200)가 성리학의 시각으로 다시 서술한 책이 《자치통감강목》이다. '자치통감'에 더

한 '강목'은 생물학에서 생물을 분류하는 체계 '종속과목강문계' 중의 '목'과 '강'이다. 즉 '강'이 더 큰 개념이고 '목'은 강에 종속된다. '강목'은 두 책의 차이를 표현한 핵심 단어라 할 수 있다. 주희는 사마광이 쓴 《자치통감》을 연대순으로 기술하되, 중요한 사항을 강綱, 세부 사항을 목目으로 나누어 편집한 것이다. 연대순으로 쓴 《자치통감》 같은 역사서를 편년체 역사서, 《자치통감감목》 같은 역사서를 강목체 역사서라고 한다. 《자치통감감목》 같은 강목체 역사서는 단순히 역사적 사실을 강과 목으로 나누어 기술한 것이 아니다. 주희는 유교의 창시자인 공자가 쓴 역사서 《춘추春秋》의 방식에 따라 강에는 사건을 간략하게 서술하면서도 도덕적 평가를 포함시켰다.

'사정전'은 국왕이 매일 업무를 보는 곳, 즉 편전이다. 세종이 사정전에서 신하들과 이 책을 편찬했으므로 책 이름에 '사정전'을 넣었다. '훈의'는 "뜻을 풀이하다"라는 의미로 《자치통감강목》 내용 중 어려운 부분에 부가 설명을 달았다는 뜻이다. 중국 역사를 서술한 《자치통감강목》에는 조선 사람들에게 생소한 인명이나 지명이 나올 뿐 아니라, 내용 중에도 이해하기 어려운 부분이 많았다. 이에 세종은 집현전 학자들에게 《자치통감강목》에 관련된 자료를 수집하고 주석을 달아 이해하기 쉽도록 재편집하게 한 것이다(도 5-1).

세종은 앞서 1436년(세종 18)에 《자치통감사정전훈의》를 간행했다. 《자치통감강목사정전훈의》는 그 후속 작업이었던 셈이다. 하지만 조

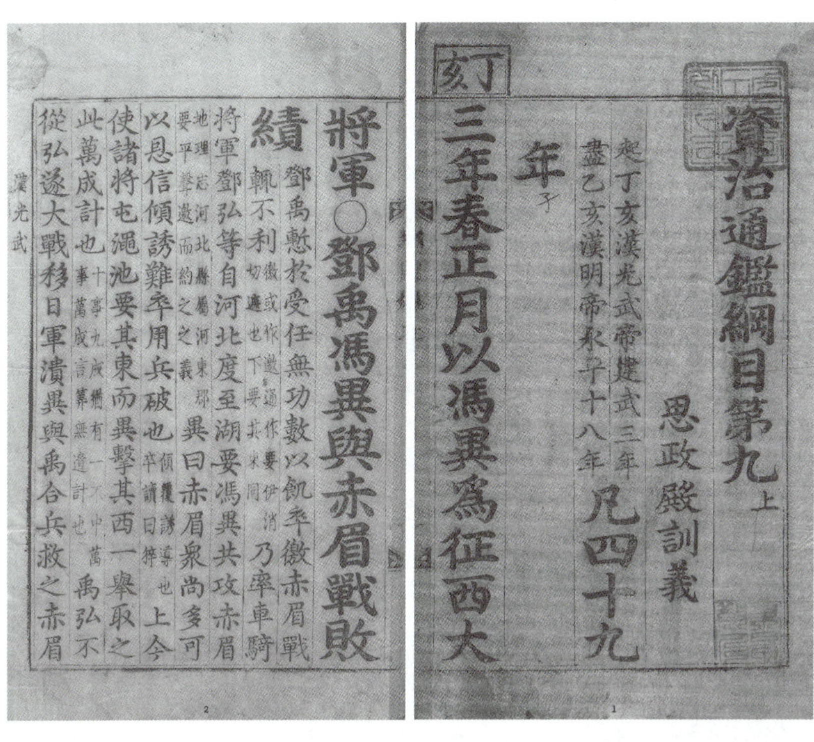

資治通鑑綱目第九上

思政殿訓義

起丁亥漢光武帝建武三年盡乙亥漢明帝永平十八年凡四十九年

丁亥

三年春正月以馮異爲征西大將軍○鄧禹馮異與赤眉戰敗績

鄧禹慙於受任無功數以飢卒徼赤眉戰輒不利徼或作邀通作要伊消切遮也下要其東同乃率車騎將軍鄧弘等自河北度至湖要馮異共攻赤眉地理志河北縣屬河東郡要平聲邀而約之之義異曰赤眉衆尚多可以恩信傾誘難卒用兵破也傾覆誘導也卒讀曰猝上令使諸將屯澠池要其東而異擊其西一舉取之此萬成計也十事九成猶有一不中萬成言算無遺計也禹弘不從弘遂大戰移日軍潰異與禹合兵救之赤眉

漢光武

2

1

5-1. 《자치통감강목사정전훈의》 권9.
사마광이 편찬한 《자치통감》을 주희가 성리학의 시각으로
다시 서술한 책이 《자치통감강목》이다. 《자치통감강목사정전훈의》는 세종이 사정전에서
신하들과 《자치통감강목》 내용에 주석과 부가 설명을 달아 재편집한 책이다.
소장처: 국립중앙도서관

선에서는 《자치통감》보다 《자치통감강목》이 더 많이 읽히고 유통되었다. 성리학적 역사관을 담고 있는 《자치통감강목》을 더 높이 평가하여 국왕은 물론 사대부라면 반드시 읽어야 했기 때문이었다. 《자치통감강목》도 분량이 많기는 하지만 249권이나 되는 《자치통감》을 59권으로 줄이고 내용을 사건별로 정리하여 읽기에 더 편리한 것도 《자치통감강목》의 장점이었다. 그런 만큼 세종은 1421년에 이미 《자치통감강목》을 간행했고, 부족함을 보완하기 위해 《자치통감강목사정전훈의》를 다시 간행한 것이다.

《자치통감강목》은 이후에도 여러 차례 간행되었지만, 《자치통감강목사정전훈의》는 편찬과 편집에 이르기까지 세종의 생각과 의지가 반영된 조선을 대표하는 책 중 하나다.

책 한 권이 서문과 목차인 책

무심히 지나치기 쉽지만 대부분의 책에는 본문이 나오기 전에 책에 관한 여러 정보가 나온다. 순서도 어느 정도 정해져 있다. 표지를 펼치면 먼저 면지가 나오고 면지를 넘기면 오른쪽 면 속표지에 책 제목이 다시 한 번 나온다(두 번 나오는 경우도 있다). 왼쪽 면 아래에 '일러두기'가 나오는 경우도 있다. 제목 다음으로 저자의 서문이 나온다. 재판본 이상이면 1판 서문, 2판 서문 식으로 이전 판들의 서문을 함께 싣기도 한다. 유명한 사람들이 책을 출판하거나, 공공기관 등에서 출판하는 책에는 목차에 앞서 지인이나 유명한 사람들의 추천사, 축사, 발간사 등등이 나오기도 한다. 여러 사람의 발간사나 서문을 실을 때 책 간행에 기여도가 높거나 직위가 높은 사람의 글을 먼저 싣는다. 이런 글들은 책의 권위를 높여 주고, 상업 출판에서는 판매에 도움이 되기도 한다. 본문 앞에 나오는 마지막 항목은 목차다.

조선시대 책 중에도 서문, 일러두기, 목차와 같은 요소들이 갖추어진 책들이 있다. 유명한 책에는 여러 사람의 서문이 나온다. 저자나 역자 후기처럼 책의 마지막에 나오는 발문跋文도 있다. 서문이나 목차가 하도 많아서 책1권 전체가 서문과 목차만으로 이루어진 책도 있다. 《자치통감강목사정전훈의》(이하 《강목훈의》)도 그런 예이다.

《강목훈의》는 워낙 분량이 많은 데다 간행한 지 오래되어 1438년에 간행한 초간본은 일부만 남아 있다. 서문과 목차 등이 실려 있는 제1책은 초간본이 남아 있지 않다. 하지만 간행 당시 모습을 간직한 책이 일본의 오사카부립나카노시마大阪府立中之島도서관에 남아 있다. 초간본이 아닌데 초간본 모습을 간직한 책이란 1438년에 인쇄한 초간본의 낱장을 하나씩 목판에 뒤집어 붙여 다시 새긴 책을 말한다. 이런 책을 번각본飜刻本이라고 한다.

제1책을 펼치면 제일 먼저 〈자치통감강목훈의서資治通鑑綱目訓義序〉가 나온다(도 5-2). 세종의 명으로 《강목훈의》를 간행하게 된 배경 등

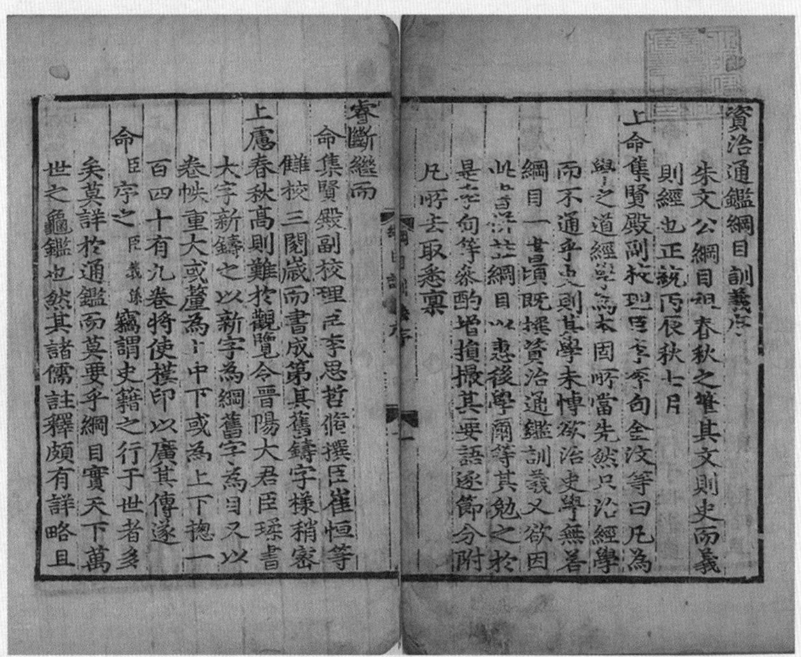

資治通鑑綱目訓義序
朱文公綱目祖春秋之筆其文則史而義
則經也正統丙辰秋七月
上命集賢殿副校理臣李季甸金汶等曰凡為
學之道經學為本固所當先然只治經學
而不通乎史則其學未博欲治史學無若
綱目一書頃既撰資治通鑑訓義又欲因
此書音訓并註綱目以惠後學爾等其勉之於
是季甸等參酌增損撮其要語逐節分附
凡所去取悉稟

睿斷繼而
命集賢殿副校理臣李思哲修撰臣崔恒等
讎校三閱歲而書成第其舊鑄字様稍密
上慮春秋高則難於觀覽令晋陽大君臣瑈書
大字新鑄之以新字為綱舊字為目又以
卷帙重大或釐為上中下或為上下總一
百四十有九卷將使模印以廣其傳遂
命臣序之 臣義孫竊謂史籍之行于世者多
矣莫詳於通鑑而莫要乎綱目實天下萬
世之龜鑑也然其諸儒註釋頗有詳略且

5-2. 《자치통감강목사정전훈의》 서문.
서문과 목차 등이 실려 있는 《자치통감강목사정전훈의》 제1책 초간본은 남아 있지 않다. 이 책은 초간본 제1책을 번각한 판본이다. 세종의 명으로 《강목훈의》를 간행하게 된 배경 등을 편찬자 대표 유희손이 쓴 〈자치통감강목훈의서〉가 제일 먼저 나온다.
소장처: 일본 오사카부립나카노시마大阪府立中之島도서관
사진 출처: 魯耀翰, 〈朝鮮前期 通鑑學의 研鑽에 대하여—世宗代의 通鑑書 刊行을 중심으로〉, 《語文研究》 44-4, 2016.

을 편찬자 대표 유희손이 쓴 것이다. 이어서 원저자 주희가 쓴 서문 〈자치통감강목서례資治通鑑綱目序例〉가 나온다. 그다음에 실린 〈주자여눌재조씨(사연)논강목수서朱子與訥齋趙氏(師淵)論綱目手書〉는 주희가 《자치통감강목》을 편찬할 때 제자 조사연과 편찬에 대해 논의하면서 보낸 편지다. 역시 책의 편찬과 관련된 서문 격 글이다. 그 뒤에도 중국에서 간행한 《자치통감강목》의 여러 판본에 수록된 4개의 서문이 더 이어져, 서문이 총 7개다.

중국이나 조선에서 간행한 《자치통감강목》에 수록된 서문의 수와 수록 순서는 책마다 조금씩 다르다. 1473년(명明 성화成化 9)의 서문이 실린 중국 명나라 황실본에는 서문이 2건만 수록되었다. 저자 주희가 쓴 〈강목서례〉와 명 황제의 〈어제자치통감강목서御製資治通鑑綱目序〉다. 여기서는 주희의 서문이 명나라 황제의 서문에 앞서 수록되어 있다. 반면 초간본 《강목훈의》의 7개 서문 중 가장 먼저 나오는 것은 〈자치통감강목훈의서〉다. 이후에 조선에서 간행한 《강목훈의》는 주희의 〈강목서례〉를 비롯해 여러 중국 판본의 서문을 앞세우고 〈자치통감강목훈의서〉를 맨 마지막으로 실었다. 초간본에서만 〈자치통감강목훈의서〉를 제일 먼저 수록한 까닭은 무엇일까? 세종의 주도로 편찬한 《강목훈의》에 대한 자부심의 표현, 조선 전기의 문화적 자신감이 아닐까?

긴 서문에 이어 범례와 목록이 나온다. 먼저 나오는 〈자치통감강목범례資治通鑑綱目凡例〉는 주희가 책의 편찬 원칙과 기준, 서술 방식 등을 밝힌 것으로, 오늘날 책 앞에 넣는 일러두기와 유사하다. 주희는 성리학 이념에 따라 중국의 왕조를 정통과 정통이 아닌 왕조로 나누고, '제帝'라는 호칭은 정통 왕조에만 사용하는 등 정통인지 아닌지에 따라 용어를 달리 썼다. 《자치통감강목》에 기록된 인물이나 사실에 대한 주희의 평가를 이해하려면 반드시 범례를 숙지해야 한다. 주희의 〈자치통감강목범례〉는 조선의 역사관과 역사 서술에도 큰 영향을 미쳤다. 연산군과 광해군처럼 왕으로서 본분을 다하지 못해 폐위된 왕을 '군'이라고 칭하는 것도 〈자치통감강목범례〉의 원칙에 따른 것이다.

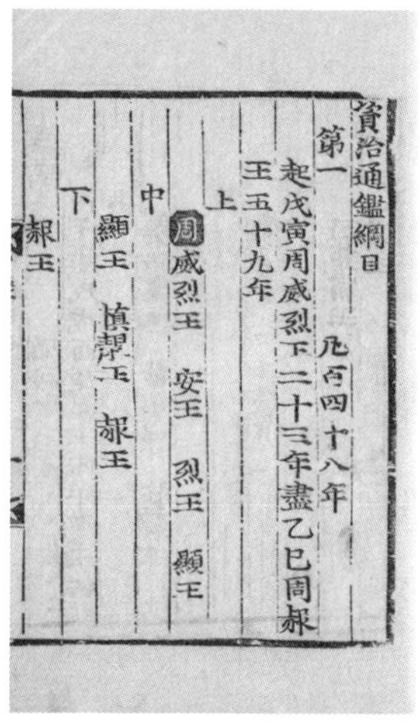

資治通鑑綱目
第一 凡百四十八年
起戊寅周威烈王二十三年盡乙巳周赧王五十九年
上 周威烈王 安王 烈王 顯王
中 顯王 慎靚王 赧王
下 赧王

5-3. 《자치통감강목사정전훈의》 목차.
목록, 즉 전체 목차는 분량상으로 제1책의 3분의 1 정도다.
목록은 제1부터 제59까지지만 각각이 상·하, 또는 상·중·하로 세분되어 있다.
소장처: 서울대학교 규장각한국학연구원
사진 출처: 魯耀翰, 〈朝鮮前期 通鑑學의 硏鑽에 대하여—世宗代의 通鑑書 刊行을 중심으로〉, 《語文研究》 44-4, 2016.

이어지는 〈자치통감강목범례고이資治通鑑綱目凡例考異〉는 주희의 제자 왕학汪學이 범례의 문제를 바로잡은 것이다. 이어지는 〈통감범례목록通鑑凡例目錄〉은 사마광의 《자치통감》에 나오는 주요 용어들을 제시한 것이다. 제1책의 거의 반 정도를 차지하는 이 세 편은 모두 일러두기에 해당한다고 볼 수 있다.

제1책의 나머지 부분은 목록, 즉 전체 목차다(도 5-3). 분량상으로는 제1책의 3분의 1 정도다. 목록은 제1부터 제59까지지만 각각이 상·하 또는 상·중·하로 세분되어 있다. 원래 《자치통감강목》은 59권이지만 《강목훈의》는 각 권을 다시 상·중·하 또는 상·하로 나누었으므로 분량이 149권에 이른다. 이런 방대한 분량 중에서 원하는 부분을 찾기 위해 수십 책을 다 뒤질 수 없는 노릇이었기에 이처럼 별도로 만든 목록이 필요했던 것이다. 각 목록은 '제일/범백사십팔년第一/凡百四十八年' 식으로 각 부분에서 다루는 기간을 기록하고, 이어서 기간의 시작과 마지막 해를 왕년으로 기록했다. 마지막으로 '주위열왕周威烈王'과 같이 해당 기간에 재위했던 왕명을 넣었다. 본문 각 권의 시작 부분도 목록과 같은 방식으로 표기했다.

서문과 일러두기, 전체 목차로 구성된 제1책은 여러 권으로 이루어진 책에서 색인을 별도의 책으로 만드는 오늘날의 책과 여러 면에서 비슷하다.

표지에 담긴 정보

《강목훈의》는 149권, 책 수로는 76책으로 분량이 엄청나다. 게다가 중국은 왕조가 좀 많은가? 통일왕조도 있지만 춘추전국 시대처럼 여러 나라가 함께 있던 시기도 있었다. 제1책에 별도로 수록된 전체 목록은 이처럼 복잡한 1,362년 역사를 일목요연하게 확인하기 위한 장치다.

하지만 76책이나 되는 책을 1책부터 차례로 보지 않고 자신이 원하는 책을 찾으려면 목록만으로는 부족하다. 목록에서 원하는 내용이 어느 책에 있는지 확인하더라도 책을 일일이 열어 봐야 원하는 책을 찾을 수 있다면 보통 번거로운 일이 아니다. 이럴 때 필요한 것이 표제標題, 즉 책 표지에 쓴 제목이다. 오늘날의 책은 표제가 곧 제목이지만, 고서는 앞의 여러 사례에서 보았듯 제목을 넣는 위치가 다양하고, 제목 자체에도 변주가 있다. 권자본과 절첩본에도 표지와 표제가 있지만 표제를 넣을 수 있는 공간이 좁다. 반면 선장본에 이르러 표지 면적이 넓어졌다. 이제 책 제목뿐 아니라 책의 내용을 알 수 있는 일종의 세부 목차 같은 것도 쓸 수 있게 된 것이다. 《강목훈의》처럼 책 수가 많고, 내용이 복잡한 책의 경우 표지를 이렇게 활용하면 효과적이다.

표지에 제목을 넣는 방법은 책에 따라, 같은 책이라도 언제 누가 썼느냐에 따라 다르다. 책 표지는 낡으면 수시로 바꾸며, 같은 책이라도 소유자가 누구냐에 따라 표지의 종류도 다르다. 그렇지만 공통적인 요소가 있다. 표제의 위치다. 제목은 왼쪽 상단에 세로로 크게 쓴

다. 이를 장 제목長題目이라고 한다. 가장 크게 쓰기 때문에 대제목大題目이라고도 한다. 여러 권이 한 질(세트)인 책은 제목 아래 한 글자 정도 간격을 두고 작은 글자로 몇 번째 책인지를 알 수 있도록 숫자 등으로 표시한다. 이를 책차冊次라고 한다. 1책으로 끝나는 경우는 책차를 따로 적지 않지만, '단單' 또는 '전全'으로 1책뿐임을 표시하기도 한다. 일반적으로 책차는 1책부터 시작되지만 《자치통감강목》처럼 서문과 목차가 별도로 1책인 경우 본문이 시작되는 두 번째 책부터 책차를 매기고, 목차 등으로 이루어진 책에는 제목 아래 '목록' 등으로만 표시하기도 한다. 이런 책을 '권수卷首'라고 표현하기도 한다.

책에 수록된 내용이 많은 경우, 표지 오른쪽 상단에 해당 책에 수록된 내용을 오른쪽에서 왼쪽으로 작은 글씨로 쓴다. 이를 가로로 쓴 제목이라 하여 '횡제목橫題目'이라 한다. 한 질의 책이 총 몇 권으로 구성되었는지 알 수 있도록 실로 묶은 부분[書腦] 아래쪽에 작은 글씨로 '共○'식으로 총 책 수를 적기도 한다.

5-4. 《왕백전전집王白田全集》의 서근제.
청나라 학자 왕백전의 문집. 책의 아래 면에 서근제가 있다.
서근제는 책장에 뉘어서 보관한 책을 찾을 때 필요하다.
소장처: 하버드옌칭도서관
사진 출처: 네이버 카페 문학동네

표지도 본문도 아닌 곳에 제목과 책차가 표시된 경우도 있다. 책의 아랫면이다. 이를 서근제書根題(도 5-4)라 부른다. 전시실에 펼쳐져 있는 책이나, 웹상에서 제공되는 책 이미지에서는 볼 수 없는 부분이다. 왜 보이지도 않는 곳에 이런 표시를 했을까? 이유는 선장본의 보관 방식에 있다. 오늘날과 달리 옛 책은 뉘어서 보관했다. 종이와 표지가 빳빳하지 않아서 세울 수 없었기 때문이다. 사실 서양에서도 16세기 이전까지는 책을 주로 뉘어서 보관했다. 서근제는 책장에 뉘어서 보관한 책을 찾을 때 필요하다. 《자치통감강목》의 경우 책 수가 워낙 많아 책함을 따로 만들기도 했다. 책함의 앞부분(뚜껑)에 해당 함에 넣은 책을 미리 표시해서 쉽게 찾을 수 있도록 했다.

국립중앙도서관 소장 《자치통감강목사전정훈의》 권20으로 실제 표지를 한번 살펴보자(도 5-5). 이 책은 세종 때 간행한 초간본이 아니라 1576년(선조 9)에 다시 간행한 것이지만, 원래의 표지를 갖춘 초간본은 찾기 힘들며, 이 책이 초간본의 형식을 유지하고 있으므로 예로 들어 설명하고자 한다. 표지에 '강목綱目' 그 아래 작은 글씨로 '이십상二十上', '이십하二十下'라고 나란히 썼다. '강목'이 장제목이고, '20상', '20하'는 책차(권차)다. 이 책에 수록된 내용이 권20 상, 하에 해당한다는 뜻이다. 제목을 '자치통감강목'이 아니라 '강목'이라고 한 까닭은 제목의 길이 때문일 것이다. '통감강목'이라고 쓴 경우도 있다. 이처럼 표제는 줄여서 쓰는 경우가 많았고, 같은 책도 표제가 다

5-5. 《자치통감강목사정전훈의》 권20의 표지.
표지에 장 제목 '강목綱目'
그 아래 작은 글씨로 책차(권차)
'이십상二十上', '이십하二十下'라고
나란히 썼다. 표지 오른쪽에는
'진기晉紀'라고 쓰고 한 단 내려서
'성제成帝', "강제康帝'
'목제穆帝'를 나란히 썼다.
소장처: 국립중앙도서관

르다. 완전한 책 제목은 본문 제일 앞에 나오는 권수제다. 그래서 오늘날과 달리 고서에서는 권수제가 진정한 제목이다. 책의 서지 정보에 권수제를 반드시 쓰는 이유가 이것이다.

표지 오른쪽에는 '진기晉紀'라고 쓰고 한 단 내려서 '성제成帝', '강제康帝', '목제穆帝'를 나란히 썼다. 횡제목에 해당하며 진나라 성제, 광제, 목제 시기를 수록했다는 뜻이다. 본문을 열어 굳이 확인하지 않아도 표지에 쓴 장 제목과 책차(권차), 횡제목으로 몇 번째 책이며, 수록된 내용이 무엇인지 확인할 수 있도록 한 장치다. 선장본에 이르러 표지는 단순히 제목을 쓰는 곳이 아니라 간단한 목차, 색인 기능까지 담은 일종의 인터페이스와 같은 기능을 했다. 전시실에서 본문을 펼치지 않아 표지만 볼 수 있는 고서를 발견한다면 표지에 어떤 정보가 담겨 있는지 유심히 살펴보자.

치밀한 편집

선장본이라는 새로운 제본 방식은 표지의 형태와 기능만 바꾼 것이 아니다. 본문 레이아웃에 변화가 생겼다. 권자본이나 절첩본에는 없는 새로운 요소가 등장했다. 앞에 표지를 소개했던 《강목훈의》 권20의 본문을 보자(도 5-6). 첫 면을 펼치면 위아래와 오른쪽에 각각 두 개의 선이 있는 테두리 안에 글자가 인쇄되어 있다. 인쇄된 면이 바깥으로 나오도록 가운데를 접었을 때의 모습으로, 위아래 그은 가로선이 이어져 있는 권자본, 절첩본과 달리 가로선이 끊어져 있다. 접은 부분을 펼치면 글자는 가로로 긴 사각형 안에 있음을 확인할 수 있다. 이 사각형 테두리를 '광곽匡郭' 또는 '사주四周'라고 한다. 종이 좌우에 테두리를 두어 여백을 남긴 이유는 반으로 접은 종이를 모아 묶을 자리를 마련해야 하기 때문이다. 제본 후 볼 수 있는 삼면의 테두리를 광곽의 반쪽, 즉 '반곽半郭'이라고 한다.

다음은 '판심版心'이다. 판심은 판의 한 가운데 부분, 선장본에서 낱장의 종이가 좌우로 접히는 부분이다. 《초조본 대장경》에서 여러

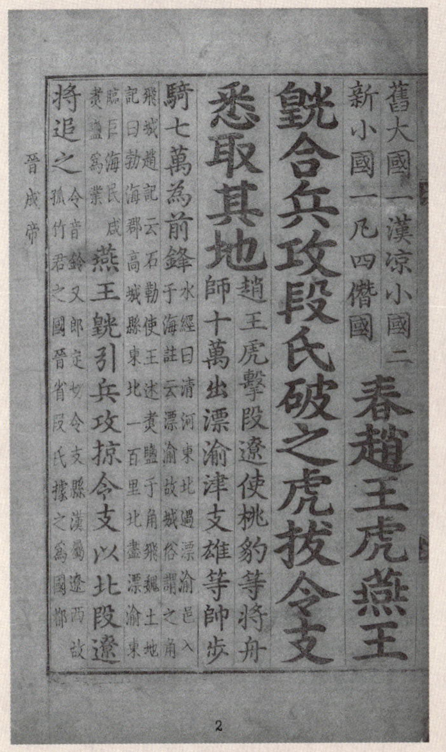

舊大國一漢涼小國二新小國一凡四僭國

春趙王虎燕王皝合兵攻段氏破之虎拔令支悉取其地趙王虎擊段遼使桃豹等將舟騎七萬為前鋒師十萬出漂渝津支雄等帥步騎七萬為前鋒水經曰清河東北過漂渝邑入于海註云漂渝故城俗謂之角飛城趙記云石勒使王述煑鹽于角飛撫土地記曰勃海郡高城縣東北一百里北盡漂渝東瀌戶海民咸煑鹽爲業燕王皝引兵攻掠令支以北段遼將追之令音鈴又郎定切令支縣漢屬遼西故孤竹君之國晉省段氏據之爲國都

晉成帝

2

1장 뒤

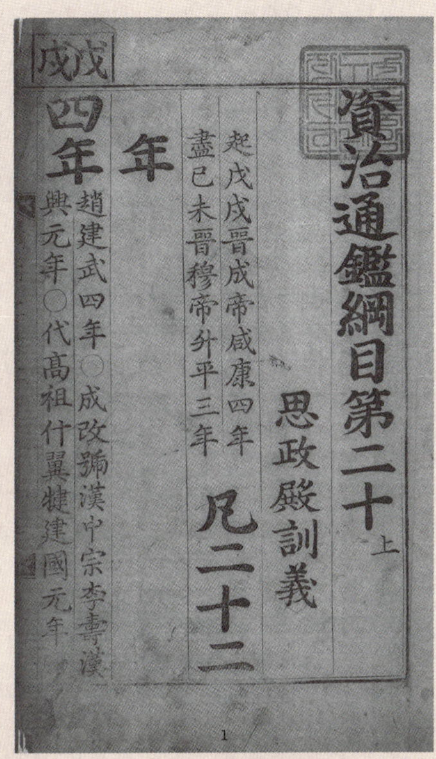

戊戌

資治通鑑綱目第二十上

思政殿訓義

起戊戌晉成帝咸康四年盡己未晉穆帝升平三年凡二十二年

四年趙建武四年○成改號漢中宗李壽漢興元年○代高祖什翼犍建國元年

1

1장 앞

5–6.《자치통감강목사정전훈의》 권20.
선장본이라는 새로운 제본 방식으로 제본한 이 책은 가운데를 접은 낱장을 펼치면
글자는 가로로 긴 사각형 안에 있다. 이 사각형 테두리를 광곽匡郭 또는 사주四周라고 한다.
광곽의 가운데 부분이 판의 중심, 즉 판심版心이다.
소장처: 국립중앙도서관

冊

장으로 된 책의 순서가 헷갈리지 않도록 제목과 페이지 번호를 넣었듯이 선장본 판심에도 제목(판심제)과 페이지 번호(장차張次) 등을 넣었다. 판심제는 보통 표제標題처럼 간략하게 표시한다. 판심제와 장차 위아래에 있는 물고기 꼬리 모양의 표시는 '어미魚尾'라고 한다. 판심을 중심으로 가운데를 접으면 글자와 어미는 앞뒷면에 반씩 표시되므로, 선장본에서 장차, 즉 페이지 번호는 1장 앞(1a), 1장 뒤(1b)와 같이 앞면과 뒷면을 구분한다.

인쇄할 내용을 목판에 새기거나 활자로 조립할 때 광곽을 만들고 판심을 중심으로 좌우 대칭으로 '계선'을 설정한다. 계선 사이에 들어가는 1행의 글자 수는 기본적으로 일정하다. 행자수는 보통 반곽에 들어가는 글자 수로 표시한다. 어차피 반으로 접혀 있기 때문이다. 광곽의 크기와 형태, 광곽에 들어간 행수와 1행의 글자 수, 판심과 어미의 형태는 책의 판본을 파악하는 기초적인 정보다. 이를 '판식板式'이라고 한다. 판식은 책에 따라, 시대에 따라 다르다. 책 크기가 다르더라도 판식이 같으면 같은 판본으로 볼 수 있다.

《강목훈의》 권20의 판식을 보자. 광곽은 사주쌍변四周雙邊이다. 네 변의 테두리 선이 각각 두 개라는 뜻이다. 어미는 상하화문어미上下花紋魚尾다. 위아래에 꽃 모양의 어미가 있다는 뜻이다. 그렇다면 행자수는? 쉽게 답을 찾을 수 없다. 면마다 행자수가 달라 규칙이 없어 보이기 때문이다. 이 점이 《강목훈의》 편찬에 치밀하고 까다로운 편집이 필요했음을 보여 주는 사례다.

《강목훈의》도 제1책 〈자치통감강목훈의서〉처럼 행자수가 10행 18자로 일정한 부분이 있다. 대부분의 인쇄본은 이처럼 행자수가 일정하다. 다만 낭혜화상탑비문의 주석에서 설명했듯이 주석 등에 쓰는 소자는 가로를 본문 글자의 반으로 줄여 두 글자씩, 즉 '소자쌍행小字雙行'으로 배치한다.

《강목훈의》의 행자수가 면마다 다른 이유는 이 책이 이런 일반적인 편집 방식을 택하지 않았기 때문이다. 《강목훈의》 권20의 첫째 면을 펼치면 첫 행 큰 글자로 찍은 제목이 시선을 사로잡는다. 이어지는 본문에서 '범이십이년凡二十二年', '사년四年', '춘조왕호春趙王虎……'와 같이 제목과 같은 크기의 글자가 먼저 눈에 들어온다. 이렇게 큰 글자로 인쇄한 부분이 바로 '강綱', 주희가 사마광이 쓴 《자치통감》을 성리학의 역사관에 따라 다시 편찬하면서 중요하다고 여긴 부분이다. 강 아래 두 줄로 인쇄된 글자는 강을 자세히 설명한 '목目'이다. 목 아래 다시 두 줄로 인쇄한 작은 글자, 이것이 바로 '훈의訓義'다. 이처럼 《강목훈의》는 내용의 중요도에 따라 크기가 다른 세 종류의 글씨를 사용했다. 이런 편집 방식에서는 행자수를 통일할 수 없다. 규격이 일정하지 않다는 것은 편집이 매우 번거롭고 까다롭다는 뜻이다. 이런 까다롭고 번거로운 편집 방식 덕분에 '강'과 '목', '훈의'의 위계를 한눈에 명확히 볼 수 있다.

세종은 《강목훈의》를 편찬하기에 앞서 1420년에 주조한 금속활자 경자자庚子字로 《자치통감강목》을 두 차례 간행했다. 이 경자자본은 《강목훈의》와 달리 '강'과 '목'의 글자 크기가 같다. '강'을 먼저 쓰고, 행을 바꿔 '목'을 기술하는 방식으로 '강'과 '목'을 구분했지만, 글자 크기가 같아서 《강목훈의》처럼 한눈에 구분되지 않는다(도 5-7).

경자자본 《자치통감강목》은 주석을 쓴 소자는 말할 필요도 없고 본문을 쓴 대자조차 《강목훈의》의 '목'에 사용한 글자보다 작다. 반면 《강목훈의》의 '강'에 사용한 글자는 세로 2.3센티미터, 가로 3.4센티미터 정도로 엄청나게 크다. '강'과 '목'의 글자 크기를 달리한 예는 중국에도 있고, 이후에도 '강'과 '목'을 글자 크기로 구분했지만, 이처럼 큰 활자는 거의 없다.

〈자치통감강목훈의서〉에 《강목훈의》에 큰 글자를 사용한 이유를 "이전에 주조한 활자의 크기가 작아서[稍密] 주상께서 춘추가 높아지면 읽기 어려울까 염려하여 진양대군 유에게 큰 활자를 새로 주조하게 했다. 새로 만든 활자를 '강'에 사용하고 이전에 만든 활자는 '목'에 사용했다"라고 했다. 《강목훈의》 '목'에 쓴 활자와 '훈의'에 쓴 활자는 1434년에 세종이 만든 갑인자甲寅字 대자, 소자이다. 갑인자는 세종이 만든 활자의 결정판인 데다 서체도 유려하여 같은 서체로 여러 차례 활자를 만들 만큼 조선을 대표하는 활자다. 소자가 조금 작기는 하지만 대자는 지금 보기에 충분히 크다. 세종이 안질을 앓았고 당

[5-7]

資治通鑑綱目第三十四

梁王詧始稱帝

梁王詧即位改元於江陵是爲後梁賞刑制度並同王者唯上疏于魏則稱臣奉其正朔以蔡大寶爲侍中尚書令王操爲五兵尚書大寶嚴整有智謀雅達政事文辭贍速操亦亞之

梁廣州刺史王琳救江陵弗及次于長沙遣兵伐後梁

琳將兵北下至蕪城聞江陵已陷爲世祖發哀三軍縞素遣別將侯平帥舟師攻後梁琳屯兵長沙傳檄

[5-8]

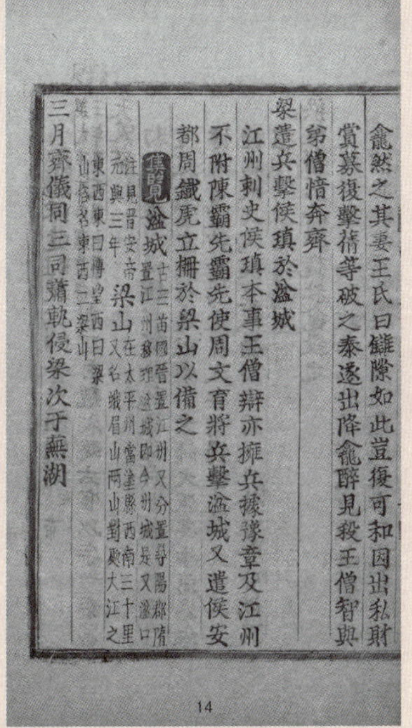
龕然之其妻王氏曰釁隙如此豈復可知因出私財賞募復擊蒨等破之泰遂出降龕辭見殺王僧智與弟僧愔奔齊

梁遣兵擊侯瑱於湓城

江州刺史侯瑱本事王僧辯亦擁兵據豫章及江州不附陳霸先霸先使周文育將兵擊湓城又遣侯安都周鐵虎立柵於梁山以備之

集覽 湓城 … 梁山 …

三月齊儀同三司蕭軌侵梁次于蕪湖

5–7. 《자치통감강목》 권34.
세종 때 경자자로 찍은 《자치통감강목》이다. 《자치통감강목사정전훈의》와 달리 '강'과 '목'의 글자 크기가 같다. '강'을 먼저 쓰고, 행을 바꾸고 한 글자 내려 '목'을 기술하는 방식으로 '강'과 '목'을 구분했지만, 글자 크기가 같아서 한눈에 구분되지 않는다.
소장처: 국립중앙도서관

5–8. 《자치통감강목》 권34 주석 부분.
경자자본 《자치통감강목》에서는 단락이 끝나는 부분에 주석에 해당하는 '집람集覽'과 '고이考異'를 별도로 배치했다.
소장처: 국립중앙도서관

시에는 오늘날과 같은 조명도 없었으니 글씨가 작다고 여겼을 수도 있겠다. 그보다는 세종이 주희가 쓴 '강' 자체를 중요하게 생각했기 때문인지도 모르겠다. '강'을 인쇄하기 위해 새로 주조한 활자가 병진자丙辰字다. 서체는 나중에 세조가 되는 진양대군(수양대군으로 더 알려져 있지만 당시는 진양대군이었다)이 쓴 것이다.

이처럼 큰 활자를 사용했으니 경자자본에 비해 한 장에 들어갈 수 있는 글자 수가 훨씬 적다. 자연히 페이지 수가 많아졌다. 주희가 59권으로 편찬한 《자치통감강목》이 《강목훈의》에서는 149권으로 무려 90권이나 늘어난 이유는 《자치통감강목》의 권1을 권1의 상, 권1의 하 이런 식으로 나누었기 때문이다. 59권으로 나누면 1권의 분량이 너무 많아 책이 두꺼워지기 때문이다.

《강목훈의》가 경자자본 《자치통감강목》과 또 하나 다른 점은 주석의 배치 방식이다. 세종이 훈의본을 다시 만들라고 한 것은 글자 크기만의 문제는 아니었다. 주석이 마음에 들지 않았다. 경자자본에서는 단락이 끝나는 부분에 주석에 해당하는 집람集覽과 고이考異를 별도로 배치했다(도 5-8). 세종은 이 정도의 주석으로 《자치통감강목》을 이해하기에 충분하지 않다고 생각했다. 이에 훈의본을 만들도록 한 것이다. 이번에는 훈의를 해당 부분에 배치했다. 요즘식으로 말하자면 미주와 각주의 차이라 할 수 있다. 미주는 책의 뒤에 가서 찾아야 하지만 각주는 해당 내용을 한 면에서 볼 수 있어 이용하기에 훨씬 편리하다. 하지만 편집자 입장에서는 번거롭기 그지없다.

책을 읽는 사람의 편의를 위한 장치는 이외에도 또 있다. 책 전체를 보지 않고 어떤 부분의 기사만 보고자 할 때 사용하는 인덱스와 같은 장치다. 난상에 튀어나와 있는 간지 표시, 즉 연도가 바뀌는 부분 표시가 그중 하나다(도 5-6). 경자자본 《자치통감강목》도 같은 방식으로 난상에 간지를 배치했다. 간지가 눈에 잘 띄도록 음각을 한 경우도 많지만, 이처럼 크게 눈에 띄게 한 경우는 많지 않다. 본문의 측면 여백에도 인덱스가 있다. 해당 면에 서술된 왕명王名이다. 한 권에 여러 왕이 수록되어 있을 때 빨리 원하는 부분을 찾아갈 수 있도록 한 장치다. 측면에 이런 인덱스를 둔 사례는 그리 많지 않다.

《강목훈의》는 1,362년 동안 존재했던 수십 개 왕조를, 그것도 정통과 비정통 왕조로 나누고, 다시 '강'과 '목', '훈의'를 한눈에 알아볼 수 있도록 편집하고, 각각의 분량에 큰 차이가 없도록 권을 나누었다. 컴퓨터에 입력된 서식에 따라 편집하는 요즘에도 그리 만만한 작업이 아닌 것을 오로지 손과 눈으로만 해야 했다. 조선 후기를 살았던 유만주兪晩柱(1755~1788)가 이 책의 체제가 아름답다고 여러 번 말할 정도로 수백 년 동안 모범적인 체제였던 것이다. 오늘날 보기에도 《강목훈의》는 편집에서 서체에 이르기까지 나무랄 데 없는 명품이다.

세 가지 버전의 한글책
_《월인천강지곡》, 《석보상절》, 《월인석보》

귀하디 귀한 한글 고서

박물관에 전시된 고서의 80~90퍼센트는 한문으로 된 책이다. 박물관이 한문본을 중요하게 생각하기 때문이 아니다. 세종대왕이 백성들을 위해 한글을 창제했지만 문자가 권력이던 시절 사대부들의 반대로 공식 문자가 되지 못했기에, 한문책이 고서의 주류를 차지한다. 한글책이 귀하기 때문에 고서를 구매할 때도 한글이 조금이라도 있는 책이면 값이 더 올라간다.

간혹 전시된 고서 중 한글이 있는 책을 만나면 반갑다. 하지만 반가움은 곧 실망으로 이어질 수 있다. 명색이 한글책이라고 하지만, 한글은 보조적으로 쓰이고 한문이 주를 이루는 이른바 국한문 혼용 책이 대부분이다. 물론 띄어쓰기도 없고 표기법이나 맞춤법도 오늘날과는 달라 읽을 수가 없다.

1990년대까지도 한자를 모르면 일간신문을 읽기 어려웠다. 신문 기사가 한자와 한글을 섞어 쓰는 국한문 혼용으로 되어 있었기 때문이다. 1896년에 창간한《독립신문》이 최초로 한글 전용을 했지만, 이후의 신문들에서 이어지지 못했다. 대학 교재나 전공 서적, 전문 서적도 모두 한자를 그대로 노출했다. 고등학교 교육 과정에서 한자 교육을 소홀히 했던 시절 대학에 들어온 신입생은 교재를 읽을 수 없어 한자 공부를 다시 해야 한다며 푸념하기도 했다. 1988년 창간한《한겨레신문》에 이르러서야 가로쓰기와 함께 한글 전용이 채택되었고, 1995년에《중앙일보》가 뒤를 이었다. 다른 신문들도 그 뒤를 따랐다.

그 후 언제부터인가 한자를 가능한 한 한글로 바꾸고 한자로 표기할 때는 한자 옆 괄호 속에 한글음을 넣은 책들이 늘어났다. 한자 표기는 점점 줄어들어 요즘에는 한자로 표기하는 경우가 드물지만, 역사학, 서지학, 한문학 관련 논문은 지금도 한자를 노출하거나 한자 뒤 괄호 안에 한글을 넣는 경우가 많기는 하다. 한글로만 쓰면 무슨 뜻인지 알기 어려운 용어들이 많기 때문일 것이다. 한글이 있는 고서도 책의 성격에 따라 또는 시대에 따라 한글이 차지하는 비중이 다르긴 하지만, 한자가 중심이고 한글은 주로 한자의 음을 달거나 토를 달 때 사용되었다. 한자에 한글음을 달 때도 한자를 먼저 쓰고 한글음을 뒤에 다는 방식으로 표기했다.

이런 일반적인 표기 방식과 달리 요즘 가장 많이 쓰이는 방식처럼 한글을 먼저 쓰고 한글 뒤에 한자를 병기한 책이 있다. 한글 사용 인구가 증가한 근대기에 출간된 책이라고 생각하기 쉽지만, 의외로 한글 창제 초기에 인쇄한 책 《월인천강지곡》이다. 이후에는 이처럼 한글을 먼저 쓴 책이 거의 없다.

1446년(세종 28)에 세종의 비이자 수양대군의 어머니 소헌왕후昭憲王后(1395~1446)가 돌아가시자 다음 해에 수양대군이 왕후의 명복을 빌기 위해 석가모니의 일대기 《석보상절》을 지었다. 《석보상절》을 보고 세종이 석가모니를 찬양하는 내용을 노래 가사로 지은 것이 《월인천강지곡》이다. 수양대군은 왕위에 오른 후 1459년(세조 5)에 《월인천강지곡》과 《석보상절》을 합해 《월인석보》를 간행했다. 이 세 책은 불경의 내용을 한글로 번역했다는 공통점이 있다. 간행 시기도 비슷하다. 하지만 한글의 배치 방식, 표기법 등에 차이가 있다. 이런 차이는 새로 창제한 한글을 어떻게 표기하고 활용, 보급할까에 대한 당시의 고민을 담고 있다. 이 세 책을 함께 살펴보자.

한글을 앞세운 《월인천강지곡》

《월인천강지곡》은 석가모니의 일대기를 노랫말 형식의 운문으로 지은 것이다. '월인천강月印千江'은 달이 천 개의 강에 비춘다는 뜻이다. 부처님의 자비가 달빛처럼 모든 중생을 비춘다는 것을 이렇게 표현했다. 국보이자 교과서에 나올 정도로 유명하여 누구나 한 번쯤 들어봤을 테지만 《월인천강지곡》 실물을 보기란 여간 어렵지 않다. 이 책은 세상에 딱 한 책, 그것도 완전한 것이 아니라 일부인 상권만 남아 있다. 변산반도에 있는 실상사라는 절에 모신 불상의 몸속에 있던 것이다. 불상을 만들 때 불상의 몸체 안에 넣는 여러 물건을 '복장 유물'이라 한다. 부처님의 말씀을 담은 경전은 법사리라 하여 부처님과 같은 것으로 여겼으므로, 복장 유물 중에 불경이 많다.

실상사는 태종의 둘째 아들이며 세종의 형인 효령대군이 1462~1466년 다시 세운 절이다. 이때 불상을 만들면서 이 책을 넣은 것이다. 《월인천강지곡》은 원래 3책 1질로 추정되는데, 20세기 초 발견되었을 때는 1책만 있었다. 몇 사람의 손을 거쳐 미래엔박물관이 소장하게 되었고, 지금은 한국학중앙연구원 장서각에 기탁되어 있다. 세상에 하나뿐인 귀한 책이니 가끔 이런저런 특별전에 출품될 때 외에는 실물을 영접할 수 없다.

나 역시 국립한글박물관에서 〈문자혁명—한국과 독일의 문자 이야기〉라는 전시를 준비할 때 미래엔박물관이 출품을 허락해 주어 《월인천강지곡》 실물을 처음 보았다. 사실 그전까지 한글 금속활자로 인쇄한 최초의 책 정도로만 알고 있었지, 어떤 책인지 자세히 들여다본 적도 없었고, 볼 기회도 없었다.

·웛月·힌印쳔千강江지之·콕曲·쌍上

끠其·힗一

외巍외巍·셕釋가迦·뿛佛무無량量무無변邊공功·득德·을 ·겁劫겁劫·에 어·느 :다 ᄉᆞᆯᄫᆞ·리

끠其·ᅀᅵ二

·세世존尊ㅅ :일 ᄉᆞᆯᄫᆞ리·니 먼萬:리里·외外ㅅ :일이시나 :눈·에 보·논가 너기:ᅀᆞᄫᆞ

이 책을 봤을 때 가장 놀라웠던 점은 굵은 돋움체로 된 한글이 지면을 압도한다는 사실이었다. 기존에 봐왔던 고서는 거의 한문으로 된 책이었고 한글이 있다 하더라도 토를 달거나 한자음을 넣는 정도였다. 크기도 한자에 비해 작아 잘 드러나지 않게 편집한 것이 대부분이다. 한글 창제 원리 등을 설명한 《훈민정음해례본》은 당연히 한글로 썼다고 생각할 수 있지만, 한문으로 썼다. 한글 사용례를 설명하는 부분에서만 한글이 한 글자씩 나올 뿐이다. 한글 창제 후 가장 먼저 지은 《용비어천가》도 국한문 혼용이며, 한자에는 한글음을 달지 않았다.

반면 《월인천강지곡》은 한글을 대자로 인쇄하고 한글 아래 소자로 한자를 넣었다. 한자어를 표기할 때 한글음을 먼저 쓰고 괄호 안이나 윗첨자로 한자를 병기하는 요즘 방식과 같다. 지금에야 너무나 당연한 방식이지만, 이런 방식으로 쓴 책은 조선시대에 거의 유일하다. 심지어 20세기 중반까지도 한자를 먼저 쓰고 괄호 안에 한글음을 다는 것이 일반적이었다.

6-1. 《월인천강지곡》.
《월인천강지곡》은 석가모니의 일대기를 노랫말 형식의 운문으로 지은 것이다.
상권 1책만 남아 있다. 권수제 '월인천강지곡상'을 한글 대자로 인쇄하고 각 글자의
아래 오른쪽에 치우쳐 해당 한글의 한자를 넣었다. 한자어를 표기할 때
한글음을 먼저 쓰고 괄호 안이나 윗첨자로 한자를 병기하는 요즘 방식과 같다.
소장처: 미래엔박물관

책을 한번 살펴보자(도 6-1). 표지는 개장했는데 표제는 없다. 표지를 열면 첫 면, 첫 행에 권수제 '월인천강지곡상'을 한글로 표기하고 각 글자의 아래 오른쪽에 치우쳐 해당 한글의 한자를 넣었다. 판심제 '월인천강지곡상月印千江之曲上'은 한자다. 권수제 아래쪽에는 '묵담삼매黙潭三昧', '진가영장陳家永藏'이라는 두 개의 도장이 있다. '묵담삼매'는 1918년 실상사로부터 이 책을 인수한 국묵담鞠黙潭(1896~1981)이라는 승려의 소장인이다. '진가영장'은 1961년 국묵담으로부터 이 책을 인수한 당시 광주체신청장 진기홍陳錤洪의 소장인이다. 소장인을 통해 이 책의 소장 내력을 알 수 있다.

2행의 '기일其一'은 《월인천강지곡》 가사 중 첫 번째 가사라는 뜻이다. '기일'에서 시작해서 책의 마지막은 '기일백구십사'로 끝난다(도 6-2). 《월인천강지곡》 가사 1~194까지 이 책에 실려 있는 것이다. 책의 마지막 면 마지막 행에 권수제와 같이 권미제 '월인천강지곡상'을 넣었다. 《월인천강지곡》이 1책이었다면 '상'이라는 표시를 하지 않았을 것이다. 《월인천강지곡》의 가사 수는 194수보다 많았다는 의미다. 국립중앙도서관에 소장된 《석보상절》 권6 마지막 부분에 《월인천강지곡》 몇 수가 끼어 있다(도 6-3). 교정지로 추정된다. 어떤 이유로 수록되었는지는 알 수 없지만, 이 중 제일 마지막에 254번째 수가 실려 있고 255수는 제목만 남았다. 《월인천강지곡》의 가사가 적어도 255수 이상이었음을 알 수 있다.

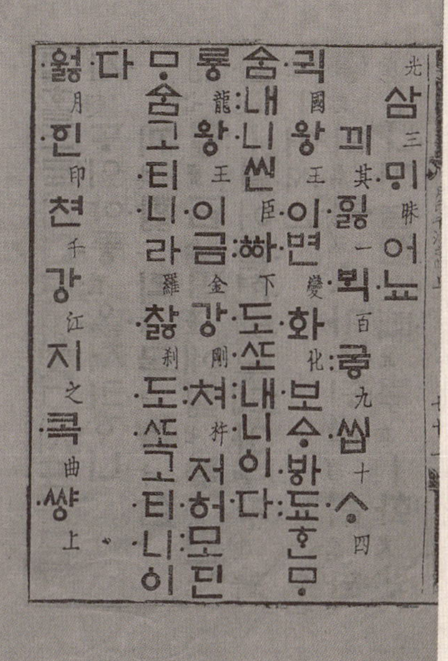

6-2. 《월인천강지곡》 마지막 면.
《월인천강지곡》의 마지막 면은 194수로 끝난다. 마지막 행 권미제 '월인천강지곡상'을 통해 원래 상·하 또는 상·중·하로 구성되었으며 가사 수가 194수보다 많았음을 알 수 있다.
소장처: 미래엔박물관

6-3. 《석보상절》 권6.
권6 마지막 부분에 《월인천강지곡》 몇 수가 끼어 있다. 이 중 제일 마지막에 254번째 수가 실려 있고 255수는 제목만 남았다. 《월인천강지곡》의 가사가 적어도 255수 이상이었음을 알 수 있다.
소장처: 국립중앙도서관

《월인천강지곡》은 원래 580여 수를 상·중·하 3책으로 나누어 수록했을 것으로 추정한다. 580여 수라는 숫자는 《월인천강지곡》과 《석보상절》을 합쳐 세조가 다시 편찬한 《월인석보》(1495년 간행)에 근거한다. 수록 순서는 다르지만 《월인석보》에 실린 《월인천강지곡》이 580여 수이기 때문이다.

도입부에 해당하는 '기일'은 한 구절이지만 '기이'부터는 대구를 이루는 두 구절의 가사로 이루어졌다. 첫 번째 구절이 끝나면 행을 바꾸어 두 번째 구절을 시작하고, 새로운 가사가 시작되는 부분도 행을 바꾸어 명확하게 확인할 수 있도록 편집했다(도 6-4). 표기법을 보면 단순히 한글을 먼저 쓰고 한자를 뒤에 쓴 것만이 아니라, 한자어를 꼭 써야 하는 경우가 아니라면 한문을 한글로 풀어썼다. 《월인천강지곡》에서 한글이 지면을 압도하는 이유 중 하나는 한글을 주로 사용했기 때문이다.

한글이 한자에 비해 크고, 한자가 오른쪽에 치우쳐 배치되어 눈에 잘 들어오지 않는 것도 한글이 지면을 압도하는 이유다. 뒤에 자세히 설명하겠지만 사실 한글과 한자의 크기 차이는 실제보다 더 과장되게 보인다. 그 비밀은 서체에 있다. 《월인천강지곡》에서 한글과 한자는 서체가 다르다. 한자는 붓글씨로 쓴 듯한 해서체인 데 반해, 한글은 굵은 직선이다. 이런 서체를 흔히 고딕체라 한다. 고딕체는 원래 서양 중세 미술 양식인 고딕 양식 건축과 비슷한 서체를 지칭하는 것이었다. 이후 굵은 직선에 세리프가 없는 서체를 고딕체로 부르게 되었다.

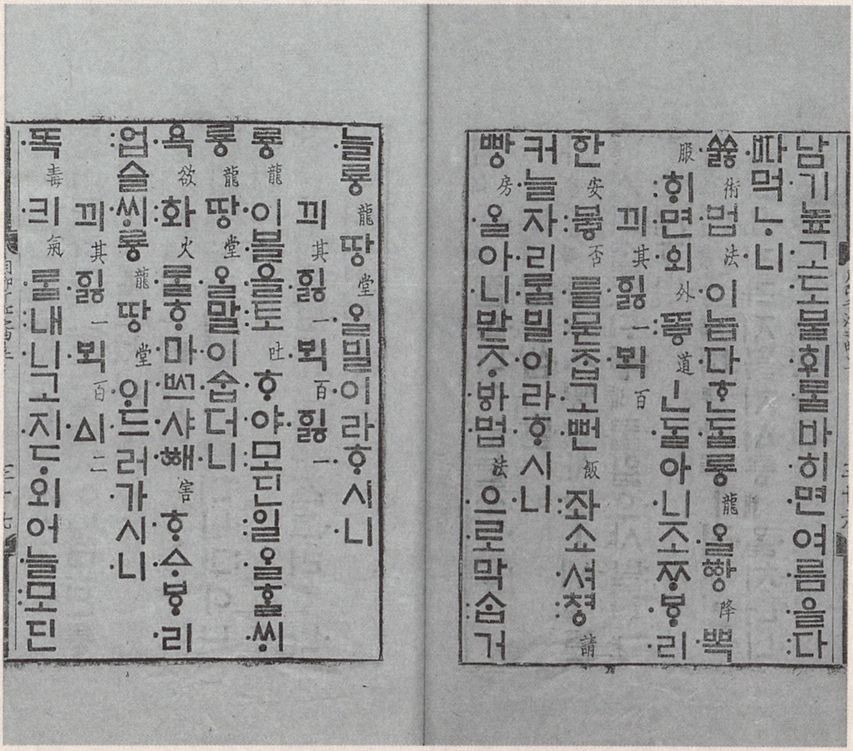

6-4. 《월인천강지곡》 100, 101수 부분.
대구를 이루는 두 구절의 가사로 이루어진 《월인청강지곡》은 첫 번째 구절이 끝나면 행을 바꾸어 두 번째 구절을 시작하고, 새로운 가사가 시작되는 부분도 행을 바꾸어 명확하게 확인할 수 있도록 편집했다.
소장처: 미래엔박물관

오늘날 우리에게 익숙한 그 고딕체다. 어느 쪽이든 한글이 고딕체일 수는 없으므로, 서체의 특징을 살려 돋움체라고 부르기도 하지만 고딕체라는 표현이 정착되어 계속 사용되고 있다. 고딕체는 본문보다는 제목에, 본문 중에서도 강조할 부분에, 표지판 등 눈에 잘 띄어야 할 부분에 주로 사용한다. 《월인천강지곡》의 한글이 두드러져 보이는 데는 이런 서체의 특징이 한몫을 차지한다.

이 서체는 최초의 한글 서체로 《훈민정음해례본》에 나오는 한글, 《용비어천가》의 한글과 비슷하다. 《훈민정음해례본》에 실린 정인지 서문에 따르면 한글의 형태는 "모양을 본떠 만들되 글자는 고전을 모방하였다[象形而字倣古篆]." 한자의 서체 중 획 굵기가 일정한 전서체를 따른 것이다. 반면에 한자는 전형적인 해서체다. 이는 《훈민정음해례본》이나 《용비어천가》도 마찬가지다. 해서체의 한자와 전서체(돋움체)의 한글을 함께 사용했으니, 요즘 본문은 바탕체(명조체), 제목은 고딕체로 쓴 것처럼 한글이 강조된 것이다. 강조를 위해 전서를 썼다기보다는 한글 자모의 형태가 전서에 적합하다고 생각했을 가능성이 크지만, 결과적으로 한글이 강조되었다.

《월인천강지곡》 그리고 《석보상절》에도 사용된 이 한글 활자를 "갑인자와 함께 사용한 한글 활자(갑인자 병용 한글 활자)"라고 부른다. 두 책에 사용한 한자 활자가 1434년에 주조한 갑인자라서 이렇게 부른다. 한글 활자는 제작 기록도 이름도 없어 오늘날 연구자들이 함께 쓴 한자 활자에 따라 "○○자와 함께 사용한 한글 활자"로 부르기 때문이다. 이후의 한글 활자는 한자 활자와 함께 만들기도 했으므로 "○○자와 함께 사용한 한글 활자"로 부를 수 있지만, 이 한글 활자는 갑인자와 같이 만든 것이 아니다. 갑인자를 만든 1434년 당시 한글은 아직 창제되지 않았다. 1446년 3월에 소헌왕후가 돌아가시고, 한글이 반포된 것은 1446년 10월이다. 《석보상절》은 1447년 9월에 편찬되었으므로 그 무렵 한글 활자를 만들었을 것이다. 그래서 《월인천강지곡》과 《석보상절》에 사용된 한글 활자라는 뜻으로 '월인석보 한글자'로 부르기도 하지만, 《월인석보》를 찍은 한글 활자로 오해할 수 있다. 제대로 된 이름이 필요하다.

한글 금속활자로 찍은 최초의 책 《석보상절》

《석보상절》은 석가모니의 일생을 쓴 《석가보》를 비롯하여 《묘법연화경》, 《아미타경》, 《대방편불보은경》 등의 불경을 바탕으로 석가모니의 일대기를 산문 형식으로 편찬한 것이다. 한글 창제 후 가장 먼저 지은 산문이다. 제목을 글자 그대로 풀이하면 석가모니의 행적을 중요한 것은 상세히, 중요하지 않은 것은 줄여서 썼다는 뜻이다.

1446년에 세종의 비이자 당시 수양대군이었던 세조의 어머니 소헌왕후가 수양대군의 사저에서 돌아가셨다. 세종은 수양대군에게

"왕후의 명복을 비는 데는 불경을 옮겨 쓰는 것만 한 일이 없으니 네가 석가모니의 행적을 편찬하여 번역함이 마땅하다" 했다. 이에 수양대군은 1447년에 석가모니의 전기를 모아 《석보상절》을 편찬하고 이를 막 세상에 모습을 드러낸 훈민정음으로 번역하여 세종께 올렸다. 이를 본 세종이 석가모니를 찬양하는 노래[讚頌]를 짓고 '월인천강'이라는 이름을 내렸다. 《석보상절》은 《월인천강지곡》에 앞서 간행된, 한글 금속활자로 찍은 최초의 책이다.

《석보상절》의 간행 연도와 간행 배경, 《월인천강지곡》과 《석보상절》의 관계와 간행 경위 등은 세조가 두 책을 합하여 다시 간행한 《월인석보》에 실은 〈어제월인석보서御製月印釋譜序〉(세조가 지은 《월인석보》 서문)에 나와 있다. 원래 서문이 실렸을 《석보상절》 권1은 오늘날 전해지지 않는 대신 《월인석보》에 《석보상절》 서문이 실려 있다. 현재 전하는 《석보상절》은 초간 이후 다시 간행한 중간본까지 합해 10권 정도인데 원래는 24권 정도였을 것으로 추정한다.

6-5. 《석보상절》 권6.
《월인천강지곡》과 반대로 권수제 '석보상절제육釋譜詳節第六'을 한자로 쓰고 각 글자의 오른쪽 아래에 소자로 한글 독음을 달았다. 이어지는 본문 역시 한자어의 경우 한자를 대자로 먼저 표기하고, 그 아래 한글 소자로 한자의 독음을 넣었다.
소장처: 국립중앙도서관

釋셕譜봉詳쌍節졇第똉六륙

世솅尊존·이 象썅頭뚤山산·애 ·가·샤 龍룡·과 鬼귕神씬·과 ·위ᄒᆞ·야 說쉃法법ᄒᆞ·더·시·다 (龍룡鬼귕 ·위ᄒᆞ·야 說쉃法법ᄒᆞ샤·미 부텻 ·나·히 셜흔 :둘·히·러시·니 穆목王왕 여슷찻 ·히 乙읋酉윻ㅣ·라) ○ 부:톄 目목連련·이 ᄃᆞ·려 니ᄅᆞ·샤·ᄃᆡ :네 迦강毗삥羅랑國귁·에 ·가·아 아·바:님:긔·와 아ᄌᆞ·마:님:긔·와 (아ᄌᆞ:마:니·믄 大·땡愛·ᄋᆡᆼ道:똫ᄅᆞᆯ 니ᄅᆞ시

《석보상절》과 《월인천강지곡》은 내용이 연결되어 있을 뿐 아니라 판식이 같다. 활자 역시 같은 것을 사용했다. 하지만 《석보상절》은 산문, 《월인천강지곡》은 운문으로 형식상 차이가 있으며, 이외에도 다른 점이 많다.

국립중앙도서관 소장 《석보상절》 권6을 보자(도 6-5). 권수제 '석보상절제육釋譜詳節第六'을 한자로 쓰고 각 글자의 오른쪽 아래에 소자로 한글 독음을 달았다. 이어지는 본문 역시 한자어의 경우 한자를 대자로 먼저 쓰고, 한글 소자로 한자의 독음을 넣었다. 정확히 《월인천강지곡》의 방식과 반대다. 이에 따라 한글 대자, 한문 소자만 사용한 《월인천강지곡》과 달리 《석보상절》에서는 한문 대자와 소자, 한글 대자와 소자를 다 사용했다.

앞에서 《월인천강지곡》의 한글이 유난히 눈에 띄는 이유는 단순히 한자보다 크기 때문만이 아니라 서체 때문이라고 했다. 《석보상절》에서 이를 더욱 실감할 수 있다. 15자씩 배열한 1행에 한자 활자인 갑인자 대자와 한글 대자를 함께 사용했음에도 가로선이 일정해 보이는 이유는 한자와 한글 활자의 크기가 같기 때문이다. 하지만 굵고 직선적인 한글의 서체 덕에 같은 크기의 한자보다 한글이 더 크고 두드러지게 보인다.

《석보상절》에는 《월인천강지곡》과 달리 주를 달았다. "世尊이 象頭山애 가샤 龍과 鬼神과 위ᄒᆞ야 說法ᄒᆞ더시다" 아래부터 다음 행까지 이어지는 소자쌍행의 "龍룡鬼귕 위ᄒᆞ야……"가 주다. 세존(석가모니)께서 상두산에 가서 용과 귀신을 위해 설법을 하셨다는 내용 아래에 용과 귀신을 위하여 설법할 때 부처의 나이 32세이며 이때가 주나라 목왕 6년 을유년이라는 주석이다. 이런 식의 주석이 곳곳에 있다. 주석에도 한자 아래에는 한글로 음을 달았다. 그런데 자세히 보면 한자에 음을 달 때 사용한 '룡', '귕' 등의 한글과 '위ᄒᆞ야', 'ᄒᆞ샤미 부텻 나히 셜흔 둘히러시니'와 같이 한글로 풀이한 부분의 글자 크기가 다르다. 즉 한자에 음을 달기 위해 사용한 한글의 크기가 더 작다. 이는 한자의 음을 달 때 사용한 한글보다는 풀이를 위한 한글이 더 눈에 띄도록 한 장치일 것이다.

한편 《석보상절》에는 산스크리트어로 된 주문呪文을 한자로 표기한 부분이 있다. 여기에서 한자의 한글음은 산스크리트어 발음으로 표기하여, 같은 한자라도 한글음 표기법이 다르다. 글자 크기도 한자에 한글음을 달 때 사용한 활자보다 크고, 한글로 풀이를 할 때 사용한 것과 같다(도 6-6). 이 역시 한문과 산스크리트어, 본문과 주문을 구분할 수 있도록 한 장치다. 이런 세심한 편집에는 상당한 공이 들어갔을 것이고 사전에 치밀하게 계산했을 것이다.

치밀한 계산은 여기서 끝이 아니다. 세밀한 관찰자라면 알아챘겠지만 《석보상절》과 《월인천강지곡》에는 계선이 없다. 나무를 얇게 깎거나 구리를 얇게 두드려서 만든 계선은 행과 행을 구분하여 글자를 쓰거나 새길 때, 또는 활자를 심을 때 줄이 잘 맞도록 하여 가독성을 높이는 구

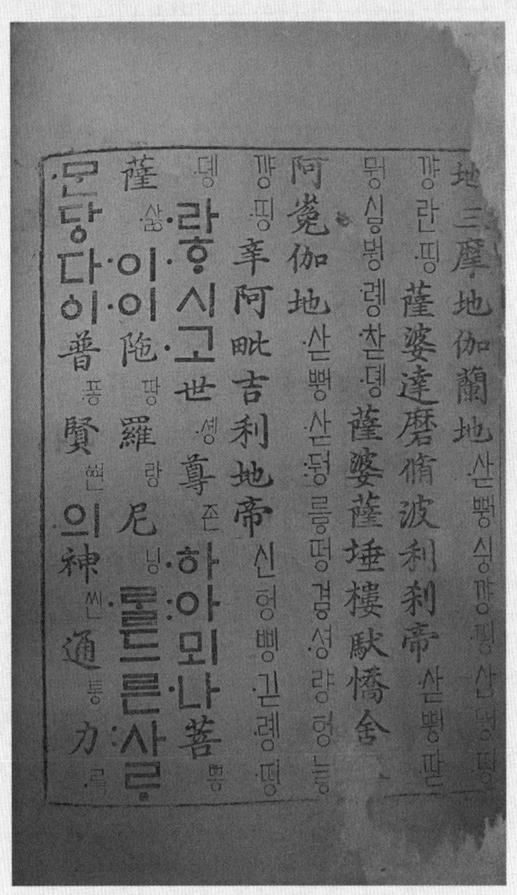

6-6. 《석보상절》 권21.
산스크리트어로 된 주문呪文을 한자로 표기한 부분의 한글음은
산스크리트어 발음으로 표기하여, 같은 한자라도 한글음 표기법이 다르다.
글자 크기도 한자에 한글음을 달 때 사용한 활자보다 작고,
한글로 풀이를 할 때 사용한 것과 같다.
소장처: 국립중앙박물관

실을 한다. 고려대장경 등 고려시대에 간행한 서적이나 이를 다시 간행한 조선시대 책 중에 계선이 없는 것이 더러 있지만, 대부분의 책에는 계선이 있다. 계선이 없는 책이라고 해서 계선이 원래 없었다고 말할 수는 없다. 특히 목판본에 비해 활자를 하나하나 심어야 하는 활자본은 계선이 없다면 조판하기가 아주 힘들다. 계선은 행을 구분할 뿐 아니라 활자가 제자리를 잡을 수 있도록 지탱하는 역할도 하기 때문이다.

특히 《석보상절》과 《월인천강지곡》에는 소자를 쌍행으로 배치하지 않고 한자만 오른쪽에 치우쳐 배치한 것이 많다. 왼쪽의 공백 부분을 나무 조각[空木] 등으로 채웠겠지만, 계선을 사용하는 편이 행을 맞추기에 더 유리하다. 실제 《석보상절》 여러 곳에 계선의 흔적처럼 보이

6-7. 《석보상절》 권20.
《석보상절》과 《월인천강지곡》에는 한글 소자를 한 자만 오른쪽에 치우쳐 배치한 경우가 많다. 왼쪽의 공백을 나뭇조각[空木] 등으로 채웠겠지만, 계선을 사용하는 편이 행을 맞추기에 더 유리하다. 인쇄본에는 계선이 없지만 계선의 흔적처럼 보이는 자국이 남아 있다.
소장처: 국립중앙박물관

는 자국이 남아 있다(도 6-7). 《석보상절》과 《월인천강지곡》에서는 계선을 넣되 활자보다 조금 낮게 만들어 인쇄된 면에는 드러나지 않는 방법을 선택했을 것이다. 계선 흔적은 인쇄 과정에서 종이를 조금 강하게 눌러 의도치 않게 드러난 것 같다.

비록 실수로 일부 계선이 드러나기는 했지만 계선이 드러나지 않도록 한 방식 역시 치밀한 계산의 결과로 보인다. 특히 《석보상절》에는 다양한 크기의 한글과 한자, 여기에 한글의 경우 방점까지 사용했다. 이런 복잡한 지면에 계선까지 있다면 너무 여백이 없어 오히려 가독성이 떨어졌을 것이다.

《석보상절》과 《월인천강지곡》은 표기법에서도 차이가 난다. 예를 들어 《월인천강지곡》에서는 '世'의 한자음을 '셰'로 표기했으나 《석보상절》에는 '솅'이라고 표기했다. '솅'의 종성에 사용한 'ㅇ'은 음가 없이(소리는 없고) 모든 글자에 초성·중성·종성을 갖춘다는 원칙에 따라 사용한 것이다. 《석보상절》과 《월인천강지곡》의 이런 차이는 새로 만든 한글을 어떻게 사용할지 실험하고 연구하는 과정에서 이 책들이 탄생했음을 보여 준다.

시각적 효과를 극대화한 《월인석보》

1457년에 세조는 큰아들 의경세자懿敬世子(1438~1457)를 먼저 떠나 보내게 되었다. 이에 세조는 아들과 돌아가신 부모님을 추모하기 위해 《석보상절》과 《월인천강지곡》을 다시 다듬고 보충하여 새로운 형식의 석가모니 일대기를 간행했다. 이것이 1459년에 완성된 《월인석보》다.

《월인석보》는 총 25권이었을 것으로 추정한다. 역시 전체가 남아 있지는 않지만, 여기에 수록된 《석보상절》의 내용은 일부만 남은 《석보상절》의 공백을 메워 준다. 《월인천강지곡》의 공백을 메워 주는 것도 《월인석보》다. 앞서 언급했지만 《월인천강지곡》은 원래 상·중·하 3권이었던 것으로 추정되는데, 현재는 상권 194수만 온전하게 남아 있고 《석보상절》에 몇 수가 섞여 전한다. 다행히 《월인석보》에 실려 있는 《월인천강지곡》을 통해 《월인천강지곡》이 580여 수였음을 알 수 있다. 수록 순서나 내용 등이 완전히 일치하지 않을 수도 있고, 《월인석보》도 전체가 남아 있는 것은 아니어서 전모를 볼 수 없는 아쉬움은 남는다.

《월인석보》의 권1을 열면 제일 먼저 나오는 내용은 《월인석보》나 《석보상절》 서문이 아니라 〈세종어제훈민정음〉이다(도 6-8). 1446년에 간행한 《훈민정음해례본》에 실린, 세종이 지은 서문과 한글의 사용법을 설명한 〈예의例義〉 부분을 한글로 옮긴 것이다. 한문으로 된 《훈민정음해례본》과 달리 한문 원문을 일정한 단락으로 나누어 한글 번역문과 함께 실었다. '훈민정음' 하면 떠오르는 "나랏말ᄊᆞ미 듕귁에 달아"로 시작하는 서문은 여기에서 처음 나온다. 《월인석보》 앞머

6-8. 《월인석보》 권1.
《월인석보》의 권1을 열면
제일 먼저 나오는 내용은 《월인석보》나
《석보상절》 서문이 아니라
〈세종어제훈민정음〉이다. '훈민정음' 하면
떠오르는 "나랏말ᄊᆞ미 듕귁에 달아"로
시작하는 서문은 여기에서 처음 나온다.
소장처: 서강대학교도서관

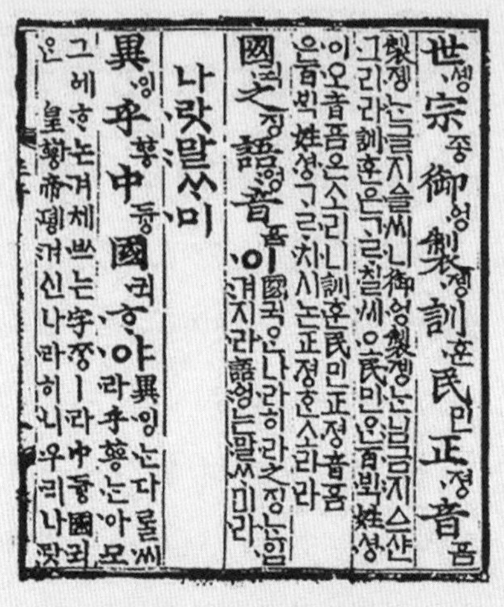
世솅宗종御ᅌᅥᆼ製졩訓훈民민正졍音음
製졩ᄂᆞᆫ 글지ᅀᅳᆯ씨니 御ᅌᅥᆼ製졩ᄂᆞᆫ 님금지ᅀᅳ샨
그리라 訓훈ᄋᆞᆫ ᄀᆞᄅᆞ칠씨오 民민ᄋᆞᆫ 百ᄇᆡᆨ姓셩
이오 音음ᄋᆞᆫ 소리니 訓훈民민正졍音음ᄋᆞᆫ
百ᄇᆡᆨ姓셩 ᄀᆞᄅᆞ치시논 正졍ᄒᆞᆫ 소리라
國귁之징語ᅌᅥᆼ音음이
國귁ᄋᆞᆫ 나라히라 之징ᄂᆞᆫ 입겨지라 語ᅌᅥᆼᄂᆞᆫ 말ᄊᆞ미라
나랏말ᄊᆞ미
異잉乎홍中듕國귁ᄒᆞ야 異잉ᄂᆞᆫ 다ᄅᆞᆯ씨라 乎홍ᄂᆞᆫ 아모
그ᅌᅦ ᄒᆞ논 겨체 ᄡᅳ논 字ᄍᆞᆼㅣ라 中듕國귁ᄋᆞᆫ
皇황帝뎽겨신 나라히니 우리나랏

6-9. 《월인석보》 권1.
본문 1행은 '月印千江之曲第一월인천강지곡제일'이다. 2~3행에 걸쳐 소자쌍행으로
《월인천강지곡》에 대한 설명을 넣은 다음 4행에 '釋譜詳節第一석보상절제일'이라고 표시했다.
이는 《월인천강지곡》을 먼저 수록하고 이어서 《석보상절》을 수록한다는 뜻이다.
소장처: 서강대학교도서관

리에 이 부분을 수록한 것은 훈민정음이 이 모든 작업의 중심이자 매개임을 분명하게 말해 준다.

이어서 사경 변상도처럼 부처님의 생애를 여덟 장면으로 나누어 목판에 새긴 팔상도八相圖를 실었다. 다음으로 〈석보상절서〉, 〈어제월인석보서〉를 싣고, 세종과 세조가 각각 《월인천강지곡》과 《석보상절》을 지었음을 기록한 위패 모양의 그림을 넣었다.

이어서 본문이 나온다. 《석보상절》과 《월인천강지곡》을 합친 것이 《월인석보》라 하니, 단순히 두 책을 묶어서 기계적으로 합쳤다고 생각하기 쉽지만, 세조는 두 책을 완전히 새로운 방식으로 편집했다. 석가모니의 일생과 관련하여 펼쳐지는 내용을 단락을 나누어 먼저 《월인천강지곡》을 수록하고, 이어서 《월인천강지곡》의 내용에 해당하는 《석보상절》 부분을 넣는 방식으로 유기적으로 결합했다.

《월인석보》에 실린 《석보상절》 부분은 원본보다 자세하다. 1447년에 간행한 《석보상절》을 그대로 옮겨 놓은 것이 아니라, 편찬 당시에는 없던 내용을 새로 추가하거나 더 자세하게 보충해 넣은 것이다. 석가모니 부처의 일생과 그 말씀을 담은 불경 자체가 극적이고 감동적인 요소를 담고 있지만, 《월인석보》는 원래 불경에는 없는 내용을 추가하여 빈틈없이 짠 고대소설을 보는 것처럼 극적이고 흥미롭다. 용어나 내용에 대한 보충 설명인 주석도 해당하는 부분 근처에 넣었다. 이 또한 《월인천강지곡》과 《석보상절》을 그대로 옮긴 것이 아니라 훨씬 다양하고 풍부하게 보완했다.

《월인석보》는 이러한 구성 의도가 한눈에 드러날 수 있도록 특별한 편집 방식을 사용했다. 본문을 보자(도 6-9). 본문 1행은 '月印千江之曲第一월인천강지곡제일'이다. 2~3행에 걸쳐 소자쌍행으로 《월인천강지곡》에 대한 설명을 넣은 다음 4행에 '釋譜詳節第一석보상절제일'이라고 표시했다. 이는 《월인천강지곡》을 먼저 수록하고 이어서 《석보상절》을 수록한다는 뜻이다. 여기서 '월인천강지곡제일'의 글자 크기가 '석보상절제일'보다 크다는 점을 기억해 두자.

5행에 제목 '월인천강지곡제일'과 같은 글자 크기로 '其一기일'이라고 썼다. 이어지는 6~7행은 '巍巍釋迦佛無量無邊功德외외석가불무량무변공덕을 劫劫겁겁에'다. 《월인천강지곡》의 '기일'과 같은 내용이지만 다른 점이 있다. 《월인천강지곡》과 반대로 한자를 먼저 쓰고 한글은 한자 아래 소자로 넣었다는 점이다. 이렇게 '기칠'까지는 《월인천강지곡》만 수록했다. 《월인천강지곡》 각 수에 모두 《석보상절》이 있는 것은 아니다.

《월인천강지곡》과 《석보상절》이 함께 편집된 모습은 '기팔'에 처음으로 나온다. 여기서 먼저 주목할 점은 《석보상절》 부분의 글자 크기가 제목 '석보상절제일'과 같다는 것이다. 《월인천강지곡》 부분 글자보다 작은 글자를 사용한 것이다. 《월인천강지곡》과 《석보상절》을 합하면서도 두 내용을 시각적으로 구분하기 위한 장치다. 《월인천강

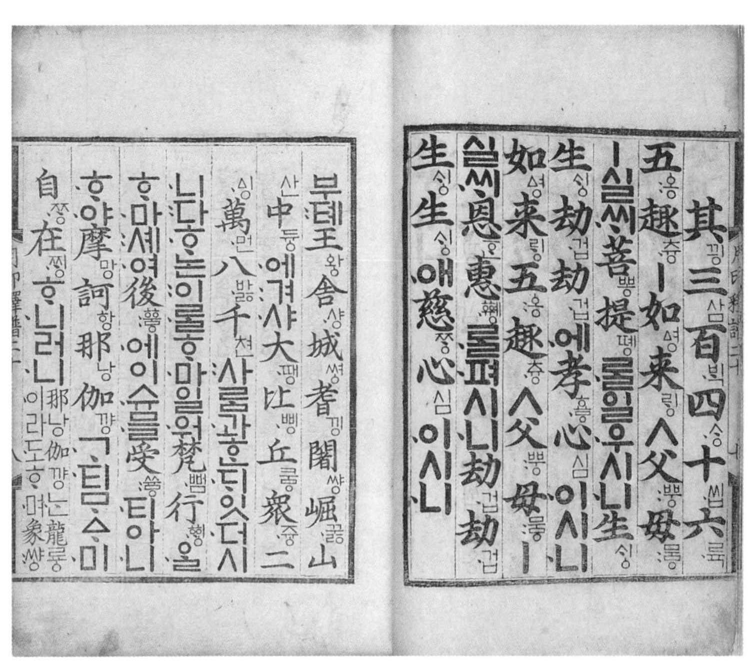

其끵三삼百빅四송十씹六륙
五옹趣츙ㅣ如셩來링ㅅ父뿡母뭏ㅣ
ㅣ실씨菩뽕提뗑ᄅᆞᆯ일우시니生싱
生싱劫겁劫겁에孝ᄒᆞᇴ心심이시니
如셩來링五옹趣츙ㅅ父뿡母뭏ㅣ
실씨恩ᅙᅳᆫ惠쮕ᄅᆞᆯ펴시니劫겁劫겁
生싱生싱애慈쫑心심이시니

부텨王왕舍샹城쎵者쟝闍썅崛꿇山
산中듕에겨샤大땡比삥丘쿻衆즁二
싱萬먼八밣千쳔사ᄅᆞᆷ과ᄒᆞᆫᄃᆡ잇더시
니다ᄒᆞᆫ논이로ᄒᆞ마일워梵뻠行ᅘᆡᇰ을
ᄒᆞ마세여後ᅘᅮᇢ에이숀를受쓯티아니
ᄒᆞ야摩망訶항那낭伽꺙ㅣ팀수미
自쫑在쬥ᄒᆞ니러니 那낭伽꺙ᄂᆞᆫ龍룡이라도ᄒᆞ며象썅

6-10. 《월인석보》 권20.
《월인천강지곡》과 《석보상절》을 합하면서
《월인천강지곡》 부분에 《석보상절》 부분보다 큰 글자를 사용했다.
《월인천강지곡》 내용은 첫 번째 칸에서 시작하고
《석보상절》은 두 번째 칸부터 시작하도록 배치했다. 《월인천강지곡》과 《석보상절》을
시각적으로 구분하고 위계를 부여하는 장치다.
소장처: 국립중앙박물관

지곡》과 《석보상절》을 구분하려는 의도를 읽을 수 있는 장치는 또 있다. 《월인천강지곡》 내용은 첫 번째 칸에서 시작하고 《석보상절》은 두 번째 칸부터 시작하도록 배치한 것이다(도 6-10).

한편 주석은 해당 내용 가까이에 소자쌍행으로 넣어 읽기 쉽게 하고 시각적으로 명확히 구분할 수 있게 된다. 《월인천강지곡》은 《석보상절》보다 큰 글자를 사용하고 《석보상절》은 주석보다 큰 글자를 사용함으로써 시각적 효과를 극대화했다. 《석보상절》과 마찬가지로 한자의 음을 표기한 한글과 번역에 사용한 한글의 크기도 달리했다.

운문인 《월인천강지곡》을 먼저 배치하고 이어서 경전 내용인 《석보상절》을 배치한 편집 방식은 불경의 일반적인 전개 방식, 즉 경전의 내용을 먼저 쓰고 부처님의 공덕이나 가르침을 노래 형식으로 지은 게송을 배치하는 방식과 반대다. 이는 부왕이 지은 내용을 앞세우고 더 큰 글자를 사용함으로써 부왕을 존경하는 뜻을 시각적으로 드러내는 효과를 노린 것이다. 《월인천강지곡》의 시작 부분을 《석보상절》 시작 부분보다 한 칸 올려 배치한 것 역시 이런 의미다. 《석보상절》이 《월인천강지곡》보다 먼저 편찬되었으나 책 제목을 '석보월인'이라 하지 않고 '월인석보'라고 한 것 역시 부왕에 대한 존경의 의미를 담고 있다.

한편 《월인석보》는 《석보상절》과 마찬가지로 한자를 큰 글자로 표기하고 아래쪽에 한글로 음을 달았지만, 한자 크기가 월등히 크고 음을 단 한글은 아주 작다. 결국 《월인천강지곡》, 《석보상절》과 달리 《월인

6-11. 《석보상절》과 《월인석보》의 한글 크기와 표기법. 《석보상절》(위)에서 한자는 한글과 크기가 비슷하지만 굵은 돋움체의 한글에 비해 작아 보인다. 《월인석보》(아래)의 한자는 획의 굵기가 한글과 같다. 《월인천강지곡》과 《석보상절》의 '·' 모양이 둥근 점인 것과 달리 《월인석보》의 '·'는 오른쪽으로 내리긋는 사선으로 바뀌었다. 소장처: 국립중앙도서관·국립중앙박물관

석보》는 가로선이 잘 맞지 않게 되었다. 행자수를 맞추려고 자간과 글자 크기를 조절한 이런 편집은 《월인석보》를 활자본인 두 책과 달리 목판에 새겼기에 가능했다.

서체도 달라졌다. 갑인자로 인쇄한 《석보상절》에서 한자는 한글과 크기가 비슷하지만 굵은 돋움체의 한글에 비해 작아 보인다. 《월인석보》의 한자는 획의 굵기가 한글과 같다. 한자가 많이 노출되기도 했지만, 한자의 서체 때문에 한글이 두드러져 보이는 현상이 사라졌다. 한글 서체도 조금 달라졌다. 《월인천강지곡》과 《석보상절》의 '·' 모양이 둥근 점인 것과 달리 《월인석보》의 '·'는 오른쪽으로 내리긋는 사선으로 바뀌었다(도 6-11). 이러한 차이는 붓글씨에 적합한 형태로 서체가 변화해 가는 과정을 보여 준다.

《월인천강지곡》과 《석보상절》, 《월인석보》는 한글 표기법에서 차이를 드러낼 뿐 아니라 한자와 한글의 크기와 배치 방식에서도 차이를 보인다. 《월인천강지곡》은 한글 위주로 사용하고, 《석보상절》과 《월인석보》는 한자가 중심이다. 비슷한 시기에 만든 세 책에서 한글을 어떻게 표기하고 활용, 보급할까 고민한 흔적과 함께 한글이 이미 그 자리를 잃어 가는 모습을 보는 것만 같다.

‖ 더불어 읽기 ‖

: 독자에 따라 다른 한글 번역

한글 창제 후 한글은 한문으로 된 서적을 한글로 번역한 언해본諺解本에 주로 쓰였다. 그런데 사실 조선시대 언해본을 보면 이게 정말 번역인가 생각되는 책들이 많다. 예를 들어 《논어》의 첫 번째 구절 '공자왈학이시습지불역열호孔子曰學而時習之不亦說乎'는 "공자께서 말씀하셨다. 배우고 때로 익히면 이 또한 기쁘지 아니한가?"로 번역한다. 조선시대에 간행한 《논어언해》에는 "子자이 가라사대 學학하고 時시로 習습하면 또한 기쁘지 아니하랴"로 되어 있다(표기법을 현대 한글로 바꿨다)(도 6-12). 조선시대에 간행한 《논어언해》는 대부분 이렇게 번역되어 있다. 1587년(선조 20) 교정청校正廳(서적 편찬 시 교정을 담당한 기구)에서 언해한 유교 서적이 국가가 보증하는 표준 번역서로 통용되었기 때문이다. 《논어언해》를 비롯해 과거시험을 준비하는 수험생들이 보던 유교 서적 언해본은 대부분 이런 방식으로 번역된 표준 번역서다. 요즘 관점으로 보자면 이걸 번역본이라 할 수 있을까 의문이 생긴다. 조사와 쉬운 형용사 빼고 기본적으로 '학', '시', '습' 같은 한자를 알아야만 이 번역문을 이해할 수 있다. 오늘날 의사들이 조사만 빼고 영어로 된 의학 전문 용어로 처방하는 상황이 연상된다.

조선시대에 간행한 언해본이 다 이런 방식은 아니다. 1578년(선조

[6-12]

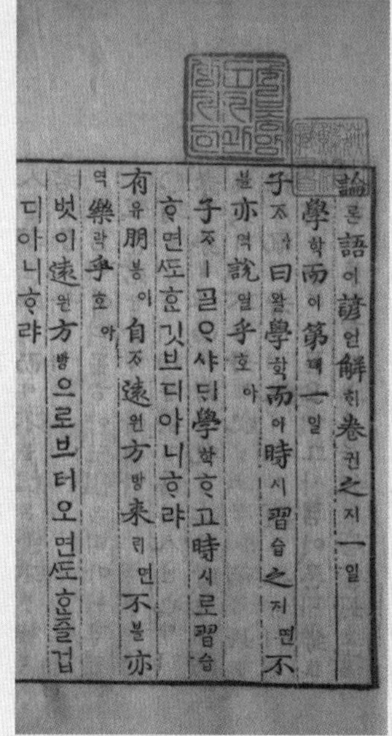

論론語어諺언解해卷권之지一일
學학而이第뎨一일
子ᄌᆞㅣ曰왈學학而이時시習습之지면不
불亦역說열乎호아
子ᄌᆞㅣᄀᆞᆯᄋᆞ샤ᄃᆡ學학ᄒᆞ고時시로習습
ᄒᆞ면ᄯᅩᄒᆞᆫ깃브디아니ᄒᆞ랴
有유朋봉이自ᄌᆞ遠원方방來ᄅᆡ면不불亦
역樂락乎호아
벗이遠원方방으로브터오면ᄯᅩᄒᆞᆫ즐겁
디아니ᄒᆞ랴

[6-13]

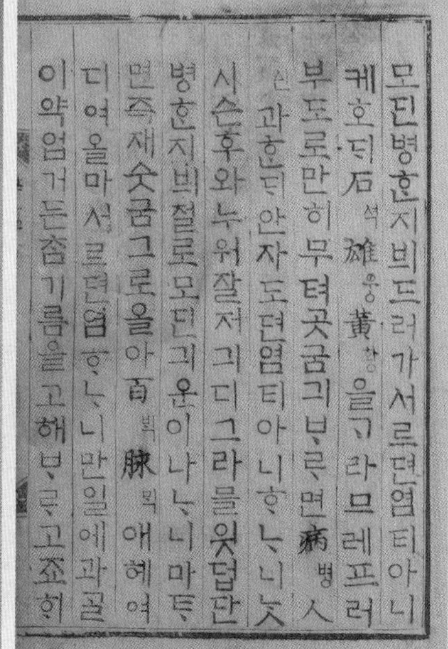

모딘병ᄒᆞᆫ지븨드러가셔르뎐염티아니
케ᄒᆞ디石셕雄웅黃황을ᄀᆞ라므레프러
부도로만히무텨곳굼긔ᄇᆞᄅᆞ면病병人
신과ᄒᆞᆫᄃᆡ안자도뎐염티아니ᄒᆞᄂᆞ니ᄂᆞᆺ
시슨후와누워잘저긔디그라를읫덥단
병ᄒᆞᆫ지븨절로모딘긔운이나ᄂᆞ니마ᄃᆞ
면죽재ᄉᆞᆺ굼그로올아百ᄇᆡᆨ脈ᄆᆡᆨ애혜여
디여올마셔르뎐염ᄒᆞᄂᆞ니만일에과골
이약엄거든춤기름을고해ᄇᆞᄅᆞ고조ᄒᆡ

6-12. 《논어언해》 권1.
《논어언해》에는 "子자이 가라사대 學학하고 時시로 習습하면 또한 기쁘지 아니하랴"로 되어 있다. 조선시대에 간행한 《논어언해》는 대부분 이렇게 번역되어 있다. 요즘 관점으로 보자면 이걸 번역본이라 할 수 있을까 의문이 생긴다.
소장처: 국립중앙도서관

6-13. 《간이벽온방언해》.
전염병 치료와 대처 방법을 한글로 번역한 책이다. 한자를 잘 알지 못하는 백성들이 이해하기 쉽도록 의약 관련 용어만 한자를 노출하고 아래 한글음을 달고, 나머지는 모두 한글로 번역했다.
소장처: 국립한글박물관

11)에 성균관 박사에게 하사한다는 기록이 있는《간이벽온방언해簡易辟瘟方諺解》라는 책이 있다(도 6-13). 1524년(중종 19) 평안도에서 역병이 발생하여 다음 해까지 이어지자 중종이 전염병 치료와 대처 방법을 책으로 만들고 한글로 번역하여 전국에 배포하도록 명한 책이다. 한눈에 봐도《논어언해》와 달리 한글이 대부분이다. '석웅황石雄黃' 같은 약재, '病人병인'(병 걸린 사람), '百脉백맥'(경락의 일종) 같은 의약 관련 용어만 한자를 노출하고 아래 한글음을 달았다. 한자를 잘 알지 못하는 백성들이 이해하기 쉽도록 배려한 것이다.《무예도보통지》같은 병법서 역시 이런 방식으로 번역을 했다. 한문에 능통하지 않은 무인들이 봐야 할 책이기 때문이다. 이처럼 중인 이하 일반 백성들이 주로 보는 실용서들은 한글로 제대로 번역했다.

오늘날에도 독자나 책의 성격에 따라, 예를 들어 전공 서적은 한자나 전문 용어를 그대로 쓰고 대중서나 문학 서적 등은 가능한 한 한자를 쓰지 않고 쉬운 단어를 쓰는 것처럼, 조선시대에도 책의 성격에 따라, 독자에 따라 한글 사용 방식과 빈도가 달랐다. 한글이 함께 있는 고서를 볼 때 이런 점을 눈여겨보자.

정조가 기획하고 편집한 홍보 책자
_《명의록》

정조가 즉위하자마자 편찬한 책

정조는 18세기 조선의 르네상스를 이끈 학자 군주로 널리 알려져 있다. 즉위한 해인 1776년에 학술기관이자 자신의 정치를 펼치는 중심기관이 되는 규장각을 설치하고 학자들을 양성했다. 스스로 많은 글을 지었을 뿐 아니라, 마치 출판사 편집장처럼 《사기영선史記英選》, 《오경백편五經百篇》, 《주서백선朱書百選》과 같은 유교 경전의 편찬을 주관하고, 직접 교정을 보기도 했다. 활자 제작에도 관심이 많아 세손 시절부터 활자를 만들기 시작해 재위 기간에 100만 자가 넘는 활자를 제작했다.

이런 정조가 왕위에 오른 후 제일 먼저 간행한 책은 무엇일까? 1776년 3월에 왕위에 오르고 그해 7월에 간행한 《어제윤음御製綸音》이라는 책이다. 이와 거의 동시에 《궁원의宮園儀》라는 책을 간행하고, 8

월에는 《명의록明義錄》이라는 책을 편찬하기 시작했다. 이 세 책이 어떤 내용이기에 정조는 즉위하자마자 이런 책들을 간행했을까?

먼저 《어제윤음》부터 보자. '어제'는 왕이 지었다는 뜻이며 '윤음'은 왕의 말씀이다. 오늘날 대통령이 담화문을 발표하는 것처럼, 국가의 중요 사안에 대한 왕의 명령을 글로 써서 백성들이 볼 수 있게 인쇄하여 책으로 배포했다. 윤음은 필요할 때마다 필요한 대상에게 내렸다. 정조가 즉위하자마자 간행해서 배포한 이 《어제윤음》은 영조 통치 기간에 세도를 행하며 정조의 즉위를 막으려 했던 홍인한, 정후겸 등을 숙청한 내용과 조정의 분위기를 쇄신하려는 의지를 담은 것이다. 배포 대상은 일반 백성들이 아니라 조정의 신료들이었다.

이 내용은 곧이어 편찬한 《명의록》에 그대로 옮겨져 있다. 《명의록》은 어떤 책일까? '명의明義'는 '명리정의明理正義'의 줄임말로 '리理'를 밝히고 '의義'를 바르게 한다는 말이다. 정조가 "《명의록》 편찬에 참여한 신하들에게 내린 글下纂輯諸臣傳敎"에 나오는 "기재정의명리도불가무일편성서其在正義明理道不可無一遍成書(의를 바르게 하고 리를 밝히는 방법으로 책을 한 편 편찬하지 않을 수 없다)"에서 따온 것이다. 문자 그대로 읽으면 유교에서 말하는 옳음을 밝히고 바로 세운다는 뜻이지만 사실상 정조의 대리청정을 반대하던 홍인한, 정후겸 등을 처단하고, 자신을 지킨 홍국영, 정민시, 서명선의 충절을 알리고, 사건의 자초지종을 공표하고자 한 것이다.

《궁원의》는 정조의 생부 사도세자의 사당인 경모궁景慕宮과 묘소인 영우원永祐園에서 행하는 의식 절차를 기록한 책이다. 정조는 즉위하자마자 사도세자의 존호를 장헌莊獻이라고 올리고 묘소를 수은묘에서 영우원으로 높이고, 사당을 경모궁이라고 했다. 《궁원의》를 간행하면서 정조는 직접 이런 글을 썼다.

> 너무도 슬픈 말은 길지가 않고, 감정이 너무 애절하면 오히려 무감각하게 되는 것입니다. 소자小子가 지금 15년을 죽지 않고 살고 있는데, 죽을 줄 몰라서가 아니라 선왕의 은혜를 입어 대기大基를 이어받고 있기 때문입니다.
>
> 이제 선친께 시호를 장헌으로 올리고 궁은 경모, 원은 영우로 하여 종백신宗伯臣으로 하여금 모든 의식을 그에 맞게 정하도록 하였습니다. 그리고 거기에 쓰이는 제기와 악기 등을 종묘에 비해 한 단계 낮게 정하였습니다. 저세상에 계신 영령께서 이 소자의 마음을 알고 계실는지. 숭정崇禎 이후 세 번째 병신년에 피눈물로 삼가 인引을 씁니다.

"15년을 죽지 않고 살고 있다"는 표현에서 '15년'은 이 글을 쓴 해가 사도세자가 뒤주에 갇혀 세상을 떠난 지 15년 되었다는 뜻이다. 절절함이 묻어나는 이 글에서 정조가 살아남아 왕위에 오른 후 제일 먼저 하고자 했던 것이 생부의 억울함을 밝히는 일이었음을 분명히 알 수 있다.

정조가 즉위 후 바로 간행한 이 세 책은 단순히 부모에게 효도를 다하고 의리를 바르게 하는 유교 윤리를 강조하는 이념서가 아니다. 사도세자를 추존하고 묘소와 사당을 격상함으로써 혈통의 정통성을 천명하고, 자신의 왕위 계승이 정당하며 자신을 음해하려던 세력을 처단함이 떳떳하다는 뜻을 밝히려고 세 책을 잇달아 간행한 것이다. 일종의 정치 선전물, 홍보 책자라 할 수 있다. 요즘 같은 소통기구가 없는 시대에 책은 이처럼 국정 홍보 수단 기능을 했다. 이 중에서도 정조의 정치적 의도가 가장 잘 드러나는 책이《명의록》이다. 내용은 물론, 체제, 편집 방식 등 형식에서도 정조의 의지가 강하게 반영되어 있다.

속표지 디자인의 등장

역적을 처단하고 자신의 즉위가 정당함을 밝히려는 정조의 의도가《명의록》에 어떻게 표현되었는지 살펴보기에 앞서, 먼저 소개하고 싶은 것이 있다. 책 앞에 나오는 새로운 형식의 간행 정보다. 보통 조선시대 책은 표지를 열면 본문이 바로 나온다. 표지 안쪽 백지에 내사기內賜記(왕이 책을 하사할 때 쓰는 기록)를 쓴 경우도 있다. 그런데《명의록》의 표지를 열면 첫 번째 면이 백지다. 백지를 넘기면 뒷면, 즉 본문이 시작되는 면의 오른쪽에 책 제목과 간행 시기, 간행처에 대한 정보가 나온다(도 7-1). 네모난 테두리 안쪽을 세로로 삼분하여 가운데에 제목 '명의록'을, 오른쪽에 '정유중춘丁酉仲春', 왼쪽에 '운각활인芸閣活印'을 넣었다. 제목을 넣은 중앙 칸은 좌우보다 두 배 정도 넓고 글자 크기도 좌우에 비해 크다. '운각활인'은 운각, 즉 교서관에서 활자로 인쇄했다는 뜻이다. '정유중춘'은 1777년(정조 1) 정유년 2월, 《명의록》을 간행한 시기다.

《어제윤음》에도 이런 형식의 간행 기록이 나온다(도 7-2). 표지를 펼치면 표지 안쪽면인 오른쪽에 "건륭 41년 7월 10일 이조에 내린다"는 내사기가 있고, 다음 장 오른쪽 면에 3칸으로 구획하고 가운데 큰 글자로 제목 '어제윤음'을 넣고 '병신칠월丙申七月', '운각활인'을 오른쪽과 왼쪽에 대칭으로 넣었다. '병신칠월'은 1776년 7월, 즉 이 책을 간행한 시기이고, '운각활인'은 교서관에서 활자로 인쇄했다는 뜻이다.

《궁원의》는 정조가 즉위한 해인 1776년에 간행했으나, 오자가 많아 배포하지 못했다. 정조는 오류를 바로잡도록 지시했고, 1780년(정조 4)에 수정 사항을 반영하여 《궁원의》를 다시 간행했다. 1785년에는 부록 내용을 증보하여 다시 한 번 간행했다. 처음 간행한 《궁원의》는 오류가 많아 배포하지 않았기 때문이겠지만, 남아 있는 《궁원의》 중에 이때 간행된 것은 없는 것 같다. 1780년에 간행한 책도 드물고, 주로 1785년에 간행한 책이 남아 있다.

丁酉仲春
明義錄
芸閣活印

明義錄目錄
卷首
尊賢閣日記上
尊賢閣日記下
御製綸音
卷一
進明義錄箚
進明義錄箋
下纂輯諸臣 傳教
都承旨洪國榮䟽

7-1. 《명의록》(활자본).
오른쪽 면 네모난 테두리 안쪽을 세로로 삼분하여 가운데에 제목 '명의록'을 오른쪽에 간행 시기인 '정유중춘丁酉仲春', 왼쪽에 교서관에서 활자로 인쇄했다는 뜻의 '운각활인芸閣活印'을 넣었다. 이런 형식의 간행 정보는 영조 연간에 간행한 책에서 일부 보이며, 정조 때 간행한 책에 많다.
소장처: 국립중앙박물관

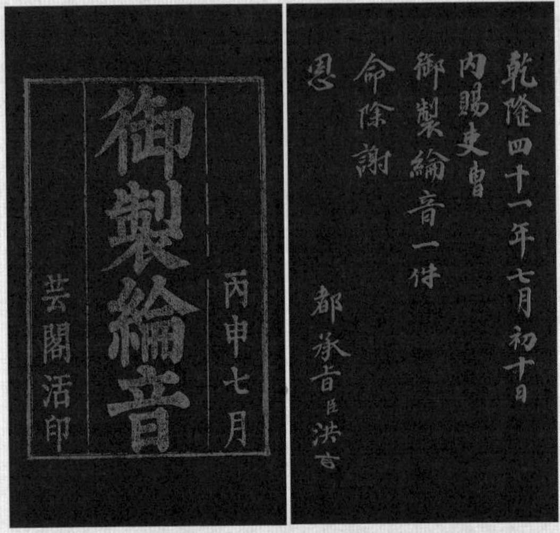
丙申七月
御製綸音
芸閣活印

乾隆四十一年七月初十日
內賜吏曹
御製綸音一件
命除謝
恩
都承旨臣洪

7-2.《어제윤음》 내사기와 간기.
《어제윤음》 표지를 열면 표지 안쪽면인 오른쪽에 "건륭 41년 7월 10일 이조에 내린다"는 내사기가 있다. 다음 장 오른쪽 면에 세 칸으로 구획하고 가운데 큰 글자로 제목 '어제윤음'을, '병신칠월丙申七月', '운각활인'을 오른쪽과 왼쪽에 대칭으로 넣은 간기가 있다.
소장처: 서울대학교 규장각한국학연구원

乙巳孟秋
宮園儀
芸閣重刊

[7-3]

四禮問答卷之四終
丙申秋義山書院開板

[7-4]

7-3.《궁원의》.
정조의 생부 사도세자의 사당인 경모궁과 묘소인 영우원에서 행하는 의식 절차를 기록한 책이다. 1785년에 간행한 《궁원의》의 간기에는 가운데 제목, 오른쪽에 '을사맹추乙巳孟秋', 왼쪽에 '운각중간芸閣重刊'이라고 표시했다. '운각중간'은 교서관에서 다시 간행했다는 뜻이다.
소장처: 서울대학교 규장각한국학연구원

7-4.《사례문답》.
책의 마지막 면 마지막 행에 '병신추의산서원개판丙申秋義山書院開板'이라고 간행 시기, 간행 장소 또는 주체를 기록했다. 고서에는 이런 '간기'가 없는 경우가 많으며, 있더라도 책 마지막에 간단하게 나온다.
소장처: 국립중앙박물관

언제 간행한 《궁원의》인지 쉽게 확인할 수 있는 것도 본문 앞에 나오는 간행 기록 덕분이다. 1780년에 간행한 《궁원의》에는 가운데 책 제목 '궁원의', 오른쪽에 '경자맹하庚子孟夏', 왼쪽에 '운각신전芸閣新鐫'이라고 표시되어 있다. '경자맹하'는 1780년 4월이다. '전鐫'은 칼로 새긴다는 뜻으로 여기서는 간행한다는 뜻이다. 즉 교서관에서 새로 간행했다는 뜻이다. 1785년에 간행한 《궁원의》의 간기는 가운데 제목은 같고 오른쪽은 '을사맹추乙巳孟秋', 왼쪽은 '운각중간芸閣重刊'이다(도 7-3). '을사맹추'는 1785년 7월, '운각중간'은 교서관에서 다시 간행했다는 뜻이다.

이처럼 본문 앞에 별도로 마련한 지면에 나오는 제목을 서지학 용어로는 '이제裏題'라고 한다. 속표지에 쓴 제목이라는 뜻이다. 《궁원의》 간행에 관한 제반 사항을 기록한 《궁원의감인청의궤宮園儀監印廳儀軌》에는 '편제編題'라고 했다. 이 세 책의 편제는 제목만이 아니라 간행 정보를 함께 넣었다. 그것도 제목과 간행 연도, 간행처를 칸을 쳐서 구분하고, 제목을 크게 표시하는 등 디자인 개념을 적용했다. 이런 방식은 책의 콘셉트에 맞게 정성 들여 만든 표지 디자인을 활용하여 제목, 저자, 출판사 등을 표시한 요즘의 속표지를 연상시킨다.

책의 간행 시기, 간행 장소 또는 주체 등에 대한 기록을 '간기刊記' 또는 '간인기刊印記'라고 한다. 옛 책에는 간기가 없는 경우가 많으며, 있더라도 책 마지막에 간단하게 나온다(도 7-4). 《명의록》이나 《궁원의》처럼 본문 앞에 따로 지면을 마련하고 특별히 디자인 한 경우는 많지 않다. 이런 형식의 간기는 영조 연간에 간행한 책에서 일부 보이며, 정조 때 간행한 책에 많다.

위의 세 책의 간기 디자인은 단순하지만, 정조 때 간행한 책에는 동물이나 식물 무늬로 장식한 액자 형식으로 테두리를 표현하는 등 다양한 디자인이 등장하기도 했다(도 7-5). 본문과 같은 검은색이 아니라 남색 먹을 사용하여 돋보이게 한 책도 있다.《명의록》이나《궁원의》 중에도 이 부분을 남색으로 인쇄한 것이 남아 있다. 남색으로 인쇄한 책이 당연히 더 귀한 책일 것이다. 실제로《궁원의》 가운데 간기를 검은색으로 인쇄한 것과 남색으로 인쇄한 것은 배포처가 다르다. 남색으로 인쇄한《궁원의》는 경모궁과 사고史庫에 봉안하거나 규장각 각신들의 근무처인 이문원摛文院과 예조 등에 수장했다. 반면 검은색으로 인쇄한《궁원의》는 사복시司僕寺에 소장했다. 사복시는 병조에 소속되어 수레와 말을 관리하는 관서다.

색을 넣은 간기 가운데 가장 귀하고 특이한 것은 규장각한국학연구원 소장《당송팔자백선唐宋八子百選》이다. 이 책의 간기는 붉은색 종이를 사용하고 윤곽과 글자에 금먹을 입혔다(도 7-6). 정조의 소장인이 찍힌 책, 바로 정조가 소장했던 책이다. 이런 식의 간기는 중국에서 간행한 책에 나오는 '패기牌記'에서 영향을 받은 것이다. '패기'는 장방형, 아형亞形, 타원형 등의 테두리 안쪽에 간행자, 간행지, 간행

[7-5]

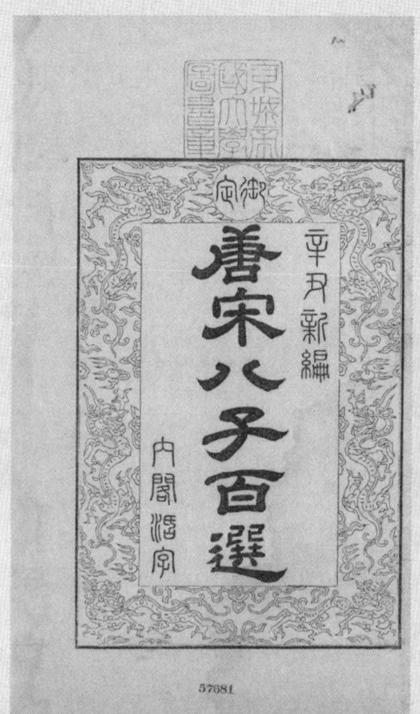

[7-6]

7-5. 검은 먹으로 인쇄한《당송팔자백선》의 간기.
가운데 제목 '어정당송팔자백선御定唐宋八子百選', 왼쪽에 '내각활인內閣活印',
오른쪽에 '신축신편辛丑新編'이라고 표시하고 용과 식물 무늬로 장식한
액자 형식으로 테두리를 표현했다.
소장처: 서울대학교 규장각한국학연구원

7-6. 금먹을 입힌《당송팔자백선》의 간기.
이 책의 간기는 붉은색 종이를 사용하고 글자와 윤곽에 금먹을 입혔다.
정조의 소장인이 찍힌 책, 바로 정조가 소장했던 책이다.
소장처: 서울대학교 규장각한국학연구원

시기 등을 표시한 것이다. 아마도 일찍부터 상업 출판이 성행했던 중국에서는 요즘의 판권과 같은 이런 패기를 잘 표시해야 했을 것이다. '패기'와 같은 모습의 간기가 영·정조 시대의 책에 본격적으로 등장한 것은 이 시기에 중국 책을 많이 들여온 것과 관련이 있을 것이다. 특히 정조는 규장각에 열고관閱古館과 개유와皆有窩라는 서고를 지어 중국 책만 수장할 정도로 중국 책 수집에 관심이 많았다. 마음에 들지 않는 중국 책은 수입을 금지했던 정조가 이 세 책에 중국 책의 '패기'와 비슷한 간기 형식을 도입한 것을 보면, '패기'는 마음에 들었던 것 같다.

편집에 반영된 정조의 의도

정조는 자신의 정당성을 만천하에 알리고 신하들을 제압하기 위해 즉위하자마자 《명의록》을 편찬했던 만큼 진행 과정을 끊임없이 점검한 것은 기본이고, 신하가 올린 서문이나 발문이 마음에 들지 않는다고 고치라고 했다. 오자를 발견하고 다시 교정하라는 지시도 했다. 편찬 방식, 체제에도 정조 자신의 의도를 그대로 드러내고자 했다. 정조의 의도는 어떻게 반영되어 있을까?

《명의록》은 현재 남아 있는 책이 꽤 많다. 대부분 총 3권 3책으로 구성되어 있다. 표제는 《명의록》이고 책에 따라 상중하, 일이삼, 천지인 등으로 책차를 다르게 표시했다. 내사기가 있는 책은 표지를 열면 바로 내사기가 나오고, 한 장을 넘기면 앞서 말한 간기가 나온다. 여기까지는 특별한 것이 없다.

제1책 제1행 〈명의록목록〉에 이어 《명의록》 전체 목록이 수록되어 있다(도 7-7). 그런데 이 목록이 좀 독특하다. 목록의 첫 번째 항은 권1이 아니라 권수卷首다. 권수라는 표현은 《자치통감강목》에서 보았듯이 목록, 범례 등 본문을 읽기 전에 미리 알아야 할 사항을 먼저 실을 때 사용한다. 〈명의록목록〉 권수에는 〈존현각일기상尊賢閣日記上〉, 〈존현각일기하尊賢閣日記下〉, 〈어제윤음御製綸音〉을 수록했다. 일반적으로 권수에 수록되는 내용과는 조금 다르다.

다음 권1에는 차자箚子, 전문箋文, 전교傳敎, 상소上疏가 나온다. 신하가 올린 글, 왕의 명령 등 책의 간행과 관련된 글로 서문 격 글이다. 이어서 범례凡例가 나온다. 권수에 나와야 할 '차자'에서 '범례'까지를 《명의록》에는 권1에 수록했다. '범례'에 이어 나오는 "자을미십일월계사지병신유월갑자自乙未十一月癸巳至丙申六月甲子"는 을미년(1775) 11월 21일부터 병신년(1776) 6월 25일까지의 시간 순서에 따라 역모사건을 기록한 것으로 《명의록》의 진짜 본문이다. 권2 "자병신유월병인지정유사월갑진自丙申六月丙寅至丁酉四月甲辰"은 권2에 병신년(1776) 6월 27일부터 정유년(1777) 4월 9일까지의 사건을 수록했다는 뜻이다. 여기까지가 목록이다.

보통의 경우라면 목록은 여기서 끝난다. 그런데 《명의록》에는 그 뒤에 14행에 걸쳐 긴 문장이 이어진다. 9행까지는 정조가 1776년 12월 26일, 즉 이 책의 체제가 정해진 후 신하들에게 내린 글이다. 내용은 이 책이 예외적인 체제를 택한 이유를 설명하는 것이다. 바로 전날인 1776년 12월 25일 《승정원일기》에는 〈존현각일기〉와 〈어제윤음〉을 권수에 실으라는 정조의 지시가 나와 있다. 즉 이 부분은 정조 자신이 쓴 〈존현각일기〉와 〈어제윤음〉을 권수로 분리하여 먼저 싣는 것에 대한 일종의 해명의 글이라 할 수 있다. 10행 '신등일의臣等一依' 이후 마지막까지는 신하들이 왕의 뜻을 받들겠다고 한 내용이다. 〈존현각일기〉와 〈어제윤음〉을 권수에 싣겠다는 정조의 뜻을 신하들이 수긍했음을 명확히 해두려

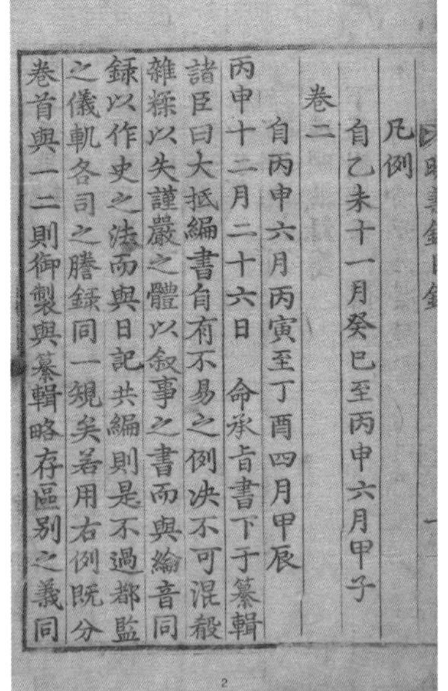
凡例
自乙未十一月癸巳至丙申六月甲子
卷二
自丙申六月丙寅至丁酉四月甲辰
丙申十二月二十六日 命承旨書下于纂輯
諸臣曰大抵編書自有不易之例決不可混殽
雜糅以失謹嚴之體以敘事之書而與綸音同
錄以作史之法而與日記共編則是不過都監
之儀軌各司之謄錄同一規矣若用右例既分
卷首與一二則御製與纂輯略存區別之義同

2

名明義錄則御製與纂輯又無各編之嫌不特
編書之體編書之例兩得其宜抑亦筵中同異
之論皆有所取未知卿等之意以為如何
臣等一依
聖教編次而前後所 下纂輯廳 傳教及
都承旨洪國榮䟽亦 稟旨添錄仍載此
教於目錄之下使覽者知分編立名之 聖
意云

3

고 목록 마지막에 이 14행을 넣은 것이다.

이쯤 되면 정조가 이 책을 간행할 때 가장 역점을 둔 부분이 '권수' 임을 짐작할 수 있다. 페이지를 넘기며 각 부분의 분량을 보면 짐작은 확신이 된다. 1책(권수)은 목록 2장, 〈존현각일기〉 상·하 각 39장, 〈어제윤음〉 10장으로 총 90장이다. 각 항목이 시작하는 부분의 장차張次(페이지 번호)를 1부터 시작해서 장수를 헤아리기 쉽다. 2책(권1)과 3책(권2)은 40여 장이다. 2책은 3분의 1 정도를 차지하는 서문 격의 여러 글이 나온 후에야 역모 사건을 기록한 권1 본문이 나온다. 3책의 뒤쪽에는 여러 장의 발문과 책 편찬에 참여한 사람들의 명단이 나와, 역모 사건을 기록한 실제 본문은 3책 전체 분량의 3분의 1 정도에 지나지

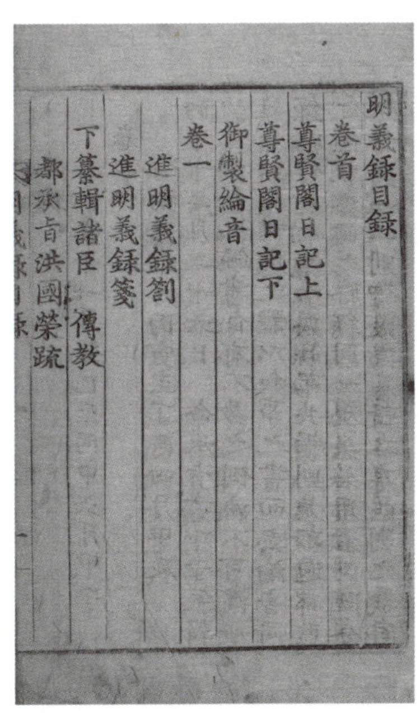
明義錄目錄
卷首
尊賢閣日記上
尊賢閣日記下
御製綸音
卷一
進明義錄劄
進明義錄箋
下纂輯諸臣傳教
都承旨洪國榮疏

7-7. 〈명의록목록〉.
《명의록》의 편찬 체제는
일반적인 책과 다르다.
〈명의록목록〉에 《명의록》
간행 의도가 드러난다.
목록이 끝난 뒤 14행에 걸쳐
긴 문장이 이어진다.
9행까지는 정조가 1776년 12월 26일,
즉 이 책의 체제가 정해진 후
신하들에게 내린 글이다.
소장처: 국립중앙도서관

않는다. 《명의록》에서 가장 많은 분량을 차지하는 부분은 〈존현각일기〉다(도 7-8).

〈존현각일기〉가 도대체 무엇이기에 정조가 이렇게 강조했을까? 존현각은 경희궁에 있는 전각이다. 정조가 세손 시절 이곳에 거처할 당시 직접 쓴 일기가 〈존현각일기〉다. 이후 《일성록》으로 전환되어 공식 연대기로 정착되었다. 《명의록》에 실린 〈존현각일기〉에는 세손이었던 정조의 대리청정을 막으려고 계략을 꾸민 일당들의 활동으로 인해 자신이 느낀 압박감과 불안감이 상세히 묘사되어 있다. 일기는 세손이 거처하는 존현각에 누군가 던져 넣은 익명서를 보고 두려움에 떠는 장면으로 시작한다. 세간에 알려진 경희궁 존현각에 자객이 들어와 위협했다는 설은 〈존현각일기〉의 첫 장면에서 비롯되었다. 영조 때 간행한 비슷한 성격의 책인 《감란록戡亂錄》이나 《천의소감闡義昭鑑》에는 없는 국왕 개인의 일기를 제일 먼저 수록한 것은 핍박받는 왕세손의 이미지를 강조하려는 의도였던 것이다(《명의록》 번역문은 한국고전번역원에서 확인할 수 있다).

이어지는 〈어제윤음〉에서도 홍인한, 정후겸 등의 숙청 내용을 담은 윤음을 서울과 지방에 반포하는 것은 신하와 백성들에게 흉적의 뿌리를 분명하게 알게 하여, 속거나 현혹당하지 않게 하기 위함이라고 밝혔다. 이 역시 《명의록》의 간행 의도와 일맥상통한다. 〈존현각일기〉와 〈어제윤음〉은 정조의 간행 의도를 가장 잘 드러내는 글이자 정

明義錄卷首

尊賢閣日記 上

乙未二月初五日○弼善吳載紹兼司書洪國
榮入對兼司書曰近日有怪底所聞傳播於閭
里亦入於臣耳不勝驚駭矣余曰何事兼司書
曰去月望日及昨夜無賴輩數三人會飲於壽
進宮近處一常漢家其中一人自外而入作嘯
聲而辟人曰東宮微行方入此洞云諸人仍滅
火隱避翌朝傳說狼藉無人不知云此必是掖
隸或不謹行止致此叵測之說耶大抵從前民

7-8. 《명의록》 권수 부분.
《명의록》 1책(권수)은 목록 2장, 〈존현각일기〉 상·하 각 39장, 〈어제윤음〉 10장으로 총 90장이다. 《명의록》에서 가장 많은 분량을 차지하는 부분은 정조가 세손 시절 이곳에 거처할 당시 직접 쓴 〈존현각일기〉다.
소장처: 국립중앙도서관

조가 직접 쓴 '어제'이기에 책의 앞머리 권수에 실었던 것이다.

2책과 3책에 수록된 본문은 사건의 전말을 날짜별로 27개 항목으로 나누어 대리청정 관련 사실과 대리청정을 막으려 한 인물들의 처리 과정을 편년체 형식으로 기록했다. 권수에 실린 〈존현각일기〉가 59개 일자로 상세히 기록된 것에 비해 간략하게, 사건의 자세한 전말보다 최소한의 처벌사항만 실었다. 이런 기술 방식은 역도의 사형을 계속 미루고 유배만 허락함으로써 덕을 베푸는 관대한 왕이라는 인상을 강하게 풍긴다.

글을 실은 순서와 분량뿐 아니라 본문의 배치 방식에서도 정조의 의도를 읽을 수 있다. 본문 27개 항목을 나눈 방식을 보자. 글자 배치는 첫 번째 칸부터 시작되는 부분과 두 번째 칸부터 시작되는 부분, '신등근안臣等謹按(신들이 삼가 살피건대)'으로 시작되는 세 번째 칸부터 시작되는 부분으로 나누어진다(도 7-9). 첫 번째 칸에서 시작하는 문단이 각 항목의 시작 부분이다. 중간중간에 있는 공격空格은 왕과 관련된 단어 앞에 비운 부분이다.

하나의 항목을 첫 번째 칸부터 시작하는 문단과 두 번째, 세 번째 칸부터 시작하는 문단으로 다르게 배치한 것은, 각각이 다른 성격임을 시각적으로 보여 주려는 의도이다. 앞서 《자치통감강목사정전훈의》에서 '강'과 '목'을 구분하기 위해 글자 크기를 달리한 경우를 설명했다. 《자치통감강목》의 다른 판본에서는 '강'을 첫 칸부터, '목'을

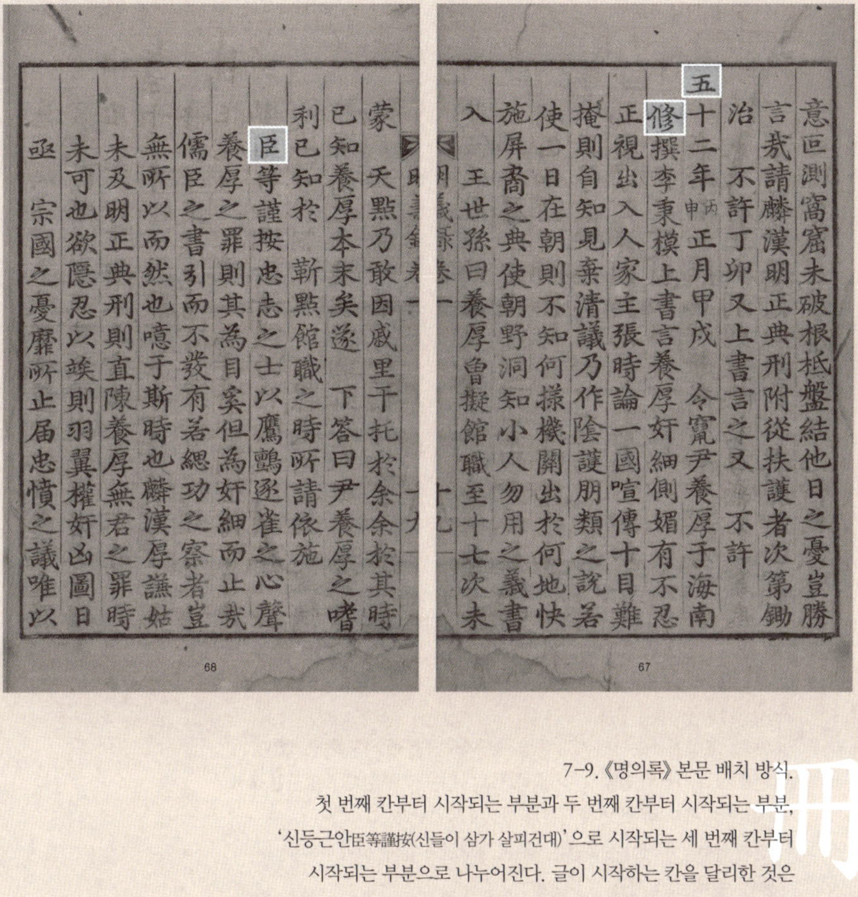
意臣測窩窟未破根柢盤結他日之憂豈勝
言哉請麟漢明正典刑附從扶護者次第鋤
治 不許丁卯又上書言之又 不許
五十二年丙申正月甲戌 令竄尹養厚于海南
修撰李秉模上書言養厚奸細側媚有不忍
正視出入人家主張時論一國喧傳十目難
掩則自知見棄清議乃作陰護朋類之說若
使一日在朝則不知何樣機關出於何地快
施屏裔之典使朝野洞知小人勿用之義書
入 王世孫曰養厚曾擬館職至十七次未

67

明義錄卷一 十九
蒙 天點乃敢因戚里干托於余余於其時
已知養厚本末矣遂 下答曰尹養厚之嗜
利已知於 新點館職之時所請依施
臣等謹按忠志之士以鷹鸇逐雀之心聲
養厚之罪則其為目奚但為奸細而止哉
儒臣之書引而不發有若緦功之察者豈
無所以而然也噫于斯時也麟漢厚謙姑
未及明正典刑則直陳養厚無君之罪時
未可也欲隱忍以竢則羽翼權奸凶圖日
亟 宗國之憂靡所止屆忠憤之議唯以

68

7-9. 《명의록》 본문 배치 방식.
첫 번째 칸부터 시작되는 부분과 두 번째 칸부터 시작되는 부분,
'신등근안臣等謹按(신들이 삼가 살피건대)'으로 시작되는 세 번째 칸부터
시작되는 부분으로 나누어진다. 글이 시작하는 칸을 달리한 것은
각각이 다른 성격임을 시각적으로 보여 주려는 의도다.
소장처: 국립중앙도서관

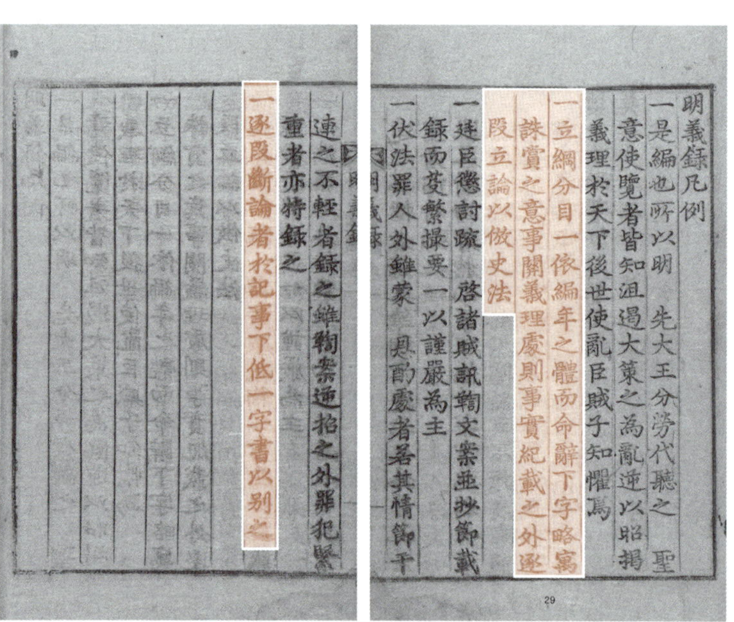

明義錄凡例

一是編也所以明 先大王分勞代聽之 聖
意使覽者皆知沮遏大策之爲亂逆以昭揭
義理於天下後世使亂臣賊子知懼焉

一立綱分目一依編年之體而命辭下字略寓
誅賞之意事關義理處則事實紀載之外逐
段立論以倣史法

一廷臣懲討疏 啓諸賊訊鞫文案並抄節載
錄而芟繁撮要一以謹嚴爲主

一伏法罪人外雖蒙 恩酌處者畧其情節干
連之不輕者錄之雖鞫案逆招之外罪犯緊
重者亦特錄之

一逐段斷論者於記事下低一字書以別之

29

7-10. 《명의록》 범례 부분.
범례에는 본문에서 문단의 시작점을 세 단계로 구분한 의도를 명시했다.
두 번째 항목 사건의 전말을 "강과 목으로 나누어" 기술한다고 명시한 데서
《자치통감강목》처럼 첫 번째 칸부터 시작하는 문단은 '강',
두 번째 칸부터 시작하는 문단은 '목'에 해당함을 알 수 있다.
소장처: 국립중앙도서관

두 번째 칸부터 썼다. 《월인석보》에서도 세종이 지은 《월인천강지곡》 부분과 세조가 지은 《석보상절》을 글자 크기와 시작하는 칸으로 구분했다. 《명의록》 본문에서 문단의 시작점을 세 단계로 구분한 것 역시 각각 성격과 위계가 다름을 시각적으로 보여 주려는 의도다.

이런 의도를 명확히 하려고 《명의록》의 범례에는 다음과 같이 그 원칙을 기록했다(도 7-10).

○ 강綱을 세우고 목目을 나누는 것은 한결같이 편년체編年體에 의거하되, 서술함에 있어 벌주거나 칭찬하는 뜻을 간략히 붙인다. 일이 의리에 관계되는 부분은 사실을 기재하는 이외에 단락마다 논論을 세워 사법史法을 따른다.

● 단락마다 논단한 것은 일을 기록한 다음에 한 글자를 내려 써서 구별한다.

사건의 전말을 "강과 목으로 나누어" 기술한다고 명시한 데서 《자치통감강목》처럼 첫 번째 칸부터 시작하는 문단은 '강', 두 번째 칸부터 시작하는 문단은 '목'에 해당함을 알 수 있다. "서술함에 있어 벌주거나 칭찬하는 뜻을 간략히 붙인다"는 항목마다 사건과 관련된 상벌 현황을 기록한다는 뜻이다. "일이 의리에 관계되는 부분은 단락마다 논을 세워 사법을 따른다"는 '신등근안'으로 시작되는 문장을 뜻한다. 이 부분은 사신史臣들이 역사적 사실에 평을 하듯이 신하들의 입을 빌려 해당 사건의 옳고 그름을 평가하는 내용, 즉 사론史論이다. "단락마다 논단한 것은 일을 기록한 다음에 한 글자 내려 써서 구분한다"고 한 것은 사론 부분을 '목'보다 한 칸 내려 세 번째 칸부터 시작한다는 뜻이다.

강, 목, 사론의 시작 위치를 달리 배치함으로써 각각을 시각적으로 구분한 것이다. 이는 동시에 왕의 행위와 처벌사항을 핵심적으로 기록한 '강'과 사건의 전말을 상세하게 기록한 '목', 정조 자신의 뜻이긴 하지만 신하들의 입을 빌려 기록한 '사론' 사이에 명확한 위계가 있음을 드러내는 효과를 노린 것이기도 하다.

《명의록》은 내용뿐 아니라 구성, 체제, 디자인, 편집 방식에 이르기까지 정조에 의한, 정조를 위한, 정조의 화신과도 같은 책이다.

널리 홍보하는 방법: 번각과 언해본

정조는 자신의 정당성을 밝히기 위해 심혈을 기울여 간행한 《명의록》을 최대한 많은 사람이 보기를 원했다. 《명의록》은 1434년(세종 16)에 주조한 갑인자의 서체로 정조가 세손 시절에 만든 금속활자 임진자壬辰字로 인쇄했다. 정조는 배포 명단을 작성하게 하고 1777년(정조 1) 5월 6일에 250건을 중앙 각 기관과 신하들에게 배포하게 했다.

250건은 조선시대 금속활자본 배포 부수로 적은 수는 아니지만, 중앙의 여러 신하나 기관에 배포하고 나면 지방관에게까지 배포할 수 있는 여유는 없었다. 정조는 지방까지 《명의록》을 배포하기 위해 활자본이 인쇄되자 1777년 4월 10일에 곧바로 영남과 호방의 감영에 보내 번각하여 해당 지역에 배포하고 각 50건씩 인쇄하여 올려보내라고 명했다.

중앙에서 간행한 활자본을 지방 관서에 내려보내 번각하는 것은 조선시대에 자주 활용된 서적 배포 방식이었다. 정조는 번각할 책을 지방으로 내려보낸 지 한 달여 만인 5월 14일에 "《명의록》을 간행해서 배포한 것이 이미 여러 날 지났는데, 사람들이 모두 보았느냐?"고 물을 만큼 《명의록》 배포에 촉각을 곤두세웠다.

현재 남아 있는 《명의록》 중에는 이때 간행한 번각본들이 꽤 있다. 번각은 원본을 뒤집어서 목판에 다시 새기기 때문에 원본과 모양이 같다. 잘 만든 번각본은 원본과 흡사하다. 번각할 때 원본의 간기까지 그대로 번각하는 경우에는 더욱 구분하기 어렵다. 하지만 번각본을 다시 번각하면 원본의 모습에서 점점 멀어진다. 마치 오늘날 복사기로 원본을 복사하면 첫 번째 복사본은 원본과 거의 같지만, 거듭 복사하면 선명도가 떨어지고 크기도 줄어드는 것과 같다.

《명의록》 번각본 역시 잘 인쇄한 책은 활자본과 구분하기 어렵지만 활자로 찍은 원본인지, 번각본인지를 앞서 설명한 간기에 표시했다.

국립중앙박물관 소장 《명의록》 가운데 제목은 '명의록'으로 같지만, 간행 시기와 간행처는 "정유맹추丁酉孟秋 영영개간嶺營開刊"이라고 새긴 책이 있다(도 7-11). 1777년 가을에 영남 감영에서 간행한 책이다. '활인活印'이 아니라 '개간開刊'이라 표현한 것은 활자 인쇄가 아니라 목판 인쇄라는 뜻이다.

《명의록》을 많은 사람들이 알게 하려는 정조의 의지는 여기서 끝이 아니었다. 한글로 번역하도록 한 것이다. 이 책이 《명의록언해》다. 정조는 언해하고 주석을 해야만 어리석은 백성들이 이해할 수 있다며 상세하게 주석을 하라고 지시하는 등 《명의록》 언해 작업을 수시로 점검했다. 심지어 '명의록언해'라는 제목을 쓸 때 사자관寫字官에게 시험적으로 써 보도록 하고는 필법이 나쁠 뿐 아니라 자획도 좋지 않다며, "이 사자관들은 녹봉만 축내니 어디에 쓰겠느냐?"고 화를 내기도 했다.

정조는 한글판 《명의록》인 《명의록언해》를 독자의 눈높이에 맞게 새로운 버전으로 편찬했다(도 7-12). 우선 분량이 다르다. 3책이 아니라 2책이다. 〈존현각일기〉와 〈어제윤음〉이 수록된 '권수卷首'가 없다. 1책에 차자, 전문, 전교, 범례에 이어 권1이 바로 나온다. 2책에는 병신년(1776) 6월 27일부터 정유년(1777) 4월 9일까지의 사건을 수록하고 마지막에 발문을 수록했다. 한문본 《명의록》에 있는 편찬에 참여한 신하들의 명단은 생략했다. 〈존현각일기〉와 〈어제윤음〉은 백성들에게까지 알릴 내용은 아니라고 생각했던 듯하다.

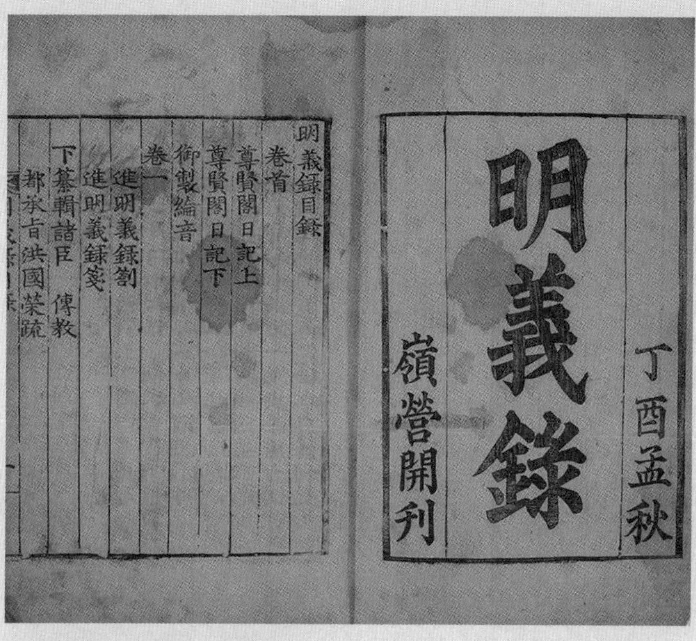
丁酉孟秋
明義錄
嶺營開刊

明義錄目錄
卷首
尊賢閣日記上
尊賢閣日記下
御製綸音
卷一
進明義錄劄
進明義錄箋
下纂輯諸臣 傳教
都承旨洪國榮䟽

7-11. 《명의록》(목판본).
활자본 《명의록》을 번각한 목판본이다.
가운데 제목은 '명의록'으로 같지만,
간행 시기와 간행처는 '정유맹추丁酉孟秋/
영영개간嶺營開刊'이라고 새겼다.
1777년 가을에 영남 감영에서 간행한 책이다.
'개간開刊'은 활자 인쇄가 아니라
목판 인쇄라는 뜻이다.
소장처: 국립중앙박물관

7-12. 《명의록언해》.
정조는 자신의 정당성을 밝히기 위해 심혈을 기울여 간행한 《명의록》을
최대한 많은 사람이 보도록 한글로 번역해서 배포했다.
한자본과 언해본을 분리하여 언해본에는 한글만 사용했다.
소장처: 서울대학교 규장각한국학연구원

현존하는 《명의록언해》는 대부분 상·중·하 3책으로 이루어져 있지만, 제3책은 《속명의록續明義錄》을 언해한 것이다. 《속명의록》은 《명의록》 속편이라는 뜻이다. 정조가 정적들을 처단하고 정국을 안정시키고자 노력했음에도 즉위 1년이 되는 1777년에 다시 정조를 암살하려는 시도가 있었다. 이 역모를 처단한 후 같은 방식으로 《속명의록》을 간행하고, 언해본 역시 제작하여 《명의록언해》에 함께 실어 배포한 것이다. 《승정원일기》에 그 사실을 다음과 같이 기록했다.

> 예전에 《명의록》을 간행하여 반포한 것은 어리석은 백성들이 모두 의리의 근원을 명확히 알게 하고 충신과 역적의 구분을 분명히 하기 위함이었다.……《속명의록》을 지금 간행하니 원편의 예에 따라 한문본과 언해본을 인쇄하여 반포한 후 각 도읍의 수령들에게 원편과 함께 여러 건을 베껴 방방곡곡에 배포하여 한 사람도 보지 않고 듣지 않은 사람이 없게 하여 역도들이 조정의 처분을 명확히 알게 하고 인심의 도리를 진정시키고자 한다.

정조가 《명의록언해》 배포에 얼마나 진심이었는지 확연히 느껴진다. 《명의록언해》를 펼쳐 보면 방방곡곡의 백성들이 모두 읽을 수 있도록 정조가 취한 특별한 장치를 확인할 수 있다. 바로 번역문이 한글로만 되어 있다는 점이다. 이전까지 한글은 늘 한자와 함께 쓰였다.

그것도 《월인천강지곡》, 《석보상절》 등 몇몇 언해본을 제외하고는 한글이 주가 아니라 한자가 주인공이다. 즉 한글은 한자에 음을 달거나 토를 다는 정도로 쓰인 예가 많다. 한글이 있다 하지만 한자를 모르면 이해할 수 없고, 한글은 한문으로 된 경전을 이해하기 위한 보조 수단 정도였다.

《명의록언해》에 한글만 사용했다는 것은 한자어를 한글로 다 풀어 썼다는 뜻이다. 중간중간 보이는 소자쌍행의 주석에는 유교 경전에 나오는 어려운 단어나 전거 등을 풀이한 내용이 포함되어 있다. 《명의록》 한문본에는 없는 내용이다. 《명의록》을 단순히 기계적으로 번역만 한 것이 아니라, 유교 이론을 잘 알지 못하는 백성들이 최대한 이해하기 쉽게 재편했던 것이다. 정조가 말한 주석을 상세하게 했다는 것이 이런 의미일 것이다.

한문본에 언해를 같이 넣지 않고 한글본만 별도로 편찬한 예는 영조가 1755년에 간행한 《천의소감언해》가 처음이다. 《천의소감》 역시 영조 때 일어난 여러 역모 사건의 전말을 기록한 것으로 《명의록》과 같은 성격의 책이다. 정조는 영조의 뒤를 이어 《명의록》을 비롯해 여러 '윤음'의 한글본을 별도로 간행하고 배포했다. 이즈음에 한글을 읽을 수 있는 백성들이 그만큼 늘어났고, 정조는 이 사실을 알고 활용하려 했던 것이다.

책 속의 그림

_《삼강행실도》와《오륜행실도》

그림이 있는 책

박물관에서 고서를 전시할 때 특별히 꼭 보여 줘야 할 부분이 있는 경우가 아니라면 그림이 있는 부분을 펼쳐 놓게 마련이다. 채색이 있는 그림이면 더 좋다. 그림이 관람객의 주목을 이끌어 내는 데 도움이 되기 때문이다. 요즘 시중에서 판매되는 책도 마찬가지다. 읽힐 만한 책을 만들려면 도판이 필수적으로 들어가야 한다. 그림이나 사진이 없는 책은 왠지 어렵고 무거운 전문 서적으로 생각되어 손이 잘 가지 않는다.

그림은 문자가 탄생하기 이전에 가장 기초적이고 중요한 의사소통 수단이었다. 초기의 한자나 이집트 초기 문자도 그림에서 출발했다. 문자가 발명된 후에도 그림은 계속 중요한 의사소통 수단이었다. 문자를 독해할 수 없는 사람이 많았고 문자보다 훨씬 직관적으로 내용을 이해하게 하기 때문이다. 하지만 보는 사람에 따라 다르게 해석할 수 있는 그림만으로는 의사소통을 하는 데 한계가 있다.

문자는 그림에 비해 내용을 명확하게 전달하고 확인할 수 있지만, 문자 역시 한계가 있다. 글로는 길고 자세하게 설명해도 잘 이해할 수 없는 내용을 그림 한 장으로 쉽게 설명할 수 있는 경우도 많다. 글과 그림은 서로를 보완하는 관계인 것이다. 이 때문에 고서에도 그림이 있는 경우가 더러 있다. 책의 종류, 주제, 독자 등에 따라 그림 제작 방식이나 수준은 다르다.

앞서 소개한 필사본《대방광불화엄경》처럼 맨 앞에 변상도가 나오는 사경을 그림이 있는 대표적인 책으로 꼽을 수 있다. 경전 내용을 대표하는 장면을 표현한 변상도는 불경 내용을 청중들에게 이야기할 때는 효과적인 보조 자료지만 개인이 지닌 사경에서는 변상도만으로 전체 내용을 이해할 수 없다. 화려하고 정교하게 그린 사경 변상도는 내용의 이해를 돕는 그림이라기보다 사경을 만든 사람의 신앙심과 위세를 상징하는 것이다.

고서에서 그림의 또 다른 용도는 어려운 내용을 설명하는 것이다. 글로만 봐서는 이해하기 어렵지만, 그림을 보면 이해가 쉬워지는 경우다. 일종의 도해圖解라 할 수 있다. 그림의 이런 용도를 잘 활용한 사람이 있다. 조선 왕조 창건에 공로가 큰 대표적인 인물 권근權近(1352~1409)이다. 그는 유교 국가 조선의 학문적 기반을 만들었으며,

이후 조선의 유교 사상에 큰 영향을 미쳤다. 그런 그가 성리학의 근본 원리를 설명한 책이 《입학도설入學圖說》이다.

책 이름 자체에 "그림을 곁들여 풀이한다"는 뜻인 '도설'이 붙었듯이 이 책에서는 〈천인심성합일지도天人心性合一之圖〉를 비롯해 15개의 도설로 성리학의 기본 원리를 도식화해서 설명했다(도 8-1). 권근은 서문에서 "홍무 경오년(1390) 가을 내가 금마군에 유배되어 있을 때, 처음 유학을 배우는 사람들 한두 명이 찾아와 《중용》과 《대학》을 배웠다. 여러 번 정성스레 가르쳐 주었지만 제대로 깨우치지 못했다. 이에 주자의 태극도를 근본으로 하고 《중용장구中庸章句》의 설을 참고하여 그림을 그려 보이고 다시 선현의 격언을 취하여 의미를 풀었다"고 했다. 성리학 자체가 심오한 철학을 담고 있어 이해하기 어려운 것이 사실이다. 이에 권근은 성리학의 여러 원리를 그림으로 설명하려 한 것이다. 성리학에 낯선 요즘 사람들은 그림을 봐도 여전히 어렵지만, 당시로는 도설이 성리학의 기본 원리를 설명하는 데 유용했다.

《입학도설》처럼 어려운 내용을 설명할 때도 그림이 필요하지만, 그림이 진가를 발휘하는 것은 글을 잘 읽지 못하는 사람에게 내용을 이해시켜야 할 때다. 일종의 그림책 같은 것이다. 오늘날 글을 모르는 어린이에게 그림책을 보여 주는 것처럼 조선시대에도 글을 읽지 못하는 백성들에게 그림이 있는 책을 간행해서 배포했다. 유교에서 지켜야 할 기본 도리를 실천한 사람들의 행적을 그림과 함께 설명한 책,

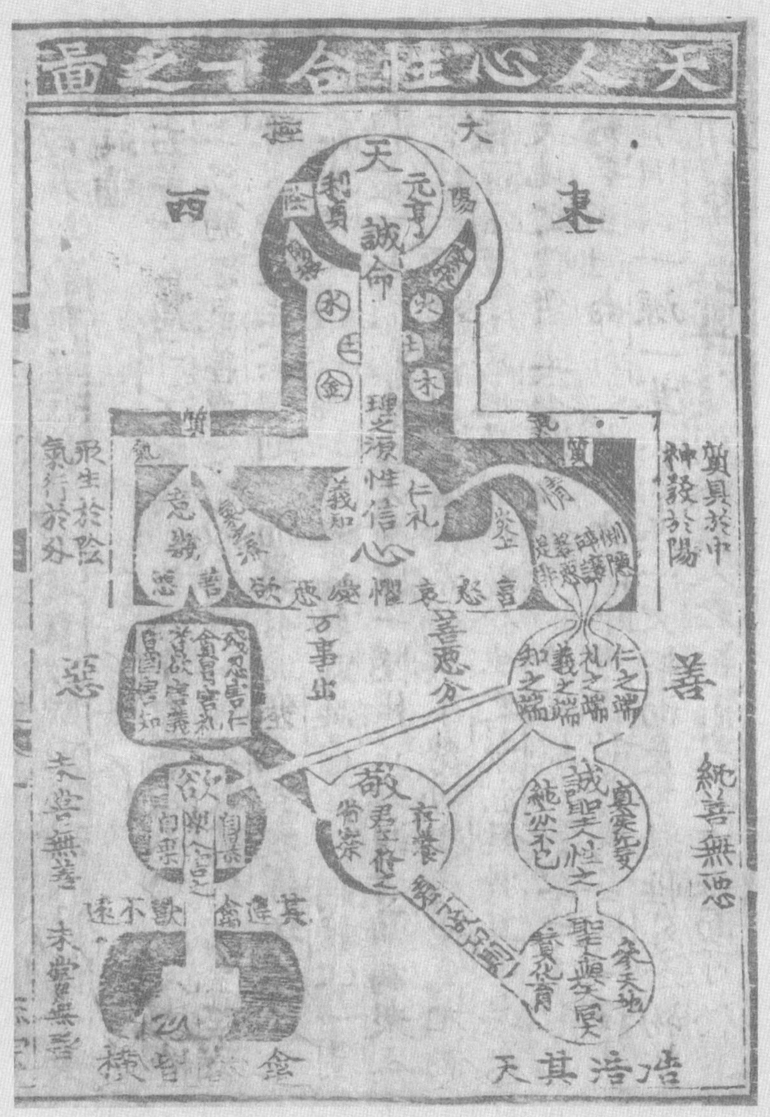

8-1. 《입학도설》.
권근이 성리학의 근본 원리를 설명한 책이다.
성리학 자체가 심오한 철학을 담고 있어 이해하기 어려우므로 성리학의 여러 원리를
그림으로 설명했다. 〈천인심성합일지도天人心性合一之圖〉를 비롯해
15개의 도설이 포함되어 있다.
소장처: 서울대학교 규장각한국학연구원

바로 중국과 우리나라의 충신, 열녀, 효자 등의 행적을 모아 간행한 《삼강행실도三綱行實圖》와 《오륜행실도五倫行實圖》가 대표적인 예다.

듣고 보는 책, 《삼강행실도》

1428년(세종 10) 진주에서 김화라는 사람이 아버지를 죽인 사건이 발생했다. 충격을 받은 세종은 백성들에게 유교 윤리를 제대로 가르치는 방책으로 집현전에 명하여 《삼강행실도》를 간행해서 백성들에게 배포하게 했다. 세종 때인 1434년에 처음 간행한 책은 현재 거의 전해지지 않지만, 권채가 왕명을 받들어 쓴 이 책의 서문이 《조선왕조실록》에 실려 있다. 이 글에 따르면 세종은 "내가 (훌륭한 행실과 높은 절개가 있는 사람의 행적 중) 특별히 남달리 뛰어난 것을 뽑아서 그림[圖]과 찬讚을 만들어 중앙과 지방에 나누어주고, 우매한 남녀들까지 다 쉽게 보고 느껴서 분발하게 되기를 바란다. 그렇게 하면 또한 백성을 교화하여 풍속을 이루는 한 길이 될 것이다"라고 했다. 이 책의 간행 목적과 지침을 준 것이다. 이에 집현전 직제학 설순 등은 효자, 충신, 열녀 각 110명을 문헌에서 찾아내 "앞에는 형용을 그림으로 그리고 뒤에는 사실을 기록하고 시詩를 붙여" 간행했다.

세종은 백성들에게 충신, 효자, 열녀의 행적을 알려 교화하는 방법으로 그림과 찬을 만들라고 지시했다. 한글을 창제하기 전이었으니 한문을 알기 어려운 일반 백성들이 이해할 수 있도록 그림으로 내용을 전달하려 했던 것이다. '찬'은 노래 형식으로 지은 선행을 찬양하는 글을 뜻한다. 권채의 서문에서 《삼강행실도》는 먼저 충신, 효자, 열녀의 행적을 그림으로 표현하고, 이들의 행적을 서술한 글과 이를 찬양하는 시를 뒤에 붙이는 체제로 편찬했음을 알 수 있다. 그림이 먼저 나온다는 것은 글보다 그림이 중심인 책이라는 뜻이다. 다시 말하면 그림을 보면서 그 행적이 어떠했는지를 상상하고, 암송하기 쉬운 노랫말로 지어서 읊게 하여 본받게 하려는 취지로 만든 책, 독서용이 아니라 일종의 시청각 교육 자료였다.

성종 초에는 《삼강행실도》의 언해諺解가 이루어지고, 1490년(성종 21)에는 각각 110명인 충신, 효자, 열녀를 각각 35명으로 줄여 다시 편찬했다. 1510년(중종 5)에는 2,940부를 간행했다. 오늘날에도 한 번에 3,000부 가까이 인쇄하는 책은 그리 많지 않은데, 당시로서는 엄청난 발생 부수였다. 단일본으로는 조선시대에 가장 많은 부수를 간행한 책일 것이다. 이후에도 《삼강행실도》는 여러 차례 다시 간행되었다.

1434년에 간행한 한문본 《삼강행실도》는 일부만 남아 있으며 현재 전하는 《삼강행실도》는 대부분 언해가 있고 충신, 효자, 열녀 각 35명을 실은 105인본이다. 이 언해본들도 처음 간행한 한문본과 같이 앞장에 그림, 뒷장에 원문과 찬이 있는 체제로 편집되었다. 언해는 그림 위쪽 난상에 작은 글자로 넣었다. 언해본에서도 여전히 그림이 일차

三綱行實目錄

孝子

閔損單衣　子路負米

楊香搤虎　皐魚道哭

陳氏養姑　江革巨孝

薛包洒掃　孝娥抱屍

黃香扇枕　丁蘭刻木

董永貸錢　郭巨埋子

元覺警父　孟熙得金

王裒廢詩　孟宗泣竹

8–2. 《삼강행실도》 권1.

효자, 충신, 열녀 순서로 105인이 모두 수록된《삼강행실도》 완질본의 제1책이다.
첫 번째 면 1행에 '삼강행실목록', 2행에 '효자孝子'라고 되어 있다.
3행부터 2단으로 효자에 수록된 35인의 내용(제목)을 기록했다.
이어서 효자 첫 번째 인물 중국 노나라 효자 민손閔損의 효행을
그림으로 설명하고 난상에 언해를 넣었다.
뒷면에는 한문 원문과 시와 찬이 나온다.
소장처: 국립한글박물관

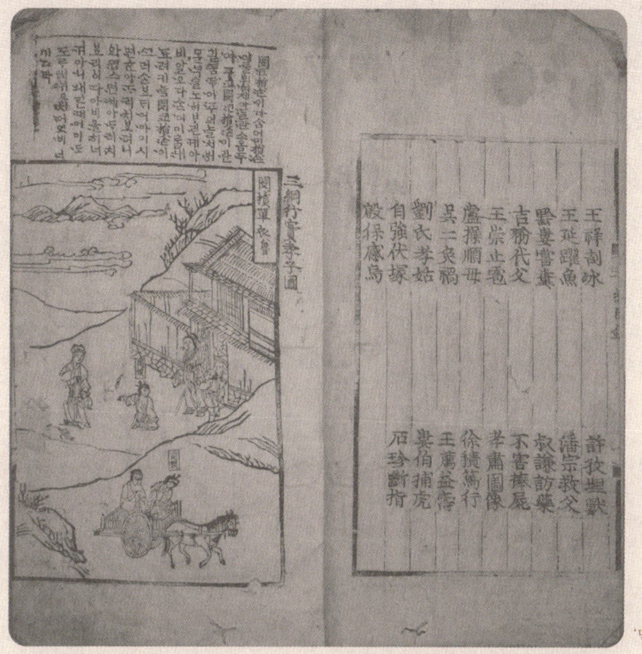

'민손단의' 그림과 언해

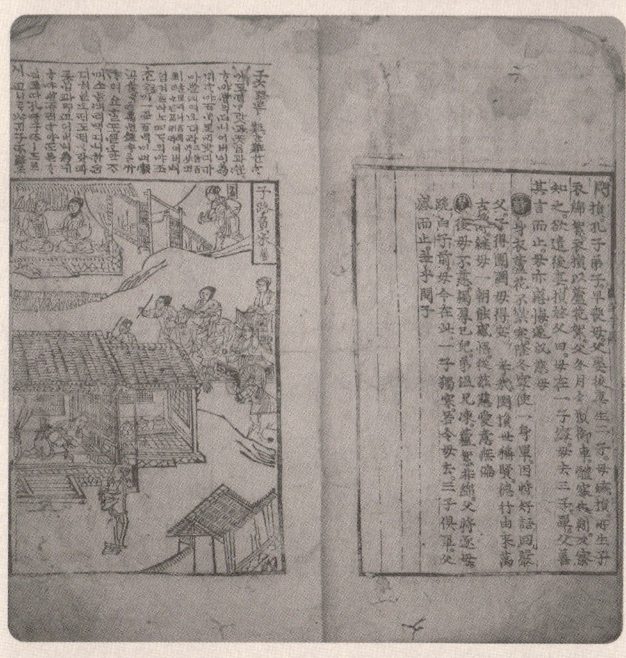

'민손단의' 시와 찬

적인 전달 수단이었다는 뜻이다.

《삼강행실도》에서 그림과 글은 구체적으로 어떻게 배치되었을까? 책에 따라, 제작 시기에 따라 다소 차이는 있지만, 기본적인 체제는 같다. 국립한글박물관이 소장한 언해본《삼강행실도》실물을 보자(도 8-2). 이 책은 효자, 충신, 열녀 순서로 105인이 모두 수록된《삼강행실도》완질본이다. 첫 번째 면 1행에 '삼강행실목록', 2행에 '효자孝子'라고 되어 있다. 3행부터 2단으로 효자에 수록된 35인의 내용(제목)을 기록했다.

이어지는 본문 첫 번째 인물은 중국 노나라 효자 민손閔損이다. 네모난 윤곽 안에 그림이 있고 윤곽 밖 오른쪽에 "삼강행실효자도"라는 글자가 있다. 윤곽선 안쪽의 오른쪽 위 작은 네모 안에는 "민손단의/노閔損單衣/魯"라고 표기했다. '민손단의'는 효자 민손이 겨울에 자신에게만 한 겹 옷[單衣]을 입힌 계모를 감싼 효행을 요약한 제목이다. 아래 작은 글자의 '노'는 주인공이 살았던 시대, 즉 중국 춘추시대 노나라다. 난상에는 언해가 있다. 그림 뒷면에는 한문 원문과 시와 찬이 나온다. 인물마다 앞뒤 한 면을 배정하여 앞에는 그림, 그림 위에는 언해, 뒷면에는 한문 원문과 시와 찬을 넣는 방식은 기본적으로 같다. 다만 언해가 뒷면까지 이어지기도 하고 뒷면에 시와 찬을 다 갖추지 않은 경우도 있다. '효자' 부분이 끝나면 같은 방식으로 '충신' 목록이 나오고 충신 35명이 소개되어 있다. '열녀' 부분도 마찬가지다.

35명 효자 가운데 고려시대 효자 최루백을 소개한 부분의 그림과 글을 한번 자세히 살펴보자(도 8-3). 그림 오른쪽 위 네모칸에 있는 '누백포호婁伯捕虎'에서 '누백'은 주인공 최루백의 이름이고 뒤의 두 글자 '포호(호랑이를 잡다)'는 그림의 내용을 축약한 제목이다. 그 아래 작은 글자로 주인공의 국적 '고려'를 넣었다.

최루백은 어떤 효행을 했을까? 그림만으로는 알기 어렵고 글을 봐야 알 수 있다. 한문 원문을 한글로 옮기면 다음과 같은 내용이다.

> 한림학사 최루백은 수원 호장 상자尙翥의 아들이다. 나이 15세에 아비가 사냥을 나갔다가 호랑이에게 잡아먹혔다. 최루백이 호랑이를 잡으려 하자 어머니가 말렸다. 최루백은 "아비의 원수를 갚지 않을 수 있겠습니까?"라 하고 곧 도끼를 지고 호랑이를 쫓아갔다. 호랑이가 (아비를) 잡아먹고 배가 불러 누워 있었다. 누백은 곧장 나아가 호랑이를 꾸짖으며 "네가 내 아비를 잡아먹었으니 내가 마땅히 너를 잡아먹으리라" 하였다. 호랑이가 이에 꼬리를 늘어뜨리고 엎드렸다. 드디어 도끼로 찍어 배를 갈라 아비의 뼈와 살을 취하여 그릇에 담고 호랑이 고기는 항아리에 담아 물속에 묻었다. 아비를 홍법산 서쪽 기슭에 묻고 여묘살이를 했다. 하루는 깜빡 잠이 들었는데 아비가 와서 시를 읊었다. "가시덤불을 헤치고 효자묘에 이르니 정이 흠뻑 느껴져 눈물이 그치지 않는다. 흙을 져서 날마다 무덤에 더

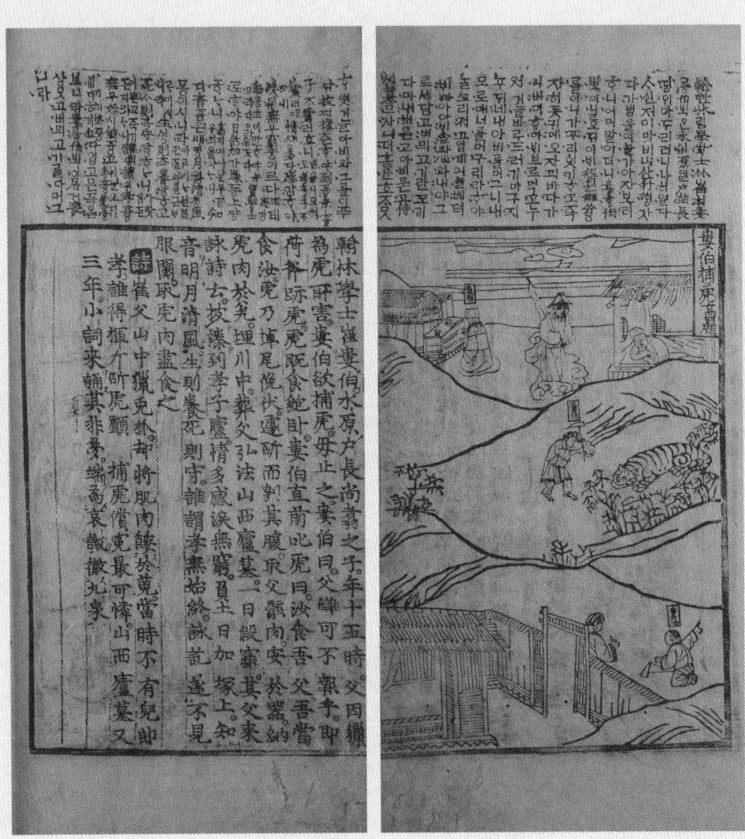

翰林學士崔婁伯水原戶長尙翥之子年十五時父因獵爲虎所害婁伯欲捕虎母止之婁伯曰父讎可不報乎卽荷斧跡虎虎旣食飽臥婁伯直前叱虎曰汝食吾父吾當食汝虎乃掉尾俛伏遽斫而刳其腹取父骸肉安於器納虎肉於瓮埋川中葬父弘法山西廬墓一日假寐其父來詠詩云披榛到孝子廬情多感淚無窮負土日加塚上知音明月淸風生則養死則守誰謂孝無始終詠訖遂不見服闋取虎肉盡食之

詩 崔父山中獵兎狐却將肌肉餧於菟當時不有兒郞孝誰得揮斤斫虎顱 捕虎償冤最可憐山西廬墓又三年小詞來誦其非夢端爲哀誠徹九泉

8-3. 《삼강행실도》 권1 〈누백포호婁伯捕虎〉.
고려시대 효자 최루백을 소개한 부분이다. 앞면 오른쪽 위 네모칸에 있는 '누백포호婁伯捕虎'에서 '누백'은 주인공 최루백의 이름, '포호(호랑이를 잡다)'는 그림의 내용을 축약한 제목이다. 일간신문 4컷 만화처럼 이야기 전개에 따라 그림을 3단으로 나누어 표현했다. 난상의 언해는 뒷면까지 이어진다.
소장처: 국립한글박물관

하니 알아 줄 이 밝은 달 맑은 바람뿐이로다. 살아서 봉양하고 죽으매 지키니 누가 효에 시종이 없다 하리오." 시를 읊고 나서 드디어 보이지 않았다. 복服이 끝나고 호랑이 고기를 취하여 다 먹었다.

최루백의 이야기를 알고 그림을 보면 어떤 내용인지 조금 이해가 될 것 같다. 그림을 자세히 보자. 먼저 눈에 띄는 점은 그림이 3단으로 나누어져 있다는 것이다. 각 단에 등장하는 주인공 누백은 네모칸을 치고 '누백'이라고 표시했다. 이야기는 아래부터 전개된다. 맨 아랫단은 어머니에게 아버지의 원수인 호랑이를 잡으러 가겠다고 말하는 장면이다. 가운데 부분은 호랑이를 잡는 장면이다. 맨 윗단은 여묘살이를 하다 잠깐 잠든 사이에 아버지가 와서 시를 읊는 장면과 누백이 아버지의 묘를 지키는 장면이다.

대표적인 한 장면만 넣은 사경 변상도나 한 면 전체에 성리학의 원리를 도표로 설명한 《입학도설》과 달리 이야기의 전개에 따라 한 화면에 여러 장면을 표현했다. 《삼강행실도》의 다른 이야기도 기본적으로 같다. 화면은 주로 3단으로 구성되지만, 이야기에 따라, 판본에 따라 단이 달라지기도 하고 한 단에 여러 에피소드를 묘사한 것도 있다. 마치 일간신문의 4컷 만화와 같은 구성이다.

이런 그림 구성 방식은 《삼강행실도》가 읽는 책이 아니라 보는 책, 듣는 책이었음을 말해 준다. 《삼강행실도》 서문에도 "널리 민간에 펴

트려 즐겨 보고 익히 들으며, 그 그림을 구경하여 그 형용을 상상하고, 그 시를 읊어서 인정과 성품을 본받게 할 것"이라고 했다. 애초에 보고 듣는 책으로 만든 것이었다. 이 경우 그림은 내용을 이해하는 데 도움이 될 뿐 아니라 감성에 자극하는 효과도 있어 상세할수록 좋다. 한 화면에 여러 장면을 표현한 것도 이런 효과를 위해서였을 것이다.

그림을 먼저 보여 주고 글로 표현한 내용은 뒤에 붙이는 《삼강행실도》의 편집 방식은 언해본에서도 계속 이어졌다. 이는 한글이 창제되었지만 읽을 수 있는 백성이 많지 않았다는 뜻이다. 여전히 《삼강행실도》는 보고 듣는 책이었던 것이다.

《오륜행실도》, 읽는 책으로

조선시대에 여러 차례 간행된 《삼강행실도》는 현재도 꽤 여러 곳에 남아 있다. 간행 시기나 간행 장소에 따라 판식이나 언해 방식에 차이가 있지만, 한 화면에 여러 장면을 표현한 점에는 변함이 없다. 그런데 이와 달리 한 화면에 이야기의 핵심이 되는 한 장면만 표현한 책이 있다. 1797년(정조 21) 정조의 명으로 간행한 《오륜행실도》라는 책이다.

《오륜행실도》는 《삼강행실도》와 《이륜행실도》를 합해서 다시 편찬한 책이다. 오륜이란 유교에서 말하는 사람이 지켜야 할 다섯 가지 윤리, 곧 부자유친, 군신유의, 부부유별, 장유유서, 붕우유신을 말한다.

《삼강행실도》에는 부자, 군신, 부부의 도리를 지킨 사람만 다루어, 장유와 붕우 관계에서 본받을 만한 사람은 빠져 있다. 장유와 붕우 관계에서 모범이 될 만한 사람의 행적을 수록한 책이 《이륜행실도》다.

《오륜행실도》의 그림은 《삼강행실도》의 그림과 어떻게 다를까? 《오륜행실도》에 수록된 〈누백포호〉 그림을 보자(도 8-4). 여기서도 그림이 먼저 나온다. 그림 오른쪽 위 네모칸에 '누백포호'라고 표시하고 그 아래 작은 글자로 '고려'라고 한 점까지 같다. 그런데 《삼강행실도》에는 3단으로 나누어 네 장면을 표현했던 것과 달리 여기서는 단 한 장면만 표현했다. 누백이 호랑이를 잡는 장면이다.

《삼강행실도》와 《오륜행실도》의 차이는 그림에서 끝나지 않는다. 《오륜행실도》에는 난상에 있어야 할 언해가 없다. 언해는 뒷면으로 넘어가 한문 원문과 시가 끝난 후 난상이 아니라 본문에 나온다. 단순히 위치만 다른 것이 아니다. 《오륜행실도》의 언해는 글자가 크고 선명하여 잘 읽을 수 있다. 앞서 소개한 국립한글박물관 소장 《삼강행실도》의 난상에 있는 언해는 표기법이 오늘날과 너무 달라 차라리 한문으로 내용을 이해하는 편이 수월하다. 게다가 '翰林學士한림학사'와 같이 중간중간 한자를 노출하고 한자 아래 당시 표기법으로 한글음을 달아 읽어 내기가 더 어렵다. 이에 비해 《오륜행실도》의 한글은 오늘날의 표기법에 더 가까워 찬찬히 읽어 보면 어떤 내용인지 대강 알 수 있다. 한글 번역에는 한자가 없다는 점도 가독성을 높이는 요소다.

崔婁伯水原吏尙翥之子尙翥獵爲虎所害婁伯時年十五欲捕虎母止之婁伯曰父讎可不報乎卽荷斧跡虎虎旣食飽臥婁伯直前叱虎曰汝害吾父吾當食汝虎乃掉尾俛伏遽斫而刳其腹取父骸肉安於器納虎肉於甕埋川中葬父洪法山西廬墓一日假寐其父來詠詩云披榛到孝子廬情多感淚無窮負土日加塚上知音明月淸風生則養死則守誰謂孝無始終詠訖遂不見服闋取虎肉盡食之

詩 崔父山中獵兎狐却將肌肉餧於菟當時不有兒郞孝誰得揮斤斫虎顱 捕虎償冤最可憐山西廬墓又三年小詞來誦眞非夢端爲哀誠徹九泉

최누ᄇᆡᆨ은고려적슈원아젼상쟈의아ᄃᆞᆯ이니상재산영ᄒᆞ다가범의게해ᄒᆞᆫ배되니이때누ᄇᆡᆨ의나히십오세라범을잡고져ᄒᆞ거ᄂᆞᆯ어미말린대누ᄇᆡᆨ이ᄀᆞᆯ오ᄃᆡ아비원슈ᄅᆞᆯ엇디아니갑흐리오ᄒᆞ고즉시돗귀ᄅᆞᆯ메고범의자최ᄅᆞᆯᄯᆞᆯ오니범이이믜다먹고ᄇᆡ불러누엇거ᄂᆞᆯ누ᄇᆡᆨ이바로알ᄑᆡᄃᆞ라드러범을ᄭᅮ디저ᄀᆞᆯ오ᄃᆡ네내아비ᄅᆞᆯ해쳐시니내너ᄅᆞᆯ먹으리라범이ᄭᅩ리ᄅᆞᆯ치고업ᄃᆡ거

ᄂᆞᆯ돗긔로쩍어ᄇᆡᄅᆞᆯ헤티고아비ᄲᅧ와ᄉᆞᆯ을내여그ᄅᆞᄉᆡ담고범의고기ᄅᆞᆯ항에녀허믈가온대뭇고아비ᄅᆞᆯ홍법산셔편에장ᄉᆞᄒᆞ고녀묘ᄒᆞ더니ᄒᆞᆯᄂᆞᆫ잠을자니그아비와셔글을읇허ᄀᆞᆯ오ᄃᆡ가시덤블을헤티고효ᄌᆞ의집에니ᄅᆞ니졍이늣기미만ᄒᆞ매눈믈이무궁ᄒᆞ도다흙을져셔날마다무덤에더ᄒᆞ니지음은명월쳥풍이로다사라셔봉양ᄒᆞ고죽으매딕희니뉘닐오ᄃᆡ효시죵이업다ᄒᆞ리오읇기ᄅᆞᆯ다ᄒᆞ매믄득뵈디아니ᄒᆞ더라거상을ᄆᆞᄎᆞ매범의고기ᄅᆞᆯ내여다먹으니라

8-4. 《오륜행실도》〈누백포호婁伯捕虎〉.

《삼강행실도》에는 그림 부분을 3단으로 나누어 네 장면을 표현했던 것과 달리 여기서는 누백이 호랑이를 잡는 한 장면만 표현했다. 《삼강행실도》에서는 난상에 있는 언해 부분이 뒷면으로 넘어가 한문 원문과 시가 끝난 후 본문에 나온다.

소장처: 국립중앙도서관

婁伯捕虎 高麗

사실 현재 남아 있는 《삼강행실도》 가운데 언해에 한글만 사용한 것이 더 많다. 오히려 국립한글박물관 소장본처럼 한자를 먼저 쓰고 한글음을 단 사례는 드물다. 이 《삼강행실도》가 꽤 이른 시기에 간행되었기 때문일 것이다. 《오륜행실도》의 새로운 점은 한글만 사용한 것이라기보다 한글을 본문에 한자와 같은 크기의 글자로 배치했고, 이에 따라 《삼강행실도》에 비해 분량이 훨씬 많아졌다는 것이다. 종이가 귀한 시절, 한글을 이처럼 배치한 것은 한글이 한문과 동등하다고까지 말할 수 없다 하더라도 비중이 커졌음을 상징적으로 보여 준다.

언해를 시와 찬 다음 본문에 넣는 새로운 편집 방식은 정조의 뜻에 따른 것이다. 다른 책도 마찬가지지만 정조는 《오륜행실도》를 간행할 때도 진행 과정을 일일이 점검했다. 특히 언해에도 관심을 기울여 한글을 잘 쓰는 사람을 골라 쓰도록 지시하고 언해를 직접 읽어 본 후 오류가 많다며 고치라고 한 사실이 《승정원일기》에 나와 있다.

정조가 즉위의 정당성을 널리 알리려고 《명의록언해》를 간행할 때 한문에 한글로 토나 음만 다는 국한문 혼용이 아니라 한글만 사용한 것처럼, 《오륜행실도》 역시 한글로만 번역하여 한자와 대등하게 본문에 수록했다. 한글을 읽을 수 있는 백성들이 많아졌고, 그들을 대상으로 간행한 것으로 봐야 한다. 《삼강행실도》가 일반 백성들이 내용을 듣고 그림을 보면서 이해하는 용도의 책이라면 《오륜행실도》는 백성들이 읽을 수 있도록 만든 책으로 변화한 것이다.

《오륜행실도》의 그림에서 한 화면에 한 장면만 표현한 것도 바로 이 때문이다. 〈누백포호〉의 경우 최루백이 호랑이를 잡는 장면을 택했다. 이는 제목이 '누백이 호랑이를 잡음'이듯이 이야기의 핵심이 최루백이 호랑이를 잡았다는 것임을 알려 준다. 《오륜행실도》의 다른 이야기 중에는 여러 장면을 표현한 것도 있지만, 《삼강행실도》에 비해 장면 수가 줄었다. 《삼강행실도》의 그림이 이야기 형식으로 여러 장면을 그린 만화적 성격이라면, 《오륜행실도》의 그림은 그림만으로는 내용을 알 수 없는 삽화적 성격에 가까워진 것이다.

그림이 있는 책 편집 방법

그림은 책 내용 이해에 도움이 되고 보기에도 좋지만, 그림이 있는 책은 글만 있는 책보다 훨씬 만들기 어렵다. 도판을 만드는 데 손이 많이 가는 것은 물론, 글과 그림의 적절한 배치 방법도 고민해야 하기 때문이다.

《삼강행실도》를 펼치면 항상 그림은 왼쪽 면에 있고 오른쪽 면에 글이 나와 있다(도 8-2). 오늘날의 책 읽는 방식에 익숙한 사람들은 왼쪽의 그림과 오른쪽의 글이 한 세트라고 착각하기 쉽다. 하지만 그림으로 표현한 내용을 담은 글은 그림을 넘겨 뒷면에서 확인할 수 있다. 난상의 언해로 내용을 알 수 있기는 하지만 그림과 글이 나란히 있다면 보기에 더 편리할 텐데 왜 이런 방식으로 편집했을까? 이유는 그림의 제작 방식과 제본 방식에 있다. 《오륜행실도》 목판 실물을 보면 알 수 있다.

그림이 있는 고서는 대부분 인쇄본이다. 문자를 인쇄할 때와 마찬가지로 그림 역시 먼저 밑그림을 그린 다음 목판에 뒤집어 붙여 그대로 새겨 인쇄했다. 원주에 있는 치악산 명주사 고판화박물관이 소장하고 있는 《오륜행실도》 목판 실물은 정조 때 간행한 《오륜행실도》를 철종 때 번각할 때 사용한 것이다(정조 때 간행한 《오륜행실도》는 활자본이다). 4개의 판을 사각형으로 이어 붙인 아주 독특한 형태의 이 목판은 원래의 모습이 아니라, 목판을 일본의 난방 장치인 고타츠로 재활용한 것으로 추정된다(도 8-5). 아마도 일제강점기에 누군가 이런 형태로 만들었을 것이다. 일제강점기의 씁쓸한 유산이다.

이 중 그림이 있는 목판 하나를 보자(도 8-6). 목판은 판심을 중심으로 두 부분으로 나누어져 왼쪽에는 그림, 오른쪽에는 글자가 있다. 좌우가 뒤집어진 판심의 글자는 '오륜행실도 권3 열녀, 61'이다(정조 때 간행한 활자본에서는 글자 부분을 목판에 새기지 않고 활자로 조판했다). 왼쪽 그림에 '미처해도彌妻偕逃 / 백제百濟'라고 새겼다. 백제시대 도미의 부인 이야기다. 오른쪽의 한자로 된 원문은 왼쪽부터 오른쪽으로 읽어야 한다. 이 목판에 종이를 얹어 인쇄하면 오른쪽에 그림이, 왼쪽에 글이 오게 된다. 글은 오른쪽에서 왼쪽으로 읽어야 한다.

분명 오른쪽 면에 인쇄되었을 그림이 완성된 《오륜행실도》에서는

8-5. 《오륜행실도》 목판.
《오륜행실도》를 새긴 목판 4개를 사각형으로 이어 붙인 아주 독특한 형태로
원래의 모습이 아니라, 목판을 일본의 난방 장치인 고타츠로 재활용한 것으로 추정된다.
소장처: 치악산 명주사 고판화박물관

8-6. 《오륜행실도》 권3 〈미처해도〉 목판.

판심에 '오륜행실도 권3, 열녀, 61'이 새겨져 있다. 왼쪽 그림에 '미처해도彌妻偕逃/백제百濟'라고 새겼다. 백제의 도미의 부인 이야기다. 오른쪽의 한자로 된 원문은 왼쪽부터 오른쪽으로 읽어야 한다.

소장처: 치악산 명주사 고판화박물관

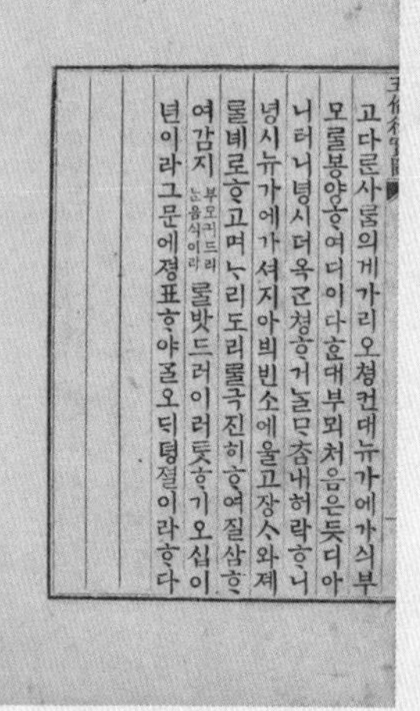

고다ᄅᆞᆫ사ᄅᆞᆷ의게가리오쳥컨대뉴가에가싀부
모ᄅᆞᆯ봉양ᄒᆞ여디이다ᄒᆞᆫ대부뫼처음은듯디아
니터니녕시더옥군쳥ᄒᆞ거ᄂᆞᆯ마ᄎᆞᆷ내허락ᄒᆞ니
녕시뉴가에가셔지아븨빈소에울고장ᄉᆞ와졔
ᄅᆞᆯ녜로ᄒᆞ고며ᄂᆞ리도리ᄅᆞᆯ극진히ᄒᆞ여질삼ᄒᆞ
여감지(부모ᄭᅴ드리ᄂᆞᆫ음식이라)ᄅᆞᆯ밧드러이러ᄐᆞᆺᄒᆞ기오십이
년이라그문에졍표ᄒᆞ야ᄀᆞᆯ오ᄃᆡ뎡졀이라ᄒᆞ다

8-7. 《오륜행실도》 권3 〈미처해도〉.

목판에서 왼쪽 면에 새긴 '미처해도' 그림은 오른쪽 면에 인쇄된다. 하지만 책으로 제본했을 때는 그림이 왼쪽 면에 오고 내용은 뒷면의 오른쪽에서 시작된다.

〈미처해도〉 그림의 오른쪽 내용은 앞 항목 〈영녀정절〉의 마지막 언해 부분이다.

소장처: 서울대학교 규장각한국학연구원

반대로 왼쪽에 와 있다(도 8-7). 왜 이런 결과가 나왔을까? 선장본이라는 제본 방식에 답이 있다. 선장본에서 인쇄된 종이를 판심을 기준으로 반으로 접으면 그림이 있는 오른쪽 면이 앞면, 글이 있는 왼쪽 면이 뒷면이 된다. 접은 낱장들을 모아 판심 반대쪽에서 실로 꿰매면 그림이 왼쪽에 오고, 목판에서는 나란히 있던 글자를 새긴 면이 뒷면으로 가게 되는 것이다. 책에서 〈미처해도/백제〉 그림 오른쪽에 있는 글은 도미 부인에 대한 내용이 아니라 앞 항목 〈영녀정절甯女貞節〉의 마지막 언해 부분이다.

《삼강행실도》 역시 이런 방식으로 목판 하나에 반면은 그림, 반면은 글자를 새겼으므로, 인쇄하여 제본했을 때 앞에는 그림, 뒤에는 글이 나오는 것이다. 한 주제 당 목판 하나만 새긴 《삼강행실도》의 경우 제작에 큰 어려움이 없었겠지만, 《오륜행실도》는 상황이 복잡하다. 정조가 처음 간행한 《오륜행실도》는 활자로 인쇄했으므로 그림이 있는 반면은 목판을 끼우고 반면은 활자로 조판해야 하는 어려움이 있었다. 여기에 한글까지 난상이 아니라 본문에 실었다. 인물마다 여러 판을, 그것도 그림과 글의 위치, 분량이 다른 여러 판을 만들어야 했다. 사전에 치밀하게 계획을 세워야 했을 것이다.

이런 도판 작업의 어려움을 잘 보여 주는 책이 역시 정조가 1797년에 간행한 《원행을묘정리의궤園幸乙卯整理儀軌》다. 이 책은 정조가 어머니 혜경궁 홍씨의 회갑을 맞아 생부 사도세자의 묘소가 있는 수원 화성

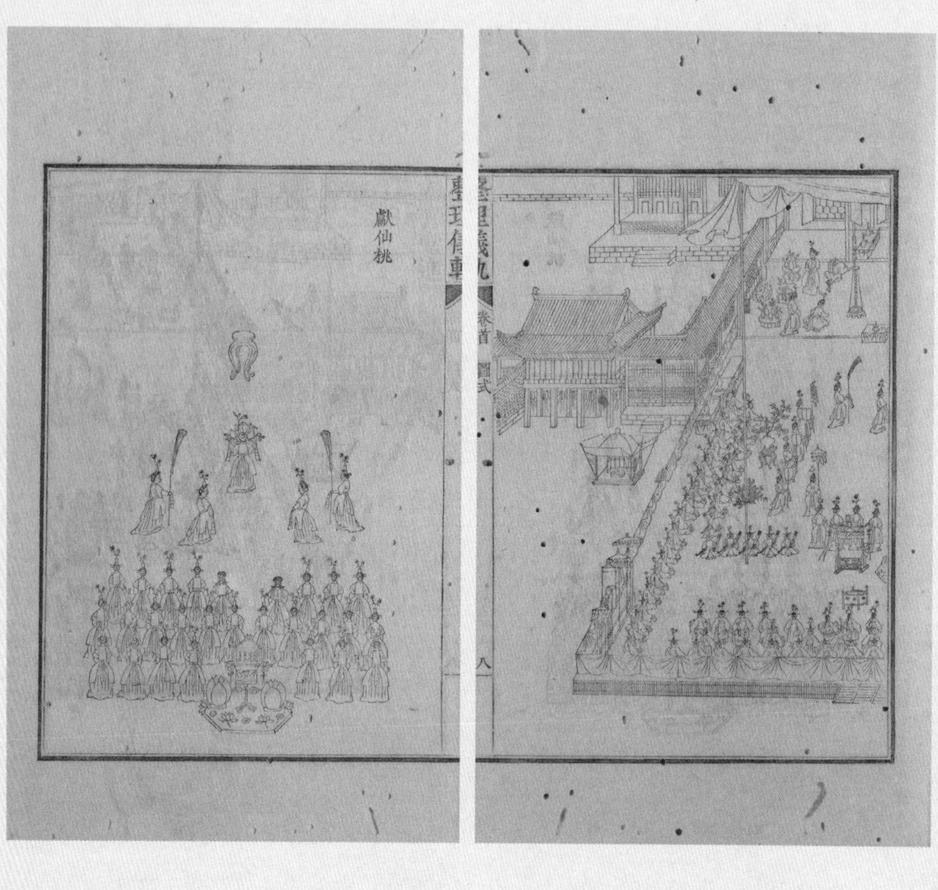
整理儀軌
卷首
圖式
八
獻仙桃

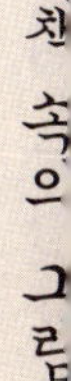

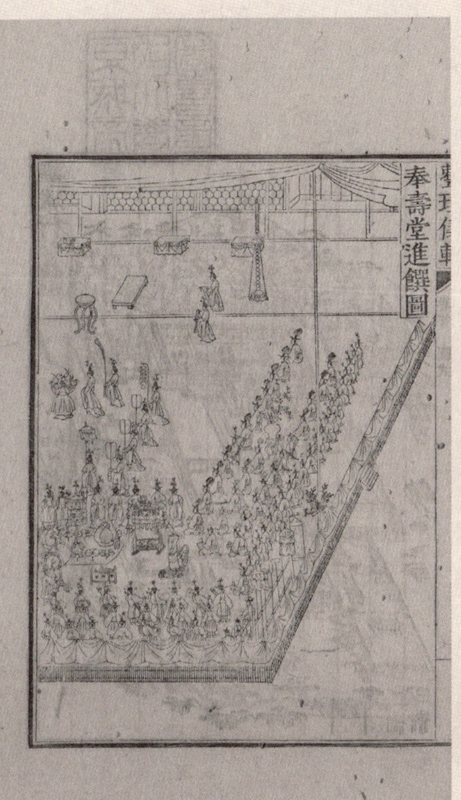

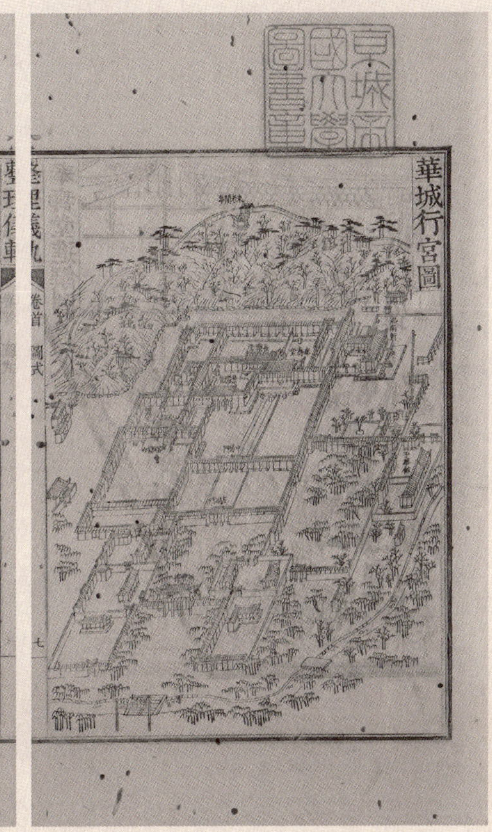

8-8. 《원행을묘정리의궤》의 도판.
〈봉수당진찬도〉는 오늘날 책의 양면 화보처럼 좌우 양면으로 이어지는 그림이다.
이런 결과물을 만들려면 앞면의 〈화성행궁도〉와 〈봉수당진찬도〉의 반쪽을 목판에 함께 새기고
〈봉수당진찬도〉의 나머지 반쪽을 다음 면의 〈헌선도〉라는 그림과 함께 새겨야 한다.
소장처: 서울대 규장각한국학연구원

에 행차한 내용을 담은 의궤다. 10권 8책의 권수卷首의 대부분을 차지하는 것은 도식圖式, 즉 도판이다. 첫 번째 도판 화성 행궁 전체를 부감한 〈화성행궁도〉에 이어 화성에서 잔치를 벌이는 모습을 묘사한 〈봉수당진찬도〉를 비롯해 행사 장면, 행렬의 반차도班次圖까지 상세하게 나와 있다(도 8-8). 모두 목판에 그림을 새긴 후 인쇄했으므로 《오륜행실도》와 마찬가지로 인쇄 면은 목판과 좌우가 반대다. 첫 번째 면의 〈화성행궁도〉와 다음 면의 〈봉수당진찬도〉는 하나의 목판 왼쪽 반쪽에 〈화성행궁도〉를, 오른쪽 반쪽에 〈봉수당진찬도〉를 새긴 결과다. 그런데 〈봉수당진찬도〉는 오늘날 책의 양면 화보처럼 좌우 양면으로 이어지는 그림이다. 그림이 앞뒷면으로 잘려 보기에 불편한 《병장도설兵將圖說》과는 다른 모습이다(도 8-9). 이런 결과물을 만들려면 〈봉수당진찬도〉의 나머지 반쪽을 다음 면의 〈헌선도〉라는 그림과 함께 새겨야 한다. 서로 다른 목판에 반씩 나누어 새기면서도 인쇄했을 때는 이어진 듯 선이 맞게 새기고 제본할 때도 맞춰야 했으니 작업의 난이도가 만만치 않았을 것이다. 이후 정리자로 인쇄한 《화성성역의궤華城城役儀軌》나 《진찬의궤進饌儀軌》에도 이런 형태의 그림이 보인다. 모두 왕명으로, 왕실의 행사를 기록한 특별한 책이니 얼마나 신경 써서 만들었겠는가?

그림이 있는 고서를 보면 그림 솜씨만 감상할 것이 아니라 글과 그림을 어떻게 배치했는지, 어떻게 인쇄했을지 관찰해 보자. 책을 만든 사람들의 노력, 보기 좋은 책을 만들려는 고민을 느낄 수 있을 것이다.

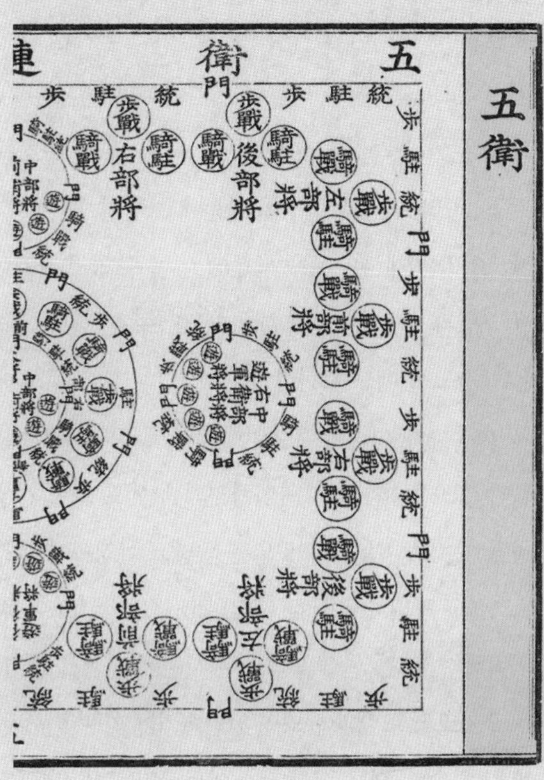

8-9. 《병장도설》의 도판.
조선시대 병서인 《병장도설》에는 그림이 많이 나오는데 배치 방식이 다양하다.
오위연방진五衛連方陣 그림은 앞·뒷면으로 잘려 보기에 불편하다.
소장처: 서울대학교 규장각한국학연구원

‖ 더불어 읽기 ‖
: 그림과 글의 다양한 편집 사례

그림과 글을 한 면에 배치하면 가장 이상적이다. 하지만 그게 그렇게 쉽지 않다. 부득이 그림과 글을 다른 페이지에 배치할 경우 "○○페이지를 보라"고 본문이나 각주에 표시하기도 하고, 도판 번호를 넣기도 한다. 옛날 사람들이라고 글과 그림이 한눈에 보이면 좋다는 것을 몰랐겠는가? 선장본이라는 제본의 특성 때문에 어쩔 수 없었던 것이다.

고서 중에 그림과 글을 한 면에 배치한 경우는 없을까? 물론 있다. 앞에 소개한《병장도설》에도 그림과 글이 한 면에 보기 좋게 배치된 경우가 있다. 깃발에 대해 설명한 부분인데 위쪽에 깃발이 있고, 그 아래 관련 내용을 기록했다(도 8-10).《화성성역의궤》에도 화성 건설에 사용된 기물을 설명하는 부분에 위쪽에 도판을 넣고 아래쪽에 설명을 넣었다(도 8-11). 그림도 정밀하고 글과 그림의 배치도 적절하여 정성을 들인 모습이 역력하다. 이런 편집을 하려면 사전에 준비를 많이 해야 했겠지만, 그래도 비교적 도판과 설명이 간단하기에 가능했을 것이다.

인쇄한 면을 반으로 접는 선장본이 아니라면 그림과 책을 연결해 배치하기에는 훨씬 유리하다. 부모의 은혜에 보답할 것을 가르치는 불경《불설대보부모은중경佛說大報父母恩重經》이 그런 예다(도 8-12). 그림과 글이 좌우로 나란히 보기 좋게 인쇄된 이상적인 편집이다. 이런 편집이 가능했던 것은 이 책이 절첩본이기 때문이다.

선장본임에도 그림과 글이 한 면에 보이도록 편집한 흥미로운 책도 있다. 국립중앙도서관 소장《금강반야바라밀경》이라는 책이다(도 8-13). 1570년(선조 3) 광흥사廣興寺라는 절에서 간행한 이 책은 한 면을 상하 2단으로 나누어 하단에는 불경 내용을 인쇄하고, 상단에는 관련된 그림을 새겼다. 이런 방식을 취하기 위해 이 책은 특별한 판형을 택했다. 판형을 결정하는 것은 광곽이다.《오륜행실도》의 반곽半郭은 21.7×13.8센티미터이다. 조선시대 선장본 고서의 가로·세로 비율은 이와 비슷하며 적어도 세로가 가로보다 길다. 반면 이 책의 반곽은 20.3×21.6센티미터, 책 크기 30.5×23.6센티미터다. 반곽의 가로가 세로보다 오히려 길다. 설명하는 내용에 따라 면마다 구성 방식도 다른, 디테일이 살아 있는 이 책은 편집자의 개성과 고민이 돋보이는 보기 드문 책이다.

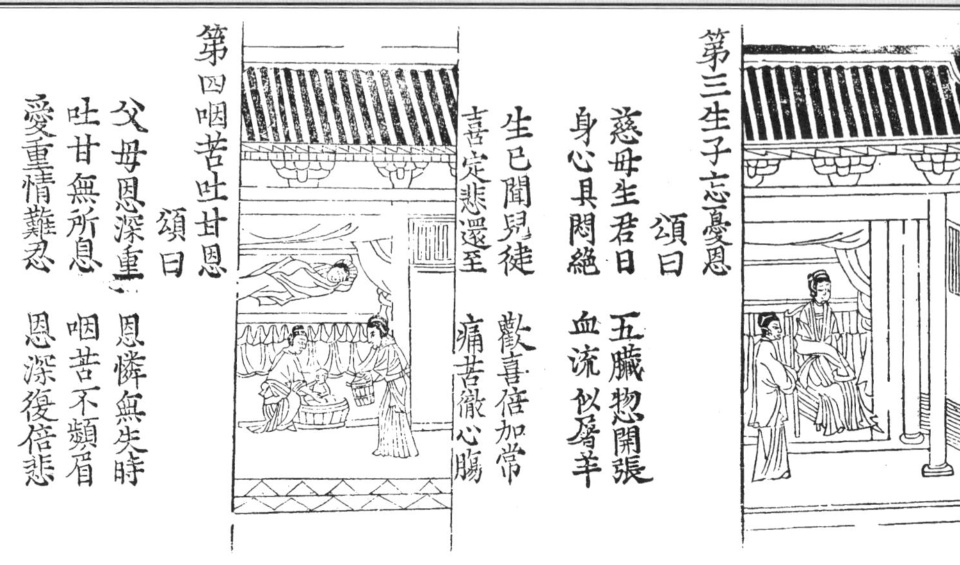

第三生子忘憂恩

頌曰

慈母生君日 五臟揔開張

身心具悶絕 血流似屠羊

生已聞兒健 歡喜倍加常

喜定悲還至 痛苦徹心腸

第四咽苦吐甘恩

頌曰

父母恩深重 恩憐無失時

吐甘無所息 咽苦不顰眉

愛重情難忍 恩深復倍悲

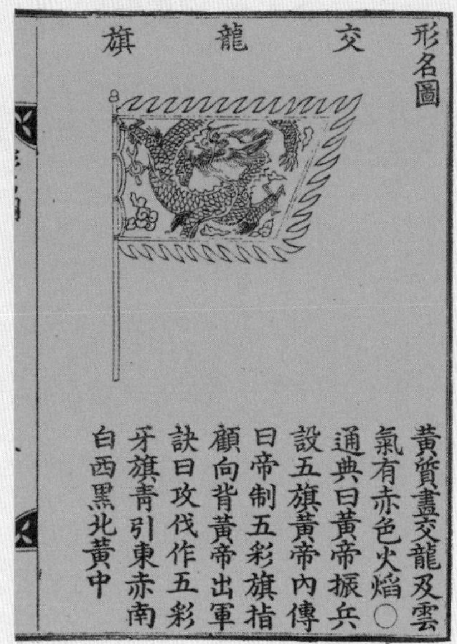

形名圖

交龍旗

黃質畫交龍及雲氣有赤色火焰○通典曰黃帝振兵設五旗黃帝內傳曰帝制五彩旗指顧向背黃帝出軍訣曰攻伐作五彩牙旗青引東赤南白西黑北黃中

8-10.《병장도설》.
《병장도설》의 깃발에 대해 설명한 부분은
한 면의 위쪽에 깃발 그림을 넣고,
그 아래 관련 내용을 기록하여 보기 좋게 배치된 경우다.
소장처: 서울대학교 규장각한국학연구원

8-11.《화성성역의궤》.
화성 건설에 사용된 기물을 설명하는 부분에
위쪽에 도판을 넣고 아래쪽에 설명을 넣었다.
그림도 정밀하고 글과 그림의 배치도
적절하여 정성을 들인 모습이 역력하다.
소장처: 국립중앙도서관

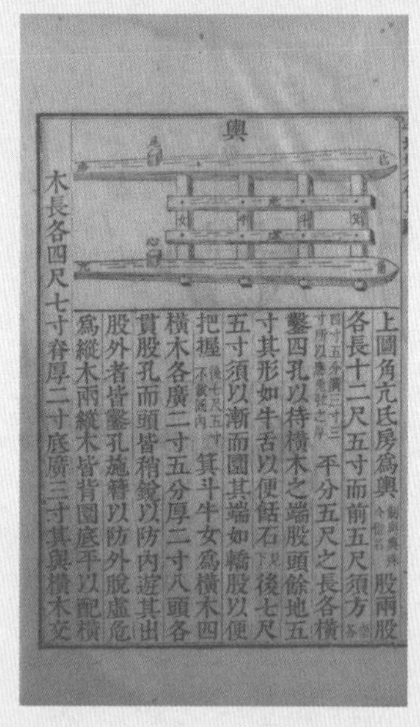

輿

上圖角亢氐房爲輿 股兩股各長十二尺五寸而前五尺須方 平分五尺之長各横鑿四孔以待横木之端股頭餘地五寸其形如牛舌以便銛石 後七尺五寸須以漸而圓其端如輪股以便把握 箕斗牛女爲横木四横木各廣二寸五分厚二寸八頭各貫股孔而頭皆稍銳以防內遊其出股外者皆鑿孔施簪以防外脫虛危爲縱木兩縱木皆背圓底平以配横木長各四尺七寸脊厚二寸底廣三寸其與横木交

逆之子擘破阿孃胞胎手攀阿孃心肝
脚踏阿孃跨骨教孃如千刀攪腹恰似
万刃攢心如斯痛苦生得此身猶有十恩
第一懐躭守護恩　第二臨産受苦恩
第三生子忘憂恩　第四咽苦吐甘恩
第五迴乾就濕恩　第六乳哺養育恩
第七洗濯不淨恩　第八遠行憶念恩
第九爲造惡業恩　第十究竟怜愍恩

第一懐躭守護恩
頌曰
累劫因縁重　今來託母胎
月逾生五藏　七七六精開
體重如山岳　動止劫風災
羅衣都不掛　裝鏡惹塵埃

第二臨産受苦恩
頌曰
懐經十箇月　産難欲將臨

8-12. 《불설대보부모은중경》.
그림과 글이 좌우로 나란히 보기 좋게 인쇄된 이상적인 편집이다.
이런 편집이 가능했던 것은 이 책이 절첩본이기 때문이다.
소장처: 국립중앙박물관

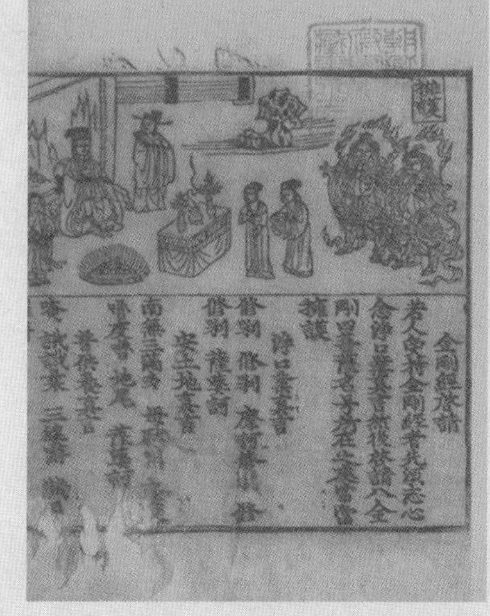
金剛經啓請
若人受持金剛經者先須志心
念淨口業真言然後啓請八金
剛四菩薩名号所在之處常當
擁護
淨口業真言

8-13. 《금강반야바라밀경》.
한 면을 상하 2단으로 나누어
하단에는 불경 내용을 인쇄하고,
상단에는 관련된 그림을 새겼다.
이런 방식을 취하기 위해 이 책은
특별한 판형을 택했다.
소장처: 국립중앙도서관

공부의 흔적
_《예기》

한문 읽기의 어려움

초등학교 저학년에서 꼭 거쳐야 하는 과정 중 하나가 받아쓰기다. 받아쓰기에서는 철자법과 함께 띄어쓰기가 중요하다. 띄어쓰기를 하지 않으면 문장의 뜻을 제대로 이해하기 어렵기 때문이다. 띄어쓰기의 중요성을 일깨울 때 띄어쓰기 없이 "아버지가방에들어가신다"라고 쓰면, "아버지가 방에 들어가신다"라고 읽지 않고 "아버지 가방에 들어가신다"라고 잘못 읽는다는 예를 인용하곤 했다.

조선시대에도 이런 일이 있었다. 《조선왕조실록》 1412년(태종 12) 8월 15일에 수록된 다음과 같은 내용이다.

임금이 문소전文昭殿에 나아가 추석제秋夕祭를 행하였다. 우사간 대부 현맹인玄孟仁이 대축大祝이 되어 축을 읽어 가다가, 신의왕태후神懿王太后에 이르러 왕자王字로써 구절을 떼었고, 또 끙끙거리며 읽지를 못하였다. 임금이 말하기를, "축을 이같이 읽으니 성誠과 경敬이 어디에 있겠는가?" 하고, 드디어 승정원에 명하였다. "금후로는 축문을 작게 쓰지 말고, 주묵朱墨으로 구절에 점을 찍게 하라."

이것이 무슨 뜻일까? 추석제는 추석에 지내는 제사를 말한다. 이때 축문을 읽는 일을 맡은 대축 현맹인이 신의왕태후의 축문을 읽으면서 '신의 왕태후'가 아니라 '신의왕 태후'라고 잘못 읽은 것이다. 신의왕태후는 태조의 비이자 태종의 어머니인 신의왕후다. 나중에 존호를 더하여 신의왕태후라고 했다. '신의 왕태후'를 '신의왕 태후'로 잘못 읽은 까닭은 축문의 글자가 작고 신의왕태후에 띄어쓰기가 되어 있지 않았기 때문이다.

태종이 문제 해결을 위해 내린 지시는 일단 축문을 크게 써서 글자가 잘 보이게 하라는 것, 또 하나는 붉은색 먹으로 구절이 끝나는 데 '점'을 찍으라는 것이다. 이 '점'이 오늘날로 치면 구두점이다. 붉은 먹으로 점을 찍으라고 한 이유는 본문과 구별되어 눈에 잘 띄게 하기 위함이다. 이 축문만이 아니다. 조선시대 책은 거의 한문으로 되어 있는 데다 띄어쓰기나 구두점(표점)이 없다. 한글로 된 책도 마찬가지다. 앞에서 본 공격空格처럼 띄어 쓴 부분이 없지 않지만, 문장이나 단어가 끊어지는 부분이 아니라 높은 사람을 존대하는 장치다. 오늘날과 같은 띄어쓰기는 사용되지 않았다.

박물관에 전시된 고서 역시 대부분 띄어쓰기는 물론 구두점도 없는 한문으로 가득해 읽을 엄두가 나지 않는다. "검은 것은 글자요, 흰 것은 종이"라는 우스갯소리를 하며 그냥 지나쳐 버리기 일쑤다. 옛날 사람들이라고 한문 읽기가 쉬웠을까? 궁중 제사에서 축문을 읽는 사람도 실수를 했으니 알 만하지 않은가?

한문은 한글이나 다른 표음문자에 비해 글자를 익히는 데만도 오랜 시간과 노력이 필요하다. 한자를 읽을 수 있다 하더라도 한문 문장을 읽기까지는 또 상당한 공부가 필요하다. 우리말과 어순이 다른 한문을, 그것도 띄어쓰기와 구두점도 없는 문장의 시작과 끝을 알기란 쉽지 않다. 태종이 구절에 점을 찍으라고 했듯이 보조장치가 필요하다. 여기서 끝이 아니다. 책 내용을 제대로 이해하려면 더욱 공부에 매진해야 했다. 옛사람들은 어려운 한문책을 어떻게 읽었을까?

궁금증을 품고 고서를 들여다보면, 어려운 한문책을 이해하는 데 필요한 장치와 이해하려고 애쓴 흔적을 발견할 수 있다. 이런 책 중에 국립중앙박물관 소장 이건희 기증품《예기禮記》와 서울대학교 규장각 한국학연구원 소장《예기》를 함께 소개하겠다.

《예기》는 고대 중국의 예에 관한 기록과 해설을 정리한 책이다. 유교에서 예를 중시하는 만큼 유교 경전 5경의 하나로 꼽힌다. 유교를 국가이념으로 내세운 조선에서 의례는 통치 질서를 유지하는 기반이었으므로 《예기》는 여러 차례 간행되고 널리 유포되었다. 어려운 내용을 설명한 여러 주석서도 간행되었다.

《예기》는 책에 따라 수록 내용에 차이가 있고, 권수도 20~70권까지 다양하다. 국립중앙박물관 소장 《예기》는 권2 딱 1책이다. 원래는 여러 책이었으나 1책만 남은 책, 즉 영본零本(잔결본, 잔본, 낙질본이라고도 한다)이라 정체를 알기 어렵다. 하지만 서울대학교 규장각한국학연구원이 소장한 《예기》 3질과 함께 보면 맥락이 보인다. 형태가 같은 이 4종의 《예기》에는 시기에 따라, 소장자에 따라 책을 이해하려 노력했던 흔적이 같고도 다르게 남아 있다.

구두점과 끊어 읽기

먼저 국립중앙박물관 소장 《예기》를 보자(도 9-1, 9-2). 표제와 권수제는 '예기'지만, 사실 이 책은 원나라 유학자 진호陳澔(1261~1341)가 《예기》의 여러 해설을 모아 편찬한 《예기집설禮記集說》이다. 진호의 호가 운장雲莊이라 《운장예기집설》이라고도 한다. 권수제 다음 2행에 "진호집설陳澔集說", 즉 진호가 예기에 대한 여러 해설을 모았다고 편자를 밝혔다. 판심제 역시 '예기집설'이다. 권수제 "예기권지이禮記卷之二"와 3행의 "단궁상제삼檀弓上第三"은 이 책이 《예기》 가운데 권2

〈단궁 상〉 부분임을 알려 준다. 목판본이며 본문 글자는 대자와 소자 두 종류다. 대자로 인쇄한 원문은 1행 14자, 진호의 주석은 한 칸 내려서 소자쌍행으로 배치했다.

이제 이 어려운 책을 이해하기 위해 당시 사람들이 어떤 노력을 했는지 알아 보자. 먼저 본문을 자세히 들여다보면 글자와 글자의 중간중간에 작은 원점이 있다. 소자는 잘 보이지 않을 수 있으니 대자로 인쇄한 본문을 예로 들어보자. 5행 "공의중자지상단궁면(문)언公儀中子之喪檀弓免(問)焉"에서 '공의중자지상' 아래, '단궁' 아래, '면언' 아래 작은 원점이 있다('면' 아래 작은 글자 '問(문)'은 '면'을 '문'으로 읽어야 한다는 표시다). 글자 중간중간에 있는 이 원점이 앞서 태종이 문장에 붉은 먹으로 점을 찍으라고 한 것, 즉 구두점이다. 여기서는 붉은 먹으로 쓴 것이 아니라 애초에 인쇄되어 있다는 점이 다르다.

9-1. 《예기집설》 권2 표지.
표제는 '예기'지만 원나라 유학자
진호가 《예기》의 여러 해설을 모아 편찬한
《예기집설禮記集說》이다.
소장처: 국립중앙박물관

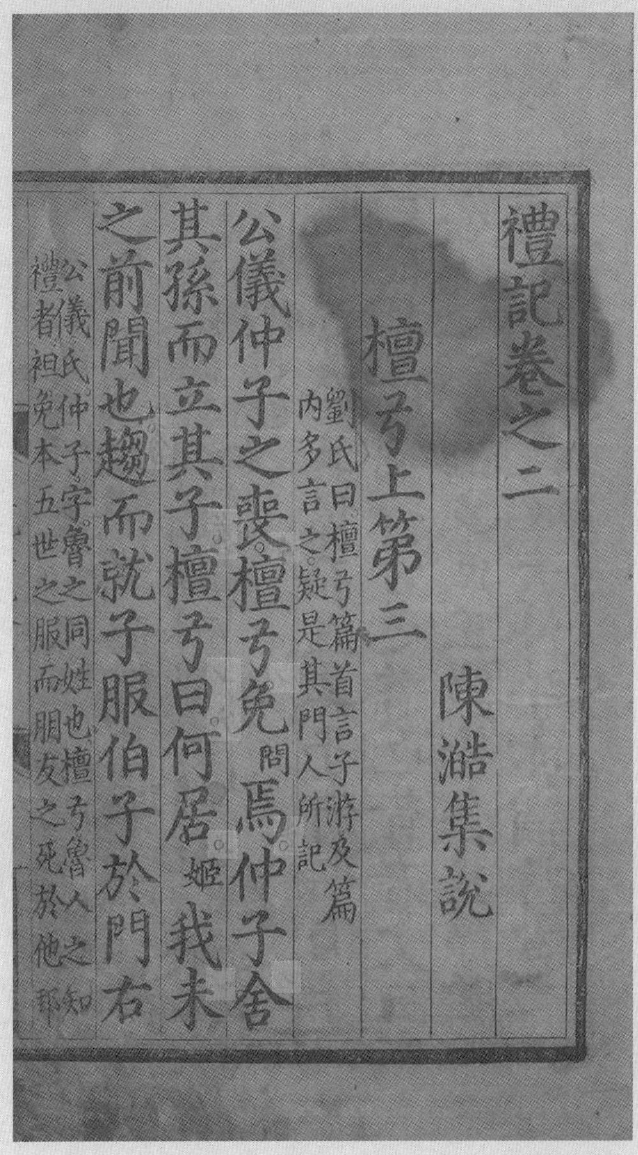

禮記卷之二

檀弓上第三　陳澔集說

劉氏曰檀弓篇首言子游及篇內多言之疑是其門人所記

公儀仲子之喪檀弓免問焉仲子舍其孫而立其子檀弓曰何居姬我未之前聞也趨而就子服伯子於門右

公儀氏仲子字魯之同姓也檀弓魯人之知禮者袒免本五世之服而朋友之死於他邦

9–2. 《예기집설》 권2 제1면.
본문의 글자와 글자의 중간중간에 작은 원점, 즉 구두점이 인쇄되어 있다.
한자와 다른 언어 체계를 가진 우리나라 사람들은 구두점만으로 명확하게 뜻을
이해하기 어려운 경우가 많다. 이 문제를 해결하기 위해 구결을 달았다. 구두점이 있는 자리에
오른쪽으로 치우쳐 붉은색으로 쓴 기호들이 구결이다.
소장처: 국립중앙박물관

마침표, 쉼표, 느낌표 등을 아우르는 용어인 '구두점'은 한문 문장에 표시한 점에서 비롯되었다. 조선 후기의 대표적인 실학자 이규경李圭景(1788~?)은 저서 《오주연문장전산고五洲衍文長箋散稿》에서 명나라 때 편찬한 자전인 《자휘字彙》를 인용하여 "경전에서 끊어지는 곳을 '구句'라 하고, 말이 끊어지지 않았더라도 점으로 나누어 읊기에[誦詠] 편하게 한 것을 '두讀'('독'이 아니라 '두'로 읽는다)"라고 했다. '구두'는 원래 이 '구'와 '두'를 합친 단어인 것이다. 요즘에는 책을 소리 내어 읽는 경우가 거의 없지만, 조선시대 선비들은 유교 경전을 소리 내어 읽었다. "책 읽는 소리가 낭랑하다"라는 표현이 종종 나오는 이유다. 19세기까지도 문장에 띄어쓰기를 하지 않았으므로, 소리 내어 읽는 편이 눈으로 읽는 것보다 이해하기 쉬웠다. 구두점은 띄어쓰기 없는 문장을 읽기 위한 최소한의 장치였다.

그런데 점의 위치가 일정하지 않다. "公儀中子之喪◦檀弓◦免(問)焉。"에서 '喪'과 '弓' 아래의 점은 글자 가운데, '焉' 아래 점은 오른쪽에 치우쳐 있다. 왜 위치가 다를까? 이규경의 앞의 글에 이 차이에 대한 설명도 있다. '구句'는 글자 옆에 점을 찍고 '두讀'는 글자 사이에 점을 찍는다는 것이다. 오른쪽으로 치우친 점인 '구'는 마침표, 가운데 있는 점인 '두'는 쉼표인 셈이다(그렇지 않은 사례도 있다). 이 구두점을 이해하면 위 문장을 "공의중자의 상에, 단궁이, 문하였다"로 해석할 수 있다(문免은 고대 상복의 일종이다).

이 구두점은 언제 누가 붙인 것일까? 이쯤에서 《예기집설》을 언제, 어디서 간행했는지 알아 볼 필요가 있다. 앞뒤 없이 달랑 1책이라 언제 어디서 간행했는지, 원래 몇 책으로 되어 있었는지 알 수 없지만, 규장각한국학연구원 소장 《예기집설》 3질(규중 2045, 奎中3588-v.1-8, 古貴181.1-J562y)이 해답의 실마리를 제공해 준다. 실마리는 이 3질과 국립중앙박물관 소장 《예기집설》의 판식과 글자 모양이 같다는 것이다. 구두점도 물론 같다(도 9-3). 모양이 같은 책은 같은 판으로 찍었거나, 번각본이라면 원판이 같다고 볼 수 있다. 이 때문에 국립중앙박물관 소장 《예기집설》의 빠진 부분을 규장각 소장본으로 추정할 수 있다. 《예기집설》이 원래 16권 8책이었던 것은 완질본인 '奎中3588-v.1-8'으로 알 수 있다. 특히 '규중 2045'(권5, 권12 없음)는 국립중앙박물관 소장 《예기집설》의 정체를 밝히는 데 핵심적인 역할을 한다. 권1의 서문에 이 책의 간기가 나와 있기 때문이다.

'규중 2045'의 표제는 '예기집설'이다(도 9-4). 여러 종류의 《예기》 중 진호가 편찬한 것임을 표제에서 밝혔다. 권1의 표지를 열면 본문보다 큰 글자로 "사례감흠봉司禮監欽奉 / 성지聖旨"(사례감이 황제의 뜻을 받들어)로 시작하는 서문이 나온다. 사례감은 명나라 때 환관의 최고 관청이다. 다음 면으로 이어지는 서문의 마지막에 "정통正統 12년(1447) 5월 초 2일"이라고 간행 연대를 명시했다. 이어서 편찬자 진호가 쓴 서문, 일러두기 격인 〈예기집설범례〉가 나온 후 본문 권1이 시

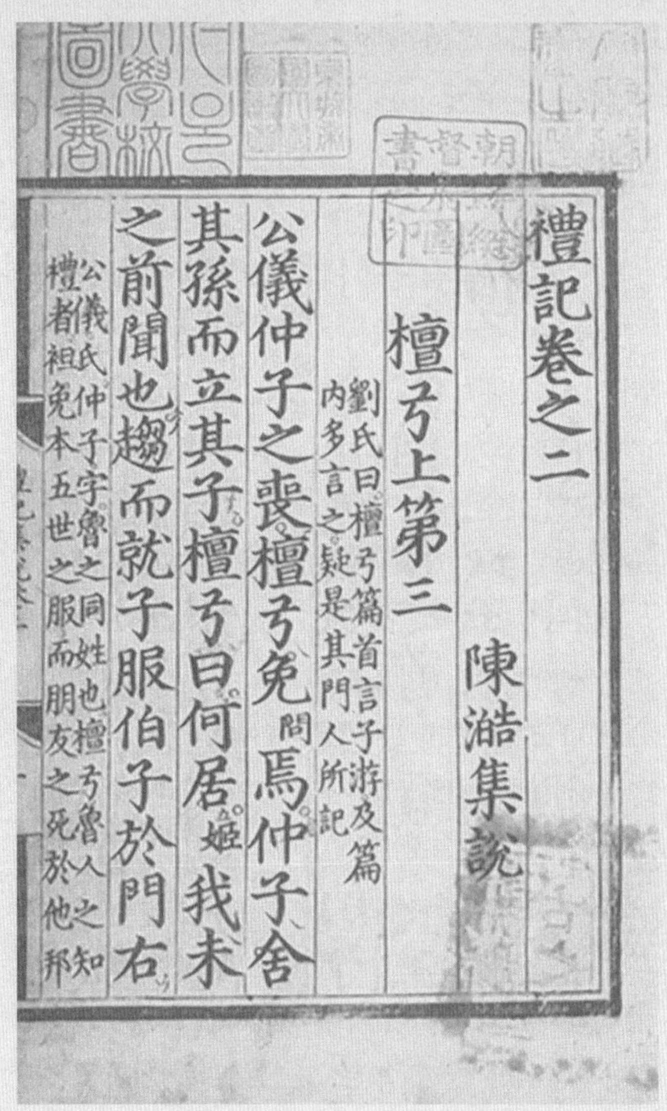
禮記卷之二

陳澔集說

檀弓上第三

劉氏曰檀弓篇首言子游及篇内多言之疑是其門人所記

公儀仲子之喪檀弓免問焉仲子舍其孫而立其子檀弓曰何居姬我未之前聞也趨而就子服伯子於門右

公儀氏仲子字魯之同姓也檀弓魯人之知禮者袒免本五世之服而朋友之死於他邦

9-3. 《예기집설》 권2.
명나라 사례감에서 황제의 명을 받아 간행했다는 기록이 있는 규장각 소장 《예기집설》(규중 2045)의 권2는 국립중앙박물관 소장 《예기집설》의 권2와 형태가 같다.
소장처: 서울대학교 규장각한국학연구원

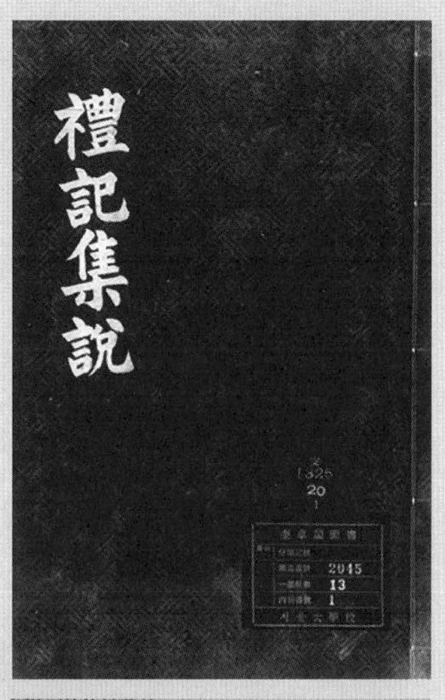

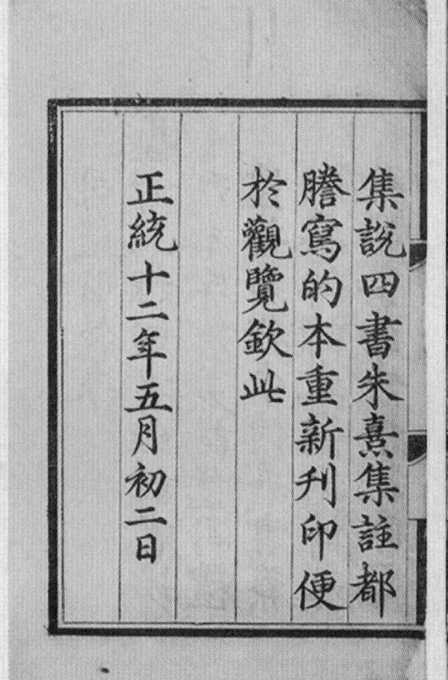
集說四書朱熹集註都
謄寫的本重新刋印便
於觀覽欽此
正統十二年五月初二日

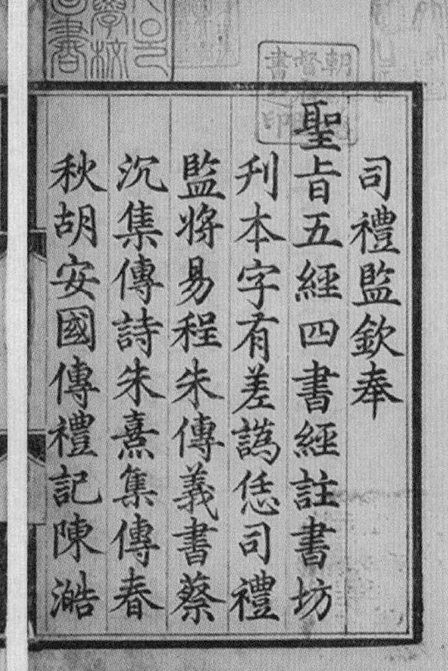
司禮監欽奉
聖旨五經四書經註書坊
刋本字有差譌恁司禮
監將易程朱傳義書蔡
沉集傳詩朱熹集傳春
秋胡安國傳禮記陳澔

9-4. 《예기집설》 권1.
권1 표지를 열면 "사례감흠봉司禮監欽奉/성지聖旨"로 시작하는 서문이 나온다.
다음 면으로 이어지는 서문의 마지막에 "정통正統 12년 5월 초 2일"이라고
간행 연대를 명시했다. 명나라 사례감에서 황제의 명을 받아
1447년 5월 2일에 간행한 중국본임을 알 수 있다.
소장처: 서울대학교 규장각한국학연구원

작된다. 이 서문을 통해 이 책이 명나라 사례감에서 황제의 명을 받아 1447년 5월 2일에 간행한 중국본임을 알 수 있다.

유교를 국가 통치이념으로 삼았던 조선에서 유교 사상을 담은 서적을 널리 알리는 일이 급선무였다. 처음부터 유교 서적을 간행하기 어려웠으므로 중국으로부터 서적을 들여왔다. 주로 황제의 하사품이었다. 이를 바탕으로 《자치통감사정전훈의》, 《자치통감강목사정전훈의》처럼 자체적으로 주석을 달아 다시 간행하기도 하고, 때로는 중국 책을 그대로 번각하기도 했다.

《조선왕조실록》에는 《예기집설》이 언제 중국에서 들어왔는지 나와 있지 않지만, 분명 명 황실에서 들여와 조선 조정에서 보던 책이었을 것이다. 황제의 명으로 만든 책인 사례감본은 황제가 조선에 선물하지 않으면 구할 수 없는 책이다. 책에 찍힌 도장 '외각장서지인外閣藏書之印', '교서관낭청인校書館郎廳印'은 교서관에서 보관하고 관리했던 책임을 알려 준다(奎中3588-v.1-8에도 '홍문관'이라는 인장이 있다).

1447년에 명나라 황제의 명으로 간행한 사례감본과 똑같은 모양의 국립중앙박물관 소장 《예기집설》은 사례감본과 같은 목판으로 찍은 중국책이거나, 적어도 이 사례감본을 조선에서 번각한 책임이 틀림없다. 제본의 형태나 종이 재질이 한국본과 같아 번각본으로 보기도 하지만, 종이를 보내 중국에서 찍어 왔는지도 모를 일이다. 어쨌든 중국책을, 그것도 이처럼 잘 인쇄된 사례감본을 아무나 소유할 수는 없는 일이었으니, 이 책 역시 조선 조정에서 가지고 있었던 것으로 봐야 할 것 같다.

이런 복잡한 이야기를 장황하게 늘어놓는 이유는 《예기집설》에 인쇄된 구두점이 중국에서 책을 간행할 때 넣은 것임을 강조하고 싶어서다. 중국책이라고 다 구두점이 인쇄된 것은 아니지만, 조선에서 간행한 책 중 구두점을 인쇄한 사례는 대부분 중국책의 영향을 받은 조선 전기의 책이다. 대신 조선에서 간행한 책에는 선비들이 경전을 공부하면서 직접 찍은 구두점이 남아 있다.

조선시대 문신 정경세鄭經世(1563~1633)가 박승임朴承任(1517~1586)의 비석에 새긴 다음과 같은 글에서 당시 선비들이 구두점을 찍으면서 공부하던 모습을 짐작할 수 있다.

> 책을 사거나 혹은 임금이 하사한 책을 얻으면 붉은 먹으로 점과 구를 찍으면서 일일이 점검해 보았다. 비록 《의례儀禮》나 《강목綱目》이나 《주자대전朱子大全》이나 《주자어류朱子語類》 등과 같이 권질卷帙이 아주 많은 책이더라도 불과 몇십 일 만에 읽기를 마쳤다.

붉은 먹을 갈아서 점과 구를 찍으면서 일일이 점검해 보았다는 것은, 구두점을 찍으면서 문장에 오류가 있는지 하나하나 살펴보았다는 뜻이다. 요즘 교정 볼 때 빨간펜을 들고 시작하는 것처럼, 박승임은 붉은 먹으로 구두점을 찍으면서 경전의 글자에 잘못된 점이 없는지 스스로 살피면서 공부를 한 것이다. 박승임은 어려서부터 공부를 좋아했으며 이황을 비롯한 여러 스승의 가르침을 받으며 성리학을 깊이 연구했다. 비문의 다른 구절에서도 "서책에 있어서는 읽지 않은 책이 없었으나, 그 가운데서도《논어》및 주자의 책에 더 힘을 쏟으면서, 의심스러운 점이 있으면 그때마다 기록해 두었다가 반복해서 궁구해 보아 반드시 분명하게 알도록 하였는데, 일찍이 퇴계 이 선생에게 질정하여 인정을 받은 것이 많았다"고 했다.

박승임이 특별히 공부를 열심히 했겠지만, 조선시대의 다른 선비들도 이렇게 한문 문장에 구두점을 하나하나 찍으면서 책을 읽었다. 구두점을 찍는다는 것 자체가 경전을 읽고 이해한다는 뜻이다.

토 달기

띄어쓰기가 없는 한문 문장에 구두점을 찍으면 문장을 이해하기 훨씬 수월하다. 중국 사람이라면 구두점으로 충분하겠지만, 중국과 다른 언어 체계를 가진 우리나라 사람들은 구두점만으로 명확하게 뜻을 이해하기 어려운 경우가 많다. 또 다른 장치가 필요하다.《예기집설》에 구두점 외에도 책을 읽기 쉽게 한 또 다른 장치가 있다. 다시 한 번 구두점을 잘 살펴보자(도 9-2). 구두점이 있는 자리에는 오른쪽으로 치우쳐 붉은색으로 쓴 기호들을 발견할 수 있다. 구두점이 없는 부분에도 중간중간 이 기호들이 보인다. 이 기호가 '토'다.

어른이 말씀하신 뒤에 뭔가 자신의 의견을 달면 "토를 단다"고 한다. 토론이나 의견 표명을 권장하지 않는 권위주의 시대의 표현 방식이긴 하다. '토'는 원래 한문 문장 구절 끝에 붙여서 문장 뜻을 분명하게 하는 우리말을 뜻한다. "-하야, -하고, -더니, -하사, -로, -면, -에" 등이 토에 해당한다. 조사를 토씨라고 하는 것도 여기에서 비롯되었다. "토를 단다"는 표현 역시 원래는 한문 구절 끝에 '토'를 단다는 뜻이었다. 한자 그대로 표현하면 현토懸吐다. 토는 구결口訣이라고도 한다. 말을 할 때 꼭 필요하기 때문에 구결이라 한다고 한다. '토'보다는 '구결'이라는 표현이 더 자주 사용된다.

한글이 없던 시절 구결은 우리말 발음과 뜻에 가장 적합한 한자로 표시했다. 예를 들어 우리말 조사 '은'은 한자 '隱은'으로 표기한다. 조사 '이'는 '伊이' 또는 '是시'로 표기한다. '하니'는 '爲尼'로 표기한다. 隱은과 伊이는 우리말과 발음이 같은 것을 차용했다. '是'는 음이 아니라 뜻(이 시)을 차용했다. '爲尼'의 경우 '하'는 음이 아니라 뜻을 담은 한자 '爲(하 위)'를 사용하고, '니'는 음을 차용하여 '尼'를 사용했다. '위니'가 아니라 '하니'로 읽는다.

한자의 원글자를 쓰면 획이 많아 쓰기 복잡하므로 구결은 주로 각 글자의 특징만 따서 간략하게 표기했다. '爲尼하니'는 'ソヒ'로, '隱

은'은 'ㄗ'으로 '是이'는 '丶'로 표기하는 식이다. "公儀中子之喪檀弓免(問)焉"에 구결을 달면 "公儀中子之喪广檀弓丶免(問)焉女尼"이다. 广는 '에'로 읽는다. 厓애에서 따온 것이다. 丶(시是의 약자)는 '이'로 읽는다. 女尼는 '여니(이어니)'로 읽는다. 구결까지 넣어서 읽으면 "공의중자의 상에 단궁이 문언 이어니"라고 읽을 수 있다. 이제 문장의 뜻이 훨씬 명확해졌다.

구결의 기원은 신라시대 향찰, 이두에서 찾을 수 있다. 고려시대 대장경 등에도 뾰족한 도구로 토를 새긴 예가 있는데 이를 '각필구결角筆口訣'이라고 한다. 구결이 본격적으로 사용된 것은 조선 전기에 와서다. 조선의 통치이념인 유교를 널리 전파하려면 유교 서적을 간행·보급해야 하지만, 이에 못지않게 중요한 과제는 책을 읽고 이해할 수 있게 해야 한다는 것이었다. 이 과제를 해결하는 방법의 하나가 구결이었다. 그래서 조선 초기에 경전에 구결을 다는 사업에 왕이 직접 나서기도 했다. 구결 사업에 참여했던 서거정徐居正(1420~1488)의 기록에 따르면 세종은《소학》과 사서오경의 구결을 정하도록 했으며, 세조는 고려 말에 권근과 정몽주가 단 구결에 오류가 많다며, 사서오경의 구결을 다시 작성하게 했다고 한다. 특히 세조는 구결이 끝나면 신하들에게 토론하고 교정하도록 했으며, 중요한 곳은 세조가 직접 결정했다고 한다.

국왕이 구결을 다는 일에 이토록 진심이었던 이유는 구결이 다르면 해석이 달라지고, 반대로 구결이 다르다는 것은 해석을 달리한다는 뜻이기 때문이다. 구결은 단순히 책을 읽기 쉽게 하기 위한 장치가 아니라 경전을 어떻게 해석하느냐의 문제였던 것이다. 조선 전기의 이런 구결 과정을 통해 선조 이후에 한문 경전의 언해, 즉 번역이 본격적으로 시작되었다. 물론 번역이라 해도 오늘날과 같은 번역이 아니라 구결을 다는 정도에 그쳤지만 말이다.

1책만 남아 있는 이《예기집설》의 구결은 누가, 언제 단 것일까? 확실히 알 수는 없지만 우선 구결을 쓴 솜씨가 예사롭지 않다는 점에 주목할 필요가 있다. 이처럼 가는 붓에 붉은 먹으로 정성스럽게 구결을 단 예는 흔치 않다. 더욱이 규장각한국학연구원 소장본 중 사례감본 간기가 있는 '규중 2045'에도 비슷한 구결이 있지만, 붉은 먹이 아니라 검은 먹으로 썼다. 구결 내용도 완전히 같지는 않다(도 9-3). 독자나 소장자가 상당히 높은 신분이었음에 틀림없다. 구결의 정체를 알려면 내용을 하나하나 비교 분석해야 하겠지만, 붉은 먹으로 정성스레 쓴 필체 역시 중요한 단서가 될 것임이 분명하다.

난상에 주목하자

구결이 단순히 경전을 읽기 쉽게 하는 장치가 아니라 경전을 어떻게 해석하느냐의 문제였기에, 같은 책이라도 사람에 따라 시대에 따

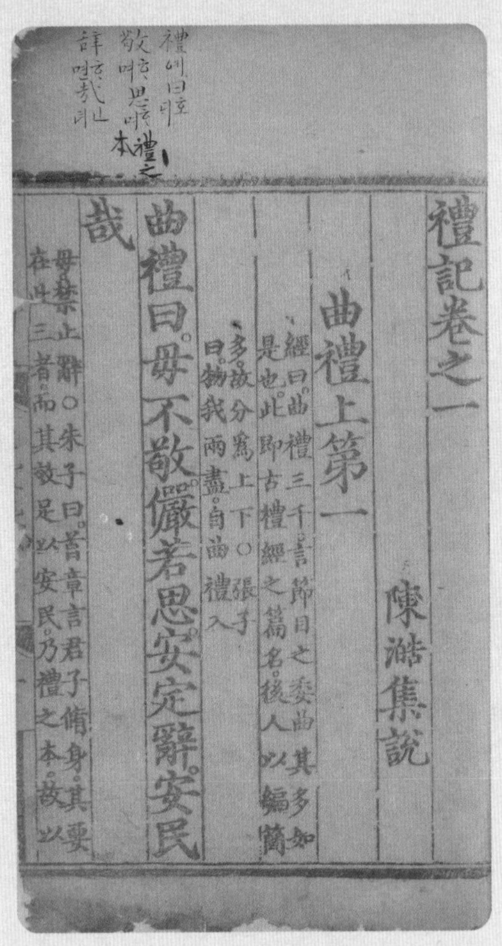

禮記卷之一

陳澔集說

曲禮上第一

經曰曲禮三千言節目之委曲其多如是也。此即古禮經之篇名。後人以編簡多故分爲上下。○張子曰。物我兩盡。自曲禮入。

曲禮曰。毋不敬。儼若思。安定辭。安民哉

毋禁止辭。○朱子曰。首章言君子修身。其要在此三者。而其效足以安民。乃禮之本。故以

9-5. 《예기집설》 권1.

규장각 소장 또 다른 《예기집설》(古貴181.1-J562y)에는 한글 구결이 있다. 권1의 첫 구절 "곡례왈曲禮曰。무불경毋不敬。엄약사儼若思。안정사安定辭。안민재安民哉"의 위쪽 여백, 즉 난상에 쓴 "禮예曰호듸/敬ᄒᆞ며思ᄒᆞ며/辭ᄒᆞ면 哉고뎌"의 한글이 구결이다.

소장처: 서울대학교 규장각한국학연구원

라 구결이 달랐다. 구결을 다는 방식 역시 한결같지 않았다. 국립중앙박물관 소장 영본《예기집설》과 같은 판본인 규장각한국학연구원 소장본 중에 구결의 형태와 위치가 다른 책이 있다. 권1과 권6·7, 3권 2책만 남아 있는 '古貴181.1-J562y'다(도 9-5).

권 제1의 첫 구절 "곡례왈曲禮曰。무불경毋不敬。엄약사儼若思。안정사安定辭。안민재安民哉"의 위쪽 여백, 즉 난상欄上을 보자. "禮예曰호ᄃᆡ/敬ᄒᆞ며思ᄒᆞ며/辭ᄒᆞ면 哉고뎌"라고 작은 글씨로 썼다. 이 글씨가 무슨 의미인지 얼핏 보면 이해하기 힘들다. 우선 한자 약자로 표기한 국립중앙박물관 소장본의 구결과는 쓰는 방식이 다르지만 '호ᄃᆡ', 'ᄒᆞ며', 'ᄒᆞ며', 'ᄒᆞ면', '고뎌'가 구결임은 분명해 보인다. 구결 앞의 글자 '曰', '敬', '思', '安', '辭'는 본문에서 구두점이 있는 글자다. 여기서 문장을 끊어 읽으라는 뜻이다. 즉 난상의 글자는 구두점 자리에 각각 '호ᄃᆡ', 'ᄒᆞ며', 'ᄒᆞ며', 'ᄒᆞ면'을 넣어 읽고 마지막 글자 '哉' 다음에 '고뎌'를 넣어 읽으라는 뜻이다. 첫 글자 '예禮' 다음에 구두점이 없는데 난상에는 '禮' 다음에 '예'(현대어로는 '에'다)를 넣은 것은 뜻풀이에 더 도움이 되기 때문이다. 이 구절은 "곡례에 이르되, 공경하지 않음이 없으며, 깊이 생각하는 것처럼 진지한 자세를 취하며, 말을 안정되게 한다면 백성을 편히 할 수 있을진져"이다.

국립중앙박물관 소장본과 구결 다는 방식이 같은 규장각 소장본(규중 2045)의 권1과 비교하면 내용도 약간 다르지만, 무엇보다 눈에 띄게 다른 점은 한글로 구결을 달았다는 점이다. 한글 창제 이후 이처럼 한글로 구결을 단 책들이 점차 많아졌다. 한글 구결을 많이 사용하게 되자 책을 인쇄할 때 아예 한글로 된 구결까지 넣어서 인쇄하기도 했다. 활자로 인쇄할 때 간편하게 사용할 수 있도록 구결에 자주 쓰이는 'ᄒᆞ고', 'ᄒᆞ며' 같은 글자를 낱자가 아니라 두 글자를 함께 활자로 만들기도 했다.

또 한 가지 주목해야 할 점은 구결을 표시한 위치가 본문이 아니라 해당 구절의 난상이라는 점이다. 난상에 구결을 표시한 이유는 무엇일까? 아마도 경전 공부를 더 잘하기 위해서였을 것이다. 본문의 글자 옆에 바로 구결을 달면, 문장을 어떻게 읽을지 스스로 생각하고 고민하지 않고, 구결을 따라 해석하게 된다. 본문에 구결이 달려 있지 않으면, 어떻게 해석해야 할지 스스로 고민하게 된다. 그런 다음 난상에 쓴 구결을 보고 자신의 해석이 맞는지 확인할 수 있다. 구결을 어떻게 달아야 할지, 다시 말하면 어떻게 해석해야 할지 잘 모를 때는 난상의 구결을 참고할 수도 있다. 이렇게 공부해야만 한문 읽는 능력이 빨리 향상될 수 있다. 난상의 구결은 분명 이 책을 본 사람이 공부를 위해, 또는 공부를 하면서 쓴 것일 것이다. 같은 방식이지만 난상이 아니라 오른쪽 여백에 구결을 단 책도 더러 있는데, 역시 같은 목적으로 쓴 것으로 이해해야 할 것 같다.

난상의 구결 아래쪽에는 먹색이 더 짙은 '예지본禮之本'이라는 글씨

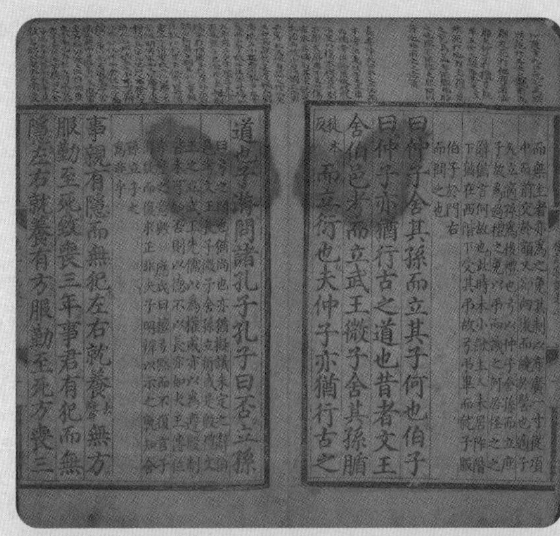

曰仲子舍其孫而立其子何也伯子
曰仲子亦猶行古之道也昔者文王
舍伯邑考而立武王微子舍其孫腯
而立衍也夫仲子亦猶行古之
道也子游問諸孔子孔子曰否立孫
事親有隱而無犯左右就養無方
服勤至死致喪三年事君有犯而無
隱左右就養有方服勤至死方喪三

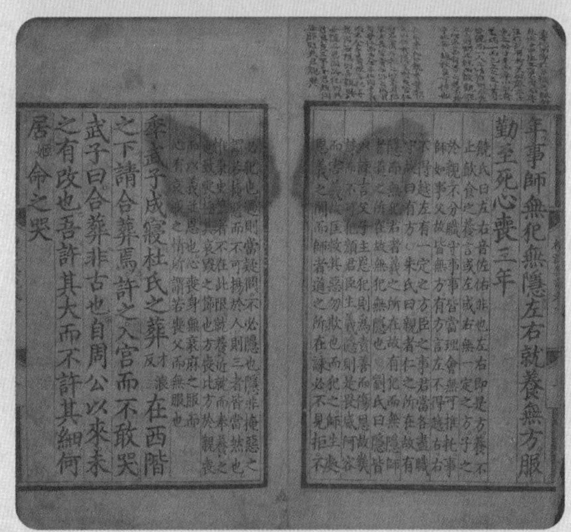

年事師無犯無隱左右就養無方服
勤至死心喪三年
季武子成寢杜氏之葬在西階
之下請合葬焉許之入宮而不敢哭
武子曰合葬非古也自周公以來未
之有改也吾許其大而不許其細何
居命之哭

9–6.《예기집설》 권2.
국립중앙박물관 소장《예기집설》의 2면에서 4면에 걸쳐
난상에 작은 글씨로 언제 누가 썼는지 모르는 주석이 메모되어 있다.
《예기》는 여러 사람이 잡다하게 기록한 것을 모은 책이기 때문에,
여러 사람이 주석을 달았다.
소장처: 국립중앙박물관

가 있다. 이 문장이 "예의 근본을 말하는 것이다"라는 뜻이다. 이런 글씨들은 뒤를 이은 구절에도 구결 아래 이어진다. 구결을 단 사람과 문장의 요지를 쓴 사람이 같은 사람인지 다른 사람인지 알 수 없지만, 책을 본 사람의 흔적이다. 오늘날 책을 볼 때 글자가 인쇄된 부분 옆에, 때로는 위에 중요한 내용을 요약하거나 자신의 생각을 메모한 것과 비슷하다. 난상, 때로는 측면의 여백은 메모용으로 사용된 것이다.

다시 국립중앙박물관 소장 《예기집설》로 돌아가 보면, 이 책의 난상에도 다른 책에는 없는 메모가 있다. 2면에서 4면에 걸쳐 난상에 작은 글씨로 빽빽하게 쓴 것이다(도 9-6). 맨 앞 엄릉방씨왈嚴陵方氏日('嚴'은 'ㅁㅁ'로 간략하게 썼다)로 시작되는 9행은 '엄릉 방씨' 방각方慤이 단 주석이다. 《예기》는 여러 사람이 잡다하게 기록한 것을 모은 책이기 때문에, 여러 사람이 주석을 달았다. 한나라 시대에 정현鄭玄(127~200)이 단 주가 대표적이며 진호 역시 유학자였던 아버지 진대유의 뜻을 이어 《예기》에 대한 해설을 모으고 자신의 견해를 덧붙여서 《예기집설》을 완성한 것이다.

조선에서도 조정과 지식인들이 유교 경전을 비롯한 한문 고전을 재해석하기 위하여 갖가지 주해본을 수입하거나 편찬, 간행했다. 앞서 소개한 《자치통감사정전훈의》나 《자치통감강목사정전훈의》처럼 자체적으로 주해본을 편찬하기도 했다. 이런 작업 자체가 경전을 공부하고 연구하는 과정이었다.

이 난상의 주석은 언제 누가 썼는지 알 수 없다. 주해본을 만들려는 작정이었던 것일까? 4면 이후에 주석이 없는 것은 여기까지만 열심히 하고 그 뒤는 제대로 보지 않았다는 뜻일까? 요즘에도 앞부분은 밑줄도 쳐 가며 열심히 봐서 손때가 묻어 있지만 뒤로 갈수록 새것처럼 깨끗한 책을 흔히 볼 수 있듯이 말이다.

이처럼 같은 판본이라도 난상을 비롯한 책의 여백 곳곳에는 책 소유자의 메모를 비롯한 여러 흔적이 남아 있는 경우가 있다. 똑같은 책이라도 무심히 넘기지 않고 이런 흔적을 유심히 살펴보는 것도 옛 책을 보는 재미다. 이런 흔적으로 새로운 사실을 알게 되는 행운을 얻으면 더욱 반가운 일이다.

보존과 교정의 정석

_《조선왕조실록》

《조선왕조실록》 세계기록유산 등재 이유

유네스코(유엔교육과학문화기구)에서 인류가 보존해야 할 공통의 유산으로 선정하는 항목 중에 세계기록유산Memory of the World이 있다. 종묘나 석굴암 같은 세계유산(예전에는 세계문화유산, 세계자연유산으로 구분했으나, 현재는 문화유산, 자연유산, 복합유산을 통틀어 세계유산으로 부른다)도 전쟁이나 자연재해 등으로 훼손될 수 있지만, 기록 유산은 재료의 특성 때문에 자연적·인공적 위험에 특히 취약하다. 우리나라 세계기록유산은 2025년 현재 20건으로 아시아·태평양 지역에서 가장 많다. 그만큼 기록을 많이 남기고 잘 보존한 것이다.

우리나라가 보유한 세계기록유산 가운데 분량이나 포괄하는 시기에서나 가장 방대하고 널리 알려진 기록물이 《조선왕조실록》일 것이다. 《조선왕조실록》은 1대 태조부터 25대 철종에 이르는 조선 왕조의 역사를 담은 국가 공식 기록이다. 일제강점기에 작성된 《고종실록》과 《순종실록》은 《조선왕조실록》에 포함되지 않는다. 472년 17만 2,200여 일 동안 일어난 일을 날짜 순서로 기록했으니 분량이 엄청나게 많다. 서울대학교 규장각한국학연구원 소장 정족산사고본 완질은 1,707권 1,187책, 글자 수로는 약 6,400만 자다. 《조선왕조실록》은 여러 부를 만들었으므로 태백산사고본, 오대산사고본 등까지 합하면 2,219책이다. 모두 국보로 지정되어 있다. 한 왕조의 역사를 처음부터 끝까지 낱낱이 기록한 사례도 드물지만 그 기록이 현재까지 보존되어 있다는 점도 특별하다.

유네스코는 《조선왕조실록》의 이런 가치를 인정하여 세계기록유산 등재 대상을 지정한 첫해인 1997년에 《훈민정음(해례본)》과 함께 세계기록유산에 등재했다. 세계기록유산 등재 기준인 '세계적 중요성, 독창성, 대체불가능성'을 다음과 같이 충족하고 있기 때문이다.

> 《조선왕조실록》은 세계에서 가장 상세하면서도 포괄적인 역사 기록물이다. 그 중요성이 매우 크기 때문에 사람들은 전쟁과 재난으로부터 이 훌륭한 기록물을 보호하는 데 온갖 지혜와 책략을 쏟았다. 실록 편찬에 학식이 높은 학자들과 필요한 모든 자원을 동원하였다. 국가적 재정이 어려운 시기에도 편찬 작업은 계속되었다. 최

고의 중요성에 확신을 가지고, 실록을 한자에서 한국어로 번역하는 작업과 디지털 형식으로 기록하는 작업을 완료하였다.

이 인용문은 유네스코 한국위원회가 한글로 번역하여 홈페이지에 소개한, 《조선왕조실록》을 세계기록유산으로 선정한 이유다. "세계에서 가장 상세하면서도 포괄적인 역사 기록물"이라는 첫 문장처럼 《조선왕조실록》은 인류 역사상 가장 긴 기간에 걸쳐 작성된 단일 왕조의 역사 기록이다. 내용 면에서도 조선의 정치, 경제, 사회, 문화, 외교, 법률, 과학 등 조선 사회의 거의 모든 정보가 실려 있다. 오늘날 수많은 영화, 드라마, 웹툰의 콘텐츠가 될 수 있는 것도 이런 다양한 내용 덕분일 것이다.

"실록을 한자에서 한국어로 번역하는 작업과 디지털 형식으로 기록하는 작업을 완료"한 것 역시 세계기록유산 등재에 한몫했다. 등재 요건 중에 적절한 보존과 접근 전략도 포함되어 있기 때문이다. 번역과 디지털 작업 덕분에 누구나 《조선왕조실록》 원문과 번역문, 이미지를 홈페이지에서 확인할 수 있으며, 검색 기능으로 원하는 내용을 쉽게 찾아볼 수 있다.

세계기록유산으로서 《조선왕조실록》의 가치는 무엇보다 "학식이 높은 학자들과 필요한 자원을 모두 동원"하고 "이 기록물을 보호하는 데 온갖 지혜와 책략을 쏟고", "국가 재정이 어려운 시기에도 편찬 작업을 계속”했다는 점이다. 그러나 인터넷으로 《조선왕조실록》을 활용하다 보면 이런 중요한 사실을 잊어버린다. 실감할 수도 없다. 《조선왕조실록》에 쏟은 조선 사람들의 정성과 노력은 실물을 자세히 봐야 알 수 있다.

실물을 어디서 볼 수 있을까? 아쉽게도 실물을 볼 기회는 많지 않다. 2023년 11월에 월정사 입구에 새로 문을 연 국립조선왕조실록박물관에도 오대산사고본 실록 일부만 전시하고 있다. 그것도 선장본의 특성상 펼쳐진 2면밖에 볼 수 없다. 특별전에 한두 권 출품되는 경우 외에 전체를 볼 기회는 사실상 없다.

그렇다고 실물에 남아 있는 조선 사람들의 정성과 노력을 확인할 방법이 전혀 없지는 않다. 홈페이지에서 《조선왕조실록》을 이용하는 사람들은 대부분 원문과 번역문만 보지만, ‘원본보기’라는 아이콘을 누르면 실록 한 면 한 면을 찍은 이미지를 볼 수 있다. 이 이미지들을 자세히 관찰해 보면 조선시대 사람들이 실록을 편찬하면서 남긴 흔적들, 실록을 유지·관리하기 위해 분투했던 모습들이 생각보다 생생하게 남아 있다.

원본과 재판본

《조선왕조실록》은 500년 가까운 시간 동안 쉼 없이 기록되었으니 오늘날 전집류처럼 모양과 크기가 똑같으리라고 생각하기 쉽다. 홈페이지에서 컴퓨터로 입력하고 뜻이 통하도록 구두점을 찍어 둔 원문과 번역문을 이용하기 때문에 더욱 그런 오해를 할 수 있다. 게다가 원본 이미지는 태백산사고본만 제공한다는 점도 이런 오해를 부추긴다.

《조선왕조실록》은 전란이나 화재로 손상을 입을 것에 대비하여 여러 부 만들어졌다. 그 덕분에 여러 차례 손상과 피해를 입었지만 전체가 온전히 남아 있을 수 있었다. 조선은 1445년(세종 27)부터 실록 편찬을 맡은 춘추관 외에 지방의 충주, 전주, 성주에 실록을 보관하는 사고史庫를 만들어 4대 사고 체제를 운영했다. 1592년(선조 25) 임진왜란으로 전주 외의 나머지 사고들은 모두 불타 버렸다. 《조선왕조실록》이 입은 가장 심각한 손실이었다.

조선 조정은 전쟁이 끝난 얼마 후인 1603년(선조 36)부터 1606년까지 전주사고본 실록을 바탕으로 태조에서 명종까지 13대 실록을 3부씩 새로 인쇄했다. 여기에 교정본 1부와 원본인 전주사고본까지 총 5부가 되었다. 춘추관, 마니산, 태백산, 묘향산, 오대산에 보관한 5부의 실록 중 1624년(인조 2) 이괄의 난 때 춘추관에 보관한 실록이 불타 버렸다. 이후에는 실록을 4부 제작하고 마니산사고는 정족산으로(1660), 묘향산사고는 적상산으로(1633) 옮겼다. 이 중 정족산사고본이 임진왜란 이전 전주사고에 있던 것으로 현재 규장각한국학연구원에 보관되어 있다. 태백산사고본은 국가기록원 부산분원에 보관되어 있다. 오대산사고본은 일제강점기에 일본으로 반출되어 간토대지진 때

대부분 불에 탔다. 피해를 면한 75책은 국립조선왕조실록박물관에 보관되어 있다. 적상산사고본은 한국전쟁 때 북한이 가져가 현재 북한에 있다.

《조선왕조실록》의 이런 이력 때문에 내용은 같지만 제작 시기가 다른 것도 있고, 제작 시기에 따라 모양이 다르기도 하다. 하나하나 자세히 보면 실록 한 권 내에서도 여러 시기에 작성한 것이 섞여 있는 경우도 있다. 실록마다 다른 이 모습 자체가 "이 기록물을 보호하는 데 온갖 지혜와 책략을 쏟고", "국가 재정이 어려운 시기에도 편찬 작업을 계속"한 흔적이다.

1606년에 새로 인쇄한 3부의 태조~명종실록은 요즘 개념으로 말하자면 재판본이다. 재판본은 판형과 표지 디자인을 달리하여 더 세련되고 멋진 책으로 재탄생하는 경우가 많다. 이 3부의 재판본 《조선왕조실록》도 원본인 정족산사고본(전주사고본)과 다른 점이 많다. 먼저 책 수가 다르다. 정족산사고본은 576책이지만 재판본은 259책으로 반 이하로 줄었다. 내용을 줄인 것이 아니라, 제본을 달리했기 때문이다. 원본 실록은 대체로 1~2권을 1책으로 편집한 반면 재판본은 2~5권을 한 책으로 편집한 것이다. 책 크기, 표지도 다르다. 실록의 크기는 왕대마다 조금 다른데, 《태조실록》의 경우 정족산사고본은 54×31.8센티미터, 1606년에 다시 인쇄한 재판본 태백산사고본 《태조실록》은 43.2×31.4센티미터이다. 이때 만든 다른 실록도 크기는 대체로 같다.

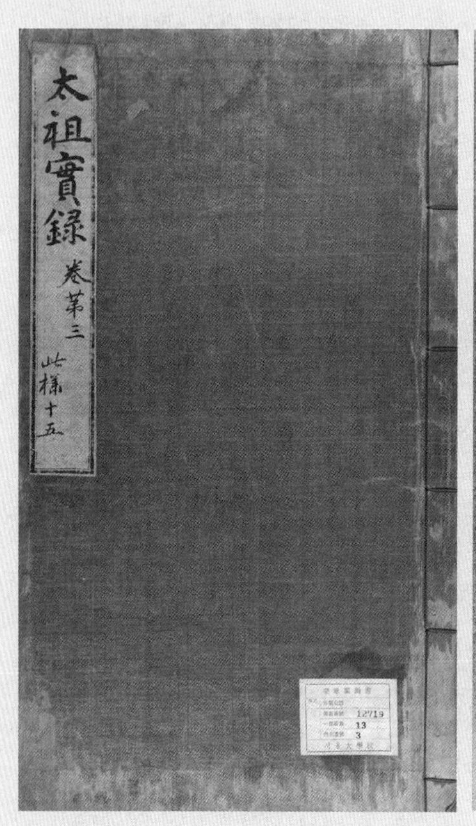

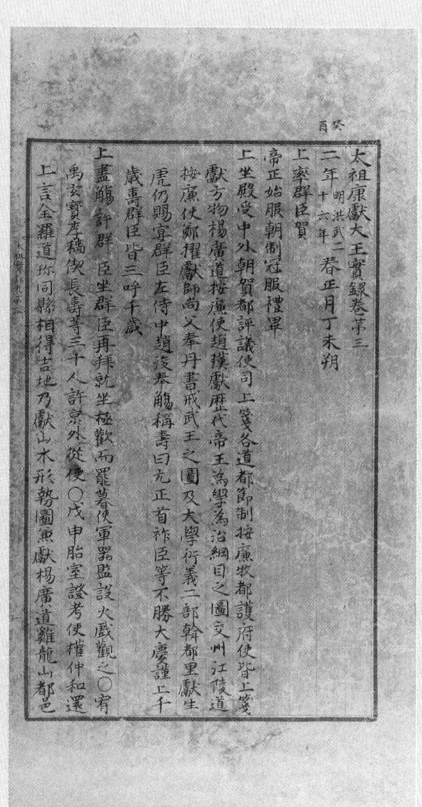

太祖康獻大王實錄卷第三
二年 明洪武二十六年 春正月丁未朔
上率群臣賀
帝正始服朝制冠服禮畢
上坐殿受中外朝賀都評議使司上箋各道都節制按廉牧都護府使皆上箋
獻方物楊廣道按廉使趙璞獻歷代帝王爲學爲治綱目之圖交州江陵道
按廉使鄭擢獻師尙父奉丹書戒武王之圖及大學衍義二部斡都里獻生
虎仍賜宴群臣左侍中趙浚奉觴稱壽曰元正首祚臣等不勝大慶謹上千
歲壽群臣皆三呼千歲
上盡觴許群臣坐群臣再拜就坐極歡而罷著使軍器監設火戲觀之○宥
禹玄寶李穡偰長壽等三十人許京外從便○戊申胎室證考使權仲和還
上言全羅道珍同縣相得吉地乃獻山水形勢圖兼獻楊廣道雞龍山都邑

10-1. 《태조실록》 정족산사고본 표지와 본문.

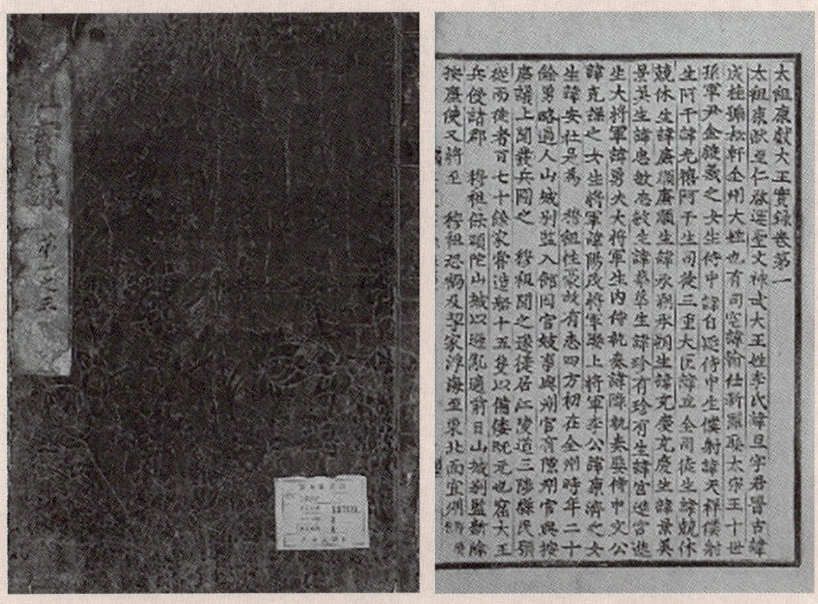

10-2. 《태조실록》 태백산사고본 표지와 본문.
정족산사고본(전주사고본) 실록과 선조 때 다시 간행한
태백산사고본 실록은 크기도 판식도 다르다.
《태조실록》의 경우 정족산사고본은 54×31.8센티미터, 1606년에 다시 인쇄한
재판본 태백산사고본 《태조실록》은 43.2×31.4센티미터다.
이때 만든 다른 실록도 크기는 대체로 같다.
소장처: 서울대학교 규장각한국학연구원, 국가기록원 부산분원

成宗康靖大王實錄卷第一

成宗康靖仁文憲武欽聖恭孝大王諱娎 德宗第二子也母 仁粹大王大妃韓氏左議政西原府院君確之女天順元年丁丑七月三十日辛卯誕 王于東邸是年九月 德宗薨 世祖育 王于宮中 王天姿岐嶷氣度異常 世祖奇愛之辛巳正月封者山君 王嘗與母兄月山君婷在宮中廡下讀書適有迅雷小宦在側震死侍者無不顛仆失氣 王略無懼色言動自若人皆異之

己丑大明成化五年十一月二十八日戊申

王即位于景福宮是日 睿宗大漸高靈君申叔舟上黨君韓明澮綾城君具致寬寧城君崔恒領議政洪允成昌寧君曹錫文左議政尹子雲右議政金國光集思政殿門外辰時 睿宗薨 大妃令內官安仲敬出召申叔舟及都承旨權瑊以入俄而叔舟等出與諸院相及承旨李克增尹繼謙韓繼純鄭孝常李崇元議令兵曹勒諸衛謹守內外門及應宿衛之所入直都摠管盧思愼亦承召而至叔舟語瑊曰國家事至此喪主宜早稟定使河城君鄭顯祖啓 大妃曰當先定喪主大事不可因中使轉啓請親稟顯祖入啓承教往復者數四久之 大妃御康寧殿東便室召叔舟等及權瑊入 大妃哀泣良久 命顯祖及瑊通問諸相曰誰可主喪者叔舟等同辭啓曰此非臣等所敢議願聞 教旨 大妃曰元子方在襁褓月山君素有疾病者山君年雖幼 世祖每稱其器度至比之 太祖令主喪何如叔舟等對曰允當議遂定

10-3. 《성종실록》 정족산사고본.

성종, 연산군, 중종, 인종, 명종의 실록까지는 1434년 세종이 만든 갑인자로 인쇄했다. 갑인자는 조선 전기의 대표적인 금속활자로, 실록 인쇄 면을 보면 서체가 아름답고 인쇄 상태도 정교하여, 윤기가 흐른다.

소장처: 서울대학교 규장각한국학연구원

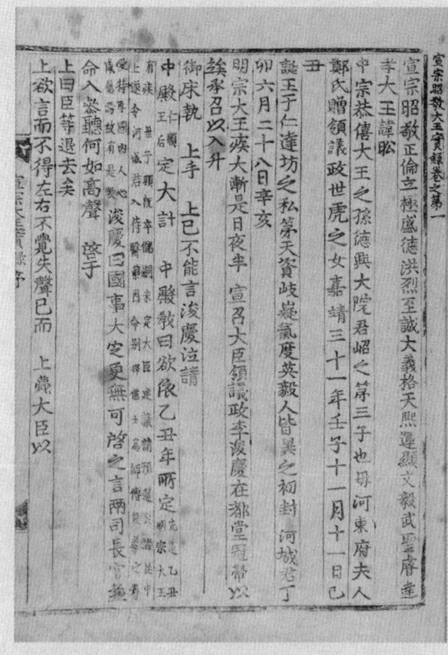

宣宗昭敬大王實錄卷之第一

宣宗昭敬正倫立極盛德洪烈至誠大義格天熙運顯文毅武聖睿達
孝大王諱昖
中宗恭僖大王之孫德興大院君岹之第三子也母河東府夫人
鄭氏贈領議政世虎之女嘉靖三十一年壬子十一月十一日己
丑
誕王于仁達坊之私第天資岐嶷氣度英毅人皆異之初封河城君丁
卯六月二十八日辛亥
明宗大王疾大漸是日夜半 宣召大臣領議政李浚慶在都堂冠帶以
俟承召以入升
御床執 上手 上已不能言浚慶泣請
中殿定大計 中殿教曰欲依乙丑年所定
浚慶曰國事大定更無可啓之言兩司長官
命入參聽何如高聲 啓于
上曰臣等退去矣
上欲言而不得左右不覺失聲已而 上叛大臣以

10-4. 《선조실록》.
《선조실록》, 《인조실록》, 《효종실록》은
모두 목활자로 인쇄했다. 목활자로 인쇄한 실록은
금속활자로 인쇄한 실록에 비해 볼품이 없다.
목활자로 실록을 인쇄한 기간은 조선이
전란으로 인한 어려움에서
벗어나지 못한 시기였다.
소장처: 서울대학교 규장각한국학연구원

顯宗純文肅武敬仁彰孝大王實錄卷之一
己亥 五月甲子
孝宗宣文章武神聖顯仁大王昇遐于昌德宮大造殿○午刻 屬纊令史官
鄭重徽書 大漸二字出示于外用己丑故事也時大臣及吏曹判書宋時烈
等以儀禮爲位哭在於襲下欲令百官於襲後舉哀承旨俞棨以爲不可遂於
外庭先哭臨無拜○以左議政沈之源爲摠護使具仁塈爲守 陵官尋以宗
室平雲君俟代仁塈 ○前正郞張善瀓前正鄭善興佐郞呂聖齊
幼學韓斗相並以 內旨召入與駙馬洪得箕掌察襲斂諸事○下御醫申可
貴柳後聖趙徵奎等六人于禁府○以領議政鄭太和爲院相時禮曹參判愼
天翊在外太和令同知中樞府事尹順之代察參判仍提舉長生殿事○是夕
大雨○乙丑晴 王世子在大造殿廡下廬次○禮曹判書尹絳參判尹順之
參議尹鏶等 達五禮儀於 殯殿只有朝夕上食無晝上食及茶禮而戊申
謄錄則並有上食茶禮丙寅謄錄則只設晝茶禮己丑亦從丙寅只設晝茶禮
今亦依己丑只設晝茶禮○禮曹又 達 慈懿王大妃爲 大行大王喪服
制不載於五禮儀或云當服三年或云當服朞未有可以攷據者請議于大臣

10-5. 《현종실록》.
숙종 때 《현종실록》을 간행하면서
금속활자를 새로 만들었다. 이때도 민간의
낙동계에서 만든 금속활자를 가져오고
모자라는 활자만 새로 만들었다.
이 활자를 '실록자'라고 한다.
《현종실록》 이후 《철종실록》까지
모두 실록자로 인쇄했다.
소장처: 서울대학교 규장각한국학연구원

책 크기가 달라졌으니, 판식도 당연히 달라졌다(도 10-1, 10-2).

이처럼 형태가 달라진 이유는 더 멋진 책을 만들기 위해서가 아니라 인력과 비용을 절약하기 위해서였다. 전란이 끝난 직후라 국가 재정이 무척 어려웠기 때문이다. 책 수를 줄이면 표지를 만들고 제본하는 데 필요한 비용과 인력을 절약할 수 있다. 책 크기를 줄이면 값비싼 종이를 절약할 수 있다. 그래서 재정이 어려운 시기에 만든 재판본은 원본인 전주사고본에 비해 볼품이 없다.

인쇄 상태와 인쇄 방식도 다르다. 정족산사고본의 경우 태조, 정종, 태종 3대 실록은 필사본이며 세종~명종 실록은 금속활자로 인쇄했다. 실록을 금속활자로 인쇄하게 된 계기는 《세종실록》의 분량이 너무 많아 필사한 원본을 베껴 쓰기 어려웠기 때문이었다. 베껴 쓰면 시간도 많이 들지만 베끼다가 틀릴 수 있는데, 활자로 판을 짜서 인쇄하면 똑같은 내용이 인쇄되는 것도 장점이다. 세종, 문종, 단종, 세조, 예종실록은 필사본을 성종 때 한꺼번에 활자로 인쇄했다. 《성종실록》부터는 필사본을 만들지 않고 활자로 간행했다. 세종~예종실록은 1455년(세조 즉위년)에 만든 을해자로 인쇄했고, 성종, 연산군, 중종, 인종, 명종의 실록까지는 1434년 세종이 만든 갑인자로 인쇄했다(도 10-3). 갑인자와 을해자는 조선 전기의 대표적인 금속활자로, 실록 인쇄 면을 보면 서체가 아름답고 인쇄 상태도 정교하여, 윤기가 흐른다.

임진왜란 후 금속활자가 흩어지거나 사라져 버렸으나 금속활자 제작에 드는 비용과 기술, 인력을 감당할 형편이 아니었다. 새로 찍은 재판본 실록은 모두 목활자로 인쇄했다. 《선조실록》, 《인조실록》, 《효종실록》까지도 모두 목활자로 인쇄했다(도 10-4). 목활자로 인쇄한 실록은 금속활자로 인쇄한 실록에 비해 볼품이 없다. 목활자로 실록을 인쇄한 기간은 조선이 전란으로 인한 어려움에서 벗어나지 못한 시기였던 것이다.

전란의 어려움을 회복하고 경제적으로 좀 여유가 생긴 후 실록을 찍기 위해 다시 금속활자를 만들었다. 숙종 때 《현종실록》을 간행하면서 금속활자를 새로 만든 것이다(도 10-5). 이때도 민간의 낙동계에서 만든 금속활자를 가져오고 모자라는 활자만 새로 만들었다. 이 활자를 '실록자'라고 한다. 이후 필요할 때 추가로 활자를 더 주조해 가면서 《철종실록》까지 이 활자로 인쇄했다.

전란이 끝난 시점에서 다른 일을 제쳐 두고 실록을 새로 인쇄한 사실을 요즘 사람들은 수긍하기 어려울 수 있지만, 그만큼 기록을 중시했다는 뜻이다. 우리가 조선의 역사를 알 수 있는 것도 이처럼 "기록물을 보호하는 데 온갖 지혜와 책략을 쏟고", "국가 재정이 어려운 시기에도 편찬 작업을 계속"한 덕분이다. 그리고 그 흔적이 《조선왕조실록》에 온전히 남아 있다.

내용 보완과 표지 교체

정족산사고본 실록 가운데 태조~명종실록까지 조선 전기에 제작한 실록은 1606년에 목활자로 인쇄한 실록과 다른 점이 또 하나 있다. 종이 색이 누렇고 지면이 갈라져 있는 점이다. 글자를 알아보기 힘들 정도로 검게 변색된 부분도 있다(도 10-6). 종이에 밀랍을 입혔기 때문이다. 밀랍은 꿀벌의 분비물이다. 지금도 비싸지만 당시에도 귀한 것이었다. 이 비싼 밀랍을 입힌 까닭은 종이를 습기와 해충으로부터 보호하기 위해서였다.

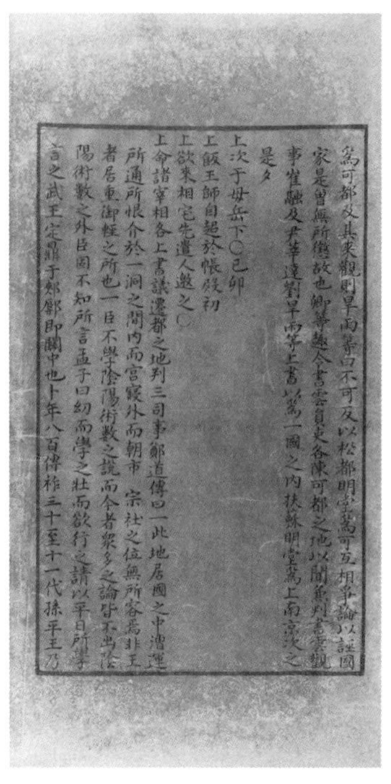

爲可都及其來觀則早雨等曰不可反以松都明堂爲可互相爭論以誑國
家是曾無所懲故也卿等趣令書雲觀史各陳可都之地以聞兼判書雲觀
事崔融及尹莘達劉旱雨等上書以爲一國之內扶蘇明堂爲上南京次之
是夕
上次于毋岳下○己卯
上飯王師自超於帳殿初
上欲來相宅先遣人邀之○
上命諸宰相各上書議遷都之地判三司事鄭道傳曰一此地居國之中漕運
所通所恨介於一洞之間內而宮寢外而朝市 宗社之位無所容焉非王
者居重御極之所也一臣不學陰陽術數之說而今者衆多之論皆不出陰
陽術數之外臣固不知所言孟子曰幼而學之壯而欲行之請以平日所學
言之武王定鼎于郟鄏卽關中也卜年八百傳祚三十至十一代孫平王乃

10-6. 《태조실록》 정족산사고본.
태조~명종실록까지 조선 전기에 제작한 실록은
종이 색이 누렇고 지면이 갈라져 있다. 글자를 알아 보기 힘들 정도로
검게 변색한 부분도 있다. 종이에 밀랍을 입혔기 때문이다.
소장처: 서울대학교 규장각한국학연구원

전란이나 화재는 실록 보존을 가장 위협하는 요소였지만, 실록의 보존을 어렵게 한 것은 이뿐만이 아니었다. 오늘날처럼 항온항습 시설이 없던 시절에 비는 실록의 보존을 위협하는 또 다른 치명적 요소였다. 사고史庫에 비가 새는 경우도 있었고, 장마철에는 습기로 눅눅해진 책에 곰팡이가 생기

기도 했다. 종이는 쥐나 해충의 공격에도 취약하다. 밀랍은 이런 위협으로부터 실록을 보존하기 위한 코팅제였다. 당시로서는 최선의 보존 방법이었겠지만 밀랍을 입힌 실록의 현재 상태는 뜻밖에도 밀랍을 입히지 않은 종이에 비해 나쁘다. 밀랍이 녹아 낱장이 붙어 버리기도 하고, 오히려 해충의 피해를 입기도 했다. 다행히 최신의 보존처리 기술을 이용하여 원상을 복원하고 있다.

실록을 잘 보존하기 위해 조선시대에 가장 자주 사용한 방법은 포쇄였다. 포쇄란 물기가 있는 것을 바람에 쐬고 볕에 말린다는 뜻이다. 즉 포쇄는 볕이 좋은 날 책을 바람에 말려 습기와 해충으로부터 책을 보호하는 일이다. 실록 포쇄는 원칙적으로 3년에 한 번 진행했다. 주로 봄과 가을, 날씨가 좋은 날 춘추관에서 파견한 사관이 담당했다. 실록을 궤에서 꺼내 하나하나 바람에 말린 다음 습기가 스며드는 것을 막기 위해 궤 내부의 위아래에 기름종이를 넣었고, 방습제 역할을 하는 천궁과 창포 가루를 자루에 담아 궤 안에 넣었다. 실록을 담은 궤는 자물쇠를 채우고 봉인하여 사고 관리자도 함부로 열지 못하고 중앙에서 파견된 사관만 열 수 있도록 했다.

실록을 유지, 보존하기 위한 노력은 여기서 끝이 아니다. 정족산사고본 《태조실록》을 한번 살펴보자. 앞서 《태조실록》은 필사한 것이라고 했다. 그런데 실물을 하나하나 살펴보면 같은 시기에 필사한 것이 아니다. 15권 13책인 《태조실록》은 크기와 글씨체 등으로 볼 때 두 종류로 나누어진다. 8책은 54×31.8센티미터, 5책은 43.2×31.4센티미터로 크기가 다르다. 글씨체와 행자수도 물론 다르다. 8책은 밀랍을 입힌 원본 《태조실록》이고 5책은 병자호란 때 없어진 부분을 1665년(현종 16)에 적상산사고본을 보고 다시 베낀 보사본이기 때문이다(도 10-7). 원본 《태조실록》 중에도 판식이 다른 부분(어미가 있는 종이에 필사한 부분)이 있다. 손상을 입어 빠진 부분을 나중에 다시 쓴 것이다.

36권 35책으로 이루어진 《태종실록》의 상황은 더 복잡하여 세 종류로 나누어진다. 27책은 원본 《태종실록》이다. 《태조실록》과 같이 1665년에 옮겨 적은 책이 5책이 있는가 하면, 3책은 태백산사고본과 같은 목활자본이다(도 10-8). 이 역시 손실된 부분을 보충한 것이다.

조선 전기의 실록에는 이처럼 빠진 곳을 메워 넣은 부분이 꽤 있다. 한 책 내에서 일부 빠진 페이지를 손으로 써서 보완하기도 했다. 끊임없이 확인하고 빠진 부분을 체크해서 보완했던 흔적이다. "기록물을 보호하는 데 온갖 지혜와 책략을 쏟은" 흔적인 것이다. 이런 노력 덕분에 오늘날 우리가 《조선왕조실록》의 전모를 볼 수 있다.

끊임없이 관리한 흔적은 실록의 표지에서도 드러난다. 표지는 책의 앞뒤에 덧대어 책 본체를 보호하는 역할을 한다. 표지를 입히는 것을 장황粧䌙이라고 한다. 조선시대 책의 표지에 쓰는 재질 역시 책의 중요도에 따라 달랐다. 실록은 국가의 공식 기록으로 귀중한 책이기

10-8. 《태종실록》 목활자 인쇄본.
《태종실록》 정족산사고본 중에는 밀랍을 입힌 원본 외에 태백산사고본과 같이 목활자로 인쇄한 부분이 있다. 나중에 빠진 부분을 인쇄한 것이다.
소장처: 서울대학교 규장각한국학연구원

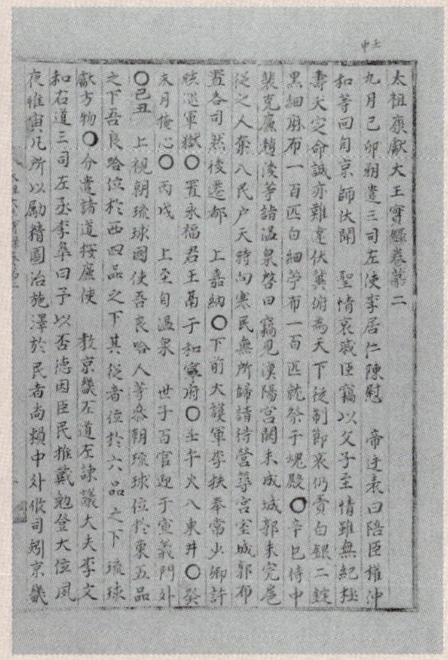

10-7. 《태조실록》 보사본 표지와 본문.
《태조실록》 정족산사고본 가운데 5책은 43.2×31.4센티미터로 밀랍을 입힌 원본과 크기가 다르다. 글씨체와 행자수도 물론 다르다. 병자호란 때 없어진 부분을 1665년(현종 16)에 적상산사고본을 보고 다시 베낀 것이기 때문이다.
소장처: 서울대학교 규장각한국학연구원

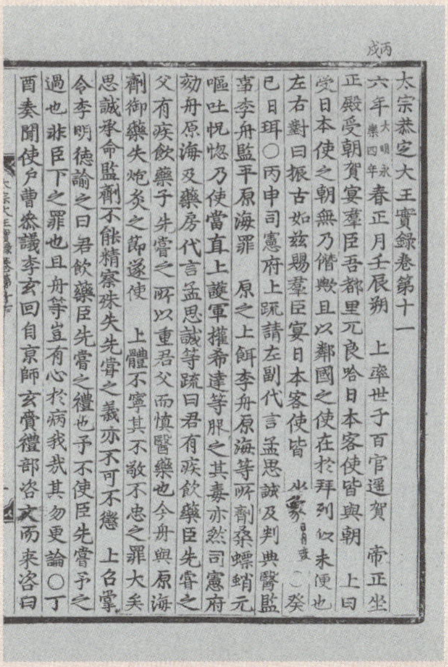

때문에 푸른 비단 표지를 사용했다. 원본 실록의 형태를 유지하고 있는 정족산사고본의 표지는 푸른 비단을 사용했다. 제목은 긴 사각형으로 재단하고 검은 테두리를 넣은 흰 비단에 쓰거나 인쇄하여 붙였다. 이런 제목을 제전題箋, 제첨題籤이라고 한다. 왕대마다 조금 차이가 있지만 《선조실록》까지는 기본적으로 같은 방식으로 표지를 만들었다(도 10-9). 단 임진왜란 이후 만든 재판본은 값비싼 비단 대신 푸른색 물을 들인 종이 표지를 사용했다.

《선조수정실록》부터는 표지의 재질이 비단에서 황지黃紙로 바뀌었다. 황지는 벌레와 오염을 막기 위해 황색으로 물들인 종이다. 종이로 표지를 만든 것은 귀한 비단을 절약하기 위해서였을 것이다. 일반적으로 종이 표지에는 제목을 직접 쓰지만, 황지로 만든 실록의 표지에는 비단 표지와 같이 검은 테두리가 있는 흰 종이에 제목을 인쇄해 붙였다(도 10-10). 이전의 격식을 그대로 유지하기 위해서였을 것이다.

정족산사고본 태조~명조실록 중에서도 앞서 말한 것처럼 없어진 부분을 나중에 베끼거나 인쇄해서 채워 넣은 책의 표지는 당연히 황지를 사용했다. 그런데 본문은 원본 그대로인데 표지는 비단이 아닌 황지를 사용한 책도 있다. 정확히 말하면 비단보다 황지를 사용한 표지가 오히려 더 많다. 본문은 문제가 없지만 표지가 낡아서 바꾼 것이다. 이를 개장改粧이라고 한다. 비단보다 황지로 표지를 한 책이 더 많다는 것은 표지가 튼튼해야 본문을 잘 보호할 수 있기 때문에, 수시

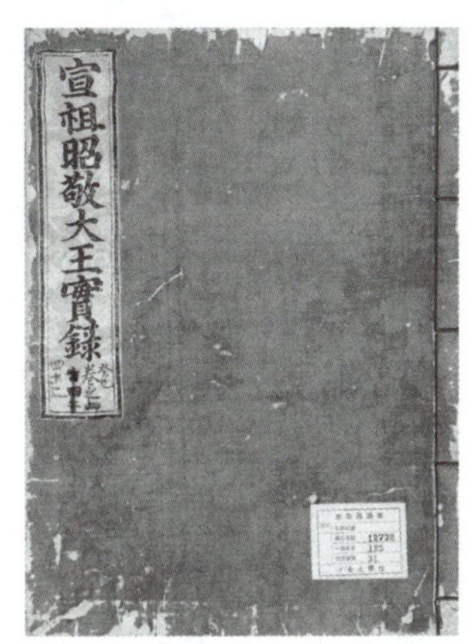

10-9. 《선조실록》 정족산사고본 표지.
실록은 푸른 비단 표지를 사용했다. 원본 실록의 형태를 유지하고 있는 정족산사고본의 표지는 푸른 비단을 사용했다. 제목은 긴 사각형으로 재단하고 검은 테두리를 넣은 흰 비단에 쓰거나 인쇄하여 붙였다. 《선조실록》까지는 기본적으로 같은 방식으로 표지를 만들었다.
소장처: 서울대학교 규장각한국학연구원

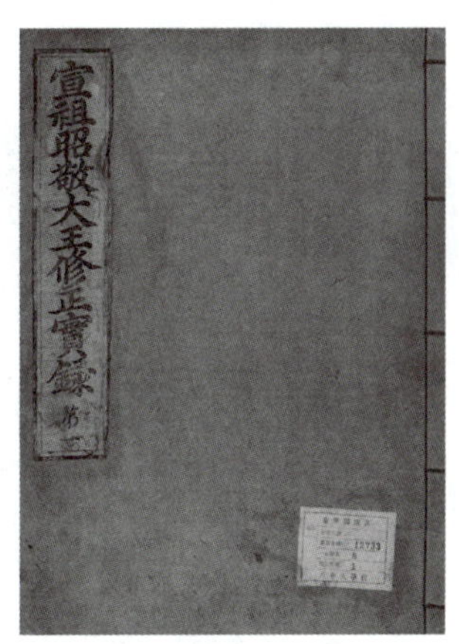

10-10. 《선조수정실록》 표지.
《선조수정실록》부터는 표지의 재질이 비단에서 황지黃紙로 바뀌었다. 황지는 벌레와 오염을 막기 위해 황색으로 물들인 종이다.
소장처: 서울대학교 규장각한국학연구원

로, 지속적으로 표지를 교체했다는 뜻이다. 세심하게, 끊임없이 실록을 관찰하고 관리한 흔적이다.

교정의 흔적

국립조선왕조실록박물관의 오대산사고본 실록 중에는 다른 실록에는 없는 특별한 것이 있다. 오대산사고본 실록은 1606년에 전주사고본을 바탕으로 목활자로 다시 인쇄한 재판본 중 하나다. 활자로 인쇄했으니 함께 인쇄해서 보관한 춘추관, 태백산, 묘향산사고본과 모두 같아야 하지만, 오대산사고본에는 다른 사고본의 실록과 다른 책이 있다. 국립조선왕조실록박물관에서 직접 확인할 수 있는 이 특별한 실록은 최종 인쇄하기 전의 교정지다.

책을 통치의 근간으로 삼았던 조선에서는 최대한 오류 없는 완성도 높은 책을 만들려고 노력했다. 책을 편찬할 때는 인쇄 전에 교정을 담당하는 관리를 두어 오류를 바로잡도록 했다. 인쇄한 책의 경우도 초벌 인쇄하여 오자나 인쇄 상태를 점검하도록 했다. 교정 규정도 엄격했다. 오자가 발견되면 담당자에게 태형을 가하거나, 파직하기도 했다. 《조선왕조실록》은 후대를 염두에 두고 영구히 보존하려 했던 기록이니 더더욱 오류가 없어야 했다.

실록을 간행하기 전까지 초고를 3번에 걸쳐 작성했다. 실록 편찬을 담당하는 임시관청인 실록청에서 사관들이 전왕 대에 작성한 사초와 시정기 등을 수집하여 실록 편찬에 착수한다. 원고는 사관들이 일차로 작성한 초초初草와 이를 다시 교정하고 정리한 중초中草, 실록에 최종적으로 수록하는 정초正草 세 단계 수정 작업을 거쳐 완성된다. 초초와 중초는 물에 씻어 그 내용을 모두 없애야 한다. 이 작업을 세초洗草라 한다. 물에 씻은 종이는 재활용했다. 이렇게 완성된 정초본을 먼저 인쇄하여 교정을 본다. 교정 내용을 반영한 최종 인쇄본이 정본正本이다. 정본이 완성되면 교정본은 폐기하는 것이 원칙이다.

국립조선왕조실록박물관에 전시된 오대산사고본 실록이 바로 이 교정본이다. 없애야 할 교정본을 남겨 둔 것은 무슨 까닭일까? 임진왜란 이후 5대 사고에 실록을 보관하고자 했으니 원본인 전주사고본 외에 4부를 제작해야 했지만, 3부만 인쇄하고 원래는 없애야 할 교정본을 오대산사고에 보관하기로 결정했다. 물론 전쟁이 끝난 직후 경제적으로 어려운 시기의 부득이한 결정이었다. 이후에 오대산사고에 보관한 실록은 모두 정본이다. 간토대지진 때 불에 타고 현재 남아 있는 오대산사고본 실록 75책 가운데 《성종실록》 9책, 《중종실록》 50책이 교정본이다. 나머지 임진왜란 이후 간행한 《선조실록》 15책, 《효종실록》 1책은 정본이다.

국립조선왕조실록박물관에는 교정본 《성종실록》과 교정본의 원본인 정족산사고본(전주사고본) 《성종실록》(복제본)이 함께 전시되어 있

午判中樞府事奉朝賀至是卒年七十一謚文孝敬直慈惠文
秉德不回孝孝瞻性淳質不喜紛華不好聲色事親孝莅官勤
謹不惑異端凡陰陽風水神佛邪僻之事嘗力排之子世謙世
恭○忠義衛趙範上書言臣父完圭乃漢山府院君趙英茂嫡
長子也歲在癸酉坐亂黨誅死臣坐是為奴國家以英茂次子
倫之子宗敬為嫡孫奉英茂祀今臣既蒙聖恩得屬忠義衛
臣請奉祀禮曹據此啓範父身犯重罪削絶勳籍不宜附英茂
家廟請勿許為嗣　從之○傳于兵曹曰　神懿王后族韓貴
生韓繼孫　元敬王后族閔敬達閔捲其隨陞除職○甲寅太
白晝見○傳于刑曹曰都城之內連日失火雖因愚民不愼火
然慮賊徒欲乘時竊物故燒人屋者有之捕盜之方其速詳具
以啓○戶曹啓職田稅草民難於轉輸或以米償納而受家謂
無定價間有濫收之弊令考平市署市價草一束准米二升請
自今以是為定價如有濫收者令憲府嚴加糾理　從之○乙
卯　御經筵講訖領事洪允成啓曰臣聞來安道五鎭館待野

다. 갑인자로 인쇄한 정족산사고본은 오대산사고본에 비해 크고 서체도 가지런하다. 밀랍을 입힌 흔적도 확인할 수 있다. 오대산사고본은 밀랍을 입히지 않은 종이에 목활자로 인쇄했는데, 글씨가 가지런하지 않다. 특히 다른 실록에 비해서도 크기가 작다. 가장자리를 잘라 여백이 거의 없기 때문이다. 당시의 어려운 상황, 이 책이 교정용이었음을 다시 한번 실감할 수 있다.

교정본인 오대산사고본 《성종실록》에만 있는 특별한 것이란 바로 교정 흔적이다(도 10-11). 오늘날 빨간펜으로 교정을 보듯 원본과 대조하여 틀린 곳을 붉은 먹으로 표시한 흔적이 그대로 남아 있다. 교정 부호도 오늘날과 크게 다르지 않다. 잘못된 글자를 수정할 때는 붉은 먹 또는 검은 먹으로 글자를 덧쓰거나 옆에 고쳐 썼다. 빠진 글자를 추가할 때는 추가할 위치에 붉은 먹으로 '○' 표시를 하거나 표시 없이 붉은 먹으로 빠진 글자를 적었다. 글자가 옆으로 기운 경우 붉은 먹으로 '/' 표시를 하거나 덧썼다. 글자가 누운 경우는 글자 옆에 붉은 점을 찍고 글자를 바로 써넣었다. 빼야 할 글자는 글자 위에 '○, ×, —' 등으로 표시했다. 글자를 붙여야 하는 경우는 빈 간격을 '—'로 이었다. 띄어쓰기를 해야 할 부분은 '○'로 표시했다. 위아래 글자가 뒤바뀐 곳은 위 글자 옆에 '下', 아래 글자 옆에 '上'으로 표시했다. 《조선왕조실록》뿐 아니라 다른 고서에서도 이런 교정 표시가 간

10-11. 《성종실록》 오대산사고본.
교정본인 오대산사고본 실록에는 오늘날 빨간펜으로 교정을 보듯 원본과 대조하여 틀린 곳을 붉은 먹으로 표시한 교정 흔적이 그대로 남아 있다.
소장처: 국립조선왕조실록박물관

혹 발견되기도 한다.

이렇게 교정을 본 실록은 오류 없이 완벽했을까? 교정을 본 경험이 있는 사람은 알겠지만, 오자가 없는 책이란 거의 불가능한 것 같다. 여러 사람이 보고서도 발견하지 못한 오류가 인쇄하고 나서야 발견되는 경우가 종종 있다. 자신이 쓴 글에서 나중에 오자나 오류를 발견하기도 하고, 다른 사람의 책을 보다가 오자를 발견하는 경우도 많다. 《조선왕조실록》도 마찬가지다. 오대산사고에 보관한 교정본 외에 정본 실록에서도 나중에 오류를 바로잡은 흔적을 곳곳에서 확인할 수 있다. 실록 원문 이미지를 보다가 발견한 몇 가지만 소개한다.

《세종실록》〈지리지地理志〉 권155(146책)에는 난상에 '괄루括樓'라고 세로로 쓰고 그 아래 작은 글자로 "원본/공오元本/恐誤(아마도 원본에 오류가 있는 듯하다)"라고 썼다(도 10-12). '괄루'라는 글자가 있는 부분의 난상에 쓴 메모다. 후대에 빠진 부분을 다시 써서 보완한 책인데, 원본에 오류가 있었던 것으로 추정한 메모다. 이런 식의 메모는 이 책의 다른 곳에도 보인다. 《연산군일기》 22책에도 비슷한 방식의 메모가 있다. 이 역시 나중에 다시 써서 보완한 책인데 맨 앞장과 다음 장 등에 원본과 대조한 내용을 난상에 적었다. 《효종실록》에는 잘못된 부분을 인쇄하여 덧붙인 흔적도 보인다.

이런 단순한 글자 오류 외에도 《경종실록》 경종대왕 지문(묘지문)에는 난상에 구획을 하고 오류를 바로잡은 내용이 나온다(도 10-13).

[10-12]

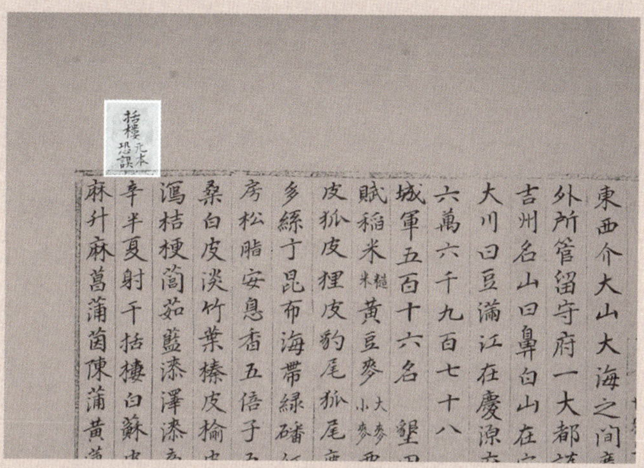

[10-13]

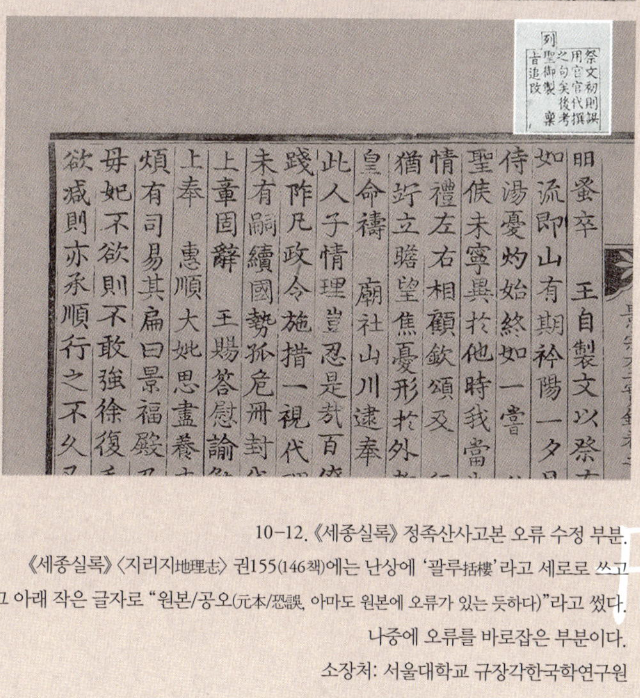

10-12. 《세종실록》 정족산사고본 오류 수정 부분.
《세종실록》〈지리지地理志〉 권155(146책)에는 난상에 '괄루括樓'라고 세로로 쓰고
그 아래 작은 글자로 "원본/공오(元本/恐誤, 아마도 원본에 오류가 있는 듯하다)"라고 썼다.
나중에 오류를 바로잡은 부분이다.
소장처: 서울대학교 규장각한국학연구원

10-13. 《경종실록》 오류 수정 부분.
《경종실록》 경종대왕 지문(묘지문)에는 난상에 구획을 하고
오류를 바로잡은 내용이 나온다. 난상에 있는 이 메모는 실물을 봐야만 알 수 있다.
소장처: 서울대학교 규장각한국학연구원

"제문초즉오/용궁관대찬/지구의후고/열성어제 품/지추개祭文初則誤/用宮官代撰/之句矣後考/列聖御製 稟/旨追改(처음에 제문을 궁관이 대신 지었다고 잘못 기록했다. 나중에 《열성어제》를 검토하고 왕에게 아뢰어 고쳤다)"라는 내용이다. '제문'이라는 글자가 있는 난상에 넣었다. 수정한 부분은 본문의 이 부분이다. "왕제연령군훤조졸 왕자제문이제王弟延齡君 昍蚤卒, 王自製文以祭." 경종의 동생 연령군 훤昍이 일찍이 돌아가시자 경종이 스스로 제문을 짓고 제사를 지냈다는 것이다. 처음에는 이 부분에 궁관이 대신 지었다는 구절이 있었는데 《열성어제》를 보고 재가를 받아 나중에 고쳤다는 뜻이다. 난상에 있는 이 메모는 구두점을 찍고 컴퓨터로 입력한 《조선왕조실록》 홈페이지의 원문과 번역문에서는 확인할 수 없다. 실물을 봐야만 보인다. 이런 흔적들이 "실록 편찬에 학식이 높은 학자들과 필요한 모든 자원을 동원한" 증거다.

방대한 실록의 한 면 한 면을 자세히 관찰하면 더 많은 교정 표시, 미처 생각지도 못했던 기록이 있을 수 있다. 이런 흔적을 찾아내는 것이 실물을 관찰하는 재미다.

‖ 더불어 읽기 ‖

: 남아 있는 교정지

옛사람들이 책에 남긴 교정 흔적 중 몇 가지 재미있는 사례를 더 살펴보자. 책을 출간하고 나면 대개 교정지를 폐기하지만 이면지로 재활용하는 경우도 있다. 조선시대에도 교정지를 재활용한 사례를 볼 수 있다(도 10-14). 판심제 '열성지장列聖誌狀 권24' 아래 장차張次(페이지 번호) '육십'으로 표시된 낱장이다. 곳곳에 붉은 먹으로 수정 부호를 남겼는데, 8행의 세 번째 칸 글자가 빠진 자리에 붉은 먹으로 'ㅇ'를 표시하고 줄을 그어 난상에 크게 쓴 '祐'자가 특별히 눈에 띈다. 요즘 사람이 교정을 봤다 해도 믿을 정도로 교정 방식이 같다. 이 교정지는 다른 책의 표지 배접지로 사용된 것이다. 교정이 끝난 후 다른 책의 배접지로 재활용된 것도 오늘날 교정지를 이면지로 재활용하는 것과 비슷하다.

고서 중에는 교정 후 낱장을 뜯어 재활용하지 않고 원고 전체가 남아 있는 경우도 있다. 국립중앙도서관 소장 《동래선생음주당감東萊先生音註唐鑑》(古2242-1)이 그중 하나다. 송나라 학자 범조우范祖禹(1041~1098)가 쓴 당나라 역사 《당감唐鑑》에 여조겸呂祖謙(1137~1181)이 주석을 덧붙인 책이다. 정조 연간에 금속활자 임진자로 찍은 24권 6책 완질본 곳곳에 붉은 먹으로 교정을 본 흔적이 잘 남아 있다. 특히 3책 권9가

[10-14]

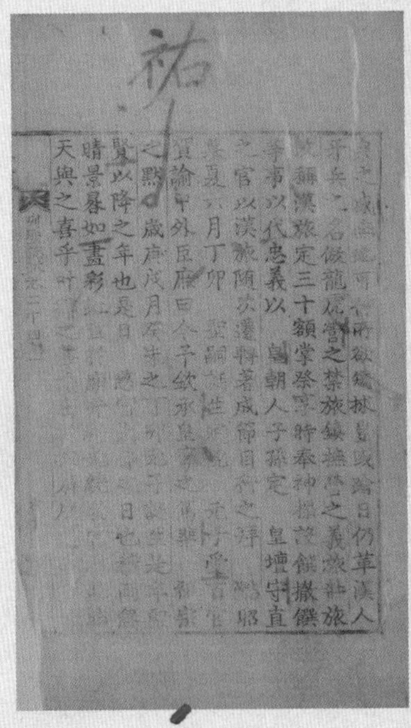

[10-15]

10-14. 《열성지장통기》 교정지.
다른 책의 표지 배접에 재활용한 《열성지장통기》 권24의 교정지다.
곳곳에 붉은 먹으로 수정 부호를 남겼는데, 8행의 세 번째 칸 글자가 빠진 자리에 붉은 먹으로 ○ 표시하고 줄을 그어 난상에 크게 쓴 '祐' 자가 특별히 눈에 띈다.
소장처: 국립중앙박물관(복제본)

10-15. 《동래선생음주당감》 교정본.
3책 권9가 끝난 후 뒷장 여백에 큰 글자로 '初초'라고 썼다. 《조선왕조실록》뿐 아니라 조선시대 책을 간행할 때는 정본을 인쇄하기 전에 기본적으로 1차, 2차를 교정을 보았다. 이를 초견初見, 재견再見이라고 한다. '초'는 1차 교정본이라는 뜻이다.
소장처: 국립중앙도서관

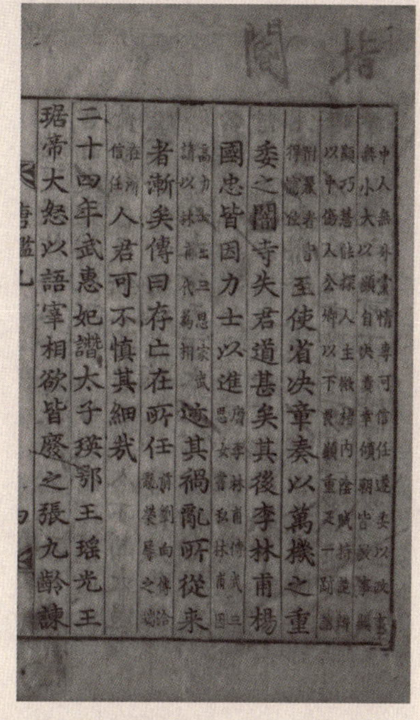

指 闇

至使省決章奏以萬機之重
委之閹寺失君道甚矣其後李林甫楊
國忠皆因力士以進
適其禍亂所從來
者漸矣傳曰存亡在所任
人君可不慎其細哉
二十四年武惠妃譖太子瑛鄂王瑤光王
琚帝大怒以語宰相欲皆廢之張九齡諫

10-16.《동래선생음주당감》 교정 부분.
난상의 '指'와 '闇'은 각각 아래쪽에 있는
'楮'와 '闇'의 오류를 바로잡은 것이다.
글자 모양이 비슷해서 오류가 생긴 것이다.
소장처: 국립중앙도서관

10-17. 《능엄경언해》 권9.
첫 번째 면의 난상에 색이 바래
글자가 잘 보이지 않지만 '校正교정'이라는
도장이 찍혀 있다. 교정용 책이거나 교정을
완료했다는 뜻으로 해석할 수 있다.
소장처: 국립한글박물관

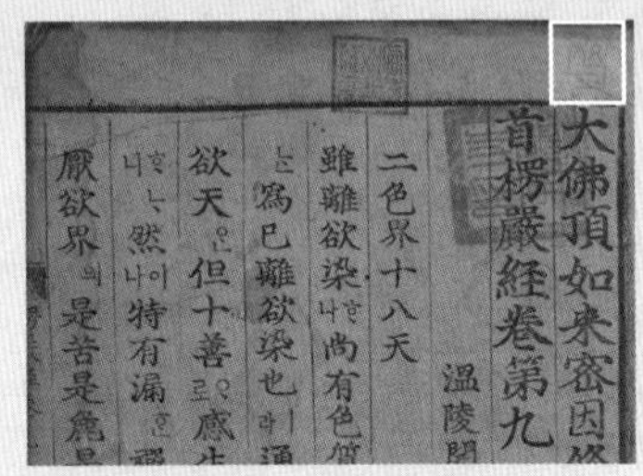

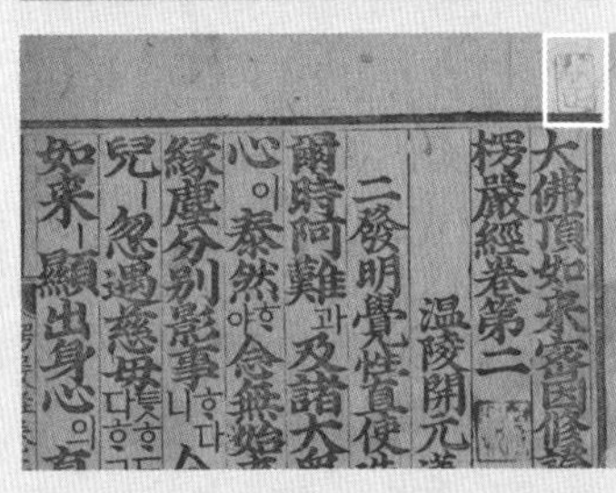

10-18. 《능엄경언해》 권2.
교정을 완료한 활자본 《능엄경언해》를 저본으로 1462년 간경도감에서 목판으로 다시 인쇄한 책이다.
활자본에 찍힌 '교정' 도장과 같은 도장이 찍혀 있다. 2행의 제목 아래 또 다른 도장은
'學祖학조'다. 학조는 《능엄경언해》 교정에 참여한 승려 중 한 사람이다.
소장처: 국립한글박물관

끝난 후 뒷장 여백에 붉은색 큰 글자로 '初초'라고 썼다(도 10-15). 《조선왕조실록》뿐 아니라 조선시대 책을 간행할 때는 정본을 인쇄하기 전에 기본적으로 1차, 2차를 교정을 보았다. 이를 초견初見, 재견再見이라고 한다. '초'는 1차 교정본이라는 뜻이다.

틀린 글자를 교정한 사례를 보자(도 10-16). 난상의 '指'와 '闍'은 각각 아래쪽에 있는 '楮'와 '闇'의 오류를 바로잡은 것이다. 글자 모

양이 비슷해서 오류가 생긴 것이다. 요즘 사람들도 충분히 혼동할 만하다. 문선공이 활자를 뽑아서 판을 짜고 인쇄를 하던 시절 큰 대大와 개 견犬이 비슷해서 일간신문에 대통령大統領을 견통령犬統領으로 잘못 표시해 혼쭐이 났던 일이 떠오른다.

교정본의 맨 앞에 '교정校正'이라는 도장을 찍은 책도 있다. 국립한글박물관이 소장하고 있는《능엄경언해》권9가 그런 예다(도 10-17). 위쪽에 찍힌 큰 도장은 '용문사인龍門寺印', 용문사에서 소장했다는 표시다. 난상 위쪽에는 '해암장서海巖藏書'라는 소장자의 도장이 있다. '해암'이 어떤 사람인지는 명확하지 않다. 난상 오른쪽에 치우쳐 직사각형 도장이 있다. 색이 바래 글자가 잘 보이지 않지만 '校正교정'이라는 도장이다. 교정용 책이거나 교정을 완료했다는 뜻으로 해석할 수 있다.

이《능엄경언해》는 한글로 번역한 최초의 불경으로, 1461년 세조의 명으로 금속활자로 인쇄했다. 교정을 완료한《능엄경언해》를 저본으로 1462년 간경도감에서《능엄경언해》를 목판으로 다시 인쇄했다. 국립한글박물관에 이때 인쇄한 목판본이 남아 있는데, 활자본에 찍힌 '교정' 도장과 같은 도장이 찍혀 있다. 2행의 제목 아래 또 다른 도장은 '學祖학조'다(도 10-18). 학조는《능엄경언해》교정에 참여한 승려 중 한 사람이다. 교정의 책임 소재를 명확하게 하기 위해 찍은 도장일 것이다. 세조가 교정에 얼마나 진심이었는지 충분히 실감이 된다.

배포와 소장 이력

_《춘추》

서명과 도장

정부기관에서 발행하는 책자는 팔지 않고 공공기관이나 관련자에게만 배포하는 비매품인 경우가 많다. 책을 비매품으로 제작하는 이유 중 하나는 상업성이 떨어지기 때문일 것이다. 요즘에는 전자 파일 형태로 제작하여 저작권 문제나 기밀 사항이 없는 한 누구나 다운로드 받을 수 있지만, 예전에는 돈이 있어도 살 수 없어 공공 도서관 같은 곳에서 볼 수밖에 없었다. 비매품이 언제, 어떻게 시작되었는지 확인해 보지는 않았지만, 조선시대에 국가에서 책을 배포했던 관행과 연관된 건 아닐까 생각해 보곤 한다.

박물관에서도 비매품으로 책을 제작하는 경우가 있다. 전문가들에게만 필요해 소규모로 제작하는 자료의 경우다. 책이 완성되면 배포 명단을 만들어 관련 기관이나 도서관을 비롯해 관계자들에게 배포하고, 일부는 남겨 두었다가 필요한 사람들이나, 특별한 손님에게 증정하기도 한다. 이런 방식이 조선시대와 비슷하다. 조선시대에도 국가에서 만든 책을 배포할 때 출판을 담당하는 관리가 배포 명단을 작성하여 왕의 재가를 받았다. 책 제작에 관계된 사람들, 중앙의 각 기관과 사고(보관본)에 보내고, 때에 따라 각 지방 관아와 중요 관료들에게도 보냈다. 일부는 남겨 두었다가 때때로 신하들에게 하사하기도 했다.

책을 출간하면 책을 쓰는 데 도움을 주신 분이나 평소 친분이 있는 사람들에게 저자의 친필로 서명한 책을 증정하는 오늘날의 관행처럼 왕이 하사하는 책에는 언제 누구에게 하사한다는 기록이 있다. 이를 '내사기內賜記'라고 한다. 물론 왕이 직접 서명하지는 않지만, 그 방식도 유사하다.

요즘은 책이 흔해 때로는 장서가 짐스럽게 느껴지기까지 하지만 지금도 책을 좋아하는 이들은 좋은 돌을 구해 멋지게 전각을 하여 책에 도장을 찍어 자기 소유임을 확실히 하곤 한다. 이런 도장을 '장서인'이라 한다. 책이 귀했던 조선시대에는 장서인이 더더욱 필요했을 것이다. 특히 왕에게 받은 하사품인 경우 자랑스레 소장자의 도장을 찍었을 것이다. 조선시대 장서인은 국왕에서 사대부에 이르기까지 선비의 멋이자 자랑이었다.

내사기와 장서인은 증정자나 소유자가 어느 시대, 누구인지 확인할 수 있는 중요한 자료다. 필사본은 물론이고, 앞서 설명했듯 인쇄본도 책을 간행한 시기, 즉 간기를 표시하지 않아 언제 제작한 책인지 알 수 없는 경우가 많다. 이때 내사기와 장서인으로 언제 제작한 책인지 추정해 볼 수 있다. 해당 책뿐 아니라 다른 책의 시대를 판가름하는 일종의 기준작이 되기도 한다.

박물관에 전시된 고서에서 내사기나 장서인을 본 기억이 별로 없을 것이다. 장서인은 주로 책의 첫 번째 면, 내사기는 표지 안쪽 면에 있어, 해당 부분을 전시하지 않는 한 확인할 수 없기 때문이다. 실제로 이런 기록이 완벽하게 남아 있는 책이 많지도 않다. 책을 처분할 때 이런 표시가 부담되어 없애 버리는 경우가 있기 때문이다. 요즘에도 가끔 크게 소용에 닿지 않는 책을 처분하려 할 때 저자 서명이 장애가 될 수 있다. 대개는 저자 서명뿐 아니라 "누구 누구에게 드림"과 같이 받는 사람의 이름도 쓰기 때문에, 책을 받은 사람이 누구인지 알 수 있어서다. 이 때문에 저자 사인이 있는 면지를 찢고 책을 처분하기도 한다. 유명인의 친필 서명이 있는 책이면 얘기가 달라질 수도 있다. 같은 책이라도 유명한 사람의 친필 서명이 있는 책의 경우는 책값이 많이 나간다.

고서의 경우도 마찬가지다. 역모 등에 걸린 사람들의 책의 경우 후손들이 부끄럽게 여겨 내사기를 지워 버리곤 했다. 조상 대대로 물려받은 책을 여러 사정으로 판매할 때는 이런 흔적이 마음에 걸려 종종 그 부분을 도려내거나 먹으로 뭉개 버려 책의 내력을 알 수 없게 하기도 한다. 그래서 내사기나 소장인이 남아 있는 책은 같은 인쇄본이라도 더 귀한 것으로 여겨지며 경매시장에서도 값이 더 나간다.

전시실에서는 보기 어려운 내사기와 장서인이 있는 책을 확인하는 유용한 통로는 고서를 소장한 기관이 제공하는 디지털 이미지다. 이런 자료 중 한국학중앙연구원 장서각 소장 《춘추제국흥폐설春秋諸國興廢說》(k1-132)의 내사기와 소장인을 소개하고자 한다.

제목부터 풀이해 보자. '춘추제국'은 중국 춘추시대의 여러 나라를 뜻한다. '춘추제국흥폐설'이란 주나라가 약해지면서 난립한 여러 나라가 어떻게 흥하고 망했는지를 설명했다는 뜻이다. 뒤에서 자세히 설명하겠지만 이 책은 유교의 성인 공자가 지은 역사책 《춘추》와 관련된 책이다. 《춘추》는 유교의 5경 중 하나다. 조선시대에 《춘추집전대전》, 《춘추경전집해》, 《춘추좌씨전》 등 《춘추》와 관련된 다양한 책이 간행되었지만 《춘추제국흥폐설》이라는 책은 없다. 더욱이 《춘추》는 《자치통감강목》처럼 분량이 많은데, 이 책은 1책뿐이니 영본일 가능성이 크다.

제목이 낯설고, 1책만 남은 《춘추제국흥폐설》을 소개하는 이유는 숙종이 연잉군에게 하사한다는 내사기와 연잉군의 장서인이 남아 있기 때문이다. 왕이 하사한 기록에 소장자의 도장까지 남아 있는 책은 의외로 많지 않다. 게다가 숙종이 연잉군에게 하사한 책이니, 귀할 수밖에 없다. 연잉군의 도장은 《춘추제국흥폐설》이라는 낯선 이름의 책의 실체를 밝히는 데 단서도 되어 준다.

숙종이 연잉군에게 하사한 기록, 내사기

장 제목《춘추제국흥폐설》, 오른쪽에 횡제목 '서序'라고 쓴 표지를 열면 본문 오른쪽 백지에 아주 큰 글자가 눈에 들어온다(도 11-1, 도 11-2).

> 강희사십삼년정월이십삼일康熙四十三年正月二十三日 / 내사연잉군금춘추사전內賜延礽君昑春秋四傳 / 일건一件 / 명제사命除謝 / 은恩 / 우승지신최右承旨臣崔(수결).

번역하면 "강희 43년 정월 23일에 연잉군 금에게《춘추사전》1건을 하사한다. 은혜에 감사한다는 의례를 면제할 것을 명한다"라는 뜻이다. 이 글이 '내사기', 즉 왕이 책을 하사하면서 내린 기록이다.

조선시대에 연대 표시 방법 중 하나가 중국 연호를 쓰는 것이었다. 여기서도 청나라 황제의 연호 '강희'로 연대를 표시했다. 강희 43년은 1704년, 숙종 30년이다. 이 내사기를 통해 이 책이 1704년에 연잉군에게 내려졌다는 사실을 알 수 있다. 내사한 날짜는 해당 책이 언제쯤 제작되었는지 추정하는 데도 도움이 된다. 책을 하사하는 시기가 책을 간행한 시기와 크게 차이가 나지 않기 때문이다. '춘추사전'은 이 책의 제목이다.

'명제사은'은 "은혜에 감사 표시를 면해 줄 것을 명한다"는 뜻이다. 왕이 선물을 내리면 찾아뵙고 감사를 표시해야 할텐데 그걸 하지 말라는 것이다. 연잉군이 숙종의 아들이기 때문에 특별히 감사 표시를 하지 말라고 명한 것이 아니다. 책을 내리는 내사기에는 기본적으로 다 이렇게 쓰여 있다. 조선시대에 책의 보급 방법 중 하나가 왕이 하사하는 것이었다. 책을 간행하고 배포하는 일이 자주 있었고, 책 제작에 참여한 사람 등 왕이 하사하는 책을 받는 사람도 많았으니 그때마다 왕에게 감사 인사를 올리는 것은 번거로운 일이다. 그래서 책을 하사받을 때 와서 감사 표시를 하지 말라고 책에 아예 명시한 것이다.

아래쪽에 있는 우승지 최 모는 왕의 명에 따라 이 책을 하사하는 일을 맡은 관리다. 승지는 왕의 비서기관인 승정원의 관리다. 승정원 관리들이 왕이 내리는 책을 배포하는 실무를 담당했다. '최'자 아래 알 수 없는 표시가 수결이라는 것이다. 요즘 식으로 표현하자면 사인(서명)이다. 이름은 쓰지 않고 성만 쓰고 이름 대신 수결을 했다. 이런 사인은 이 경우뿐 아니라 여러 곳에서 볼 수 있다. 오늘날 저자가 서명을 한 것과 달리 여기서는 배포를 담당하는 관리가 서명을 했다.

내사기를 쓰는 방식과 순서는 거의 비슷하다. 다만 개인이 아니라 관청에 내리는 책의 내사기 형식은 조금 다르다. 이 내사기에서 보듯 1행에는 책을 배포(반사頒賜)하는 날짜를 쓴다. 2행에는 책을 받는 사람 또는 받는 곳, 책 이름, 수량을 적는다. 이 책의 내사기처럼 글자가 크거나 책 제목이 길어 한 행에 다 쓸 수 없으면, 2행으로 나누어 쓰기도

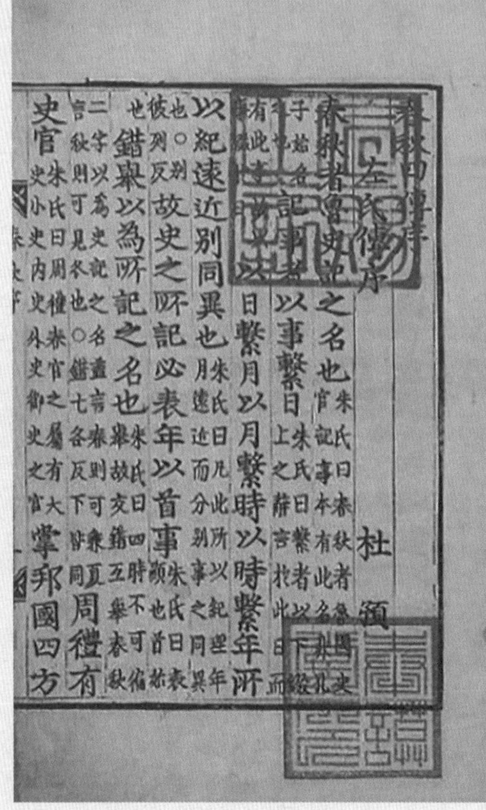

11-1. 《춘추제국흥폐설》 내사기와 내사인.

표지를 열면 본문 오른쪽 백지에 내사기가 있다. '춘추사전서春秋四傳序'라는 권수제가 시작되는 첫째 면에는 두 개의 붉은 도장이 있다. 위쪽 도장은 '선사지기宣賜之記', 아래쪽 도장은 '봉모당인奉謨堂印'이다.

소장처: 한국학중앙연구원 장서각

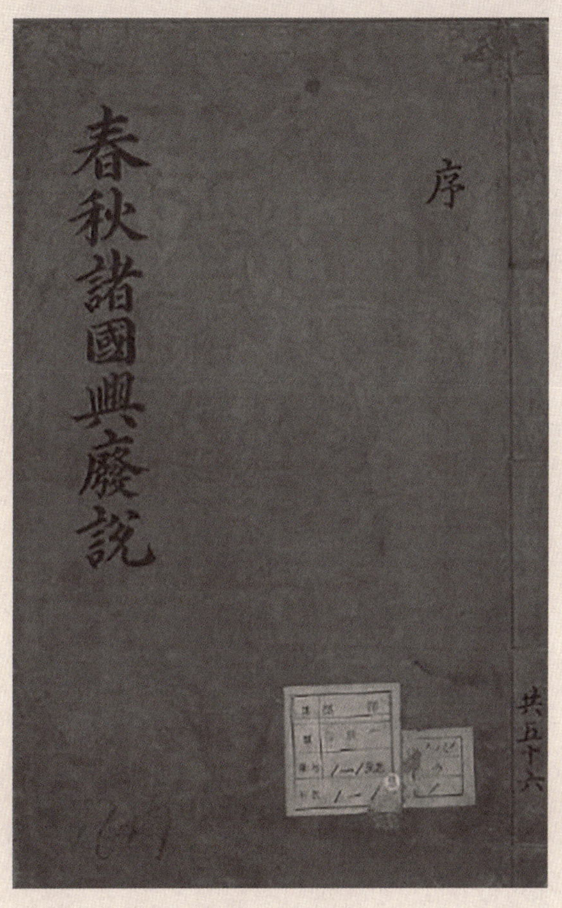

11-2. 《춘추제국흥폐설》 표지.
표지에 쓴 장 제목은 '춘추제국흥폐설', 서근제 역시 '춘추제국흥폐설'이다.
오른쪽에 횡제목 '서序'라고 작은 글씨로 썼다. 실로 책을 맨 부분[書腦] 아래쪽에
'공오십육共五十六'이라고 전체 책 수를 썼다.
소장처: 한국학중앙연구원 장서각

한다. 그다음 '명제사은'은 거의 예외 없이 '명제사'와 '은'을 함께 쓰지 않고 행을 바꿔 쓴다. 마지막으로 책을 반사하는 일을 담당한 신하의 직함과 성, 수결을 쓴다.

'명제사은'이 한 문장인데 '명제사'와 '은'을 한 행에 쓰지 않고 행을 바꿔 쓴 이유는 무엇일까? '은'이 왕의 은혜를 뜻하는 글자이기 때문이다. 낭혜화상탑비에서 설명했던 공격空格을 떠올려 보자. 존대해야 할 대상에 대한 존경의 표시로 그 대상과 관련된 글자 앞을 비워 두는 것이 공격이다. '사謝' 아래 빈 공간도 일종의 공격이라 할 수 있다. 한두 자만 간격을 두는 것이 아니라 행을 아예 바꾼 것이 다를 뿐이다. 이런 방식을 '개행改行'이라 하며 '공격'과 같은 목적으로 자주 사용했다.

이 내사기에서 또 하나 눈에 띄는 점은 윗선이 맞지 않다는 것이다. '內', '命', '恩'은 마치 내어쓰기를 한 것처럼 맨 윗단에 쓰고 1행의 '康'과 3행의 '一'은 그보다 한 단 낮추어 썼다. 쓰다 보니 우연히 이렇게 된 것일까? 그럴 리가 없다. 내어쓰기를 한 '內', '命', '恩'은 모두 왕과 관련된 글자들이다. 이처럼 존경을 표하는 글자를 내어쓰기 하는 것을 '대두擡頭'라고 한다. 개행으로 쓰는 글자는 대두로 쓴다. 내사기뿐 아니라 조선시대 필사본은 물론 간행본 대부분이 이런 원칙을 따랐다. 책 배포 실무를 맡은 '우승지'라는 글자는 아래쪽에 다른 글자보다 조금 작게 쓰고 특히 '신臣'자를 더 작게 쓴 것도 우연이 아니다. 이 짧은 내사기에 글자의 크기와 위치로 군신의 위계를 분명하게 드러낸 것이다.

왕이 내린 책에는 내사기와 함께 왕이 내린다는 또 하나의 표시가 있다. 첫 번째 면을 보자. 두 개의 붉은 도장이 눈에 들어온다. 위쪽 도장은 아래쪽 도장보다 크다. 위쪽 도장은 '선사지기宣賜之記', 아래쪽 도장은 '봉모당인奉謨堂印'이라는 도장이다. '선사지기'는 국왕이 신하들에게 책을 하사할 때 쓰는 도장이다. 국가에서 만든 책을 배포할 때는 신하들이 배포 명단을 만들어 올리면 왕이 이를 재가한다. 이때 내사기를 쓰고 첫 번째 면에 왕의 하사품임을 입증하는 도장을 찍는다. 왕의 도장이기 때문에 다른 어떤 도장보다 크다. 왕이 책을 하사할 때 찍는 도장은 '선사지기' 외에도 '시명지보施命之寶', '동문지보同文之寶', '흠문지보欽文之寶', '규장지보奎章之寶' 등이 있다. '규장지보'는 정조가 규장각을 세운 후 만든 도장으로 정조 때 내사한 책에 주로 찍었다. 이런 도장은 시기마다 달리 쓰여 책의 제작 시기를 판단하는 기준이 되기도 한다.

봉모당은 창덕궁에 있는 전각의 하나다. 정조가 즉위한 1776년에 설치한 규장각의 주요 시설 중 하나로 역대 왕들의 글씨, 그림, 책 등을 보관하던 곳이다. 내사기에서 보듯 이 책은 숙종이 연잉군 시절의 영조에게 하사한 책이다. 연잉군이 왕위에 오름에 따라 연잉군이 소장한 책을 봉모당에 보관하게 되면서 '봉모당인'을 찍었을 것이다.

인주의 색깔이 다른 것도 '선사지기'와 '봉모당인'이 같은 시기에 찍은 것이 아님을 말해 준다. 봉모당에 있던 책은 이후 장서각을 거쳐 현재 한국학중앙연구원 장서각에서 보관·관리하고 있으므로, 이곳의 책 가운데는 '봉모당인'이 찍힌 것이 많다.

연잉군의 도장, 연잉군방

고서에서 책의 소장자가 찍는 장서인은 주로 본문 첫 번째 면에 나온다. 소장인이 여러 개 찍힌 경우도 있다. 책 주인이 여러 개의 도장을 찍기도 하고, 주인이 바뀔 때 새로운 주인이 장서인을 찍기도 한다. 이 경우 장서인은 책이 누구의 손을 거쳐 왔는지 알 수 있는 중요한 자료가 된다. 소장자의 멋과 취향을 드러내려고 잔뜩 기교를 부린 장서인은 부적이나 암호 같아서 전서篆書에 통달하지 않으면 읽어내기 어렵다. 유명인의 장서인이 있는 책은 내용을 떠나 도장 자체가 소장 가치를 높인다.

《춘추제국흥폐설》 첫 번째 면에는 '선사지기'와 '봉모당인'만 있고 정작 소유자 연잉군의 도장이 없다. 연잉군의 소장인은 어디에 있을까? 한 장을 넘기면 의문이 풀린다. 다음 장에 '연잉군방延礽君房'이라는 도장이 찍혀 있다(도 11-3). 도장에 새긴 글자가 좀 특이하다. 보통 소장인은 '○○○章', '○○○印'이라고 쓰는데 이 도장은 '연잉군장'이 아니라 '연잉군방'이다. '연잉군방'은 연잉군의 궁방宮房이라는 뜻이다. 궁방은 왕실의 후궁이나 대군, 군, 공주, 옹주 등이 분가하여 살았던 궁궐 밖의 집, 궁가宮家를 뜻한다. 연잉군의 소장인 중에는 '연잉군장'도 있지만, 여기에는 '연잉군방'을 찍었다. 궁궐 밖 사저로 나간 후 찍은 도장일 것이다.

연잉군의 소장인이 '선사지기'와 같은 면이 아니라 다음 장에 찍힌 이유는 무엇일까? 책을 하사받은 당시 연잉군은 서출로 원자나 세자가 아니었다. 이 책도 연잉군에게만 특별히 내린 책이 아니라 관례에 따라 여러 배포 대상자 중 한 사람인 연잉군에게도 내린 것일 터다. 그러니 연잉군은 '선사지기'와 자신의 소장인을 나란히 찍을 수 없지

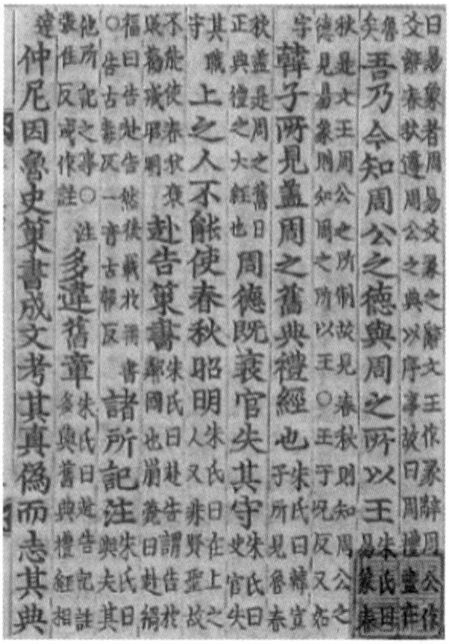

11-3.《춘추제국흥폐설》연잉군 소장인.
책의 소유자 영조의 소장인 '연잉군방延礽君房'은 첫 번째 면에 '선사지기'와 '봉모당인'과 함께 찍힌 것이 아니라 다음 장에 찍혀 있다. 책을 하사받은 당시 연잉군은 서출로 원자나 세자가 아니었다.
소장처: 한국학중앙연구원 장서각

않았을까? 반면 '봉모당인'과 '선사지기'가 첫째 장에 나란히 찍힌 이유는 연잉군이 국왕이 된 이후 봉모당에 소장되었기 때문으로 추측할 수 있겠다.

'연잉군방'이라는 장서인은 《춘추제국흥폐설》의 실체를 밝히는 데도 한몫한다. 표제와 서근제書根題 모두 '춘추제국흥폐설'인 이 책은 얼핏 보면 1책으로 끝나는 것 같다. 그런데 실로 책을 맨 부분[書腦] 아래쪽에 작은 글자로 '공오십육共五十六'이라고 전체 책수를 썼다. 1책으로 끝나는 것이 아니라 56책 1질에서 떨어져 나온 영본零本임이 확실하다. 표제의 오른쪽에 작은 글자로 쓴 '횡제목', '서序'는 이 책이 《춘추제국흥폐설》의 서문에 해당한다는 표시다. 그렇다면 56책으로 이루어진 《춘추제국흥폐설》이라는 책의 '서'에 해당하는 책일까?

이런 짐작으로 표지를 열면 권수제는 딴판으로 '춘추사전서春秋四傳序'다. 《춘추사전》의 서문이라는 뜻이다(디지털 장서각의 이 책 명칭도 '춘추사전서'다). 내사기에 쓴 책 이름도 '춘추사전'이다. 표제는 권수제에 비해 좀 줄여 쓰는 등 권수제와 완전히 일치하지 않는 경우가 더러 있지만, 이 경우는 달라도 너무 다르다. '춘추제국흥폐설'과 '춘추사전'은 어떤 관계이며 이 책의 정체는 무엇일까?

한국학중앙연구원 장서각에 이 책의 정체를 짐작하게 하는 책이 남아 있다. 판심제와 표제, 서근제 모두 '춘추'(K1-135甲)인 54책 한 질의 책이다(도 11-4). 표지에 《춘추제국흥폐설》과 동일하게 '공오십육共五十六'이라고 총 책 수를 표시했다. 첫 번째 책의 표제는 '춘추권지일春秋卷之一'이지만 권수제는 '춘추집전대전春秋集傳大全', 이 책의 원제목이다. 마지막 54책의 표제는 '춘추권지오십오종春秋卷之五十五終'이다. '춘추' 권55이며 한 질의 마지막 권이라는 뜻이다.

현재 책 수는 54, 표지 서뇌에 표시된 총 책 수는 56, 마지막 책(54책)의 권 수는 55다. 왜 이렇게 다를까? 먼저 권1에서 권55까지 중간에 빠진 부분이 없는데 책 수로는 55책이 아니라 54책인 이유는 권13~14가 1책이기 때문이다. 그렇다면 표지의 총 책 수를 '공오십사共五十四'라고 쓰지 않고 '공오십육共五十六'이라고 쓴 이유는 무엇일까? 현재 권1에 해당하는 첫 번째 책 앞에《자치통감강목사정전훈의》에서 설명했던 서문이나 목록에 해당하는 책이 2책 더 있었을 것이다.

빠진 2책 중 1책이 바로《춘추제국흥폐설》이다.《춘추제국흥폐설》 권수제는 '춘추사전서', '춘추'(K1-135甲)의 권수제는 '춘추집전대전'으로 서로 다른데, 원래 한 질이었다고 하니 의아할 것이다. 하지만 한국학중앙연구원 장서각이 소장하고 있는 또 다른《춘추집전대전》(K1-135乙)과 비교해 보면 의문이 풀린다. 이 책의 표제는 '춘추사전'으로 K1-135甲과 다르지만 내용은 동일하다(도 11-5). K1-135甲과 달리 첫 번째 책의 표제는 '춘추사전 서설序說'이다. 권1 앞에 '서설' 1책이 더 있는 셈이다. 표지를 펼쳐 내용을 보면《춘추제국흥폐설》과 완전히 같다. 그러니까《춘추제국흥폐설》이 바로 K1-135甲에

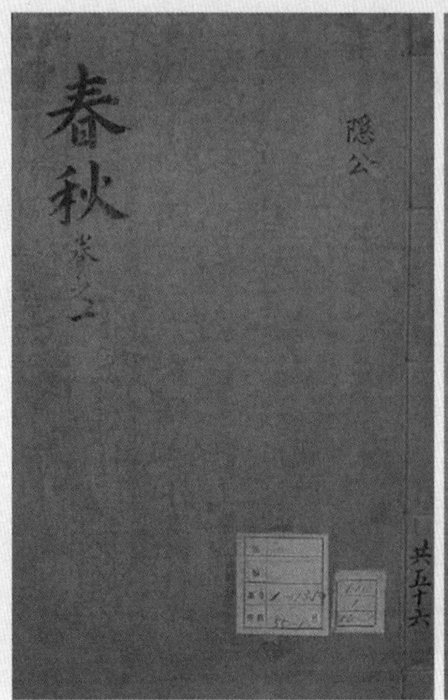

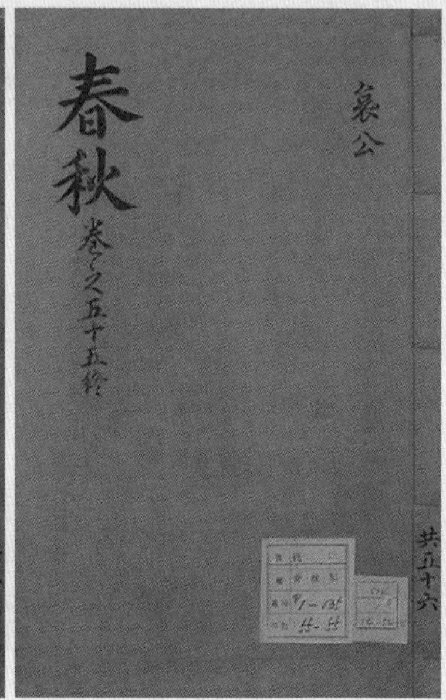

11-4. 《춘추집전대전》(K1-135甲) 표지와 권1. 판심제와 표제, 서근제 모두 '춘추'인 54책 한 질의 첫 번째 책은 권1, 마지막 책은 권55지만 원래 총 책 수는 56책이었다. 권1 앞에 서문이나 목록에 해당하는 책이 더 있어야 맞다. 《춘추제국흥폐설》이 이 책의 서문에 해당한다. 권1의 권수제 아래에는 '봉모당인'과 '연잉군방'이 찍혀 있다.
소장처: 한국학중앙연구원 장서각

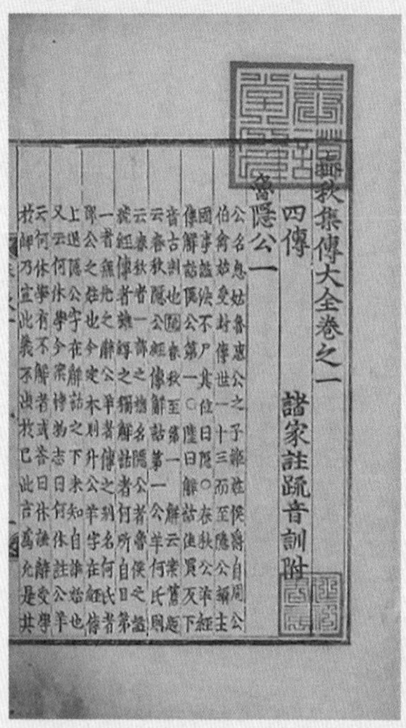
春秋集傳大全卷之一

四傳　　諸家註疏音訓附

魯隱公一

11-5. 《춘추집전대전》(K1-135乙) 표지와 서. 한국학중앙연구원 장서각에는 연잉군이 소장했던 《춘추집전대전》이 한 질 더 있다. 첫 번째 책의 표제는 '춘추사전', 그 아래 작은 글씨로 '서설序說'이라고 썼다. 《춘추제국흥폐설》과 표제는 다르지만 본문의 내용과 형식은 같다.
소장처: 한국학중앙연구원 장서각

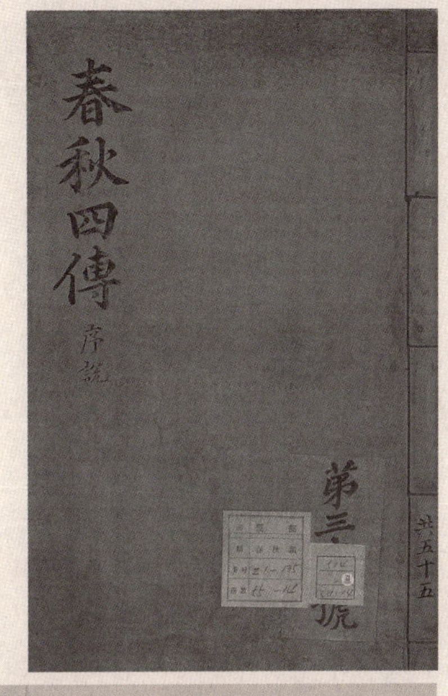

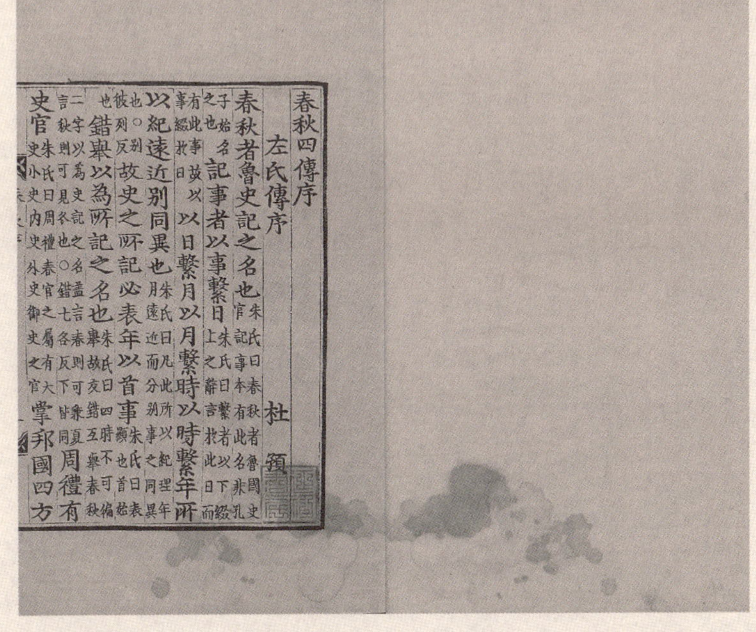

春秋四傳序

左氏傳序　杜預

春秋者魯史記之名也 朱氏曰春秋者魯國史官記事本有此名非孔子始名之也 記事者以事繫日 朱氏曰繫者以下綴上之辭言收此日而有此事茲以事綴收日 以日繫月以月繫時以時繫年所以紀遠近別同異也 朱氏曰凡此所以紀理年月遠近而分別事之同異也 ○別彼列反 故史之所記必表年以首事 朱氏曰表顯也首始也 錯舉以為所記之名也 朱氏曰四時不可編舉故交錯互舉春秋二字以為史記之名盡言春則可兼夏言秋則可見冬也 ○錯七各反下皆同 周禮有史官 朱氏曰周禮春官之屬有大史小史內史外史御史之官 掌邦國四方

빠진 2책 중 1책인 것이다. 나머지 1책에는 아마도 목록과 범례 등이 수록되었을 것이다. 다시 말하면 원래 K1-135甲은 서문 1책, 목록과 일러두기 등 1책, 본문 55권 54책, 총 56책이 1질이었던 것 같다.

이것만으로는 《춘추제국흥폐설》이 '춘추'(K1-135甲)와 한 세트였다고 보기 어렵다. 그런데 증거가 또 있다. 두 책 다 책 크기 36.8×23.1센티미터, 반곽半郭 25.7×16.6센티미터의 목판본으로 판식과 서체가 같다는 점이다. 하지만 목판으로 여러 부수를 찍어 낼 수 있으니 판식과 서체가 같다는 것만으로는 원래 한 세트였다고 단정할 수 없다.

《춘추제국흥폐설》과 '춘추'(K1-135甲)가 한 세트였다는 결정적인 증거는 바로 장서인이다. '춘추'(K1-135甲) 54책 1면에는 모두 《춘추제국흥폐설》과 같은 '연잉군방'이라는 도장이 찍혀 있다. 1책, 2책, 3책, 53책, 54책에는 '연잉군방'과 '봉모당인'이 함께 찍혀 있다. '선사지기'가 없는 이유는 왕이 책을 하사할 때 첫 번째 책에 내사기를 쓰고 내사인을 찍기 때문이다. 첫 번째 책, 즉 '춘추사전서'가 빠졌기에 '연잉군방'과 '봉모당인'만 찍혀 있는 것이다.

앞서 소개한 《춘추집전대전》(K1-135乙)에도 내사기는 없지만, 1책, 5~49책, 52~54책에 '연잉궁방' 도장이 있고, 2~4책. 50~51책 1면에는 '봉모당인', '연잉궁방' 도장이 함께 찍혀 있다. 연잉군은 《춘추집전대전》을 2질 소장하고 있었던 셈이다.

정리하면 《춘추제국흥폐설》이라는 표제의 책은 공자가 지은 《춘추》에 여러 사람이 쓴 주석[傳]을 한데 모았다는 뜻을 가진 책 《춘추집전대전》의 서문 부분에 해당하는 책이다. 여러 사람의 주석이라고 하지만 사실 4명의 대가가 주석한 것을 모았기 때문에 이 책을 '춘추사전'으로 불렀고, 권수제도 '춘추사전서'다. 《춘추제국흥폐설》이라는 제목은 '춘추사전서' 후반부에 수록된 '춘추제국흥폐설'에서 따온 것이다. 한 세트에서 분리된 후 누군가가 이런 제목을 붙여 혼돈을 일으킨다. 누가 언제 썼는지 알 수 없지만 표지의 형태나 표지에 쓴 글씨 등으로 보아 최근에 만든 표지는 아니다.

이처럼 원래 한 질이었던 책이 분리되어 전래되는 경우가 꽤 있다. 이때 책의 형태나 판식만으로는 원래의 짝을 찾기 어렵다. 표제가 달라진 경우는 더욱 그렇다. 《춘추제국흥폐설》과 《춘추집전대전》의 경우는 '연잉궁방'이라는 장서인이 두 책이 한 세트였음을 알 수 있는 결정적 단서가 되었다. 내사기와 장서인은 책의 여정을 상상하게 하며, 똑같아 보이는 그저 그런 고서 하나하나에 개성을 불어넣어 준다.

‖ 더불어 읽기 ‖

: 영조와 정조의 장서인이 함께 찍힌 책《춘추보편》

'연잉군방'이라는 장서인이 있는 책을 검색하다 서울대학교 규장각 한국학연구원에서《춘추보편春秋補編》이라는 책을 찾았다. 조선 후기 학자 박세채朴世采(1631~1695)가《춘추》와 관련된 기사를 여러 전적에서 편집한《춘추》연구서다. 3권 2책으로 구성된 활자본 8질이 소장되어 있다. 판본은 모두 같으며, 책에 따라 '시강원侍講院', '홍문관弘文館' 등의 장서인이 있다. 이 가운데 1질(규 2302)에 내사기와 '연잉군방'이라는 소장인이 찍혀 있다. 내사한 시기가 강희 40년 5월 20일(1701년, 숙종 27)로 다르고(年대신 秊라고 쓴 것도 다르다) 배포 담당자가 우부승지 홍 모洪某인 점도 다르지만,《춘추제국흥폐설》과 내사기 형식은 같다. 첫 번째 면에 '선사지기'가 있고, 다음 장에 '연잉군방'이 찍힌 것도 같다(도 11-6).

하지만 다른 점이 있다. 내사기 여백에 두 개의 도장이 있다. '서울대학교도서大學校圖書'와 '경성제국대학도서장京城帝國大學圖書章'이다. 첫 번째 장에도 도장이 엄청나게 많다. '선사지기' 아래 두 개의 도장은 '홍재弘齋'와 '승화장承華章'이다. 오른쪽 장방형 도장은 '편집국보관編輯局保管'이다. 위쪽 난상에도 여러 도장이 찍혀 있다. 오른쪽부터 '학부도서學部圖書', '조선총독부도서지인朝鮮總督府圖書之印', '경성제국대학도서장'이다. 위쪽에 일부만 찍힌 도장은 내사기에 있는 '서울대학교도서'와 같은 도장이다.

이 많은 도장은 도대체 무엇이며, 도장으로 어떤 걸 알 수 있을까? 먼저 '홍재'는 정조의 호號다. 정조의 문집 이름 《홍재전서弘齋全書》로 비교적 많이 알려진 호다. 정조의 호는 이외에도 많았고, 정조는 여러 종류의 장서인을 찍었다. '승화장'에서 '승화'는 세자궁(세자의 거처)을 이르는 말이다. '승화장'은 세자가 소장한 책이라는 표시다. '홍재'와 '승화장'은 정조가 세손 시절에 주로 쓰던 장서인이다. 이 도장과 내사기는 숙종이 나중에 영조가 되는 연잉군에게 하사한 책을 손자인 정조가 세손 시절에 소장했음을 알려 준다.

영조가 연잉궁 시절에 '선사지기' 아래 찍지 못한 장서인을 세손이었던 정조는 '선사지기' 아래 당당히 찍었다(연잉군은 '선사지기'가 없는 2책에는 첫 번째 면에 자신의 소장인을 찍었다). 장서인을 찍은 위치에서 연잉군이었던 영조와 세손이었던 정조의 위상이 읽히면서도, 책으로 이어진 영조와 정조의 끈끈한 관계가 느껴진다.

이 책의 소장인 이야기는 여기서 끝이 아니다. 영조와 정조의 도장 외에 다른 도장들은 무엇일까? '조선총독부도서지인'과 '경성제국대학도서장', '서울대학교도서' 도장은 설명이 필요없다. 대한제국이 일제에 강점당한 후 이 책을 소장한 기관의 도장이다. 조선총독부를 거쳐 경성제국대학도서관으로 이관되었고, 광복과 함께 경성제국대

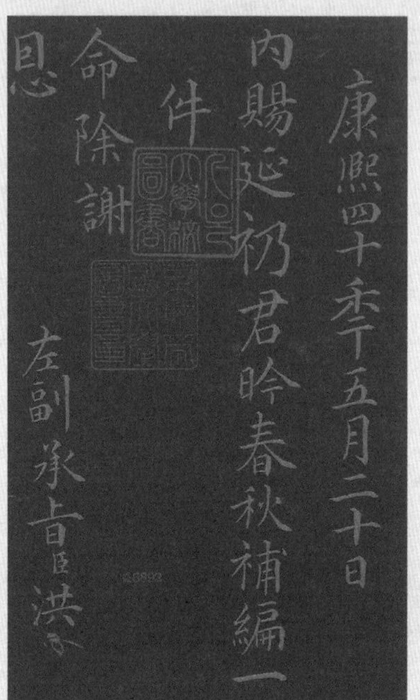
康熙四十年五月二十日
內賜延礽君昑春秋補編一件
命除謝
恩
左副承旨臣洪

11-6. 《춘추보편》
박세채가 《춘추》와 관련된 기사를 여러 전적에서 편집한 《춘추》 연구서다. 강희 40년 5월 20일(1701년, 숙종 27)에 내사했다는 기록이 있다. 첫 번째 면 '선사지기' 다음 장에 '연잉군방'를 비롯한 여러 개의 도장이 이 책의 이력을 말해 준다.
소장처: 서울대학교 규장각한국학연구원

春秋補編序 名春秋補傳
[illegible]朱夫子纂述詩易發揮書禮而後聖門諸
經之義靡不煥然復明於世學官之所立儒士
之所習[illegible]由是而無他塗焉其於春秋則不
[illegible]既不得朱子之所修明並與其傳義定本而
疑之讀者因此往往眩辭迷指無可準的譬如
醫家衆方畢具而莫識其所用此補編之書所
以不得已而作也盖春秋者天理之繩墨王道
之權衡而聖人傳心之大法也粤自當時高弟
游夏之徒舉不能贊一辭其嚴可知已及後左

1장 앞

如易之猶有本義可以與傳互備是將安所適
從夫疑則惑惑則怠怠則廢此生民必然之理
小事尚爾矧乎聖門莫大之經義而可無追輯
以冀萬有一補於是就世采屏廢固陋僭不自
揆謹就二程子及夫子全書采摭整釐隨類附
經略倣四氏之規而復述其經傳大義別冠諸
書首盖胡氏固曰取證於程傳然其不同者居
多且泊夫子所論時見集傳註中頗涉疎漏皆
非所以盡夫表章折衷之道則雖欲使世采不
爲此書其烏可得耶儻世之學春秋者姑以胡

2장 앞

학도서관 장서가 서울대학교 도서관으로 이관되었다는 이력을 보여 준다. 서울대학교 도서관과 규장각이 분리되면서 현재는 규장각에 소장되어 있다. '편집국보관'과 '학부도서'는 갑오개혁 후 새로운 조직에 따라 편제된 학부 편집국에서 보관했던 도서라는 뜻이다.

내사기와 함께 찍힌 장서인은 숙종이 연잉군에게 하사한 이 책이 오늘날까지 전해지면서 거쳐 온 여정을 한 번에 보여 준다. 이력을 알 수 있는 장서인이 많은 책이 귀한 책이라지만 이런 책을 대할 때면 마냥 좋을 수 없다. 특히 일제강점기에 찍은 장서인은 생채기를 보는 듯하여 마음이 편치 않다.

낡고 헤진 책의 매력

_《성리대전서절요》

낡고 헤진 책도 귀했던 시절

박물관에서 책을 수집하는 기준은 박물관마다 다를 것이다. 청주고인쇄박물관은 인쇄물을 중시하고, 국립세계문자박물관은 인쇄물인지 필사본인지, 또는 돌에 새긴 것인지 따지기보다 문자 자체에 집중할 것이다. 수원화성박물관의 경우는 영·정조 시대의 책이나 기록이면 먼저 수집 대상이 될 것이다. 고서의 어떤 면을 보느냐에 따라 같은 책이라도 가치가 달라지지만, 흠이 없는 책, 왕실본처럼 고급 종이와 표지를 사용한 책, 유명인의 도장이나 내사기가 있는 책, 여러 권으로 된 경우에는 빠진 부분이 없는 완질을 더 높이 칠 것이다. 유일본이나 희귀본의 경우는 예외일 테지만 말이다.

박물관에서 책을 전시할 때도 마찬가지다. 전시에서 책의 어떤 면을 보여 줄지에 따라 전시하는 부분이 달라지기도 하지만, 이왕이면 보기에 깨끗하고 흠이 없어 글씨가 눈에 잘 들어오는 책, 보는 맛이 있는 책을 전시한다. 유일본이나 희귀본이 아닌데도 낡고 때가 꼬질꼬질 묻고 가장자리가 너덜너덜한 책을 전시하면 관람객의 눈길을 끌기 어렵다. 보존 차원에서도 그다지 좋지 않고 심지어 눈살을 찌푸릴 수도 있다. 그런데 사실 남아 있는 고서의 대부분은 낡고 짝을 잃고 혼자 남거나, 온전하지 못한 책이다. 그렇지만 이런 책에서도 의외의 보석 같은 부분을 발견할 수 있다.

책이 홍수를 이루는 시대에 사는 오늘날에는 읽지도 않은 책을 버리기도 하고, 책을 보면 질색을 하기도 한다. 나 자신도 누군가 책을 주면 달갑지 않을 때도 있고, 세상에 책을 하나 더 보태는 것이 잘하는 일일까 고민하기도 한다. 그러나 책이 이런 대접을 받게 된 것은 책의 긴 역사에서 보면 아주 최근의 일이다. 인쇄술이 등장하기 전 서사 재료는 그것이 무엇이든 생산에 엄청난 노력과 시간이 필요했기 때문이다. 인쇄술이 등장한 이후에도 펄프를 이용해 종이를 대량생산하고 기계로 인쇄하기 전까지 책은 여전히 귀한 대접을 받았다.

인쇄술이 발달한 조선에서도 책은 아주 귀한 것이었다. 우리나라 종이는 질긴 대신 제작 공정이 엄청 힘들었다. 그러니 책을 만드는 데 많은 비용이 필요할 수밖에 없었다. 그마저도 팔지 않았기 때문에 책을 구하기가 어려웠다. 조선시대 선비들은 필요한 책을 구하면 애지

중지하고 표지가 망가지면 개장하고, 책의 낱장이 해지면 배접을 하고 수리를 해서 마르고 닳도록 보았다.

이런 책들은 책 주인의 손때가 묻어 있으며, 메모나 낙서에서 책 주인을 알려 주는 단서를 발견할 수도 있다. 공부의 흔적이나 독서의 흔적으로 여러 가지 정보를 얻을 수 있는 경우도 있다. 특히 책의 표지 안쪽 배접지 같은 데서 뜻밖의 보물과 같은 자료가 발견되기도 하므로 고서를 볼 때 본문보다 배접지를 보고 연구하는 사람들도 있다. 책 소유자의 흔적이 곳곳에 남아 있는 이런 책 중에 국립중앙박물관이 소장하고 있는 이건희 기증품《성리대전서절요性理大全節要》라는 책이 있다.

《성리대전서절요》는 조선 전기 문신이자 학자인 김정국金正國(1485~1541)이 명나라에서 편찬한《성리대전》가운데 필요한 부분을 간추려[節要] 편집한 책이다.《성리대전》은 명나라 성조의 명으로 호광胡廣(1370~1418) 등 42명의 학자가 송나라 때 성리학설을 집대성하여 편집한 유학서이다. 전체가 70권으로 이루어져 있다. 이렇게 방대한 책은 쉽게 읽을 수도 없고, 아무나 가질 수도 없었다. 또한 이 책은 내용이 너무 산만한 결점도 있었다. 이에 김정국은《성리대전》가운데 조선의 학자들에게 꼭 필요한 부분을 간추려 4권으로 편집한《성리대전서절요》를 간행하였다. 절요라는 책 제목이 간추리고 요약했다는 뜻이다. 오늘날로 치면 명작의 다이제스트판이라고나 할까?

[12-1] [12-2]

12-1. 《성리대전서절요》 권3의 표지.
표제는 '성리대전(권지삼)', 오른쪽에 '절요'라고 횡제목을 썼다. 표지가 헤지고 닳아서 반질반질하지만, 책 주인의 흔적이 남아 있는 귀한 책이다.
소장처: 국립중앙박물관

12-2. 《성리대전서절요》 권4의 표지.
권3보다 크고 표지도 다르다. 표지가 너무 낡아서 정확히 알 수 없지만 표제는 '성리절요'로 보인다.
소장처: 국립중앙박물관

국립중앙박물관 소장 《성리대전서절요》는 완질본이 아니라 권3과 권4, 각 1책만 남아 있는 낙질본이다. 이 두 책은 지금까지 소개한 종이 질이나 인쇄 상태가 좋은 깨끗한 책들과 한눈에 보아도 무척 다르다. 표지는 헤지거나 닳아서 반질반질하고 책 가장자리도 닳아서 너덜너덜하다(도 12-1, 12-2). 이런 책이 무슨 가치가 있을까 생각하고 지나쳐 버리기 쉽지만 그렇게 치부하고 도외시할 책이 아니다.

대대로 전할 가문의 보배

이 책을 하찮게 볼 수 없는 이유는 우선 《성리대전서절요》라는 책 자체가 오늘날 얼마 남아 있지 않기 때문이다. 편찬자 김정국은 1538년(중종 33)에 전라도 관찰사로 재직하면서 나주목에 있던 목활자(금성자錦城字: 금성은 나주목의 옛 이름)에 부족한 글자와 빠진 글자를 더 새겨 《성리대전서절요》를 간행하였다. 간행 부수는 400부였다. 이런 사실은 책의 마지막에 김정국이 남긴 후서(발문)에 나와 있다. 이후 1546년(명종 1)에 목판으로 번각을 했으며, 이후에도 몇 차례 번각했을 가능성이 있다. 오늘날 남아 있는 《성리대전서절요》 가운데 김정국이 간행한 목활자 완질본은 2질뿐이다. 둘 다 보물이며 국립중앙박물관(1993년 지정)과 청주고인쇄박물관(2004년 지정)이 각각 소장하고 있다(도 12-3). 국립중앙박물관 소장본은 《성문종합영어》로 유명한 송성문이 기증한 것이다. 그 외 몇몇 기관에 번각본 또는 목활자본 일부만 남아 있다. 이건희 기증본도 번각한 낙질본 중 하나다.

《성리대전서절요》를 소개하려면 보물로 지정된 목활자 완질본을 소개해야 마땅하다고 생각할 수 있다. 물론 이 책은 인쇄술의 역사라는 측면에서 귀중한 자료다. 임진왜란 이전에 지방 관아에서 만든 목활자로 인쇄한 드문 사례로 평가되기 때문이다. 하지만 책의 어떤 면을 보느냐에 따라 활자본도 아니고, 완질도 아니며, 책 상태도 좋지

性理大全書序
朕惟昔者聖王繼天立極以道治天下自伏羲
神農黃帝堯舜禹湯文武相傳授受上以是命
之下以是承之率能致雍熙悠久之盛者不越
乎道以爲治也下及秦漢以來或治或否或久
或近卒不能如古昔之盛者或忽之而不行或
行之而不純所以天下卒無善治人不得以蒙
至治之澤可勝歎哉夫道之在天下無古今之
殊人之稟受於天者亦無古今之異何後世
亂得失與古昔相距之遼絕歟此無他

12-3. 활자본《성리대전서절요》.
김정국이 1538년(중종 33)에 전라도 관찰사로 재직하면서 나주목에 있던 목활자에 부족한 글자와 빠진 글자를 더 새겨 간행한《성리대전서절요》다. 400부만 간행하여 당시 간행한 목활자 완질본은 드물다. 이 책은《성문기본영어》로 유명한 송성문이 기증한 것이다.
소장처: 국립중앙박물관

않은 낙질본《성리대전서절요》역시 귀중한 책으로 평가할 수 있다. 이 책에서 알 수 있고 느낄 수 있는 것들이 훨씬 많기 때문이다.

오늘날의 관점에서 보면 다 헤지고 낡은 볼품없는 책이지만, 조선시대에는 이런 책이나마 손에 넣기가 정말 힘들었다. 마르고 닳도록 보고 또 보다 보니 이처럼 낡은 것이다. 권3의 뒤표지 안쪽에 책 주인이 이 책을 얼마나 귀하게 여겼는지 짐작할 수 있는 기록이 있다. '긍구당전가보肯搆堂傳家寶'라는 글씨다(도 12-4). 긍구당에 대대로 전하는 가보라는 뜻이다. 긍구당은 김제시 백산면 상정리 돌제에 1926년에 건립한 신평 이씨 제각齋閣으로 이근문李根汶(1846~1931)이 이름을 짓고, 이정직李定稷(1841~1910)이 현판의 글씨를 썼다고 한다. 앞표지 안쪽에도 '긍구당'이라는 글씨가 있는 것으로 보아 소장자가 긍구당과 관련이 있음이 분명하다. 그러나 이 책이 긍구당과 관련이 있는지, 긍구당이 김제시 백산면에 있는 제각인지 여부를 떠나 이런 낡은 책을 집안의 가보로 여겼다는 점이 인상적이다.

책 주인이 이 책을 얼마나 애지중지했는지는 책 본문 곳곳에서 드러난다. 책 뒤쪽 47~49장까지 석 장, 53장을 손으로 직접 쓴 것을 확인할 수 있다(도 12-5). 글씨를 보면 대충 아무렇게나 쓴 것이 아니라 정성을 듬뿍 들여 한 자 한 자 써 내려갔음을 알 수 있다. 아마도 원본을 보고 원본의 행자수 대로 써 내려갔을 것이다. 음각으로 새긴 글자 부분도 인쇄된 모양을 그대로 재현했다. 원래의 책 모양을 살리려 최

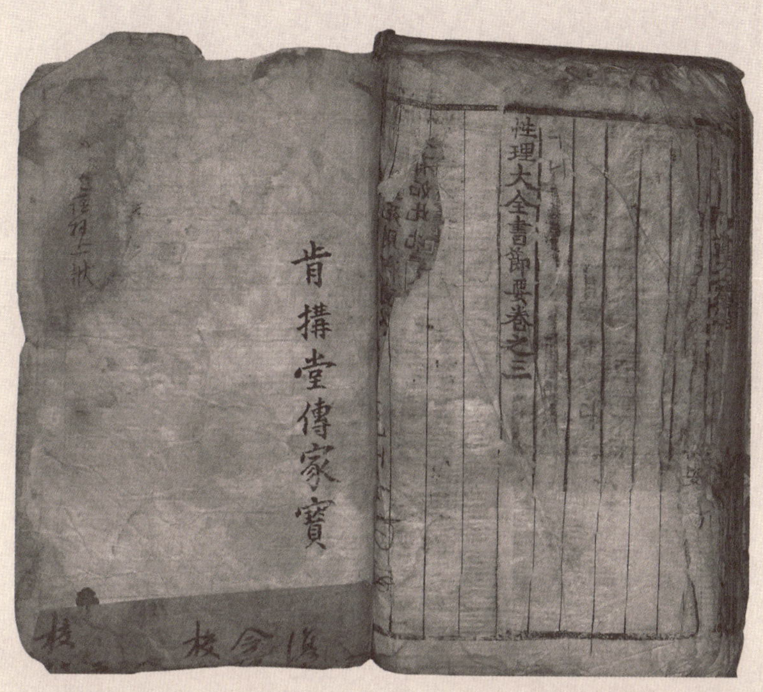

12-4. 《성리대전서절요》 권3 묵서.
권3의 뒤표지 안쪽에 책 주인이 이 책을 얼마나 귀하게 여겼는지 짐작할 수 있는 기록이 있다. '긍구당전가보肯搆堂傳家寶'라는 글씨다. 긍구당에 대대로 전하는 가보라는 뜻이다.
소장처: 국립중앙박물관

君安得無罪歟觀其臨大義斷大謀操縱收斂於
股掌之間輔成曹氏之霸業至其威加海內下陵
上逼乃欲潛杜其不軌是猶揚瀾潰堤以成滔天
之勢而後徐以一葦障之尚可得乎而范睢猶謂
或有殺身成仁之美吾不知其說也
晉元帝
南軒張氏曰爲國有大幾大幾一失則其弊隨起
而不可禁所謂大幾三綱之所存是也晉元帝初
以懷帝之命來臨江左當時之意固以時事艱難
分建賢王以爲屛翰庶幾增國家之勢拆姦究之
心緩急之際實賴其紆率義旅入衛王室其責任
蓋不輕矣而瑯琊之入建業考觀其規模以原其
心度之所安蓋有自爲封殖之意而無慷慨謀國
之誠懷帝季以蒙塵迄不聞勤王之擧愍帝之立
增重寄委制詔深切而亦自若也祖逖擊楫渡江
聊復以兵應其請反從而制之使不得有爲則其
意不在中原也審矣坐視神州板蕩戎馬縱橫不
以動其心不過欲因時自利云耳愍再蒙塵懼天
下之議己則陽爲出師之勢遷延顧望終歸罪於
運餉稽緩斬一無辜令史以塞責赤膏之異亦深

12-5. 《성리대전서절요》 권3 필사 부분.
책 뒤쪽 47~49장까지 석 장, 55장은 인쇄본이 아니라 손으로 직접 쓴 것이다.
글씨를 보면 대충 아무렇게나 쓴 것이 아니라 정성을 듬뿍 들여
한 자 한 자 써 내려갔음을 알 수 있다.
소장처: 국립중앙박물관

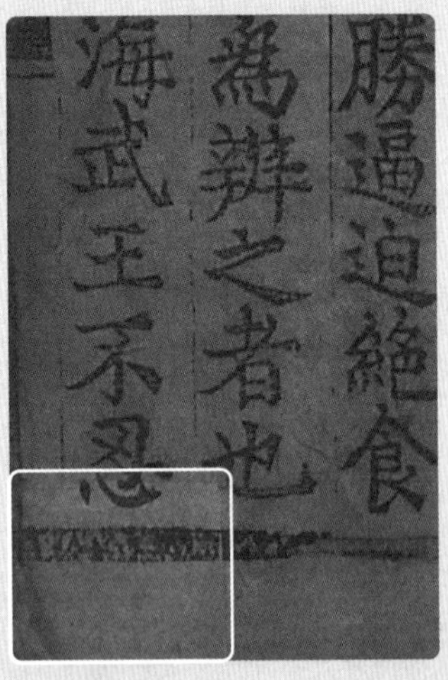

12-6. 《성리대전서절요》 권3의 글씨 보완 부분.
마지막 행 맨 아래 글자 '忍'의 아래 부분 '心'은 붓으로 썼다.
'心' 부분이 떨어져 나가 종이를 덧대고 쓴 것이다.
이 뒤에도 같은 위치에 종이를 덧대고 글자를
보완한 부분이 이어진다.
소장처: 국립중앙박물관

대한 노력했던 흔적들이다.

조선시대에는 오늘날처럼 책을 보관할 수 없었기 때문에 애지중지 하던 책들이 손상되기 쉬웠다. 쥐나 해충의 먹잇감이 되기도 하고, 여름철 습기에 곰팡이가 슬어 버리기도 했다. 요즘 같으면 당장 내다버렸겠지만, 옛날에는 어떻게든 책을 회생시켜야 했다. 이 책의 뒷부분 몇 장이 무슨 이유로 사라져 버렸는지 지금으로선 알 수 없지만, 최대한 원래의 모습을 살리기 위해 이처럼 없어진 부분을 직접 써 내려갔던 것만은 분명하다.

보완한 부분은 여기뿐만이 아니다. 사실상 이 책의 후반부는 거의 대부분 하자를 보완했다. 책을 자세히 들여다보면 제30장 아래쪽에 다른 종이를 덧댄 것을 확인할 수 있다. '인忍'이라는 글자가 있는 부분인데 '心'의 아래쪽 획은 붓으로 썼다. '忍'자의 아래쪽 부분이 떨어져 나가 종이를 덧대고 '心'자의 떨어진 부분을 보충한 것이다(도 12-6). 뒷장들도 같은 위치에 글자가 떨어져 나간 부분에 종이를 덧대고 쓴 모습이 이어진다. 뒷부분에는 떨어져 나간 부분이 더 많아 손으로 쓴 글자가 더 많다. 이런 모습은 책의 뒤쪽부터 피해를 입었음을 짐작하게 한다.

어떤 방식으로 종이를 덧대어 보수했을까? 손이 많이 가는 일이긴 하지만 방법은 의외로 간단하다. 책을 맨 끈을 풀어 반으로 접힌 한 장 한 장을 펼친 다음, 인쇄되지 않은 뒷면으로 넘겨서 헤진 부분 만큼 종이를 오려서 덧대는 것이다. 종이가 마르면 다시 인쇄된 앞면으로 돌려서 빠진 글자를 보충해 써 넣으면 된다.

없어지거나 하자가 있는 부분만 오려 내고 종이를 덧대어 보완하는 방법도 있지만 경우에 따라 한 장 전체에 다른 종이를 덧대 보완하기도 했다. 책장 전체가 너무 낡고 헤진 경우에 쓰는 방법이다. 요즘에도 귀중본을 보수할 때 낱장을 보강하기 위해 한지를 덧대 배접을 새로 하기도 한다. 낡고 헤진 가장자리 전체를 보강하기 위해 원래 책의 종이보다 조금 크게 배접지를 붙이는 경우가 많다. 이런 경우 원래 책의 낡은 종이와 새로운 종이로 만든 배접지는 크기와 색이 달라 육안으로 금방 확인할 수 있다. 그러나 종이가 귀했던 과거에는 원책보다 더 큰 종이를 사용해서 보강할 수 없었다.

《성리대전서절요》 권3의 제1장의 뒷면에서 한 장 전체를 배접한 모습을 확인할 수 있다(도 12-7). 원래 책의 종이 크기와 꼭 맞게 재단하여 뒷면에 붙이는 배접지는 책을 볼 때 드러나지 않는다. 배접지를 붙인 다음 글씨가 있는 앞면을 반으로 접어 다시 제본하기 때문이다. 그런데 이 책은 워낙 낡아서 가운데 접었던 부분이 헤져서 갈라졌기 때문에 배접지가 온전히 드러난 것이다. 배접지에는 뒤집어진 글자가 잔뜩 있다. 글자가 없는 뒷면을 활용한 것이다.

12-7. 《성리대전서절요》 권3 배접지.
권3 제1장의 뒷면에서 한 장 전체를 배접한 모습을 확인할 수 있다.
원래 책의 종이 크기와 꼭 맞게 재단하여 뒷면에 붙이므로 드러나지 않지만,
이 책은 가운데 접었던 부분이 헤져서 갈라져 배접지가 온전히 드러났다.
글씨가 없는 뒷면을 배접지로 활용했다.
소장처: 국립중앙박물관

책주인이 남긴 흔적

요즘처럼 종이가 흔한 시대에는 이면지를 쓸 일이 별로 없다. 오히려 종이를 너무 낭비하다 보니 재활용을 권장해야만 할 정도이다. 그러나 조선시대에는 종이 재활용을 권장할 필요도 없었다. 권장하지 않아도 최대한 아끼고 재활용하지 않으면 안 되었기 때문이다. 《성리대전서절요》 권3의 제1장의 뒷면에 붙인 배접지도 이런 사례 중 하나다.

이 배접지는 어떤 자료를 재활용한 것일까? 뒤집어진 글씨를 잘 들여다보면 '태세재을축(간목지토/납음속금)세덕재경합재을太歲在乙丑(幹木枝土/納音屬金)歲德在庚合在乙', '연신방위지도年神方位之圖'로 읽힌다. 이 종이는 청나라에서 도입된 시헌력時憲曆이라는 역법에 따라 만든 책력(달력)의 일부다. 여기 표시한 을축이라는 간지는 1805년 을축년이다. 달력은 해가 바뀌면 쓸모가 없기 때문에 이처럼 배접지로 사용했을 것이다. 예전에 용도가 끝난 벽걸이 달력을 떼서 교과서 커버로 사용했던 것을 연상시킨다. 누가, 언제 배접했는지 정확히 알 수 없지만, 이 달력이 1805년 달력이니 적어도 1806년 이후에 배접했을 것이다.

낱장을 보강할 때 외에도 종이를 재활용한 경우는 많았다. 가장 널리 사용된 경우는 표지 제본을 할 때다. 《조선왕조실록》 부분에서 설명했듯이 선장본에서 책 표지는 황색으로 염색한 종이를 사용한다. 이때 표지가 튼튼하도록 뒷면에도 종이를 덧댄다. 이 종이를 후배지後褙紙라고 한다. 아무리 표지를 튼튼하게 만들어도 종이라는 재

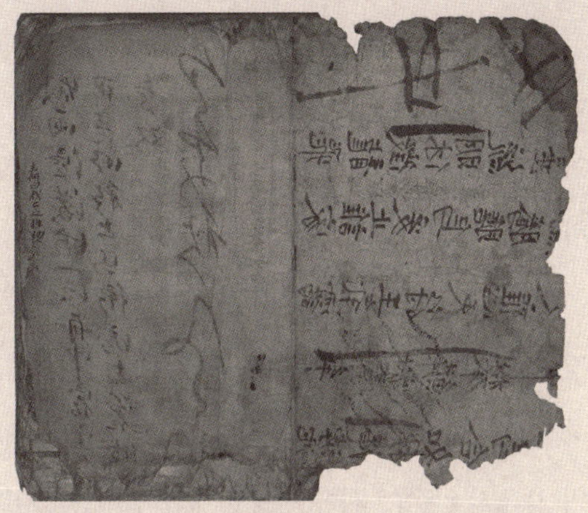

12-8. 《성리대전서절요》 권4 표지 안쪽과 면지.
권4의 앞표지 안쪽에 사용한 종이에 뒤집어진 큰 글씨들이 비친다.
어떤 내용인지 알기 어렵지만 글씨를 쓴 종이를 배접지로 재활용한 것이다.
소장처: 국립중앙박물관

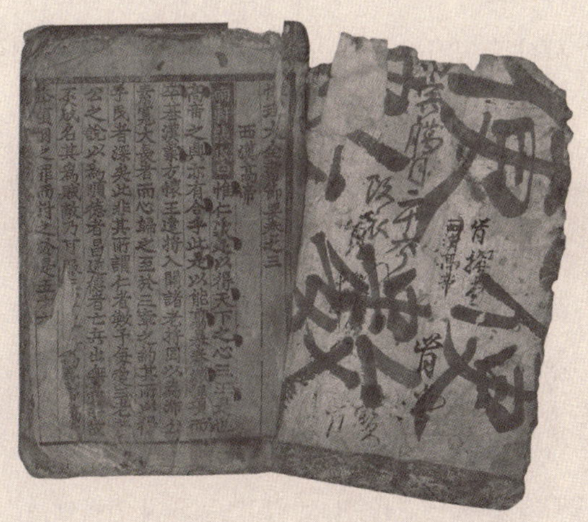

12-9. 《성리대전서절요》 권3 표지 안쪽 글씨.
권3의 앞표지 안쪽에는 앞서 말한 '긍구당'이라는 글씨와 나란히 권3의 시작 부분인 '서한고제西漢高武'라는 작은 글씨가 있다. 이외에도 크고 작은 여러 글씨가 있는데 아마도 여백에 글씨 연습을 한 것 같다.
소장처: 국립중앙박물관

료의 특성상 표지는 손상을 입기 쉽다. 표지는 망가지면 으레 바꾸는 것으로 여겼으므로 조선시대 책 가운데 원래의 표지가 그대로 남아 있는 경우는 드물다. 그만큼 원표지를 그대로 유지한 책을 더 귀하게 여기곤 한다.

표지 뒷면에 붙이는 후배지에는 이미 사용했던 종이를 재활용하는 경우가 많았다. 주로 두터운 문서지나 시험 인쇄한 교정지를 사용했다.《성리대전서절요》 표지에도 종이를 재활용한 흔적이 보인다. 권4의 앞표지 안쪽에 사용한 종이에 뒤집어진 큰 글씨들이 비친다(도 12-8). 어떤 내용인지 알기 어렵지만 글씨를 쓴 종이를 재활용한 것이다. 이런 배접지에서 책의 제작 시기를 알 수 있는 단서가 되는 기록이 발견되기도 하고, 뜻밖에 아주 귀중한 문서가 발견되기도 한다. 책을 볼 때 본문보다 배접에 사용한 이면지를 눈여겨보는 것은 이 때문이다. 사실 통일신라 시대의 귀중한 사료인 신라장적도 일본에 보내는 물건의 포장지로 재활용한 것이었다.

종이가 귀한 시절이었던 만큼 배접지의 여백 역시 남김없이 활용했다.《성리대전서절요》 두 책의 앞뒤 표지의 배접지에 책 소장자가 남긴 여러 낙서 또는 기록이 그런 예이다. 권3의 앞표지 안쪽에는 앞서 말한 '궁구당'과 나란히 권3의 시작 부분인 '서한고제西漢高武'라고 작은 글씨로 썼다(도 12-9). 이외에도 크고 작은 여러 글씨가 있는데 아마도 여백에 글씨 연습을 한 것 같다. 뒤표지 안쪽에는 '궁구당전가보' 외에 왼쪽 끝에도 정확히 읽을 수 없는 글씨가 있다(도 12-4).

권4는 권3과 달리 앞표지와 본문 사이에 얇은 면지가 있고 여기에도 글씨가 있다(도 12-10). "연우공몽만일강/누중숙객야개창/명조상마충니거/회수창파백조쌍煙雨空濛滿一江/樓中宿客夜開窓/明朝上馬衝泥去/回首滄波白鳥雙"이라는 정몽주의 시 〈제여흥루題驪興樓〉를 옮겨 쓴 듯한데, 약간 다르다. 뒤표지 안쪽에도 시구로 짐작되는 여러 글씨가 있다(도 12-11). 붉은 먹으로 2행으로 쓴 큰 글씨가 눈에 띈다. 색이 날아가 정확히 알 수 없지만, "조래시게고봉간/의구청산록수다朝來始揭孤蓬看/依舊青山綠樹多"로 읽힌다. 칠언시로 보이는 두 구절은 주희의 시 〈수구행주水口行舟〉 가운데 "금조시권고봉간/의구청산록수다今朝試卷孤蓬看/依舊青山綠樹多"와 뒤 구절은 완전히 일치하고 앞 구절은 조금 다르다. 아마도 주희의 시구를 응용한 것 같다.

검은 먹으로 쓴 글씨 가운데 오른쪽에 4자씩 2행으로 쓴 6구절 아래 '윤사국尹師國'이라는 글자를 확인할 수 있다. 왼쪽에 4자씩 4행으로 쓴 10구절 아래에는 '의녕남구만宜寧南九萬'이라고 썼다. 각각 윤사국과 남구만이 쓴 시로 짐작되지만 확인할 수는 없다. 남구만은 1630~1711년에 살았던 인물이며, 윤사국은 1728~1809년에 살았던 인물이다. 책 뒷면에 시를 옮겨 적은 사람은 19세기 전후에 살았던 인물일 것이다.

19세기 전후에 살았던 사람들의 흔적이 있는 이 2권의 《성리대전

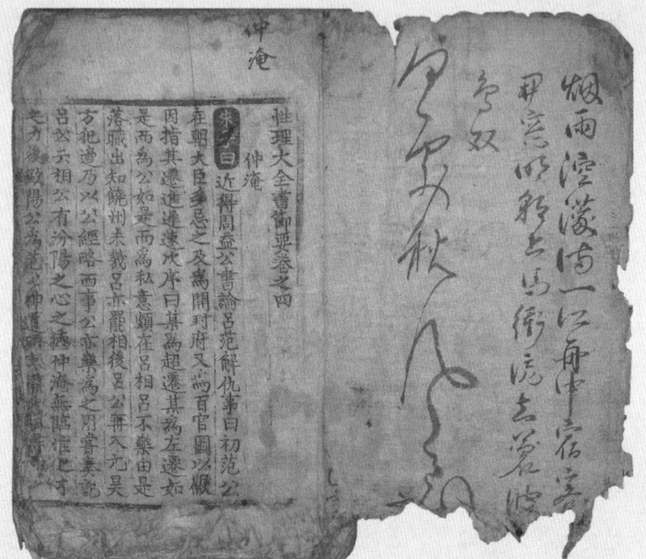

性理大全書節要卷之四

仲淹

朱子曰 近得周益公書論呂范解仇事曰初范公在朝大臣多忌之及爲開封府又爲百官圖以獻因指其遷進遲速次序曰某爲超遷某爲左遷如是而爲公如是而爲私意頗在呂相呂不樂由是落職出知饒州未幾呂亦罷相後呂公再入元昊方犯邊乃以公經略西事公亦樂爲之用嘗奏記呂公云相公有汾陽之心之德仲淹無臨淮之才

[12-10]

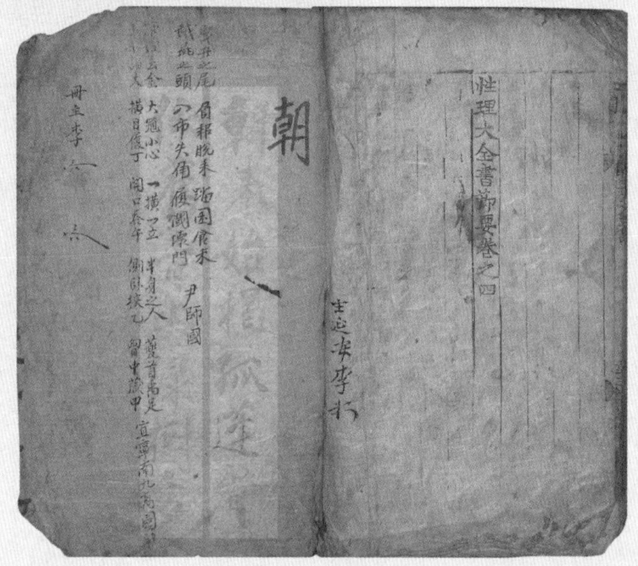

[12-11]

12-10, 12-11. 《성리대전서절요》 권4 면지와 표지 안쪽 글씨.
권4의 면지, 뒤표지 안쪽에도 시구로 짐작되는 여러 글씨가 있다.
책의 여백에 소장자가 쓴 이런 글씨들은 때로 책의 소장자와
제작 시기 등을 밝힐 수 있는 중요한 단서가 되기도 한다.
소장처: 국립중앙박물관

서절요》는 언제 인쇄했을까? 목판본은 목판을 보관해 두었다가 필요할 때 다시 인쇄하기도 해서 정확히 언제 인쇄했는지 알기 어렵다. 나중에 인쇄한 책을 후쇄본後刷本이라고 한다. 후쇄본은 인쇄 상태가 좋지 않고 판심이나 서체가 다른 판이 섞여 있는 경우도 있다. 손상되거나 분실된 부분을 목판에 다시 새겨 인쇄했기 때문이다. 이 《성리대전서절요》는 1564년(명종 19)에 권겸이 목판으로 번각했다는 간기가 있는 국립중앙도서관 소장본과 판식은 같지만 다른 점이 꽤 보여, 같은 시기에 같은 목판으로 찍었다고 보기는 어렵다. 판의 형식이 다른 장들이 섞여 있는 것으로 보아 아마도 더 후대에 찍었을 것이다.

1564년에 만든 목판 인쇄본의 형태를 유지하고 있지만 1805년에 인쇄한 달력을 재활용하여 배접을 한 책, 1711년에 사망한 남구만의 이름과 1809년에 사망한 윤사국의 이름이 나란히 적힌 책. 앞뒤 표지 이면에 다양한 사람들의 글씨가 남아 있는 책. 하나의 책에 켜켜이 쌓여 있는 사람들의 흔적은 이 책을 애지중지하고, 여백에 시구나 문장을 적어 가며 아마도 과거시험 준비를 했을 어떤 사람 또는 사람들을 상상하게 한다.

得爲者天也此豈范增項羽智慮之所及哉其
所不得爲者亦天也

文帝

南軒張氏曰 文帝初政良有可觀蓋其事周密爲
慮深遠懇惻之意有以得人之心三代而下亦未
易多見也文帝以燕子居藩國入踐大統知己之
立爲漢社稷非爲己也故不敢以爲己私有司請
建太子則未可恃求賢聖之義而又推之於吳王
淮南王有司請王諸子則先推諸兄之無後者而
立之其辭氣溫潤不迫其誠足以感人也元年
以施惠於民老者非廩文皆有誠意存乎其間中
載之下即事察之不可掩也又於其編年曰帝既
施惠天下諸侯四夷遠近驩洽乃修代來功觀諸
此又可見其明先後之宜而不敢私已記史者亦
可謂善發明矣其待夷狄蓋亦有道以南越尉佗
之強爲自高帝艱難於服之而帝特施恩惠遣使
遺以一書而佗即自去帝制下令國中稱漢皇帝
賢天子然後悉報書不敢慢予嘗詳味帝所與書則
知其言之可行於蠻貊也如此書之首辭曰朕高
皇帝側室之子也棄外奉北藩于代[illegible]世之待夷

[12-12]

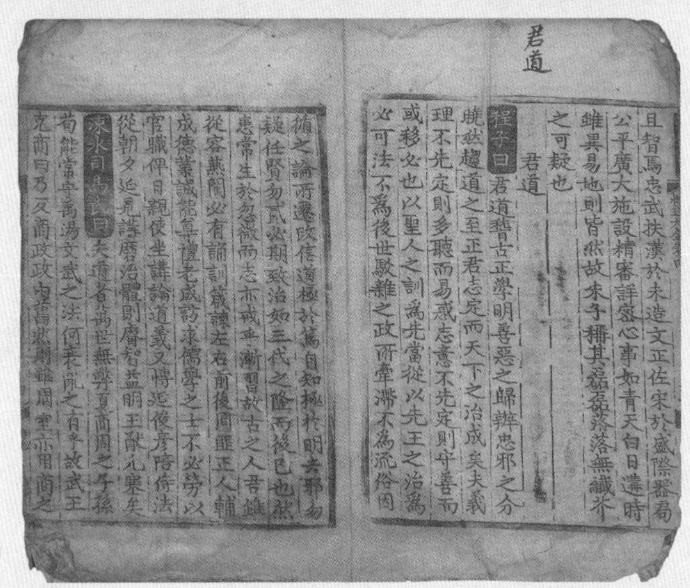
君道

且智焉忠武扶漢於未造文正佐宋於盛際略高
公平廣大施設精審詳密心事如青天白日遇時
雖異易地則皆然故朱子稱其磊磊落落無纖芥
之可疑也

君道

程子曰 君道稽古正學明善惡之歸辨忠邪之分
曉然趨道之至正君志定而天下之治成矣夫義
理不先定則多聽而易惑志意不先定則守善而
或移必也以聖人之訓爲先當從以先王之治爲
必可法不爲後世駁雜之政所牽滯不爲流俗因
循之論所遷改信道極於篤自知極於明去邪勿
疑任賢勿貳必期致治如三代之隆而後已也然
患常生於忽微而志亦戒乎漸習故古之人君雖
從容燕閒必有誦訓箴諫左右前後罔匪正人輔
成德業誠能尊禮老成訪求儒學之士不必勞以
官職俾日親使坐講論道義又博延俊彦陪侍法
從朝夕延見講磨治體則睿智益明王猷允塞矣

涑水司馬氏曰 夫道者萬世無弊夏商周之子孫
苟能常守禹湯文武之法何衰亂之有乎故武王
克商曰乃反商政政由舊然則雖周室亦用商之

[12-13]

두 책은 한 세트가 맞는 것일까?

"어떤 사람들이 두 책에 흔적을 남겼을까"라는 질문을 하다 보니, "이 두 책이 원래 한 세트였을까" 하는 의문이 이어진다. 얼핏 보기에 광곽의 크기, 판의 형태. 서체가 같아서 한 세트인 것처럼 보이지만 자세히 관찰해 보니 다른 점이 많이 발견되는 것이다.

앞서 권3에 '긍구당전가보'라는 글씨가 있어 이 책이 신평 이씨 집안의 소장품이었을 것으로 추정해 보았다. 그런데 권4의 뒤표지 안쪽 맨 오른쪽에는 '책주 이冊主 李'라고 쓰고 수결로 보이는 표시가 있다(도 12-11). 둘 다 이씨로 되어 있으니 한 집안 또는 한 사람이 소장했던 것일까? 그런데 권4의 마지막 장 끝부분에는 이런 결론에 의문을 갖게 하는 글씨가 있다. '주연안이장主延安李壯(또는 수결)'이라는 글씨다. 연안 이씨가 등장한 것이다. 물론 권3의 주인이 신평 이씨가 아닐 수도 있고 권4의 '책주 이'씨와 '연안 이'씨가 동일인 또는 동일 집안

12-12, 12-13. 《성리대전서절요》 권3, 권4 소장자의 공부 흔적.
권3 곳곳에 검은 먹으로 방점을 찍었던 흔적이 있다.
새로운 항목이 시작되는 곳에는 난상에 원으로 표시했다.
중간중간 줄을 그은 부분, 중요한 부분에 점을 찍어 둔 것 같은 부분도 있다.
권4에는 묵서로 찍은 방점이 더 드물고 대신 새로운 항목이
시작되는 부분의 난상에 해당 제목을 손으로 썼다.
소장처: 국립중앙박물관

인지 확정할 수는 없다. 하지만 두 책은 이런 소유주에 대한 기록 외에도 한 세트로 보기에 미심쩍은 점들이 한둘이 아니다.

먼저 책의 크기다. 동일한 목판으로 인쇄한 것으로 보이는 두 책의 크기는 조금 다르다. 권4가 권3에 비해 조금 크다. 본문을 펼쳐 봐도 권4가 여백이 조금 더 많다. 책 표지도 다르다. 권3의 표제는 '성리대전(권지삼)', 오른쪽에 '절요'라고 횡제목을 썼다. 권4는 표지가 너무 낡아서 정확히 알 수 없지만 분명 표제가 '성리절요'다(도 12-1, 12-2). 보통 한 질의 책에 표제를 동일하게 쓰지 이처럼 각각 쓰지 않는다. 물론 나중 사람이 표지가 낡은 한 책만 개장할 때 표제를 전과 다르게 쓸 수도 있다.

본문을 펼쳐 보면 책을 읽은 사람의 흔적, 메모 등을 발견할 수 있는데, 이 역시 두 책이 사뭇 다르다. 권3에는 검은 먹으로 찍은 방점이 곳곳에 있다. 새로운 항목이 시작되는 곳에는 난상에 원으로 표시했다. 중간중간에 요즘식으로 말하자면 형광펜으로 중요한 부분에 줄을 쳤던 것처럼 줄을 그은 부분, 중요한 부분에 점을 찍어 둔 것 같은 부분도 있다(도 12-12). 반면에 권4에는 방점이 더 드물고 대신 새로운 항목이 시작되는 부분의 난상에 해당 제목을 손으로 썼다(도 12-13). 두 책의 이런 흔적을 비교해 보면 권3을 더 열심히 읽었다는 인상을 받는다. 권3의 빠진 부분을 붓으로 직접 써서 채워 넣은 것 자체가 공부를 열심히 했다는 뜻이다.

이런 여러 가지 점들을 볼 때 처음부터 두 책이 한 사람이 소유한 한 세트의 책에 포함된 것이 아니었을 가능성이 크다. 그렇다면 언제 이 책이 한 세트로 묶인 것일까? 지금으로서는 알 길이 없다.

오늘날 전해지는 여러 권이 한 세트인 책 중에는 크기가 다르고 판식도 다른 것이 하나로 묶여 거래되고 소장되기도 한다. 그런 경우에 판매를 위해 여러 판본을 섞어서 한 세트로 맞춘 경우도 물론 있을 것이다. 그러나 책이 소장 가치가 있는 상품으로 거래되기 전, 책을 꼭 읽고자 했던 사람이 애써 한 세트로 맞춘 것일 수도 있다. 책이 귀한 시절이었기 때문에, 여러 권으로 된 책들을 한 세트로 오롯이 소장할 수 있는 사람은 많지 않았을 것이기 때문이다. 과거시험을 보기 위해 이 책을 꼭 봐야 했던 선비들은 판본을 생각할 여력이 없었을 것이다. 베껴서라도 봐야 할 책이니 내용을 볼 수 있는 책이라면 판본이 다른 것이 무슨 상관이었겠는가?

비록 낡고 보기에도 아름답지 않지만, 이《성리대전서절요》2책은, 책을 구해서 보고자 했던 사람들의 흔적이 느껴져서 다른 매력이 있고, 소장자들이 누구였을지 궁금증을 불러일으키기 충분하다.

화려한 채색 그림이 있는 필사본
_《기욤 몰레 2세의 기도서》

소설 《장미의 이름》 속 기도 시간

1980년 이탈리아의 학자이자 소설가인 움베르토 에코Umberto Eco(1932~2016)가 쓴 《장미의 이름*Nome della rosa*》이라는 소설이 있다. 세계적인 베스트셀러로 20세기 후반의 문학계가 생산한 최고의 걸작이라고 일컬어진다. 한국에서도 1986년 번역 출간된 후 2024년 10월 개역판 5판을 찍었다. 총 140쇄가 넘게 발행된 스테디셀러다. 1987년에는 장자크 아노 감독이 영화로 제작하여 유럽 흥행 1위를 달성했으며, 1989년 한국에서도 개봉해 인기를 끌었다.

1327년 이탈리아의 한 수도원을 배경으로 한 이 소설은 '유럽 중세 수도원 생활에 대한 가장 훌륭한 입문서'로 불릴 만큼 수도원 생활을 생생하고 세밀하게 묘사했다. 여기에 목차마저 수도원의 시간에 따라 설정했다. 소설은 프롤로그를 제외하고 수도원에서 일어난 연쇄 살인 사건을 시간 순서로 제1일에서 제7일까지 7개 장으로 구성했다. 제1일은 다시 1시과, 3시과, 6시과, 9시과까지, 9시과 이후, 만과, 종과로 나누고, 제2일은 조과, 1시과, 3시과, 6시과, 9시과, 만과 이후, 종과, 한밤중으로 나누었다. 나머지 장들도 이런 식으로 구성했다. 하루에 일어난 일을 시간 순서로 서술했으리라 짐작되지만, 기독교 의례에 정통한 사람이 아니라면 이 시간 단위를 이해하기 어렵다. 그래서 저자는 서문 다음에 오는 '노트'에 각 시간 단위를 24시간에 맞춰 어림잡아 설정해 두었다. '전례 시간'이라는 다소 어려운 단어로 표현한 이 시간은 쉽게 말하면 수도원의 기도 시간을 뜻한다. 이 기도 시간은 수도원의 생활 시간이자 중세의 시간이기도 했다.

중세 유럽 수도원에서는 하루에 8번 시간을 정해 기도를 했다. 이를 성무일과聖務日課 또는 성무일도聖務日禱라고 한다. '1시', '3시'와 같이 표현하지 않고 '1시과', '3시과' 등으로 표현한 것은 단순한 시간(시각)이 아니라 기도라는 의무, 또는 과제를 하는 시간이기 때문이다. '노트'에서도 언급했지만 해가 뜨고 지는 시간에 따라 생활했던 중세에 8개의 기도 시간은 계절에 따라, 지역에 따라 달랐으므로 오늘날의 시간 단위로 정확하게 환산할 수 없다. 1시과Prime는 해뜨기 직전에 하는 기도, 3시과Terce는 오전 9시, 6시과Sext는 정오, 9시과None는 오후 3시경에 하는 기도를 뜻한다. 만과Verspers는 해 질 녘, 종과Compline

는 잠들기 전에 하는 기도다(수도사들은 오후 7시 전에 잠자리에 들었다). 여기에 자정과 새벽 사이에 하는 하루의 첫 번째 기도인 조과Matins, 해 뜰 무렵에 하는 기도인 찬과Lauds를 더하면 8개 기도 시간이 된다.

소설의 본령과 상관없어 보이는 목차 이야기를 하는 이유는 이 장에서 소개하는 기도서가 바로 이 8개의 기도 시간과 관련이 있기 때문이다. 정해진 시간에 따라 기도할 때 사용하는 기도서 역시 《장미의 이름》처럼 기도 시간 단위로 구성되었다. 영어로 'Book of Hours', 직역하면 '시간의 책'이라고 하는 것도 이 때문이다. 기도서를 시도서時禱書로 번역하기도 하는데, 정해진 시간에 따라 기도한다는 뜻을 명확히 하려는 의도다. 중세의 기도서는 대부분 영어가 아니라 라틴어로 되어 있어 당시에는 'Book of Hours'라고 부르지 않았다. 라틴어로는 기도서를 'HORAE'라고 한다. 역시 시간이라는 뜻이다.

유럽 중세 사회에서 기도서는 기도할 때 사용하는 책 이상의 기능을 했다. 많은 사람들이 기도서로 글을 익혔고, 화려한 기도서는 부와 권위의 상징으로 혼수나 선물이 되기도 했다. 현재도 수천 종이 남아 있을 정도로 기도서는 당시의 베스트셀러였다. 화려한 채색 세밀화에 멋진 글씨로 쓴 고급 기도서부터 그림과 장식이 없는 수수한 기도서까지 같은 책은 하나도 없다. 인쇄술이 등장하기 전, 그리고 인쇄술이 등장한 후에도 기도서는 대부분 손으로 쓴 필사본이기 때문이다. 《장미의 이름》에서 사건의 핵심적인 공간인 수도원 필사실scriptorium이 이런 필사본을 제작한 곳이다.

서양 도서를 소장하거나 전시하는 곳이 매우 드문 우리나라에서는 필사본 기도서를 접할 기회가 거의 없다. 주로 서양 서적의 역사나 중세 미술을 소개하는 책에 실린 화려한 채색 세밀화를 통해 단편적으로만 볼 수 있다. 기도서의 세밀화들은 그림 자료가 많지 않은 중세 미술의 공백을 메워 주고, 당시에도 그랬을 테지만 읽기 어려운 책에 관심을 불러일으키는 역할도 한다. 하지만 그림은 기도서의 구성 요소의 일부다. 기도서의 형태, 언어, 서체, 수록된 내용, 그림과 텍스트의 배치 방식 등 기도서 전체를 보면 더 풍부한 이야기와 숨겨진 의미를 이해하고 감상할 수 있다.

최근 15세기에 프랑스에서 제작된 기도서, 그것도 화려한 채색 그림이 있는 아름다운 기도서를 소장, 전시하는 곳이 생겼다. 2023년 인천에 개관한 국립세계문자박물관이다. 전 세계 문자 자료를 수집하고 전시하는 이 박물관에서 2024년 개최한 〈문자와 삽화〉 전시에 2종의 기도서가 소개되었다. 이 기도서들은 《장미의 이름》 배경 연대인 14세기 초보다 100년 이상 뒤에 만든 것이지만, 기도서의 특징과 의미를 알아 보기에 충분하다. 그중 1종을 감상해 보자.

제목이 없는 책

오늘날 출판사와 저자는 책을 출간할 때 늘 제목 정하기에 고심한다. 책의 콘셉트와 내용을 핵심적으로 표현하는 제목은 책의 첫인상을 결정하고, 매력적인 제목은 독자들의 관심을 끌게 된다. 이처럼 중요한 제목을 다는 일은 당연히 책의 역사와 함께 시작되었을 것 같지만, 의외로 책의 역사 전체를 놓고 볼 때 그 역사는 그리 길지 않다. 15세기에 제작된 이 기도서는 어떨까? 이 책의 제목은 《기욤 몰레 2세의 기도서》, 영어로 *Hours of Guillaume II Molé*(*Use of Troyes*)다. 하지만 이 책은 영어로 쓴 것이 아니다. 일부 프랑스어가 있지만 대부분 라틴어로 썼다. 그렇다면 라틴어로 된 원래 제목은 무엇일까? 책 어디에 표시되어 있을까?

먼저 책의 모양을 살펴보자. 낱장 크기는 15.3×10.2센티미터, 두께는 1.9센티미터다. 기도할 때 사용하기 좋은 아담한 크기로 당시 기도서의 일반적인 크기다. 16.1×11.1센티미터 크기

13-1. 《기욤 몰레 2세의 기도서》 타이틀 피스.
호화 장정본 고서에는 책등에 별도의 가죽을 붙이고 금박으로 제목을 넣기도 했다.
이런 제목을 타이틀 피스title-piece라고 한다. 이 책의 타이틀 피스 'OFFICIUM B.M.V. COD. IN ME'는 '양피지에 쓴 성모 마리아의 기도서 코덱스' 정도로 해석할 수 있겠다.
소장처: 국립세계문자박물관
사진 출처: 인터넷 위키피디아

의 검은색 송아지 가죽으로 표지를 입히고, 청녹색 가죽 케이스에 넣었다. 표지와 케이스만 봐도 예사롭지 않은 고급책임을 알 수 있다. 앞표지에는 압인한 장식 문양만 있고 제목이 없다. 책등에 덧댄 녹색 가죽에 'OFFICIUM B.M.V. COD. IN ME'라는 글자가 있다(도 13-1). 대문자를 금박으로 넣은 이 글자가 이 책의 제목일 터다. 요즘 책에서는 거의 볼 수 없지만, 호화 장정본 고서에는 이처럼 책등에 별도의 가죽을 붙이고 금박으로 제목을 넣기도 했다. 이런 제목을 영어로는 타이틀 피스title-piece라고 한다.

'Officium'은 책임, 의무를 뜻하는 라틴어로 로마가톨릭교회가 공식적으로 규정한 매일의 기도, 즉 성무일도, 오피시움 디비눔Officium Divinum을 뜻한다. 'B.M.V.'는 Beata Maria Virgo(성모 마리아)의 약자, 'COD'는 코덱스codex의 약자, 'ME'는 membranis의 약

13-2. 《기욤 몰레 2세의 기도서》의 케이스.
케이스 앞면에는 'Æ'라는 모노그램을 양각하고 책등에는 'HORAE B.M.V.'과 'TROYES(트루아)'를 금박 대문자로 표시했다. 'HORAE'는 라틴어로 시간을 뜻하며 기도서를 이렇게 표기했다. '트루아'는 프랑스 북동부에 있는 지역 이름이다.
소장처: 국립세계문자박물관

자다. membranis는 membrána의 복수형으로 라틴어로 양피지를 뜻한다. '양피지에 쓴 성모 마리아의 기도서 코덱스' 정도로 해석할 수 있겠다. 이 책의 제목이다.

케이스 앞면에는 'Æ'라는 모노그램을 양각하고 책등에는 'HORAE B.V.M.'과 'TROYES(트루아)'를 금박 대문자로 표시했다(도 13-2). 'B.V.M.'은 'B.M.V.'와 같은 의미다. 'HORAE'는 라틴어로 시간을 뜻하며 기도서를 이렇게 표기했다. '트루아'는 프랑스 북동부에 있는 지역 이름이다.

이런 제목 표시 방식은 조금 낯설다. 앞표지에는 제목이 없고 책등에만 제목이 있는 점이나 케이스의 제목과 표지 책등의 제목이 일치하지 않는 점이 그렇다. 제목에 '양피지'와 '코덱스'라는 표현이 있다는 점 역시 특이하다. 표지와 케이스의 표기를 통해 이 책이 '성모 마리아 기도서'라는 사실은 짐작할 수 있지만, 영어 제목에 나오는 기욤 몰레라는 이름은 어디에도 없다. 동아시아 고서도 표제와 권수제, 판심제가 다른 경우가 있지만, 이처럼 완전히 다른 경우는 없다. 도대체 왜 이처럼 제목이 다양하며 일치하지 않을까?

아마 이 기도서에 애초에 제목이 없었기 때문에 이런 복잡한 문제가 생겼을 것이다. 서양 필사본에는 제목이 없는 경우가 많다. 책 종류가 많지 않고 책을 볼 수 있는 사람도 많지 않았기에 굳이 제목이 없어도 어떤 책인지 파악하기 어렵지 않아서였을 것이다.

그렇다면 이 책의 표지와 케이스에 있는 제목은 무엇일까? 이 기도서가 만들어진 시기로 추정되는 1480~1490년경에는 오늘날처럼 책꽂이에 책등이 보이도록 책을 가지런히 꽂지 않았다. 그러니까 책등에 제목을 표시할 이유가 없다. 표지와 케이스의 서체도 15세기에 사용한 서체가 아니다. 표지와 케이스는 이 기도서를 제작한 시기에 만든 것이 아니라는 뜻이다.

전문가들에 따르면 이 책의 표지는 20세기에 만들었으며, 책등의 녹색 가죽은 18세기 것을 재활용했다고 한다. 앞서 한국의 고서를 소개하면서 책 표지를 수시로 개장했음을 설명했는데, 이 점에서 서양 고서도 마찬가지였다. 개장할 때 배접지에 과거에 사용했던 폐지를 재활용하고, 그 속에서 뜻밖의 귀한 자료가 나오는 것도 비슷하다. 대표적인 예는《구텐베르크 성서》낱장이 마르틴 루터가 독일어로 번역한《시편》을 제본할 때 용지로 사용된 경우다.

서양에서 인쇄본이 나온 후 오늘날과 같은 책 제목이 일반화되기까지는 꽤 오랜 시간이 걸렸다. 페이퍼백(소프트커버) 제본이 본격적으로 사용되기 전 서양 책 표지는 두꺼운 나무로 만들고 가죽 등으로 감쌌기 때문에 표지에 제목을 넣지 않았다. 제목은 주로 표지를 펼치면 나오는 첫 번째 면에 표시되었다. 더 이른 시기의 책에는 본문 왼쪽, 즉 면지 뒤쪽에 표시하기도 했다.

오늘날과 달리 긴 문장의 제목도 많았다. 1516년에 에라스무스

Desiderius Erasmus(1466~1536)는 자신이 수정한 성서를 출간하면서 '로테르담의 에라스무스가 파악하고 수정하여 선정한 완정본 신약 성서'로 시작되는 길고 긴 제목을 붙였다. 그보다 이전에 제작된 필사본, 특히 성서에는 아예 제목이 없는 경우가 많아 후대에 서로 다른 성서를 구분하려고 제목을 붙였다. 이 책의 표지와 케이스의 제목 역시 20세기에 책 내용과 형태 등을 표시하려고 임의로 붙인 것이다. 《기욤 몰레 2세의 기도서》라는 제목은 뒤에 설명하겠지만 이 기도서의 주문자이자 소장자의 이름을 따서 붙인 것이다. 아마도 이 책 표지를 장정할 때는 이 사실을 알지 못해 기욤 몰레 2세가 책 표지에 표시되지 않았을 것이다.

코덱스와 양피지

책 제목에 들어가는 '코덱스'라는 단어는 서양 고서 제목에 종종 보인다. 현존하는 가장 오래되고 가장 온전한 그리스어 성서는 《코덱스 시나이티쿠스*Codex Sinaiticus*》(4세기 중반)라고 부른다. 19세기에 시나이사막의 성 카타리나 수도원에서 발견되어 이런 이름이 붙었다. 현존하는 가장 오래된 라틴어 성서는 《코덱스 아미아티누스*Codex Amiatinus*》(8세기 초)라고 한다. 이탈리아 토스카나의 몬테 아미아타 수도원에서 발견되었기 때문이다. 이 성서들에 특별히 제목이 붙어 있지 않았으므로 근대에 이 책이 발견되고 연구 대상이 되면서 연구자들이 이런 이름을 붙였다 '코덱스'는 책 내용을 설명하는 제목이 아닌 것이다.

옥스퍼드 영어사전의 코덱스에 대한 정의는 "책 형태로 된 고문서(필사본): an ancient manuscript text in book form"이다. 코덱스는 책 내용이 아니라 형태를 뜻하는 단어임을 확인할 수 있다. 국어사전에는 "예전에, 현대의 책과 비슷한 형태로 낱장들을 묶어서 표지를 싸던 서양의 책 제작 방식"이라고 설명하고 있다. 우리나라 책이 두루마리, 절첩을 거쳐 선장본으로 변화했듯이 서양의 책도 형태가 다양했으며 시대에 따라 달랐다. 코덱스는 이런 책의 형태 중 하나를 뜻한다.

코덱스라는 책의 형태는 이 기도서 책등에 쓴 제목에 나와 있는 '양피지', 즉 책의 재질과 관련이 있다. 이걸 설명하려면 서양의 책 형태의 역사를 좀 살펴봐야 한다. 나무 블록을 뜻하는 라틴어 카우덱스caudex에서 유래한 코덱스의 기원은 고대 그리스·로마 시대에 사용했던 나무판에 밀랍을 입힌 서자판wax tablet에서 찾는다. 속을 파고 밀랍을 채운 같은 크기의 직사각형 나무판 두 개를 끈으로 묶어 접을 수 있는 형태다.

기원 79년 이탈리아의 베수비오 화산 폭발로 사라진 도시 폼페이의 벽화에 그 모습이 나온다. 테렌티우스 네오Terentius Neo라는 제빵사의 집에서 발견된 그림이다(도 13-3). 왼쪽의 여성이 들고 있는 것이 서자판, 입술에 살짝 물고 있는 것은 필기구다. 이 필기구로 서자판에 글자를 썼다. 밀랍을 입힌 서자판은 밀랍을 걷어 내고 글자를 수정하거나 재활용하기 편리했다. 그림에서 보는 것처럼 휴대하기도 편리했다. 지울 수 있다는 사실 때문에 비밀 내용 전달에도 사용했다. 이런 형태는 점토판에 문자를 기록했던 메소포타미아에서도 기원전 21세기에 이미 사용했으며 고대 그리스·로마 시대에 널리 사용했다고 한다.

한편 벽화에서 오른쪽 남자가 들고 있는 것은 윗부분에 꼬리표가 달린 두루마리다. 두루마리의 재질은 파피루스일 것이다. 이집트 나일강에서 자라는 식물 파피루스는 고대 서양에서 널리 쓰인 서사 재료였다. 파피루스 줄기를 적당한 길이로 잘라 겉껍질을 벗긴 후 속껍질 두 장을 셀룰로스 섬유가 서로 직각이 되도록 얹은 다음 함께 찧어서 만들었다. 수직 방향으로 놓인 섬유는 낱장의 뒷면이 되고 수평 방향으로 놓인 섬유는 앞면이 되었다. 앞면을 돌이나 조개껍데기로 여러 번 문질러 매끄러운 필기 표면을 만들었다.

파피루스는 얇아서 한쪽 면에만 글자를 썼으며, 접으면 훼손되는 속성 때문에 낱장을 가로로 이어 붙이고 두루마리 형태로 제본했다. 동아시아에서 종이에 기록한 초기 형태의 책 두루마리와 모양이 비슷하다. 파피루스에 글을 쓰기 시작한 시기는 정확히 알 수 없지만, 기원전 2550년에 글자를 쓴 이집트의 파피루스 조각이 남아 있다.

제빵사 부부가 서자판과 두루마리를 나란히 들고 있는 벽화에서

13-3. 테렌티우스 네오 부부 초상.
기원 79년 이탈리아의 베수비오 화산 폭발로 사라진 도시 폼페이의 벽화 가운데
테렌티우스 네오Terentius Neo라는 제빵사의 집에서 발견된 것이다. 왼쪽의 여성이
들고 있는 것이 서자판, 입술에 살짝 물고 있는 것은 필기구다.
소장처: 나폴리 고고학박물관

보듯 파피루스는 그리스·로마 시대에 서자판과 함께 중요한 서사 재료로 널리 사용되었다. 화산 폭발로 폼페이와 함께 묻힌 헤라클라네움의 한 빌라에도 파피루스 두루마리 600~1,000권이 소장되어 있었다. 두루마리와 서자판의 용도는 약간 달랐다. 서자판은 일종의 메모용으로 쓰였고 오래 보관해야 할 내용은 파피루스에 기록해 두루마리 형태로 보관했다. 파피루스 두루마리가 진정한 책이었으며, 그리스어로 두루마리를 뜻하는 비블리온biblion은 책을 뜻하는 것이기도 했다.

'책=두루마리'라는 등식을 바꾼 것이 이 기도서 책등 제목에 나오는 '양피지'와 '코덱스'의 등장이다. 로마의 박물학자 플리니우스 Plinius Secundus Gaius(23?~79)는 저서 《박물지*Naturalis historia*》에서 양피지의 등장을 이렇게 설명한다. 기원전 2세기경 그리스의 도시국가 페르가몬의 에우메네스 2세가 이집트 알렉산드리아에 있는 최고 도서관의 명성을 위협하는 도서관을 만들었다. 이를 시기한 이집트의 파라오 프톨레마이우스 5세는 페르가몬으로 파피루스 수출을 금지했다. 이에 에우메네스 2세가 양가죽을 부드럽고 얇게 가공해서 파피루스 대신 사용하도록 했다는 것이다. 이 기록을 완전히 믿을 수는 없지만, 양피지의 기원과 관련하여 늘 회자된다. 양피지를 뜻하는 영어 파치먼트parchment도 페르가몬에서 파생되었다. 그 이전에도 여러 지역에서 동물 가죽에 글씨를 쓴 사례가 있었지만 동물 가죽을 쓰기에 적합하게 만든 것은 페르가몬 사람들이었다고 여긴다.

이후 양피지가 점차 파피루스를 대체하면서 책의 형태도 변화했다. 양피지는 필기면이 매끄럽고 양면을 다 쓸 수 있다. 두텁고 물에 손상되지 않아 잉크를 물에 씻어 재활용하기 쉽다. 하지만 양피지는 가죽을 자르고 꿰매서 이어야 했으므로 두루마리에 적합하지 않다. 책 제작자들은 서기 1~2세기부터 양피지 한 면을 접어 여러 면을 만든 뒤 이를 서로 꿰매었다. 이것이 바로 코덱스다. 그리스·로마 시대 밀랍 서자판 카우덱스와 형태가 같고 명칭도 여기에서 비롯되었다.

파피루스는 모두 두루마리로, 양피지는 모두 코덱스로 만든 것은 아니다. 양피지를 비롯한 동물 가죽도 처음에는 두루마리 제본을 했으며, 코덱스가 등장한 후 파피루스를 코덱스 형태로 제본하기도 했다. 하지만 양피지 코덱스는 빠르게 인기를 끌었고 서기 4세기 무렵에는 지중해 세계 전역에서 가장 일반적인 책 형식이 되었다. 코덱스 형식의 확산에는 특히 기독교 공동체가 코덱스를 선호한 사실이 크게 작용했다. 전통적으로 두루마리 제본을 한 유대교의 토라와 기독교 성서를 차별화하기 위해 코덱스를 택했다는 것이다.

주문자와 제작자 정보

이제 책을 한번 펼쳐 보자. 동아시아의 고서가 책 표지를 왼쪽에서 오른쪽으로서 넘기는 것과 달리 이 책을 비롯한 서양 고서는 오른쪽

EN AT TAN DANT
ENATTAN DANT
EN
DA NT

에서 왼쪽으로 넘긴다. 오늘날 대부분의 책도 같은 방식이다. 동아시아 고서가 왼쪽에서 오른쪽으로 넘기도록 제작된 이유는 오른쪽에서 왼쪽 방향으로 글을 쓰고 세로쓰기를 하는 관습 때문일 것이다. 서양의 글쓰기 방식과 문법을 받아들인 근대 이후에는 가로쓰기에 왼쪽에서 오른쪽으로 글을 쓰는 방식이 보편화되었지만, 1950~60년대까지도 텍스트를 오른쪽에서 왼쪽으로 세로쓰기로 배치하여 왼쪽에서 오른쪽으로 표지를 펼치는 책들이 꽤 출간되었다.

표지를 넘기면 면지가 2장 나오고 이어서 전면 채색화가 나온다(도 13-4). 이 그림이 이 책의 제작자와 제작 시기를 말해 주는 단서가 된다. 붉은 방패 형태 안에 두 개의 별과 초승달 모양이 그려져 있다. 세 푸토putto(큐피트 등 발가벗은 어린이 상. 복수는 putti) 가운데 아래쪽 둘은 양쪽에서 투구를 들고 있고, 한 푸토는 방패 위 투구 끝장식으로 표현되어 있다. 이 붉은 방패는 프랑스 트루아 지역 출신 부유한 상인 가문 출신이자 장서가인 기욤 몰레 2세(?~1507)의 문장이다. 세 푸토가 들고 있는 두루마리에 기록된 글자 'EN ATTANDANT(기다리는 또는 준비된)'은 기욤 몰레 가문의 가훈이라고 한다. 기도서 본문 곳곳의 가장자리 여백 장식에도 반복해서 나온다. 이쯤 되면 이 책의 소장자가 바로 기욤 몰레 2세임을 짐작할 수 있다.

13-4. 《기욤 몰레 2세의 기도서》의 권두 삽화.
붉은 방패는 프랑스 트루아 지역 출신 부유한 상인 가문 출신이자
장서가인 기욤 몰레 2세의 문장이다. 두루마리에 기록된 글자
'EN ATTANDANT(기다리는 또는 준비된)'은 기욤 몰레 가문의 가훈이다.
이 책의 제작자와 제작 시기를 말해 주는 단서다.
소장처: 국립세계문자박물관

기욤 몰레 2세가 12세기 이전에 살았다면 이런 화려한 책을 소유하기 어려웠을 것이다. 12세기 이전까지 유럽에서 문자 해독과 필사본 제작은 수도원이 독점하고 있었기 때문이다. 수도원에는 소설《장미의 이름》에 나오는 필사실을 갖추고 있었다.《장미의 이름》의 시대적 배경은 이 독점이 이미 깨진 14세기 말이지만, 수도원 필사실의 모습이 어땠는지 확인할 수 있다. 수도사가 문자를 독점하던 관습은 12세기의 르네상스가 시작되면서 깨지기 시작했다. 도시가 발전하고 대학이 등장하면서 학문과 문자 해독이 수도원에서 시내 교회로 옮겨 갔다. 궁정, 상업, 법률, 민간 행정 분야에서 교육이 이루어지기 시작했던 것이다.

신앙 생활 방식에도 변화가 생겼다. 여러 세기 동안 신앙생활은 수도원에서 이루어졌다. 세속 신자들은 수사와 수녀들이 자신들이 누리지 못하는 정신적 혜택을 얻으리라는 막연한 생각을 품고 있었다. 사회가 변화하면서 세속 신자들도 집에서 수도원에서처럼 정해진 시간에《시편》과 기도문을 읽는 신앙생활을 하고자 했다. 이에 따라 세속 신자들에게는 기도서가 필요하게 되었다.

이런 변화 속에서 수도원 바깥에서 기도서가 제작되기 시작했다. 이를 선도한 프랑스에서 14세기와 15세기 초에 궁정 예술가들이 왕실과 귀족들을 위해 기도서들을 제작했다. 이어서 부유한 상인과 도시 중산층 사이에서도 기도서 수요가 폭발적으로 증가하자 1430년경부터 프랑스에서 기도서 제작 공방이 크게 늘었다. 주문자의 요청에 따라 제작되는 기도서는 내용뿐 아니라 채색과 장식도 다 달랐다. 화려하고 훌륭한 기도서는 소유자의 사회적 지위와 종교적 신념 등을 드러내는 것이었다.

이 기도서는 바로 이 시기에 부유한 상인이었던 기욤 몰레 2세가 공방에 제작을 의뢰한 것이다. 제작자와 제작 연대는 나와 있지 않지만, 여러 전문 연구자들이 1480~1490년대에 리옹의 기욤 랑베르Guillaume Lambert가 운영하는 공방에서 제작한 것으로 인정한다. 기욤 랑베르는 15세기 후반 리옹에서 가장 번성한 서적상이자 필경사다. 이 필사본의 글씨도 그가 쓴 것으로 추정한다. 첫 번째 장 기욤 몰레 2세의 문장이 있는 전면 삽화를 비롯해 본문의 전면 세밀화(삽화), 여러 채색 그림은 1470~1500년 리옹에서 활동한 로젠버그 장인Rosenberg Master의 작품으로 본다. 작가의 이름은 없지만, 특유의 스타일로 어떤 공방에서 제작되었는지를 식별할 수 있을 정도로 각 공방의 스타일이 나타나기 시작했기 때문이다.

세상에 하나뿐인 책

현존하는 수천 종의 필사본 기도서는 그림은 물론 서체도 다 다르다. 주문자의 요청에 따라 제작되었기 때문이다. 기욤 몰레 2세의 기도서와 똑같은 책은 없다. 세상에 하나뿐이다. 이 하나뿐인 책에는 어

13-5. 《기욤 몰레 2세의 기도서》 월별 달력.
기욤 몰레 2세의 문장이 있는 권두 삽화를 넘기면
6장, 12페이지에 걸쳐 월별 달력이 나온다. 가장자리는 5단으로 나누어 화려한 꽃잎 장식과
월별 별자리를 묘사한 세밀화를 넣었다.
소장처: 국립세계문자박물관

떤 내용이 어떻게 담겨 있을까?

기욤 몰레 2세의 문장이 있는 권두 삽화를 넘기면 6장, 12페이지에 걸쳐 월별 달력이 나온다(도 13-5). 가장자리는 5단으로 나누어 화려한 꽃잎 장식과 월별 별자리를 묘사한 세밀화를 넣었다. 오늘날 달력에 가족의 생일이나 집안의 주요 행사일을 메모하는 것처럼 그달에 해야 할 일과 행사, 그리고 별자리 등을 달력에 표시했다. 글씨는 갈색과 붉은색으로 썼는데, 붉은색 글씨는 날짜별 성인들의 축일을 표시한 것이다. 뒤의 기도문 등 텍스트를 라틴어로 쓴 것과 달리 달력의 글씨는 프랑스어로 썼다. 프랑스어를 쓰는 지역에서 제작되었음에 틀림없다. 달력에 표시된 성인의 축일은 기독교의 공동 성인도 있지만, 프랑스 트루아 지역 성인들의 축일도 있어 트루아 지역에서 통용되던 것임을 알 수 있다. 책 케이스의 '트루아'가 바로 그 의미다. 기도서 앞쪽에는 공통적으로 달력이 나오지만, 달력에 표시된 성인 축일 같은 세부 사항은 다 다르다. 이로써 어느 지역에서 사용된 기도서인지, 그 지역의 풍습이 어땠는지 알 수 있다.

달력이 끝나면 백지 1장이 나온 다음 또 하나의 전면 세밀화가 이어진다. 〈밧모섬에 유배된 요한〉이다(도 13-6). 이 기도서에는 권두 삽화를 포함해 총 13면의 전면 세밀화가 있다. 각 세밀화 앞의 백지는 원래부터 있었던 것이 아니라 보수하면서 끼워 넣은 것이다. 그림에 나오는 요한은 신약성서 4복음서의 하나인 《요한복음》과 《요한계시록》의 저자다. 요한은 도미티누스 황제의 박해로 밧모섬에 유배되어 《요한계시록》을 썼다고 전한다. 그림 아래 글자는 요즘식으로 말하자면 일종의 캡션으로 '요한복음'이라는 뜻이다. 그림 역시 요한이 복음서를 집필하는 모습이다. 요한이 복음서를 쓸 당시는 책이 두루마

13-6. 《기욤 몰레 2세의 기도서》 전면 삽화 〈밧모섬에 유배된 요한〉.
그림 아래 글자는 일종의 캡션으로 '요한복음'이라는 뜻이다.
그림 역시 요한이 복음서를 집필하는 모습이다.
소장처: 국립세계문자박물관

13-7. 《기욤 몰레 2세의 기도서》 전면 삽화 〈수태고지〉. 기도서의 네 번째 그림은 캡션이 있는 앞의 두 그림과 달리 캡션이 없고 화면이 더 크며 화려한 금색이 두드러져 보인다. 성모 마리아의 일생 중 가장 중요한 순간을 그린 것이다. 소장처: 국립세계문자박물관

리 형태였기에 두루마리에 글을 쓰는 모습으로 표현했다. 그림 다음 페이지부터 신약성서의 4복음서에 나오는 문장을 발췌해서 썼다. 다음 그림은 〈그리스도의 체포〉다. 이 그림에 이어 성 요한의 수난에 관한 내용을 담았다.

네 번째 그림은 캡션이 있는 앞의 두 그림과 달리 캡션이 없고 화면이 더 크며 화려한 금색이 두드러져 보인다. 성모 마리아의 일생 중 가장 중요한 순간인 〈수태고지〉를 그린 것이다(도 13-7). 여기서부터 이 책의 핵심이자 책의 제목이기도 한 '마리아의 기도서'다. 앞서 설명한 것처럼 중세 수도원에서는 하루에 여덟 번 정해진 시간에 《시편》과 기도문을 읽었다. 13세기 무렵부터 세속 신도들도 수도원의 기도 시간에 맞춰 새벽부터 밤까지 기도문을 낭독하는 것이 일상이 되었다. 이 무렵 성모 마리아 숭배가 성행함에 따라 세속 신자들의 기도도 성모 마리아를 기리는 기도에 집중되었다. 이에 따라 세속 신자들의 기도문이 마리아에 대한 기도문을 중심으로 제작되었고 '마리아의 기도서'라 불리게 된 것이다. 마리아의 기도서는 여덟 번 기도 시간에 따라 성모 마리아에게 기도할 때 개인적으로 낭송해야 할 기도문, 시편, 찬송 등으로 이루어졌다. 단 이 기도서에 만과Verspers는 빠져 있다.

목차도 페이지 번호도 없는 기도서에서 각 시간에 따른 기도문을 어떻게 찾을 수 있을까? 〈수태고지〉 그림에 이어 마리아의 기도문의 텍스트 중간중간에 있는 전면 세밀화 7점이 길잡이 역할을 한다. 첫 번째 그림 〈수태고지〉 다음 첫 번째 기도 시간인 조과의 기도문이 나온다. 이런 방식으로 각 시간의 기도문 앞에 전면 세밀화가 놓여 있다. 오늘날 도록이나 책에서 각 장chapter을 시작하기 전에 장 제목과 이미지를 넣는 '도비라' 같은 역할을 한다.

〈수태고지〉에는 그림 아래 제목을 표시하는 대신 그림 중 펼쳐진 두루마리에 기도의 시작을 알리는 "DOMINE LABIA MEA APERIES(주여, 내 입술을 열어 주소서)"라고 썼다. 당시 사람들은 이 말이 첫 번째 기도라는 것을 알고 있었다. 찬과는 〈마리아의 엘리사벳 방문〉, 1시과는 〈예수의 탄생〉, 3시과는 〈목자들에 대한 수태고지〉, 6시과는 〈동방 박사의 경배〉, 9시과는 〈아기 예수의 할례〉, 종과는 〈성모 마리아의 죽음〉이라는 그림으로 각각 시작된다. 기도서에 따라 삽화의 형태는 다르지만 주제는 거의 같다. 당시 사람들은 삽화의 내용으로 어느 시간의 기도문인지 확인할 수 있었던 것이다. 화려한 전면 세밀화는 책 소장자의 부와 권력을 과시하는 수단이기도 하지만, 실제로 독자의 눈길을 끌기 위한 장치이기도 했음을 알 수 있다.

마리아의 시간에 따른 기도문이 끝나면 트루아 지역 성인을 위한 기도문을 포함한 다양한 기도문이 이어진다. 뒤쪽의 석 장의 그림은 십자가의 시간 앞에 있는 〈십자가에 못 박힌 예수〉, 성령의 시간 앞에 나오는 〈성령의 강림〉, 사자를 위한 기도 앞의 〈장례식장〉 그림이다.

13-8. 《기욤 몰레 2세의 기도서》 텍스트.
좌우 가장자리는 기둥 모양 구획을 하고
다양한 장식 그림을 넣었다.
그 안쪽 글씨를 쓴 부분 역시
별도 테두리를 그리고 테두리 안에는
붉은 괘선을 그었다. 한 페이지 당 24줄로
일정하며 갈색 잉크로 쓴 글씨는
이 괘선을 따라 둥근 고딕체로 썼다.
소장처: 국립세계문자박물관

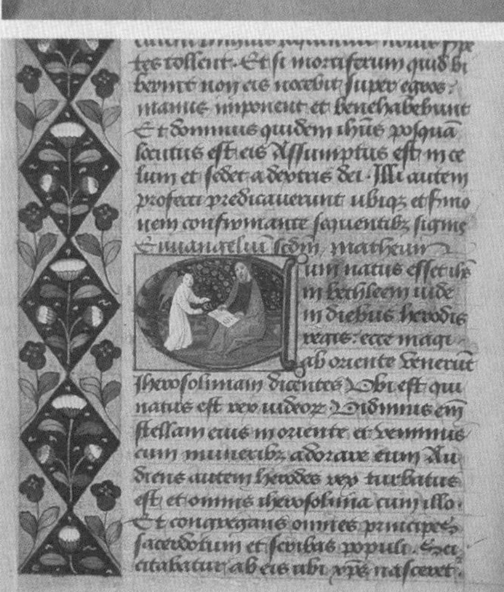

13-9. 《기욤 몰레 2세의 기도서》 텍스트의 두문자.
기도서 텍스트 곳곳에는 문장의 시작 부분에 나오는 본문보다 큰 글자, 두문자가 있다.
이 중에서 34개는 다른 두문자들에 비해 크고 글자 안에 작은 그림이 들어가 더욱 두드러져 보인다.
이런 그림은 내용을 찾기 쉽도록 도와주는 길잡이 역할을 한다.
소장처: 국립세계문자박물관

마지막으로 텍스트는 어떻게 썼는지 자세히 살펴보자. 라틴어로 쓴 텍스트의 내용을 읽을 수는 없지만 몇 가지 사실이 눈에 들어온다. 글씨를 쓴 페이지 좌우 가장자리는 기둥 모양 구획을 하고 다양한 장식 그림을 넣었다. 그 안쪽 글씨를 쓴 부분 역시 별도 테두리(세로 8.5, 가로 5.5센티미터)를 그리고 테두리 안에는 오늘날의 노트처럼 붉은 괘선을 그었다. 한 페이지 당 24줄로 일정하며 갈색 잉크로 쓴 글씨는 이 괘선을 따라 둥근 고딕체로 썼다(도 13-8). 가로쓰기를 했으니 괘선을 가로로 넣었다는 점은 다르지만, 앞서 소개한 '금강경판'을 비롯해 고려시대 사경 등에서 계선을 넣은 것과 같은 모습이다.

또 하나 눈에 띄는 것은 텍스트 곳곳에 나오는 본문 글자보다 큰 채색 글자다. 문장의 시작 부분에 나오는 본문보다 큰 글자를 두문자 initial라고 한다. 이 중에서 34개는 다른 두문자들에 비해 크고 글자 안에 작은 그림이 들어가 더욱 두드러져 보인다(도 13-9). 이런 그림은 기도서를 보는 사람이 해당 내용을 찾기 쉽도록 도와주는 길잡이 역할을 한다. 두문자 역시 텍스트의 위치를 나타내는 시각적 기호인 것이다.

이처럼 책을 만든 목적과 사용자의 편의를 위한 제작자의 아이디어 같은 책의 진면목은 전체를 자세히 관찰해야 비로소 알 수 있다. 단편적인 삽화로는 가늠하기 어려운 당시 사람들의 모습을 훨씬 생생하게 느낄 수 있다.

‖ 더불어 읽기 ‖
: 두루마리가 남긴 단어들

오늘날 책의 형태의 원형인 코덱스는 2,000여 년 전부터 사용되었지만, 두루마리가 사용된 기간은 코덱스보다 더 길다. 그런 만큼 두루마리 책 형태에서 비롯된 책과 관련된 용어들은 오늘날도 여전히 사용되고 있다.

그리스 사람들은 파피루스를 비블로스byblos라고 불렀다. 파피루스 수출 중심지인 페니키아의 도시 이름 Byblos에서 온 말이다. 종이를 뜻하는 영어 페이퍼paper도 파피루스에서 나왔다고 한다. 비블로스에서 비블리온biblion이라는 말이 파생되었다. 비블리온은 원래 두루마리를 뜻하는 단어였으나, 당시에 책은 두루마리 형태여서 비블리온은 책을 의미하는 용어가 되었다. 진정한 책이라는 뜻의 성서Bible도 비블리온에서 나왔다. 두루마리를 보관하는 용기를 비블리오테케biblioteke라고 했다. 비블리오테케는 이탈리아어로 도서관이나 서고를 뜻하는 bibliotèca, 독일어로 도서관을 뜻하는 Bibliottek의 어원이다.

이뿐만 아니다. 책과 관련된 많은 용어들 역시 두루마리에서 나왔다. 로마인들은 두루마리를 볼루멘volumen이라 불렀다. 펼치다는 뜻의 라틴어 에볼베레ēvolvere에서 파생한 단어다. 볼륨volume이라는 단어도 여기서 출발했다. 동아시아 한자문화권에서 책을 세는 단위 권

卷이 두루마리에서 출발한 것처럼, 서양 책의 볼륨도 두루마리에서 출발했다. 두루마리가 유난히 긴 경우 필경사가 몇 권으로 나누었다.

폼페이의 제빵사 부부집 벽화에서 남성이 들고 있는 두루마리 위쪽에 꼬리표가 보인다. 두루마리를 펼치지 않고 내용을 알 수 있도록 붙인 것이다. 그리스인들은 이 꼬리표를 시티보스sittybos라고 했다. 영어 실라버스syllabus(개요)의 어원이다. 로마인들은 이를 티툴루스titulus라고 불렀고 이것이 제목을 뜻하는 영어, 타이틀title이 되었다. 애초에 제목은 내용을 알 수 있는 간단한 표시에서 시작한 것을 알 수 있다.

마지막으로 오늘날 컴퓨터나 휴대전화에서 전자문서를 위아래로 움직이는 행위를 뜻하는 용어 스크롤scroll 역시 두루마리를 뜻한다. 가로에서 세로로 방향은 바뀌었지만 보는 방식은 유사하다.

서양 최초의 인쇄본 성서

_《구텐베르크 성서》

베일에 싸인 구텐베르크와 그의 성서

유럽의 허브 공항이 있는 독일의 프랑크푸르트는 박람회의 도시로 유명하다. 특히 매년 10월 중순 열리는 국제도서박람회는 방문객과 참가 출판사 수에서 세계에서 가장 규모가 큰 도서박람회로 꼽힌다. 프랑크푸르트 박람회의 연원은 12세기부터 발전한 프랑크푸르트 무역박람회까지 거슬러 올라간다. 이 박람회에서는 필사본도 거래 대상 중 하나였다. 구텐베르크Johannes Gutenberg(?~1468)가 자신이 인쇄한 성서를 처음 선보인 곳도 프랑크푸르트 무역박람회였다고 한다. 구텐베르크가 인쇄술을 발명하고 책 생산과 수요가 증가한 15세기 중반에는 프랑크푸르트에서 도서박람회가 열리기 시작했을 것으로 추정하며, 1564년부터는 정기적으로 도서 카탈로그를 만들었다.

프랑크푸르트 무역박람회에 《구텐베르크 성서》가 출품되었다는 추정은 다음과 같은 글에 따른다.

> 프랑크푸르트의 그 놀라운 사람에 관한 이야기는 과연 진실이었습니다. 내가 본 것은 완전본 성서는 아니고 (성서를 이루는) 몇몇 서를 한데 묶은 것입니다. 서체는 말할 수 없이 단정하고 또렷해 내용을 이해하기에 전혀 무리가 없습니다. (귀하가) 어려움 없이 읽을 테고 안경도 필요 없을 것입니다.

훗날 교황 비오 2세가 되는 피콜로미니Eneo Silvio Piccolomini(1405~1464)가 1455년 3월 12일 스페인 추기경 후안 데카르바할에게 보낸 편지 내용이다. 편지에 나온 놀라운 사람viro illo mirabili이 구텐베르크를 가리키는 것이 거의 확실하다고 본다. 구텐베르크라고 확정하지 않는 이유는 편지에 명시되어 있지 않아서다.

지난 천 년 동안 가장 영향력이 큰 인물로 꼽힌 구텐베르크, 또 전 세계에서 가장 유명한 책이라 할 만한 《구텐베르크 성서》는 뜻밖에도 베일에 싸여 있다. 구텐베르크가 프랑크푸르트에서 가까운 마인츠에서 태어났고 1468년에 사망한 것으로 확인되지만 정확한 출생 연도는 모른다. 언제, 어디서, 어떻게 인쇄술을 발명하고 《구텐베르크 성서》를 인쇄했는지도 정확히 모른다.

인쇄한 성서를 직접 보고 그 모습을 꽤 상세하게 묘사한 위의 편지는 《구텐베르크 성서》 제작 시기를 추정할 수 있는 자료로 종종 인용된다. 피콜로미니가 1454년 10월에 본 내용을 1455년 3월에 쓴 것이므로, 구텐베르크가 1454~1455년에 성서 인쇄를 완료하고 판매에 들어갔음을 확인할 수 있기 때문이다.

이 무렵 구텐베르크의 동업자이자 채권자 푸스트Johannes Fust가 구텐베르크를 상대로 소송을 제기했다. 그가 법정 진술을 위해 공증인에 의뢰해 작성한 1455년 11월 6일 자 문서에 따르면, 푸스트는 구텐베르크의 사업(책공장)을 위해 거액의 돈을 빌려주었으나 돌려받지 못했다. 판결문이 남아 있지 않아 정확히 알 수 없지만, 구텐베르크는 빚을 갚지 못했고 인쇄기와 활자를 비롯한 인쇄 설비와 성서 재고를 푸스트에게 넘겼을 것으로 추정한다. 2년 후 푸스트는 자신의 사위인 활자 디자이너(필경사) 쉐퍼Peter Schöffer와 자신의 이름으로 《마인츠 시편*Mainz Psalter*》이라는 인쇄본을 출간했다.

이 외에 구텐베르크가 서양 최초로 금속활자 인쇄술을 발명했다는 동시대의 몇몇 기록이 전한다. 1471년 파리에서 출간된 한 책에서 구텐베르크가 서양 최초로 금속활자 인쇄술을 발명했다고 언급했다. 1499년 독일 쾰른에서 발간된 《쾰른 연대기》에서는 울리히 첼Ulrich Zell의 입을 빌려 구텐베르크가 인쇄술을 발명했다고 명시했다. 울리히 첼은 마인츠에서 쉐퍼로부터 인쇄술을 배운 쾰른 최초의 인쇄공이다.

18세기부터 많은 연구자들이 이런 단편적인 자료를 찾아가며 구텐베르크가 서양 최초로 금속활자 인쇄술을 발명하고 성서를 인쇄했음을 밝혀 냈다. 구텐베르크 자신은 상상하지 못했겠지만, 인쇄술의 발명은 종교개혁, 근대 시민사회 형성 등 유럽 근대 사회를 여는 열쇠가 되었다. 베일에 싸인 구텐베르크의 인쇄술과 그가 인쇄한 성서에 대한 관심과 탐구의 열의가 지속될 수밖에 없었던 이유가 여기에 있다.

이처럼 세계사적으로 유명한 책을 볼 수 있는 곳이 국내에 있다. 2023년 개관한 국립세계문자박물관 상설전시실에 복제품이 아닌 진품이 전시되어 있다. 이 박물관의 《구텐베르크 성서》는 어떤 모습일까?

《구텐베르크 성서》일까, 《42행 성서》일까

《구텐베르크 성서》는 세로 40.5센티미터, 가로 29.5센티미터(2절판) 크기의 2권으로 제작되었다. 1권은 인쇄된 면이 648페이지, 2권은 634페이지로 엄청나게 크고 두터운 책이다. 그런데 국립세계문자박물관의 《구텐베르크 성서》는 인쇄된 면이 13장, 26페이지로 아주 얇다. 성서의 일부, 구체적으로 구약성서의 〈여호수아〉 부분만 제본된 것이다. 더 정확히 말하면 마지막 페이지에는 〈재판관기〉 앞부분이 수록되어 있다.

《구텐베르크 성서》는 약 150부를 종이에, 약 30부를 벨럼지(송아지 가죽)에, 총 180부 정도 찍었다. 현재 49부 정도 남아 있는데, 제작 시

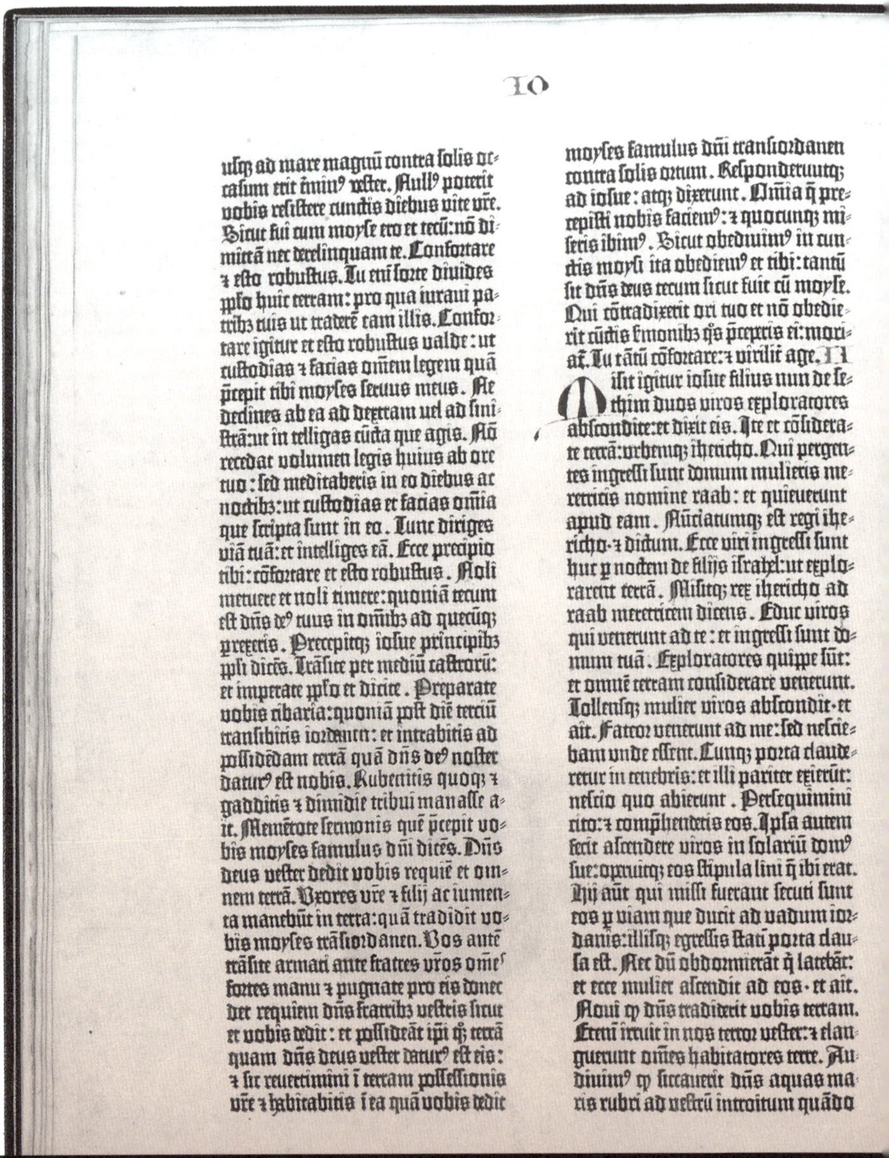

usq3 ad mare magnū contra solis oc-
casum erit finis vester. Nullus poterit
vobis resistere cunctis diebus vite vre.
Sicut fui cum moyse ero et tecū: nō di-
mittā nec derelinquam te. Confortare
et esto robustus. Tu enī sorte dividēs
pplo huic terram: pro qua iuravi pa-
tribz tuis ut traderē eam illis. Confor-
tare igitur et esto robustus valde: ut
custodias et facias omnem legem quā
pcepit tibi moyses servus meus. Ne
declines ab ea ad dexteram vel ad sini-
strā: ut intelligas cūcta que agis. Nō
recedat volumen legis huius ab ore
tuo: sed meditaberis in eo diebus ac
noctibz: ut custodias et facias omīa
que scripta sunt in eo. Tunc diriges
viā tuā: et intelliges eā. Ecce precipio
tibi: cōfortare et esto robustus. Noli
metuere et noli timere: quoniā tecum
est dñs deus tuus in omībz ad quecūq3
pergeris. Precepitq3 iosue principibz
ppli dicēs. Trāsite per mediū castrorū:
et imperate pplo et dicite. Preparate
vobis cibaria: quoniā post diē terciū
transibitis iordanem: et intrabitis ad
possidendam terrā quā dñs deus noster
daturus est nobis. Rubenitis quoq3 et
gadditis et dimidie tribui manasse a-
it. Mementote sermonis quē pcepit vo-
bis moyses famulus dñi dicēs. Dñs
deus vester dedit vobis requiē et om-
nem terrā. Uxores vre et filij ac iumen-
ta manebūt in terra: quā tradidit vo-
bis moyses trās iordanem. Vos autē
trāsite armati ante fratres vros omēs
fortes manu et pugnate pro eis donec
det requiem dñs fratribz vestris sicut
et vobis dedit: et possideāt ipi quoq3 terrā
quam dñs deus vester daturus est eis:
et sic revertimini ī terram possessionis
vre et habitabitis ī ea quā vobis dedit
moyses famulus dñi transiordanen
contra solis ortum. Responderuntq3
ad iosue: atq3 dixerunt. Omīa q̄ pre-
cepisti nobis faciemus: et quocunq3 mi-
seris ibimus. Sicut obedivimus in cun-
ctis moysi ita obediemus et tibi: tantū
sit dñs deus tecum sicut fuit cū moyse.
Qui cōtradixerit ori tuo et nō obedie-
rit cūctis smonibz quos pceperis ei: mori-
atur. Tu tātū cōfortare: et viriliter age. II
Misit igitur iosue filius nun de se-
thim duos viros exploratores
abscondite: et dixit eis. Ite et cōsidera-
te terrā: urbemq3 iericho. Qui pergen-
tes ingressi sunt domum mulieris me-
retricis nomine raab: et quieverunt
apud eam. Nūciatumq3 est regi ihe-
richo et dictum. Ecce viri ingressi sunt
huc p noctem de filijs isrl: ut explo-
rarent terrā. Misitq3 rex iericho ad
raab meretricem dicens. Educ viros
qui venerunt ad te: et ingressi sunt do-
mum tuā. Exploratores quippe sūt:
et omnē terram considerare venerunt.
Tollensq3 mulier viros abscondit. et
ait. Fateor venerunt ad me: sed nescie-
bam unde essent. Cumq3 porta claude-
retur in tenebris: et illi pariter exierūt:
nescio quo abierunt. Persequimini
cito: et comphendetis eos. Ipsa autem
fecit ascendere viros in solariū domus
sue: operuitq3 eos stipula lini q̄ ibi erat.
Hij autē qui missi fuerant secuti sunt
eos p viam que ducit ad vadum ior-
danis: illisq3 egressis statī porta clau-
sa est. Nec dū obdormierāt q̄ latebāt:
et ecce mulier ascendit ad eos. et ait.
Novi q dñs tradiderit vobis terram.
Etenī irruit in nos terror vester: et elan-
guerunt omēs habitatores terre. Au-
divimus q siccaverit dñs aquas ma-
ris rubri ad vestrū introitum quādo

14–1. 《구텐베르크 성서》〈여호수아〉.
본문에 인쇄된 텍스트는 좌우로 배치된 긴 사각형 형태 안에 들어가 있다. 긴 사각형 형태를 칼럼column이라고 하며, 단이라고 한다. 1단은 42행으로 이루어졌다. 《구텐베르크 성서》를 '42행 성서'라고 부르는 것은 1단이 42행으로 구성되어 있기 때문이다.
소장처: 국립세계문자박물관

egressi estis ex egipto: ⁊ q̄ feceritis duo-
bus amorreorū regibus q̄ erāt trans-
iordanem seon et og quos interfecistis.
Et hec audiētes ꝑtimuimꝰ ⁊ elanguit
cor nostrū: nec remāsit ī nobis spiritꝰ
ad introitū vestrum. Dn̄s enim deus
vester ipse ē deus in celo sursum: et in
terra deorsum. Nūc ergo iurate michi
per dn̄m ut quomodo ego misericor-
diā feci vobiscū ita et vos faciatis cū
domo patris mei: detisqꝫ michi verū
signū ut saluetis patrem meum ⁊ ma-
trē·fratres ac sorores meas · et oīa
que illoꝝ sunt: et eruatis animas no-
stras a morte. Qui respōderunt ei. A-
nima nr̄a sit pro vobis in mortem si
tamen non prodideris nos. Cumqꝫ
tradiderit nobis dn̄s terrā: faciemus
in te misericordiā et veritatē. Demisit
ergo eos ꝑ funē de fenestra. Domus
enī eius herebat muro. Dixitqꝫ ad eos.
Ad montana conscendite ne forte oc-
currāt vobis reuertentes: ibiqꝫ lateа-
te tribꝫ diebus donec redeāt: ⁊ sic ibitis
ꝑ viam vr̄am. Qui dixerunt ad eam.
Innoxij erimꝰ a iuramento hoc quo
adiurasti nos si ingrediētibus nobis
terram signū fuerit funiculus iste coc-
cineus et ligaueris eum in fenestra per
quā dimisisti nos: et patrē tuū ac ma-
trem fratresqꝫ ⁊ oēm cognationem
tuā congregaueris in domum tuam.
Qui hostiū domꝰ tue egressus fuerit:
reus sibi erit. Sanguis ipsius erit in
caput eiꝰ: ⁊ nos erimus alieni. Cun-
ctorū aūt sanguis qui tecū in domo
fuerint redundabit ī caput nostrum:
si eos aliquis tetigerit. Quod si nos
prodere volueris et sermonem istum
proferre in mediū: erimꝰ mūdi ab hoc
iuramēto quo adiurasti nos. Et illa
respondit. Sicut locuti estis ita fiat.
Dimittensqꝫ eos ut ꝑgerent: appēdit
funiculū coccineū in fenestra. Illi vero
ambulantes ꝑuēnerūt ad montana:
et mānserunt ibi tres dies donec reuer-
terētur qui fuerāt ꝑsecuti. Querentes e-
nim ꝑ omnem viam nō repererūt eos.
Quibꝫ urbē ingressis·reūsi sūt ⁊ descen-
derūt exploratores de mōte: ⁊ trāsmis-
so iordane venerūt ad iosue filiū nun:
narraueruntqꝫ ei oīa q̄ acciderāt sibi·
atqꝫ dixerūt. Tradidit dn̄s oēm ter-
rā hāc in manꝰ nr̄as: ⁊ timore ꝓstra-
ti sunt cuncti habitatores eiꝰ. III
Igitur iosue de nocte cōsurgens mouit
castra: egredientesqꝫ de sethim venerūt
ad iordanem ipse ⁊ oēs filij israhel:
et morati sunt ibi per tres dies. Quibꝫ
euolutis transierunt precones per ca-
strorum medium: ⁊ clamare ceperunt.
Quando videritis archam federis do-
mini dei vestri ⁊ sacerdotes stirpis le-
uitice portantes eā vos quoqꝫ cōsur-
gite ⁊ sequimini precedētes: sitqꝫ inter
vos et archam spaciū cubitoꝝ duum
miliū ut ꝓcul videre possitis ⁊ nosse
per quā viā ingrediamini quia prius
nō ambulastis per eam: et cauete ne
appropinquetis ad archam. Dixitqꝫ
iosue ad ꝑplm. Sanctificamini: cras
enim faciet dn̄s inter vos mirabilia.
Et ait ad sacerdotes. Tollite archam
federis: et ꝑcedite ꝑplm. Qui iussa com-
plentes tulerūt: et ambulauerūt ante
eos. Dixitqꝫ dn̄s ad iosue. Hodie in-
cipiam exaltare te corā omni israhel:
ut sciant ꝙ sicut cū moyse fui · ita ⁊ te-
cum sim. Tu autem ꝑcipe sacerdotibꝫ
qui portāt archam federis: et dic eis.
Cum ingressi fueritis partē aque ior-
danis: state in ea. Dixitqꝫ iosue ad fi-
lios israhel. Accedite huc: et audite
verbum domini dei vestri. Et rursum

기를 생각하면 꽤 많이 남아 있는 편이다. 49부 가운데 완본은 19부, 나머지는 책의 형태를 갖추었으나 완전하지는 않다. 이 중 간행 당시의 장정 그대로인 것은 10부다. 완전한 책은 주로 수도원 같은 종교단체들이 소장했다가 수도원 도서관에 기증한 것이다. 국립세계문자박물관 소장본처럼 단편이나 낱장도 꽤 남아 있다. 이런 책들은 개인 소장자들에 의해 여러 차례 유통되면서 분리된 것이다. 사실 서양 고서 중에는 생각보다 낱장이 많은 편이다. 특히 그림이 있는 부분이 낱장인 경우가 많다. 동양 고서와 달리 서양 고서가 코덱스 형태여서 분리하기 쉽기 때문인 듯하다.

여기서 궁금해진다. 밑도 끝도 없는 이 책이 《구텐베르크 성서》 중의 〈여호수아〉라는 사실을 어떻게 알 수 있었을까? 방법은 의외로 간단하다. 필사본은 책마다 다르지만 인쇄본은 같은 판으로 찍으면 똑같으니 《구텐베르크 성서》 완전본에 포함된 〈여호수아〉와 비교해 보면 바로 알 수 있다.

책을 열어 보자. 먼저 본문에 인쇄된 텍스트가 좌우로 배치된 긴 사각형 형태 안에 들어가 있다는 점이 눈에 들어온다(도 14-1). 긴 사각형 형태를 칼럼column이라고 한다. 칼럼은 원래 기둥이라는 뜻이며 글자를 넣은 사각형이 마치 기둥처럼 생겨서 그렇게 부른다. 이 칼럼을 보통 '단(열)'으로 번역한다. 즉 《구텐베르크 성서》의 텍스트는 좌우 2단으로 배치되었다. 오늘날에는 잡지와 같이 특별한 경우를 제외하고는 2단 배치를 거의 볼 수 없지만 서양 중세의 필사본은 텍스트를 2단으로 배치한 경우가 많았다. 4세기에 필사한 그리스어 성서 《코덱스 시나이티쿠스》처럼 4단으로 배치한 사례도 있다. 한 면을 2단 이상으로 구성하는 것은 파피루스 두루마리를 쓰던 방식에서 유래했다고 한다. 말았다 폈다 해야 하는 두루마리의 특성상 가로로 길게 쓰면 읽기 불편했기 때문이다.

좌우 각 단은 42행(줄)씩 배열했다. 구텐베르크 성서를 흔히 '42행 성서' 또는 B42라고 부르는 것은 1단이 가로 42행으로 구성되어 있기 때문이다. 그렇다면 이 성서의 정확한 이름은 《구텐베르크 성서》일까? 《42행 성서》일까? 둘 다 맞다고 할 수 있다. 사실 《기욤 몰레 2세 기도서》와 마찬가지로 구텐베르크가 인쇄한 성서 어디에도 제목이 없다. 물론 오늘날의 판권과 같은 것도 없다.

성서는 내용이 같으니 서로 다른 성서를 구분하려고 각 성서의 여러 특징을 포착하여 연구자들이 제목을 붙인다. 《구텐베르크 성서》는 처음에 《마자랭 성서》로 불렸다. 18세기에 최초로 《구텐베르크 성서》로 확인된 책이 프랑스 파리의 마자랭 추기경의 도서실(현재의 마자랭 도서관)에 소장되어 있었기 때문이다. 《구텐베르크 성서》는 성서를 인쇄한 구텐베르크에 초점을 맞춘 것이고, 《42행 성서》는 42행으로 인쇄된 점에 초점을 맞춘 제목이다. 1460년대에 36행으로 인쇄한 성서와 48행으로 인쇄한 성서도 출간되었으므로 이와 구분하려면 《42행 성서》라고 해야 할 것이다.

구텐베르크가 인쇄한 《42행 성서》는 이 밖에도 다양한 이름으로 불린다. 2001년 세계기록유산에 등재된 독일 괴팅겐 주립대학 도서관본의 이름은 '*42-line Gutenberg Bible, printed on vellum, and its contemporary documentary background*'이다. 독일 바이에른 주립도서관 소장 《구텐베르크 성서》의 제목은 *Biblia*다. Bible의 라틴어다. 원래 라틴어로 되어 있으니 제목도 라틴어로 붙인 것이다. 프랑스 국립도서관 소장 《구텐베르크 성서》의 제목은 *Bible de Gutenberg*(*Biblia latina*)다.

《42행 성서》라고 부르니 당연히 모든 단이 42행으로 되어 있으리라 짐작하겠지만 뜻밖에도 40행과 41행으로 배열한 페이지가 있다. 오늘날처럼 장·절이나 문단이 끝나는 행 아래쪽 여백을 비워 두고 다음 페이지(여기서는 다음 단)부터 새로운 장·절이나 문단을 시작했기 때문이 아니다. 《구텐베르크 성서》의 각 단은 거의 여백 없이 꽉 차 있다. 각 행도 요즘식으로 말하면 양쪽 정렬로 좌우를 맞추어 여백이 없다. 그야말로 기둥 모양이다. 국립세계문자박물관의 〈여호수아〉 역시 모든 단이 42행이다.

그렇다면 40행과 41행은 어디에 숨겨져 있을까? 뜻밖에도 《구텐베르크 성서》 제1권의 첫 페이지가 40행이다(도 14-2). 40행은 9페이지까지 이어지다가 10페이지는 41행이다. 그다음부터는 표준 행수인 42행으로 쭉 이어진다. 1권의 중간 못 미쳐 이런 현상이 반복된다. 40

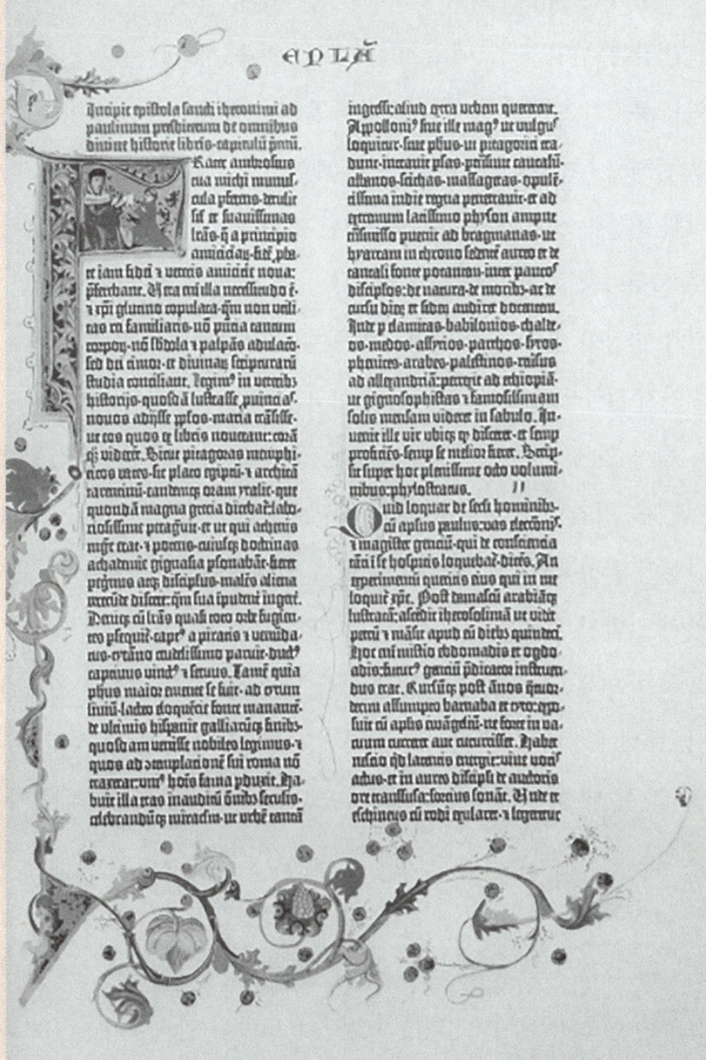

14-2. 《구텐베르크 성서》 40행 부분.
《구텐베르크 성서》 1권의 첫 페이지가 40행이다. 40행은 9페이지까지 이어지다가 10페이지는 41행이다. 그다음부터는 표준 행수인 42행으로 쭉 이어진다.
소장처: 프랑스 국립도서관

행과 41행은 실수가 아니라 의도된 것이었다.

이유는 무엇일까? 애초 40행으로 조판을 시작했는데, 진행 중에 인쇄 용지가 모자랄 것 같은 생각이 들어 조정하기로 한 것이다. 행간을 좁히고 1행을 늘려 41행으로 한 페이지를 인쇄했지만 계획을 다시 바꿔 최종적으로 42행으로 조판했던 것이다. 1권의 조판 작업을 2조로 나누어 진행했으므로 1권의 앞부분뿐 아니라 중간쯤에 한 번 더 같은 현상이 반복되는 것이다. 이렇게 결정했을 때 2권은 인쇄에 들어가지 않았으므로 2권의 모든 페이지는 42행으로 인쇄되었다.

성서 인쇄에 온갖 정성을 들였던 구텐베르크가 이를 용납했다는 것이 좀 아쉽지만, 어쩔 수 없는 선택이었던 것 같기도 하다. 성서의 분량이 엄청나서 늘어난 행수에 따라 인쇄 용지를 추가 마련하는 비용이 만만치 않았을 테니 말이다. 특히 《구텐베르크 성서》 180부 중 30부를 인쇄한 벨럼지는 양피지보다 더 비싼 최고 품질의 가죽이었다. 중세에 송아지 한 마리당 전지 2장이 나온다고 볼 때 성서 1부를 인쇄하는 데 약 160마리 송아지가 필요했다. 책 대금을 미리 받지 않았으므로 구텐베르크는 이 비용을 모두 감당해야 했다.

《구텐베르크 성서》 1권 중에는 앞서 말한 페이지가 40행과 41행이 아니라 42행으로 인쇄된 책도 있다. 이건 또 무슨 이유일까? 구텐베르크는 애초 158부를 인쇄하려 했으나 도중에 인쇄 부수를 180부로 늘리기로 결정했다. 추가 주문이 들어왔기 때문으로 추정한다. 추가 인쇄할 때는 처음부터 42행으로 조판했으므로 40행이나 41행이 없는 《구텐베르크 성서》는 추가 인쇄본으로 판단할 수 있을 것 같다.

여기에 또 하나 반전이 있다. 180부를 모두 인쇄한 다음 1부씩 맞출 때는 처음 인쇄한 페이지들과 추가 인쇄한 페이지들을 구분하지 않았다. 하나의 책에 처음 인쇄한 페이지와 추가 인쇄한 페이지가 섞여 있다는 이야기다. 이렇게 하려면 40행과 41행으로 인쇄했던 페이지들을 42행으로 늘려 인쇄하되 한 단의 시작과 끝을 정확히 일치시켜야 한다.

컴퓨터로 책을 편집하는 요즘이라면 자간 조정으로 글자 사이를 약간 넓히면 가능하다. 하지만 실물 활자를 조판해야 했던 당시에는 활자를 다시 만들지 않는 한 자간 조정이 어렵다. 구텐베르크는 자간을 늘리는 대신 글자 수를 늘리는 방법으로 이 문제를 해결했다. 처음 인쇄할 때 지면을 아끼려고 사용했던 약자 대신 추가 인쇄본에서는 원자를 사용해서 늘어난 행을 채운 것이다. 예를 들어 habent(살고 있다)는 초판에는 hn̄t로 되어 있으나 추가 인쇄본에는 habēt로 되어 있다. 물론 이 역시 매우 세밀한 계산을 요하는 작업이었을 것이다.

장·절의 표시 방법

2권 총 1,280페이지가 넘는 《구텐베르크 성서》는 구약 〈창세기〉에서 신약의 마지막 〈요한계시록〉까지 성서 전체를 담았다. 그 많은 내용 중에서 국립세계문자박물관 소장본이 〈여호수아〉라는 사실은 어떻게 알 수 있을까? 라틴어에 정통하고, 성서의 내용을 잘 알고 있는 사람이라면 첫 구절을 보고 금방 알 수 있을지도 모르겠다. 그렇다 하더라도 분량이 많고 목차와 페이지 번호도 없는 이 책에서 원하는 내용을 찾는 일은 쉽지 않았을 것 같다. 하지만 이 책에는 이 부분이 〈여호수아〉임을 알려 주는 표시가 있다.

위쪽 여백에 있는 붉은색과 푸른색으로 쓴 알파벳이 이 책이 성서의 〈여호수아〉임을 알려 주는 장치다. 첫 번째 페이지에는 'IOSUE'라고 쓰고(도 14-3), 다음 페이지부터는 왼쪽 페이지 위는 'IO', 오른쪽은 'SUE'라고 썼다(도 14-1). 합하면 'IOSUE', 여호수아를 뜻하는 라틴어다. 첫 번째 페이지에 'IOSUE'라고 전체를 쓴 것은 원래 있었던 왼쪽 페이지는 〈여호수아〉가 아니기 때문이다. 완전본 성서를 확인해 보면 왼쪽 페이지는 〈신명기〉의 마지막 부분이다. 위쪽 여백에 쓴 이런 표시는 오늘날 주로 책 아래쪽 여백에 표시하는 각 장의 제목과 같은 것이다.

그런데 마지막 페이지는 앞과 달리 'IUDI'다(도 14-4). 이는 〈여호수아〉에 이어지는 〈재판관기〉를 뜻하는 'IUDICUM'의 왼쪽 네 글자다. 지금은 없지만 원래 오른쪽 페이지 위쪽에 'CUM'이라고 표시되었을 것이다. 그렇다면 'IUDI'가 있는 이 마지막 페이지는 〈재판관기〉의 시작 부분일까? 아니다. 이 페이지의 왼쪽 단은 〈여호수아〉의

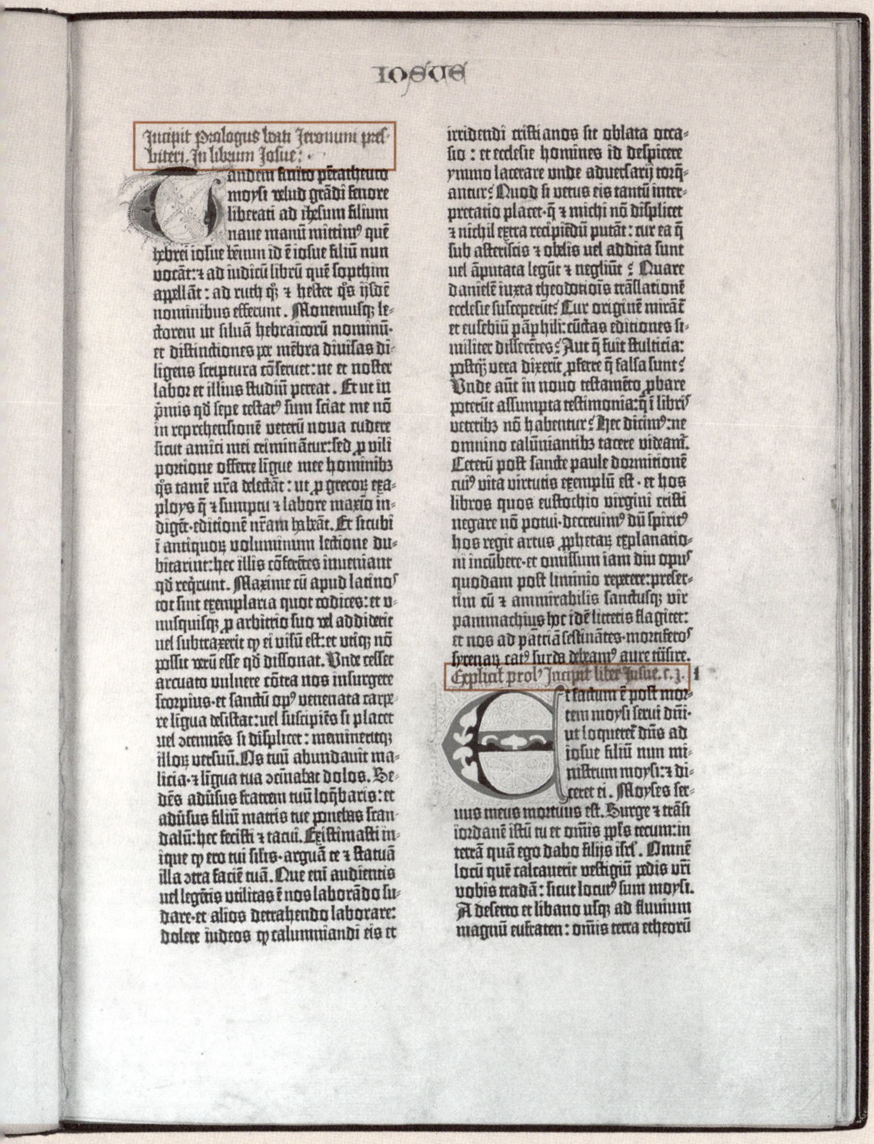

14-3. 《구텐베르크 성서》 〈여호수아〉 시작 부분.
위쪽 여백에 붉은색과 푸른색으로 쓴 'IOSUE'는 여호수아를 뜻하는 라틴어다.
이 책이 〈여호수아〉임을 알려 주는 장치다. 왼쪽 단 'Incipit prologus'로 시작하는
2행의 붉은 글씨는 〈여호수아〉 서문이 시작된다는 표시다.
소장처: 국립세계문자박물관

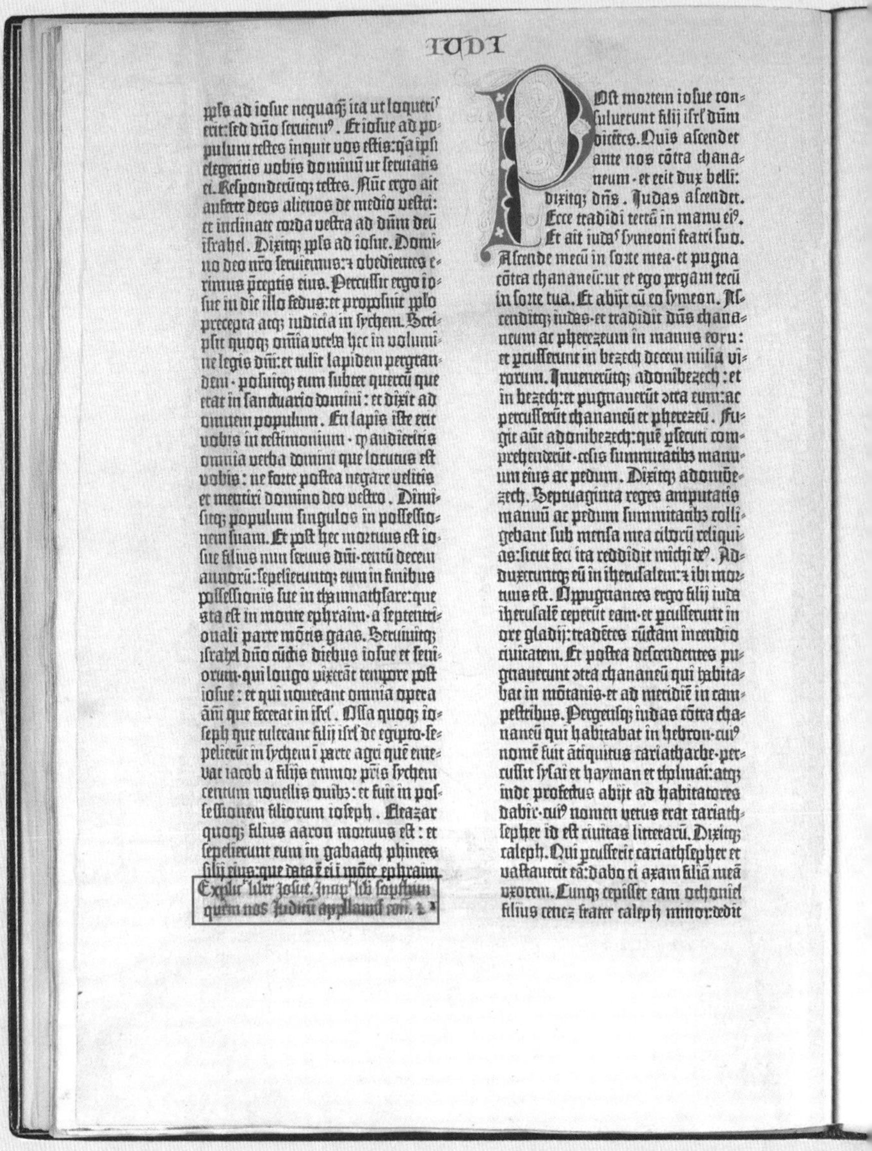

14-4. 《구텐베르크 성서》 〈여호수아〉 마지막 부분.

마지막 페이지는 장제목이 'IUDI'다. 이는 〈여호수아〉에 이어지는 〈재판관기〉를 뜻하는 'IUDICUM'의 왼쪽 네 글자다. 지금은 없지만 원래 오른쪽 페이지 위쪽에 'ICUM'이라고 표시되었을 것이다. 왼쪽 단 붉은색으로 쓴 마지막 2행은 〈여호수아〉가 끝나고 〈재판관기〉가 시작된다는 표시다.

소장처: 국립세계문자박물관

마지막 부분, 오른쪽 단은 〈재판관기〉의 시작 부분이다. 라틴어를 모르지만 짐작할 수 있다. 역시 이를 확인할 수 있는 장치가 책에 표시되어 있어서다.

먼저 왼쪽 단 마지막 'éxplĭcit liber Iosue'로 시작되는 2행의 붉은색 글씨가 〈여호수아〉가 끝났다는 표시다. liber는 책을 뜻하는 라틴어다. 끝, 마감을 뜻하는 라틴어 éxplĭcit는 "두루마리가 풀렸다"는 뜻의 'explicitus'에서 유래되었다. 가로로 이어지는 두루마리에서 내용이 끝나는 부분을 명확히 하기 위해 표시했는데, 제본 형태가 코덱스로 바뀐 후에도 이 방식은 여전히 사용되곤 했다.

éxplĭcit는 주로 내용의 시작을 알리는 incipit와 호응한다. 'éxplĭcit liber Iosue' 바로 다음에 나오는 글 'incipit liber……'가 〈여호수아〉가 끝나고 〈재판관기〉가 시작된다는 표시다. 〈여호수아〉 첫 번째 페이지 왼쪽 단 'incipit prologus'로 시작하는 2행의 붉은 글씨는 〈여호수아〉 서문이 시작된다는 표시다. 오른쪽 단 아래쪽 29행도 붉은 글씨로 'éxplĭcit prolo incipit liber Iosue'라고 서문이 끝나고 〈여호수아〉 본문이 시작됨을 표시했다(도 14-3).

이 책에는 incipit 외에도 새로운 내용이 시작되는 부분을 표시하는 장치가 하나 더 있다. incipit가 끝난 다음 행에 오는 첫 번째 글자가 바로 그것이다. 서문의 첫 번째 글자 'C', 〈여호수아〉와 〈재판관기〉 시작 부분의 첫 글자 'E'와 'P'는 다른 글자에 비해 두드러지게 크다

(도 14-3, 도 14-4). 본문과 달리 붉은색과 푸른색을 써서 아름답게 장식하여 눈에 띈다. 세 글자는 크기가 다르지만 모두 서문과 〈여호수아〉, 〈재판관기〉의 시작점을 표시한 것이 분명하다. 이런 글자를 두문자initial라고 한다. 단어, 단락 또는 장의 시작 부분에 본문보다 크게 표시할 때 사용하는 문자로 incipit와 마찬가지로 initiālis에서 파생되었다. 앞서 본 《기욤 몰레 2세 기도서》에도 형태는 다르지만 이런 두문자가 있다.

두문자는 4~6세기 고대 후기부터 사용되기 시작했다고 한다. 당시에는 띄어쓰기와 여백 없이 문장을 이어서 썼으므로 한 문장이 어디서 시작되고 끝나는지 구별하기 어려웠다. 이를 해결하려고 필경사들이 문장이나 단락의 시작 부분의 글자를 크게 쓰게 되었던 것이다. 두문자를 쓰는 관습은 띄어쓰기를 한 후에도 오랫동안 계속되었다. 들여쓰기 방식으로 문단을 구분하는 오늘날에도 디자인을 강조한 책에서는 문단 첫 번째 글자를 키우고 장식을 가미하여 돋보이게 하기도 한다.

앞의 세 개의 두문자처럼 크고 화려하지 않아 눈에 잘 띄지 않지만, 이 책의 다른 페이지에도 곳곳에 두문자가 있다. 크기는 2행으로 일정하다(도 14-5). 이 역시 문장이나 단락의 시작을 알리는 표시일 터다. 구체적으로 어떤 의미일까? 두문자로 시작하는 행 앞부분, 즉 위쪽 행 마지막에 있는 로마 숫자가 답을 알려 준다. 이 로마 숫자는 1~24장까지 〈여호수아〉 각 장의 순서를 표시하는 장 번호다. 다시 말하면 2행 크기의 두문자는 〈여호수아〉 각 장의 시작 부분을 표시한 것이다. 두문자는 장을 구분하는 기능만 하므로, 원하는 장을 찾기 위해 앞에서부터 세어야 하는 불편함을 해소하려고 장 번호를 넣은 것이다. 장 번호를 새로운 장이 시작되는 첫머리에 표시하는 오늘날의 성서와 달리 새로운 장의 앞 행 끝에 표시한 점이 좀 어색해 보인다.

사실 13세기 초반에 필사한 성서의 장 표시 방식은 이보다 더 어색하다. 당시에는 성서를 필사할 때 문단을 나누지 않았으므로 한 장이 한 행의 중간에서 끝날 수도 있었다. 이럴 때 장 번호는 그 행의 왼쪽 여백에 써 넣었다. 성서 내용을 적당한 단위로 끊고 표시해 둔 사례는

14-5. 《구텐베르크 성서》의 두문자와 장 번호 표시.
2행 크기의 두문자로 시작하는 행 앞부분, 즉 위쪽 행 마지막에 있는 로마 숫자는
〈여호수아〉 22장이라는 표시다. 2행 크기의 두문자는 〈여호수아〉 22장의
시작 부분을 표시한 것이다. 문장이 시작되는 곳은 주서朱書로 표시했다.
소장처: 국립세계문자박물관

4~5세기 그리스어 성서에서도 발견되지만, 장 번호를 표시하지 않았다. 각 서의 수록 순서도 책에 따라 조금 달랐고, 장을 나누는 방식이나 표시 방식도 달랐다.

오늘날까지 통용되는, 장 번호로 성서의 내용을 구분하는 방식은 13세기 전반기 프랑스 파리대학 신학자들이 개발했다고 추정한다. 파리대학 신학자들이 확정한 성서의 순서와 장 번호를 비롯한 성서 체제는 오늘날까지 거의 그대로 계승되고 있다. 구텐베르크 역시 13세기에 파리대학 신학자들이 제작한 개정판 《불가타*Vulgata*》를 원전으로 성서를 제작했다. 물론 구텐베르크가 성서를 제작한 후에는 그의 성서가 표준이 되었지만, 《구텐베르크 성서》 역시 텍스트를 더 쉽게 찾고 읽기 위해 여러 장치와 표준을 만들고자 했던 많은 사람들의 노력에 힘입은 것이다.

책을 산 사람들이 한 일

《구텐베르크 성서》는 인쇄본이니 모양이 모두 같을 것 같지만 같은 책은 하나도 없다. 애초에 180부 가운데 종이에 150부 정도, 벨럼지에 30부 정도 인쇄했으니 인쇄 용지 자체가 두 종류다. 종이에 인쇄한 《구텐베르크 성서》의 워터마크도 소머리 모양과 포도송이 모양 두 종류다. 워터마크는 종이를 빛에 비출 때 나타나는 무늬로, 종이 제작

업체가 종이를 만들 때 표시한 일종의 로고 같은 것이다. 구텐베르크는 처음에 성서를 158부 인쇄할 계획이었으나 제작 과정에서 부수를 늘리기로 결정했다. 성서 인쇄 소식이 알려져 주문자가 늘어났기 때문이라고 한다. 이에 종이를 추가로 주문했으므로 처음 구입한 것과 나중에 구입한 것의 워터마크가 다르다. 종이에 인쇄한 국립세계문자박물관 〈여호수아〉에는 소머리 모양 워터마크가 있다(도 14-6).

다른 것은 용지뿐만 아니다. 사실 2단 42행으로 인쇄한 텍스트 외에는 같은 것이 하나도 없다. 독일 슈투트가르트 뷔르템베르크 주립도서관 소장 《구텐베르크 성서》 〈여호수아〉와 구체적으로 비교해 보자(도 14-7). 우선 앞서 소개한 각 서의 제목을 표시하는 방식이 서로 다르다, 뷔르템베르크 주립도서관 소장본은 각 서의 제목을 두 페이지에 나누어 표시하지 않고 오른쪽 페이지에 표시했다. 왼쪽 페이지에는 일률적으로 'liber'라고 표시했다. 두문자 장식과 장 번호 표시도 완전히 다르다. 이런 차이가 발생한 원인은 제목과 두문

14-6. 《구텐베르크 성서》의 워터마크.
워터마크는 종이를 빛에 비출 때 나타나는 무늬로, 종이 제작 업체가 종이를 만들 때 표시한 일종의 로고 같은 것이다. 《구텐베르크 성서》의 워터마크는 소머리 모양과 포도송이 모양 두 종류다. 이 〈여호수아〉에는 소머리 모양 워터마크가 있다.
소장처: 국립세계문자박물관

자, 장을 표시하는 숫자를 인쇄한 것이 아니라 손으로 직접 쓰거나 그렸기 때문이다. 그 시점은 책을 인쇄한 때가 아니라 책을 구입한 때다.

유럽에서 18세기까지도 인쇄된 텍스트는 제본되지 않은 채로 거래되었다. 텍스트 인쇄가 끝나면 그 채로 포도주를 담는 나무통에 넣어 판매를 위해 각지에 보냈다. 책을 산 사람은 전문가에게 맡겨 각자의 취향과 지불할 수 있는 비용에 따라 각양각색으로 장정했다. 우리나라 고서가 같은 책이라도 표지가 다른 것처럼 서양의 고서 역시 내용이 같아도 표지는 각각이다. 두문자를 비롯한 다양한 채색 장식과 글씨 역시 채식사와 필경사에게 의뢰했다.

책을 산 사람이 한 일은 이 외에 또 있다. 자세히 보면 〈여호수아〉와 〈재판관기〉의 시작과 끝을 알리는 incipit와 éxplĭcit도 손으로 썼다. 《구텐베르크 성서》의 앞쪽 몇 페이지는 이 부분을 붉은 잉크로 인쇄했다. 그러나 검은색과 붉은색, 두 가지로 인쇄하는 것은 기술적으로 어렵고 시간이 많이 걸리는 작업이었다. 이후 페이지에는 책을 산 사람이 손으로 쓸 수 있도록 자리만 비워 두었으므로 책에 따라 표기 방식이 다르다. 국립세계문자박물관 소장본과 뷔르템베르크 주립도서관 소장본을 비교해 보면 서체뿐 아니라 내용도 다르다. 뷔르템베르크 도서관 소장본에는 〈여호수아〉 마지막에 간략하게 1행으로 써서 41행에는 글자가 없다.

두 판본에는 이외에도 다른 점이 더 있다. 국립세계문자박물관 소

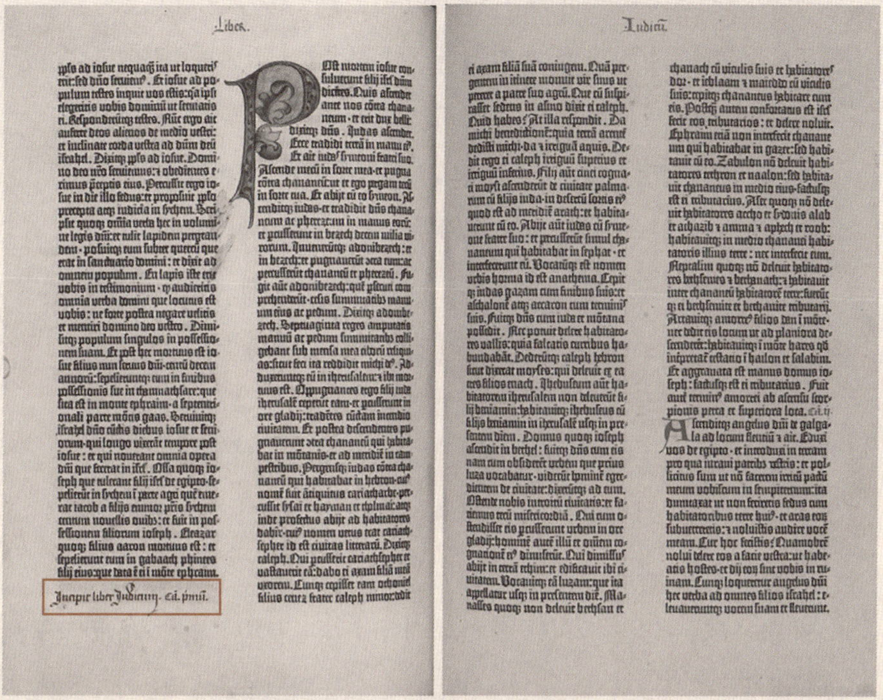

14-7. 《구텐베르크 성서》 각 서의 제목 배치 방식.
이 〈여호수아〉에는 제목을 두 페이지에 나누어 표시하지 않고
오른쪽 페이지에 표시했다. 왼쪽 페이지에는 일률적으로 책을 뜻하는 'liber'라고 표시했다.
소장처: 독일 슈투트가르트 뷔르템베르크 주립도서관

장본에는 본문 군데군데 붉은색 짧은 수직선이 표시되어 있다(도 14-6). 중세 필사본에서도 종종 볼 수 있는 이런 표시를 붉은색으로 표기했다는 뜻으로 주서朱書라고 하며 영어로는 루브릭rubric이라고 한다. 표시된 위치는 문장의 끝, 마침표 다음 새 문장이 시작되는 부분이다. 두문자로 단락의 시작을 표시했을 뿐 아니라 주서로 문장의 시작점을 확실하게 표시한 것이다. 《구텐베르크 성서》는 단어에 띄어쓰기도 되어 있고 문장 끝에는 마침표도 있지만, 글자를 아주 빽빽하게 배치하여 문단이 끝나는 부분을 확인하기 어려워 당시의 관행대로 주서로 표기한 것이다. 서양 고서에서 주서는 강조를 위해 붉은색으로 쓴 글씨나 표시를 포괄적으로 지칭한다. 〈여호수아〉의 시작과 끝부분에 붉은색으로 쓴 incipit와 éxplĭcit도 루브릭이라고 일컫는다.

중요한 것은 문장의 시작 부분에 표시한 이 주서가 뷔르템베르크 도서관 소장본에는 없다는 점이다. 주서 역시 책을 산 사람이 표시해야 하는 영역이었던 것이다. 앞서 소개한 우리나라 고서 중에 표시된 구결처럼 주서는 텍스트를 읽어야만 할 수 있는 작업이었기 때문이다.

인쇄본임에도 구매자가 직접 해야 할 부분을 이처럼 많이 남겨 둔 이유는 필사본의 방식을 그대로 유지하기 위해서였다. 구텐베르크가 인쇄술을 발명했을 당시에는 책이란 곧 필사본이었기 때문이다. 구텐베르크는 자신이 인쇄한 책에 필사본의 모습을 재현하기 위해 활자 서체 역시 필사본의 모습을 따랐다. 《구텐베르크 성서》의 활자 서체는 당시 마인츠 성당 등에서 사용된 필사본 미사전례서에서 따왔다. 섬유를 직조한 것처럼 촘촘하여 텍스투라체라 불리는 이 서체는 고딕체의 일종으로 중세 필경사들이 사용하던 서체다. 촘촘하고 각진 이 필서체를 활자로 만들려면 고난도의 기술과 시간이 필요했을 테지만 구텐베르크는 필사본을 재현하려고 이런 서체를 택했던 것이다.

근대 출판의 선구자 알도 마누치오가 인쇄한 책

_헤로도토스의 《역사》

출판계의 미켈란젤로

서양의 책과 지식의 역사를 다루는 책에서 금속활자 인쇄술을 발명한 구텐베르크에 이어 반드시 언급되는 인물이 있다. 이탈리아의 출판업자 알도 마누치오Aldo Manuzio Romanus(1450?~1515)라는 인물이다. 라틴어 이름은 알두스 마누티우스Aldus Manutius다. 이탈리아 기자이자 저술가 알렉산드로 마르초 마뇨는 《책공장 베네치아》(책세상, 2015) 2장 '알도 마누치오, 출판계의 미켈란젤로'에서 "회화에 라파엘로, 조각에 미켈란젤로, 건축에 브루넬레스키가 있다면 출판에는 알도 마누치오가 있다"고 했다. 알도 마누치오가 어떤 활동을 했길래 이탈리아 르네상스를 대표하는 저 위대한 예술가들과 같은 반열에 올린 것일까?

15~16세기 이탈리아에서 꽃피운 르네상스 문화와 예술은 신 중심의 중세적 세계관에서 벗어나 인간 중심적 세계관을 추구하는 인문주의Humanism에 바탕을 두고 있다. 인문주의자들은 고대 그리스와 로마의 문화, 철학, 문학에서 인문주의의 근원을 찾고자 했다. 알도 마누치오는 고전 고대의 필사본을 수집, 발굴하여 정확한 검증과 교정을 거쳐 출판함으로써 고전 고대 문화를 텍스트로 온전히 복원했다. 페트라르카, 에라스무스를 비롯한 여러 인문주의자들의 책도 출판했다. 출판 활동으로 인문주의가 확산될 수 있는 기반을 만든 것이다.

그리스·로마 문헌에 심취한 인문주의자 알도 마누치오는 40대인 1495년경 베네치아에서 인쇄소를 열었다. 구텐베르크가 발명한 인쇄술은 곧바로 유럽 각지로 퍼졌는데, 베네치아에서 인쇄업이 가장 번성했다. 당시 베네치아는 해상무역을 통해 막강한 부와 영향력을 가진 지중해 강국이었다. 공화국이었던 베네치아는 다른 왕국들에 비해 자유로운 분위기였으며 다양한 집단과 언어가 공존하는 곳이었다. 이런 환경을 바탕으로 베네치아는 '책공장'이라 할 만큼 출판업이 번성했다. 1500년까지 베네치아에는 150여 개의 인쇄소가 있었으며, 유럽 전체에서 생산한 인큐내뷸러(1500년 이전 인쇄된 책)의 15퍼센트 이상을 생산했다고 한다. 특히 15세기 말 유럽 서적의 45퍼센트는 종교 서적이었던 반면 베네치아에서는 26퍼센트 정도에 그쳤고 고전 서적이 35퍼센트 정도를 차지했다. 인문주의에 고취된 귀족들이 고전 출판을 재정적으로 지원했기 때문이다.

알도 마누치오가 이룬 성과는 단순히 고전 출판에 그치지 않는다. 타이포그라피 역사에서 중요한 서체인 '벰보체'를 개발했으며, '이탤릭체'를 처음으로 고안했다. 오늘날의 문고판에 해당하는 포켓북을 만들어 좀더 많은 사람이 책을 볼 수 있도록 했다. 발행 부수가 많아야 수백 부에 지나지 않았던 당시에 문고판으로 1,000부 이상을 인쇄했다. 특히 그가 문고판으로 출판한 페트라르카의 책은 10만 부 가까이 팔려 베스트셀러라는 말이 생겼다. 세미콜론과 아포스트로피, 악센트 등의 문장 부호 역시 알도 마누치오가 발명한 것이다. 그가 편찬한 책은 내용뿐 아니라 편집 체제도 오늘날의 책에 더 가까워졌다. 이런 성과들이 그를 근대 출판의 선구자라고 부르는 이유다.

알도 마누치오는 20년 동안 130여 권의 책을 출판했는데 그중 70여 권이 그리스어와 라틴어 고전이다. 그는 특히 당대 누구도 엄두를 낼 수 없었던 그리스어 활자체를 개발해 그리스어 고전 출판에 역량을 집중했다. 1495~1498년에 걸쳐 제작한 아리스토텔레스 전집은 15세기의 가장 위대한 출판물로 꼽힐 정도로 대작이다. 그가 베네치아에 인쇄소를 차린 이유 중 하나도 그리스어 서적 인쇄에 좋은 환경이어서다. 베네치아는 지리적으로 그리스어권에 인접해, 그리스 문화의 영향력을 유지하고 있었다. 여기에 1453년 오스만 투르크에 의해

콘스탄티노플이 함락되자 베네치아로 피난민들이 들어오면서 그리스 문화의 영향력이 더 강력해졌던 것이다.

이 장에서는 알도 마누치오가 그리스어로 출판한 책 한 권을 소개한다. 국립세계문자박물관에 전시된 그리스의 역사가 헤로도토스의 저서 《역사*Historiae* / Ἱστορίαι》다. 《역사》는 기원전 5세기의 아케메네스왕조 페르시아와 고대 그리스 여러 폴리스 간의 전쟁(그리스-페르시아 전쟁)을 다룬 책이다. 기원전 499년부터 시작된 예비단계와 함께 기원전 480~479년의 전쟁을 체계적으로 서술한 전반부와, 페르시아 제국의 성장과 조직, 지리와 사회구조 및 역사를 기록한 후반부로 구성되어 있다.

서양에서 역사학의 아버지로 불릴 만큼 유명한 헤로도토스가 쓴 책 《역사》를 모르는 사람은 별로 없겠지만, 이 책은 영어도 라틴어도 아닌 그리스어로 되어 있다. 심지어 필기체로 인쇄되어 글자 자체를 알아보기도 힘드니 도저히 내용을 읽을 수는 없다. 하지만 책의 형태와 편집 방식은 볼 수 있다. 알도 마누치오에게 근대 출판의 선구자라는 수식어가 붙은 이유를 이 책에서 확인할 수 있다.

출판사의 로고와 소장자의 장서표

알도 마누치오가 출판한 헤로도토스의 《역사》는 흰색 가죽 표지로 제본되었다. 크기는 세로 31.8, 가로 20센티미터로 《구텐베르크 성서》에 비해 작다. 흰색 가죽 표지는 이 책이 제작된 1502년 당시 것으로 보인다. 앞뒤 표지에 압인된 문양으로 짐작할 수 있다(도 15-1). 돌고래가 닻을 휘감고 있는 이 문양이 알도 마누치오가 설립한 알디네 출판사의 로고다. 이 문양 디자인은 고대 그리스 격언인 "천천히 서둘러라Festina Lente"에서 비롯되었다. 바다를 누비는 돌고래는 서두름을, 배를 안전하게 정착시키는 닻은 천천히를 뜻한다.

책에 로고를 최초로 사용한 책은 1457년에 인쇄된 《마인츠 시편 *Mainz Psalter*》이다. 독일 마인츠에서 출판한 이 책은 《구텐베르크 성서》에서 언급한 푸스트가 구텐베르크에게서 넘겨받은 인쇄기와 활자로 인쇄했다. 두 개의 방패가 큰 나뭇가지에 달린 이 로고는 책의 제작 연도와 출판자 등을 표시한 콜로폰colophon에 나와 있다. 콜로폰은 우리나라 고서의 간기와 유사하다(도 15-2).

앞서 소개한 필사본 기도서는 물론 《구텐베르크 성서》에도 제작 정보 등을 알 수 있는 콜로폰이 없다. 필사본 시대에 콜로폰은 책에 쓰인 마지막 말을 뜻했다. 여기에 필사한 책에 관련한 정보를 간략히 쓰기도 했지만, 제작 시기, 제작자, 제작한 곳을 표시한 오늘날의 판권과 같은 개념은 아니었다. 당시에 이런 부차적인 기록은 지면의 낭비로 여겨졌다.

《구텐베르크 성서》 역시 당시의 이런 통념을 따랐지만, 푸스트와 쉐퍼는 《마인츠 시편》에서 처음으로 제작 시기와 제작처, 제작자 정보를 명시한 콜로폰을 넣고 여기에 로고까지 표시했다. 오늘날처럼 출판시장이라는 개념이 확립되지 않은 시절 일종의 마케팅 활동이었던 것이다. 15~16세기 르네상스와 종교개혁 바람을 타고 인쇄출판업이 크게 성장하고 인쇄출판업자들도 사회적 주목을 받으면서 귀족 명문가의 문장을 본받아 로고를 만들게 되었다. 그중에서도 알디네 출판사의 돌고래와 닻 로고가 가장 유명하다.

책등에는 위아래에 검은 가죽을 대고 위쪽에는 책의 저자 'HERODOTUS', 아래쪽에는 발행인과 발행 연도 'ALDUS/1502'라는 글자를 금박했다(도 15-3). 책 표지와 썩 잘 어울리지만 이 타이틀 피스는 나중에 덧붙인 것이 분명하다.

인쇄술이 등장하기 전까지 책은 아무나 가질 수 없는 귀중품이었으므로 표지 역시 화려하고 값비싼 보석이나 상아, 금박으로 장식했다. 이런 책들은 세워서 보관할 수 없다. 특별히 제작된 상자에 별도 보관하거나 경사진 선반에 뉘어서 보관했다. 수도원이나 도서관 등에서는 아예 비스듬한 독서대에 사슬을 달아 고정해 놓기도 했다. 이후 책이 점차 많아져 보관할 공간이 부족해지자 세워서 보관하게 되었지만, 처음에는 책등이 아니라 사슬이 달려 있는 앞마구리쪽이 앞으로 나오도록 꽂았다. 1580년대에 이탈리아의 한 장서가가 책꽂이에 꽂은 책 앞마구리에 책 내용과 어울리는 그림을 그려 넣도록 한 것을 보

[15-1]

[15-2]

15-1. 《역사》 앞표지 로고.
알도 마누치오가 출판한 헤로도토스의 《역사》는 흰색 가죽 표지로 제본되었다.
앞뒤 표지에 압인된 돌고래가 닻을 휘감고 있는 문양은
알도 마누치오가 설립한 알디네 출판사의 로고다.
소장처: 국립세계문자박물관

15-2. 《마인츠 시편》에 수록된 로고.
책에 로고를 최초로 사용한 책은 1457년에 인쇄된 《마인츠 시편*Mainz Psalter*》이다.
두 개의 방패가 큰 나뭇가지에 달린 이 로고는 책의 제작 연도와
출판자 등을 표시한 콜로폰에 나와 있다.
사진 출처: 인터넷 위키피디아

15-3. 《역사》의 타이틀 피스.
책등에는 위아래에 검은 가죽을 대고 위쪽에는 책의 저자 'HERODOTUS',
아래쪽에는 발행인과 발행 연도 'ALDUS/1502'라는 글자를 금박했다. 타이틀 피스는 나중에
덧붙인 것이 분명하다. 이 책을 출판했을 당시에는 책등이 보이도록 책을 꽂지 않았다.
소장처: 국립세계문자박물관

15-4. 《역사》의 타이틀 피스.
미국 의회도서관에 소장된 알도 마누치오가 출판한
《역사》의 책등에 국립세계문자박물관 소장본과 같은
서체와 크기로 'HERODOTUS/ALDUS/1502'를 금박했다.
알도 마누치오가 책을 출판할 시기에는 영어로 된 책을
출판하지 않았다. 이 표지는 이후에 만든 것이다.
소장처: 미국의회도서관

면, 이 책을 제본할 당시인 1502년에는 책등이 밖으로 나오도록 책을 꽂는 일이 일반화되지 않았을 것이다. 책등의 제목은 책등이 밖으로 나오도록 꽂았을 때 의미가 있다.

제목 'HERODOTUS'와 저자 'ALDUS'를 영어로 표기한 점, 제작 연도 '1502'를 아라비아 숫자로 표시한 점도 이 책을 출판한 시기와 맞지 않다. 알도 마누치오가 베네치아에서 책을 출판할 시기에 영어를 널리 사용하지 않았고 영어로 된 책을 출판하지도 않았다. 더욱이 그리스어로 된 책의 타이틀 피스를 영어로 표기했을 리가 없다. 뒤에 소개하겠지만 이 책 마지막 부분에 명시된 출판 연도 역시 아라비아 숫자가 아니라 로마 숫자다.

미국 의회도서관에도 알도 마누치오가 출판한 《역사》가 소장되어 있는데, 본문은 같지만 표지는 다르다. 나중에 교체한 이 표지에는 국립세계문자박물관 소장본 표지와 달리 돌고래와 닻 로고는 없다. 하지만 책등에 국립세계문자박물관 소장본과 같은 서체와 크기로 'HERODOTUS / ALDUS / 1502'를 금박으로 처리했다. 차이는 위쪽에 몰아서 썼으며 가죽을 덧대지 않았다는 점이다(도 15-4).

돌고래와 닻 모양의 로고는 책 내부 두 곳에 더 표시되어 있다. 한 곳은 면지 다음에 이어지는 속표지(표제지)다(도 15-5). 표지의 로고에는 없지만 여기에서는 닻의 왼쪽에 'AL'과 오른쪽에 'DVS'가 있다. 합하면 'ALDVS', 알두스Aldus를 뜻한다. 로마 비문의 서체에 따라

ΗΡΟΔΟΤΟΥ ΛΟΓΟΙ ΕΝΝΕΑ, ΟΙΠΕΡ ΕΠΙΚΑ
ΛΟΥΝΤΑΙ ΜΟΥΣΑΙ.

HERODOTI LIBRI NOVEM QVIBVS MVSARVM
INDITA SVNT NOMINA.

ΜΟΥΣΩΝ ΟΝΟΜΑΤΑ.	MVSARVM NOMINA.
Κλειώ.	Clio.
Εὐτέρπη.	Euterpe.
Θάλεια.	Thalia.
Μελπομένη.	Melpomene.
Τερψιχόρη.	Terpsichore.
Ἐρατώ.	Erato.
Πολύμνια.	Polymnia.
Οὐρανία.	Vrania.
Καλλιόπη.	Calliope.

15-5. 《역사》 속표지.
속표지(표제지)에 제목과 목차를 라틴어와 그리스어로 표기했다.
가운데 정렬로 배열한 맨 위 2행이 그리스어와 라틴어로 표기한 저자와 제목이다.
제목 아래 왼쪽은 그리스어, 오른쪽은 라틴어로 2단 배치한 부분이 이 책의 목차다.
목차 아래 알디네 출판사의 로고 왼쪽 'AL'과 오른쪽
'DVS'는 'ALDVS', 즉 알두스Aldus다.
소장처: 국립세계문자박물관

'U'를 'V'처럼 표시했다. 나머지 한 곳은 책 마지막 페이지다. 역시 닻의 왼쪽에 'AL'과 오른쪽에 'DVS'가 표시되어 있다. 알디네 출판사의 표준 로고는 이런 모습이다.

본문을 보기 전에 또 하나 눈여겨봐야 할 것이 있다. 표지를 열면 보이는 왼쪽 여백 위아래에 붙어 있는 종이 조각이다(도 15-6). 위쪽에는 흑백으로 독수리 두 마리가 왕관을 쓴 문양 아래쪽에 글자가 인쇄되어 있다. 소장자를 밝힌 것이다. 아래쪽에는 푸른색 바탕 가운데 나무에 뱀이 휘감겨 있는 모습을 묘사하고 왼쪽과 오른쪽에 각각 알파벳 'L'과 'A'를 크게 표시했다. 노란 바탕의 네 테두리에도 각각 글자가 있다.

미국 의회도서관 소장본에도 이 위치에 그림이 있는 종이가 한 장 붙어 있다. 책꽂이에 꽂힌 책을 밟고 있는 스핑크스 그림 아래쪽에 'Ex libris(엑스 리브리스)', 'William Davignon'이라고 표시되어 있다(도 15-7). '엑스 리브리스'는 라틴어로 '(아무개의) 장서에서', '책 중에서'라는 뜻이다. 'William Davignon'는 책 소장자의 이름일 터다. 이런 종이를 장서표라고 한다. 국립세계문자박물관 소장본에 붙인 두 개의 종이에는 '엑스 리브리스'라는 표시와 소장자 이름은 없지만 장서표임이 분명하다.

장서표는 15, 16세기 유럽에서 장서가가 늘어나면서 장서 문화의 하나로 등장했다. 보통 표지 안쪽에 붙여 소장자를 밝히는 표시다. 종

[15-6]

[15-7]

15-6. 《역사》에 붙인 장서표.
표지를 열면 보이는 왼쪽 여백 위아래에 붙어 있는 종이 조각이 이 책의 장서표다.
장서표는 15, 16세기 유럽에서 장서가가 늘어나면서 장서 문화의 하나로 등장했다.
보통 표지 안쪽에 붙여 소장자를 밝히는 표시다.
소장처: 국립세계문자박물관

15-7. 《역사》에 붙인 장서표.
표지를 열면 책꽂이에 꽂힌 책을 밟고 있는 스핑크스 그림 아래쪽에 'Ex libris(엑스 리브리스)', 'William Davignon' 이라고 표시되어 있다. '엑스 리브리스' 는 라틴어로 '(아무개의) 장서에서', '책 중에서' 라는 뜻이다. 'William Davignon' 는 책 소장자의 이름일 터다.
소장처: 미국의회도서관

이에 목판으로 찍은 장서표에는 소장자가 즐기는 도안과 그 아래위로 '엑스 리브리스'라는 문자와 소장자 이름, 때로는 책에 관한 명구를 새겼다. 동양에서 책 소유자가 찍는 장서인과 같은 개념이다. 방식은 달랐지만 책에 소유권을 표시하려는 마음은 다름이 없다.

근대적인 편집 방식

《역사》의 본문은 어떻게 편집되었을까? 속표지 알디네 출판사 로고 위쪽 텍스트를 유심히 살펴보자. 오늘날 용어로 말하자면 가운데 정렬로 배열한 맨 위 2행은 그리스어 'ΗΡΟΔΤΟΥ ΑΟΓΟΙ ΕΝΝΕΑ, ΟΙΓΕΡ ΕΓΙΚΑΛΟΥΝΤΑΙ ΜΟΥΣΑΙΟ'다. 1행을 비운 다음 2행의 텍스트는 라틴어 'HERODOTI LIBRI NOVEM QVIBVS MVSARVM INDITA SVNT NOMINA'다. 그리스어 'ΗΡΟΔΤΟΥ'와 라틴어 'HERODOTI'는 이 책의 저자 이름 헤로도토스다. 저자 이름 다음에 이어지는 긴 글이 이 책의 제목일 것이다. '뮤즈의 이름으로 구분된 아홉 장' 정도로 해석할 수 있다. 오늘날 통용되는 제목과는 다르다. 헤로도토스가 이런 제목을 붙였을지는 모르겠다. 당시에는 책에 제목을 단다는 개념이 없었기 때문이다. 이 제목을 언제 누가 정했는지 정확히 알 수 없지만 문득 궁금해진다. '역사'와 '아홉 뮤즈'가 도대체 어떤 관계이길래 이런 제목을 붙였을까?

제목 아래 왼쪽은 그리스어, 오른쪽은 라틴어로 2단 배치한 글에 이 질문에 대한 답이 있다. 왼쪽의 그리스어 'ΜΟΥΣΩΝ ΟΝΟ ΜΑΤ Α', 오른쪽의 라틴어 'MVSARVM NOMINA'는 '뮤즈의 이름'이라는 뜻이다. 그 아래 각각 그리스어와 라틴어로 표시된 9개 항목이 이 책의 목차다. '뮤즈의 이름'은 목차의 제목인 셈이다. 아홉 뮤즈 클레이오, 에우테르페, 탈레이아, 멜포메네, 테르프시코레, 에라토, 폴림니아, 우라니아, 칼리오페가는 9개 장(원래는 두루마리였으니 9권이었을 것이다)의 장 제목이다.

제목과 목차가 있는 속표지를 넘겨 다음 페이지를 보자(도 15-8). 이 두 번째 페이지는 오른쪽 페이지의 그리스어와 달리 라틴어다. 내용은 알도 마누치오가 베르가모 출신 인문학자 칼푸르니오Calfrunio에게 바치는 헌정사다. 이 책의 서문에 해당하는 이 글에서 알도는 인쇄에 사용된 원본 필사본의 오류를 교정하였음을 밝혔다. 서문의 내용과 책 구성 방식은 표지를 열면 본문이 바로 시작되는《구텐베르크의 성서》에 비하면 책으로서의 체계를 훨씬 더 갖춘 셈이다.

오늘날의 책에는 속표지 뒤쪽 아니면 마지막 페이지에 수록된 판권에 간행 연도, 출판사를 비롯한 책 출판 관련 다양한 정보가 담겨 있다. 이 책은 어떨까? 앞서 언급한 것처럼 책의 마지막 페이지는 알디네 출판사의 로고 페이지다. 다른 곳에도 한 페이지를 차지하는 판권 또는 콜로폰은 없다. 대신 로고 페이지 앞페이지의 마지막

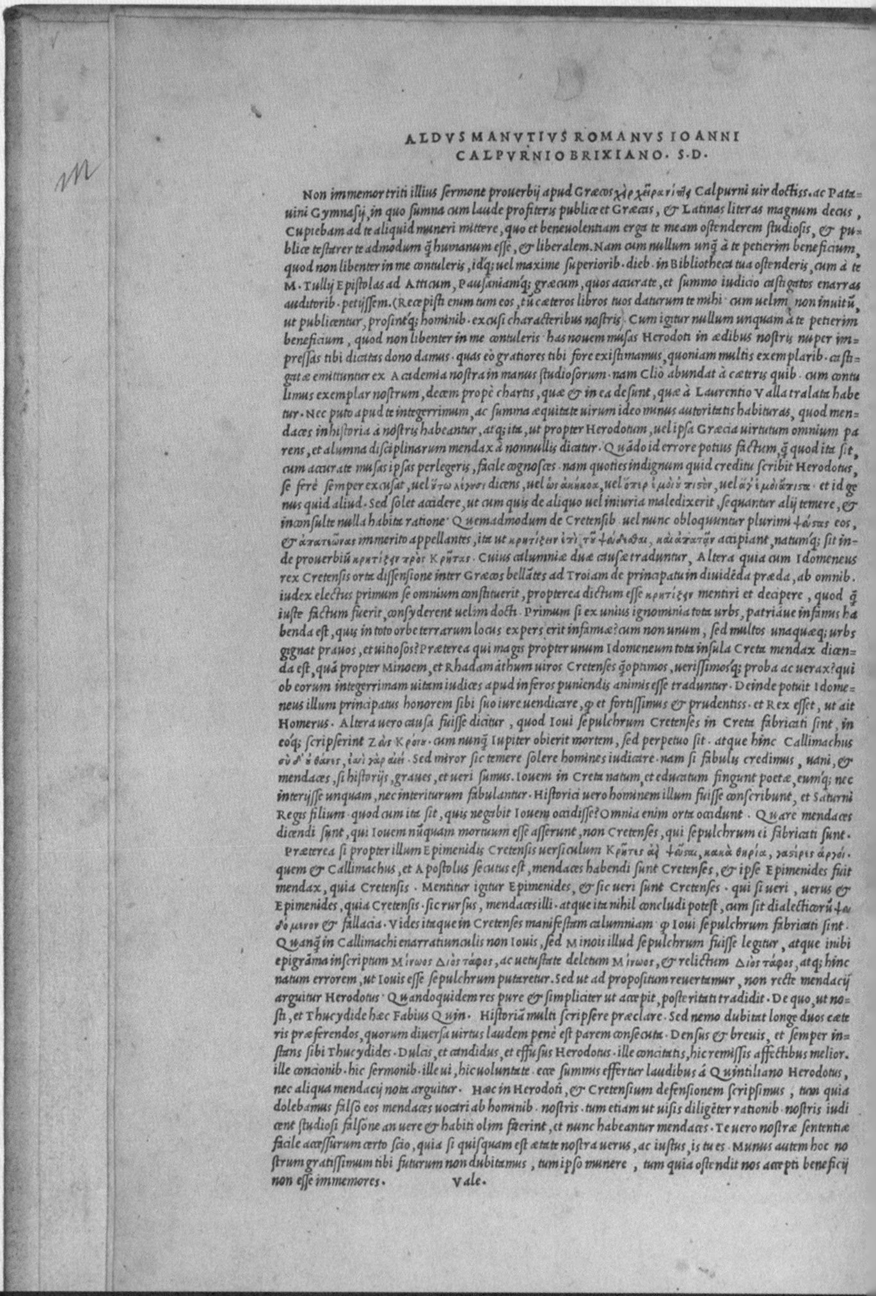

ALDVS MANVTIVS ROMANVS IOANNI CALPVRNIO BRIXIANO. S.D.

Non immemor triti illius sermone prouerbij apud Græcos χεὶρ χεῖρα νίζει Calpurni uir doctiss. ac Patauini Gymnasij, in quo summa cum laude profiteris publice et Græcas, & Latinas literas magnum decus, Cupiebam ad te aliquid muneri mittere, quo et beneuolentiam erga te meam ostenderem studiosis, & publice testarer te admodum q̃ humanum esse, & liberalem. Nam cum nullum unq̃ à te petierim beneficium, quod non libenter in me contuleris, idq; uel maxime superiorib. dieb. in Bibliotheca tua ostenderis, cum à te M. Tullij Epistolas ad Atticum, Pausaniamq; græcum, quos accurate, et summo iudicio castigatos enarras auditorib. petijssem. (Recepisti enim tum eos, tũ cæteros libros tuos daturum te mihi cum uelim non inuitũ, ut publicentur, prosintq; hominib. excusi characteribus nostris). Cum igitur nullum unquam à te petierim beneficium, quod non libenter in me contuleris has nouem musas Herodoti in ædibus nostris nuper impressas tibi dicatas dono damus. quas eò gratiores tibi fore existimamus, quoniam multis exemplarib. castigatæ emittuntur ex Academia nostra in manus studiosorum. nam Clio abundat à cæteris quib. cum contulimus exemplar nostrum, decem propè chartis, quæ & in ea desunt, quæ à Laurentio Valla tralata habetur. Nec puto apud te integerrimum, ac summa æquitate uirum ideo minus autoritatis habituras, quod mendaces in historia à nostris habeantur, atq; ita, ut propter Herodotum, uel ipsa Græcia uirtutum omnium parens, et alumna disciplinarum mendax à nonnullis dicatur. Quãdo id errore potius factum, q̃ quod ita sit, cum accurate musas ipsas perlegeris, facile cognosces. nam quoties indignum quid creditu scribit Herodotus, se ferè semper excusat, uel οὕτω λέγουσι dicens, uel ὡς ἀκήκοα, uel ὅπερ ἐμοὶ οὐ πιστόν, uel ὡς ἐμοὶ ἄπιστα. et id genus quid aliud. Sed solet accidere, ut cum quis de aliquo uel iniuria maledixerit, sequantur alij temere, & inconsulte nulla habita ratione. Quemadmodum de Cretensib. uel nunc obloquuntur plurimi ψεύστας eos, & ἀπατεῶνας immerito appellantes, ita ut κρητίζειν ἐπὶ τῷ ψεύδεσθαι, καὶ ἀπατᾶν accipiant, natumq; sit inde prouerbiũ κρητίζειν πρὸς Κρῆτας. Cuius calumniæ duæ causæ traduntur, Altera quia cum Idomeneus rex Cretensis orta dissensione inter Græcos bellãtes ad Troiam de principatu in diuidẽda præda, ab omnib. iudex electus primum se omnium constituerit, propterea dictum esse κρητίζειν mentiri et decipere, quod q̃ iuste factum fuerit, consyderent uelim docti. Primum si ex unius ignominia tota urbs, patriáue infamis habenda est, quis in toto orbe terrarum locus expers erit infamiæ? cum non unum, sed multos unaquæq; urbs gignat prauos, et uitiosos? Præterea qui magis propter unum Idomeneum tota insula Creta mendax dicenda est, quã propter Minoem, et Rhadamãthum uiros Cretenses q̃ optimos, uerissimosq; proba ac uerax? qui ob eorum integerrimam uitam iudices apud inferos puniendis animis esse traduntur. Deinde potuit Idomeneus illum principatus honorem sibi suo iure uendicare, q͞ et fortissimus & prudentiss. et Rex esset, ut ait Homerus. Altera uero causa fuisse dicitur, quod Ioui sepulchrum Cretenses in Creta fabricati sint, in eoq; scripserint Ζὰν Κρόνου. cum nunq̃ Iupiter obierit mortem, sed perpetuo sit. atque hinc Callimachus σὺ δ᾽ οὐ θάνες, ἐσσὶ γὰρ αἰεί. Sed miror sic temere solere homines iudicare. nam si fabulis credimus, uani, & mendaces, si historijs, graues, et ueri sumus. Iouem in Creta natum, et educatum fingunt poetæ, eumq; nec interijsse unquam, nec interiturum fabulantur. Historici uero hominem illum fuisse conscribunt, et Saturni Regis filium. quod cum ita sit, quis negabit Iouem occidisse? Omnia enim orta occidunt. Quare mendaces dicendi sunt, qui Iouem nũquam mortuum esse asserunt, non Cretenses, qui sepulchrum ei fabricati sunt.

Præterea si propter illum Epimenidis Cretensis uersiculum Κρῆτες ἀεὶ ψεῦσται, κακὰ θηρία, γαστέρες ἀργαί. quem & Callimachus, et Apostolus secutus est, mendaces habendi sunt Cretenses, & ipse Epimenides fuit mendax, quia Cretensis. Mentitur igitur Epimenides, & sic ueri sunt Cretenses. qui si ueri, uerus & Epimenides, quia Cretensis. sic rursus, mendaces illi. atque ita nihil concludi potest, cum sit dialecticorũ ψευδόμενον & fallacia. Vides itaque in Cretenses manifestam calumniam q͞ Ioui sepulchrum fabricati sint. Quanq̃ in Callimachi enarratiunculis non Iouis, sed Minois illud sepulchrum fuisse legitur, atque inibi epigrãma inscriptum Μίνωος Διὸς τάφος, ac uetustate deletum Μίνωος, & relictum Διὸς τάφος, atq; hinc natum errorem, ut Iouis esse sepulchrum putaretur. Sed ut ad propositum reuertamur, non recte mendacij arguitur Herodotus. Quandoquidem res pure & simpliciter ut accepit, posteritati tradidit. De quo, ut nosti, et Thucydide hæc Fabius Quin. Historiã multi scripsere præclare. Sed nemo dubitat longe duos cæteris præferendos, quorum diuersa uirtus laudem penè est parem consecuta. Densus & breuis, et semper instans sibi Thucydides. Dulcis, et candidus, et effusus Herodotus. ille concitatis, hic remissis affectibus melior. ille concionib. hic sermonib. ille ui, hic uoluntate. ecce summis effertur laudibus á Quintiliano Herodotus, nec aliqua mendacij nota arguitur. Hæc in Herodoti, & Cretensium defensionem scripsimus, tum quia dolebamus falsò eos mendaces uocari ab hominib. nostris. tum etiam ut uisis diligẽter rationib. nostris iudicent studiosi falsòne an uere & habiti olim fuerint, et nunc habeantur mendaces. Te uero nostræ sententiæ facile accessurum certo scio, quia si quisquam est ætate nostra uerus, ac iustus, is tu es. Munus autem hoc nostrum gratissimum tibi futurum non dubitamus, tum ipso munere, tum quia ostendit nos accepti beneficij non esse immemores. Vale.

15-8. 《역사》 서문과 본문 시작 부분.
라틴어로 된 왼쪽 페이지는 알도 마누치오가 이 책에 바치는 헌정사이자 서문이다.
본문은 서문 다음 오른쪽 페이지부터 시작된다.

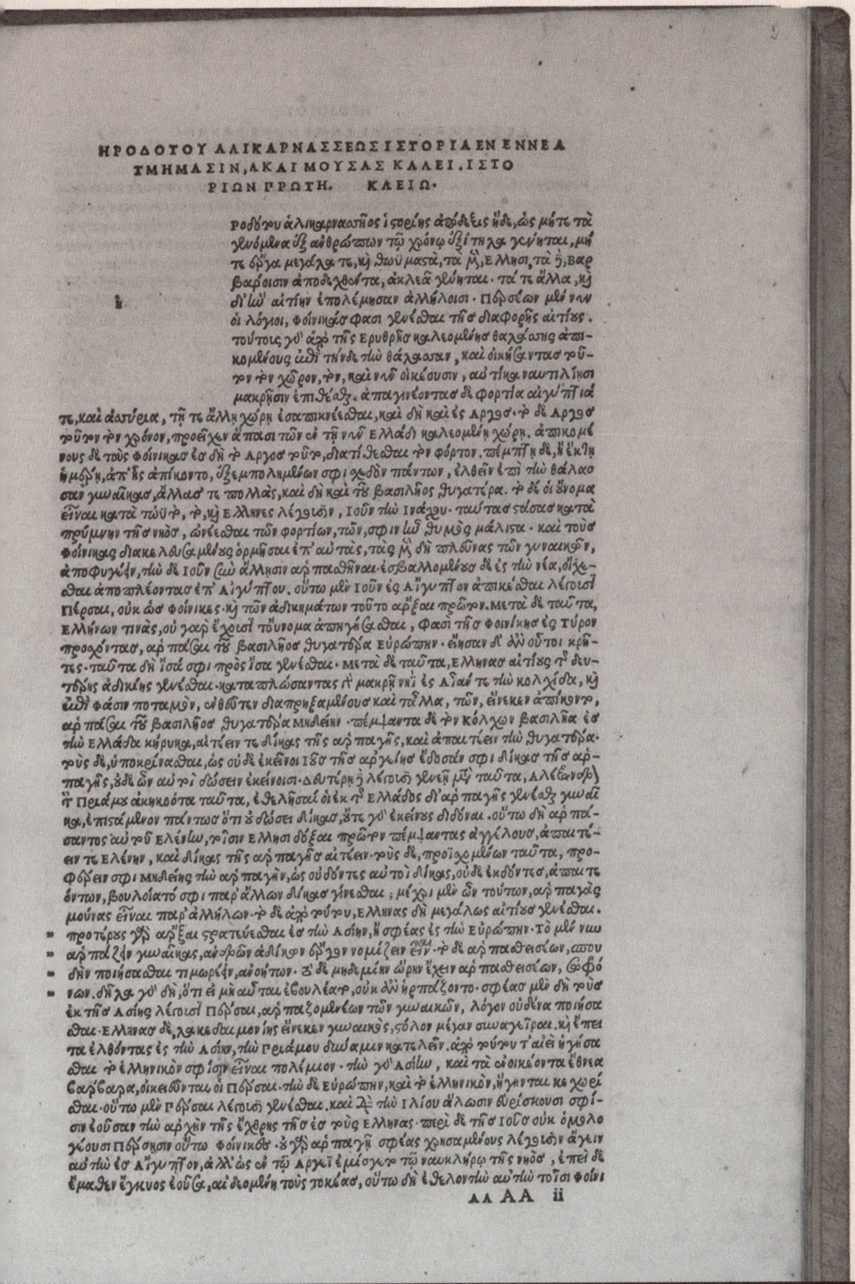

ΗΡΟΔΟΤΟΥ ΑΛΙΚΑΡΝΑΣΣΕΩΣ ΙΣΤΟΡΙΑ ΕΝ ΕΝΝΕΑ ΤΜΗΜΑΣΙΝ, Α ΚΑΙ ΜΟΥΣΑΣ ΚΑΛΕΙ. ΙΣΤΟ ΡΙΩΝ ΓΡΩΤΗ. ΚΛΕΙΩ·

Ἡροδότου ἁλικαρνασῆος ἱστορίης ἀπόδεξις ἥδε, ὡς μήτε τὰ γενόμενα ἐξ ἀνθρώπων τῷ χρόνῳ ἐξίτηλα γένηται, μήτε ἔργα μεγάλα τε καὶ θωυμαστά, τὰ μὲν Ἕλλησι, τὰ δὲ βαρβάροισιν ἀποδεχθέντα, ἀκλεᾶ γένηται· τά τε ἄλλα, καὶ δι' ἣν αἰτίην ἐπολέμησαν ἀλλήλοισι. Περσέων μέν νυν οἱ λόγιοι, Φοίνικας φασὶ γενέσθαι τῆς διαφορῆς αἰτίους. τούτους γὰρ ἀπὸ τῆς ἐρυθρῆς καλεομένης θαλάσσης ἀπικομένους ἐπὶ τήνδε τὴν θάλασσαν, καὶ οἰκήσαντας τοῦτον τὸν χῶρον, τὸν καὶ νῦν οἰκέουσιν, αὐτίκα ναυτιλίῃσι μακρῇσιν ἐπιθέσθαι. ἀπαγινέοντας δὲ φορτία αἰγύπτιά τε καὶ ἀσσύρια, τῇ τε ἄλλῃ χώρῃ ἐσαπικνέεσθαι, καὶ δὴ καὶ ἐς Ἄργος. τὸ δὲ Ἄργος τοῦτον τὸν χρόνον, προεῖχε ἅπασι τῶν ἐν τῇ νῦν Ἑλλάδι καλεομένῃ χώρῃ. ἀπικομένους δὲ τοὺς Φοίνικας ἐς δὴ τὸ Ἄργος τοῦτο, διατίθεσθαι τὸν φόρτον. πέμπτῃ δὲ ἢ ἕκτῃ ἡμέρῃ ἀπ' ἧς ἀπίκοντο, ἐξεμπολημένων σφι σχεδὸν πάντων, ἐλθεῖν ἐπὶ τὴν θάλασσαν γυναῖκας ἄλλας τε πολλάς, καὶ δὴ καὶ τοῦ βασιλῆος θυγατέρα. τὸ δέ οἱ οὔνομα εἶναι κατὰ τὠυτό, τὸ καὶ Ἕλληνες λέγουσιν, Ἰοῦν τὴν Ἰνάχου. ταύτας στάσας κατὰ πρύμνην τῆς νηός, ὠνέεσθαι τῶν φορτίων, τῶν σφι ἦν θυμὸς μάλιστα. καὶ τοὺς Φοίνικας διακελευσαμένους ὁρμῆσαι ἐπ' αὐτάς, τὰς μὲν δὴ πλεῦνας τῶν γυναικῶν, ἀποφυγέειν, τὴν δὲ Ἰοῦν σὺν ἄλλῃσιν ἁρπασθῆναι. ἐσβαλομένους δὲ ἐς τὴν νέα, οἴχεσθαι ἀποπλέοντας ἐπ' Αἰγύπτου. οὕτω μὲν Ἰοῦν ἐς Αἴγυπτον ἀπικέσθαι λέγουσι Πέρσαι, οὐκ ὡς Φοίνικες. καὶ τῶν ἀδικημάτων τοῦτο ἄρξαι πρῶτον. μετὰ δὲ ταῦτα, Ἑλλήνων τινάς, οὐ γὰρ ἔχουσι τοὔνομα ἀπηγήσασθαι, φασὶ τῆς Φοινίκης ἐς Τύρον προσχόντας, ἁρπάσαι τοῦ βασιλῆος θυγατέρα Εὐρώπην. εἴησαν δ' ἂν οὗτοι Κρῆτες. ταῦτα δὴ ἴσα σφι πρὸς ἴσα γενέσθαι. μετὰ δὲ ταῦτα, Ἕλληνας αἰτίους τῆς δευτέρης ἀδικίης γενέσθαι. καταπλώσαντας γὰρ μακρῇ νηῒ ἐς Αἶάν τε τὴν Κολχίδα, καὶ ἐπὶ Φᾶσιν ποταμόν, ἐνθεῦτεν διαπρηξαμένους καὶ τἄλλα, τῶν εἵνεκεν ἀπίκοντο, ἁρπάσαι τοῦ βασιλῆος θυγατέρα Μηδείην. πέμψαντα δὲ τὸν Κόλχων βασιλέα ἐς τὴν Ἑλλάδα κήρυκα, αἰτέειν τε δίκας τῆς ἁρπαγῆς, καὶ ἀπαιτέειν τὴν θυγατέρα. τοὺς δέ, ὑποκρίνασθαι, ὡς οὐδὲ ἐκεῖνοι Ἰοῦς τῆς ἀργείης ἔδοσάν σφι δίκας τῆς ἁρπαγῆς, οὐδὲ ὦν αὐτοὶ δώσειν ἐκείνοισι. δευτέρῃ δὲ λέγουσι γενεῇ μετὰ ταῦτα, Ἀλέξανδρον τὸν Πριάμου ἀκηκοότα ταῦτα, ἐθελῆσαί οἱ ἐκ τῆς Ἑλλάδος δι' ἁρπαγῆς γενέσθαι γυναῖκα, ἐπιστάμενον πάντως ὅτι οὐ δώσει δίκας, ὅτι οὐδ' ἐκεῖνοι ἐδίδοσαν. οὕτω δὴ ἁρπάσαντος αὐτοῦ Ἑλένην, τοῖσιν Ἕλλησι δόξαι πρῶτον πέμψαντας ἀγγέλους, ἀπαιτέειν τε Ἑλένην, καὶ δίκας τῆς ἁρπαγῆς αἰτέειν. τοὺς δέ, προϊσχομένων ταῦτα, προφέρειν σφι Μηδείης τὴν ἁρπαγήν, ὡς οὐ δόντες αὐτοὶ δίκας, οὐδὲ ἐκδόντες, ἀπαιτεόντων, βουλοίατό σφι παρ' ἄλλων δίκας γίνεσθαι; μέχρι μὲν ὦν τούτου, ἁρπαγὰς μούνας εἶναι παρ' ἀλλήλων. τὸ δὲ ἀπὸ τούτου, Ἕλληνας δὴ μεγάλως αἰτίους γενέσθαι. προτέρους γὰρ ἄρξαι στρατεύεσθαι ἐς τὴν Ἀσίην, ἢ σφέας ἐς τὴν Εὐρώπην. τὸ μέν νυν ἁρπάζειν γυναῖκας, ἀνδρῶν ἀδίκων ἔργον νομίζειν εἶναι. τὸ δὲ ἁρπασθεισέων σπουδὴν ποιήσασθαι τιμωρέειν, ἀνοήτων. τὸ δὲ μηδεμίαν ὤρην ἔχειν ἁρπασθεισέων, σωφρόνων. δῆλα γὰρ δή, ὅτι εἰ μὴ αὐταὶ ἐβουλέατο, οὐκ ἂν ἡρπάζοντο. σφέας μὲν δὴ τοὺς ἐκ τῆς Ἀσίης λέγουσι Πέρσαι, ἁρπαζομενέων τῶν γυναικῶν, λόγον οὐδένα ποιήσασθαι. Ἕλληνας δέ, Λακεδαιμονίης εἵνεκεν γυναικός, στόλον μέγαν συναγεῖραι. καὶ ἔπειτα ἐλθόντας ἐς τὴν Ἀσίην, τὴν Πριάμου δύναμιν κατελεῖν. ἀπὸ τούτου τ' αἰεὶ ἡγήσασθαι τὸ ἑλληνικὸν σφίσιν εἶναι πολέμιον. τὴν γὰρ Ἀσίην, καὶ τὰ ἐνοικέοντα ἔθνεα βάρβαρα, οἰκειεῦνται οἱ Πέρσαι. τὴν δὲ Εὐρώπην, καὶ τὸ ἑλληνικόν, ἥγηνται κεχωρίσθαι. οὕτω μὲν Πέρσαι λέγουσι γενέσθαι. καὶ διὰ τὴν Ἰλίου ἅλωσιν εὑρίσκουσι σφίσιν ἐοῦσαν τὴν ἀρχὴν τῆς ἔχθρης τῆς ἐς τοὺς Ἕλληνας. περὶ δὲ τῆς Ἰοῦς οὐκ ὁμολογέουσι Πέρσῃσιν οὕτω Φοίνικες. οὐ γὰρ ἁρπαγῇ σφέας χρησαμένους λέγουσιν ἄγειν αὐτὴν ἐς Αἴγυπτον, ἀλλ' ὡς ἐν τῷ Ἄργεϊ ἐμίσγετο τῷ ναυκλήρῳ τῆς νηός, ἐπεὶ δὲ ἔμαθεν ἔγκυος ἐοῦσα, αἰδεομένη τοὺς τοκέας, οὕτω δὴ ἐθελοντὴν αὐτὴν τοῖσι Φοίνι-

AA AA ii

1–2행은 책 제목이다. 3행 'ΡΙΩΝ ΓΡΩΤΗ ΚΛΕΙΩ'는 '첫 번째 장 클레이오'라는 뜻으로 장 제목과 함께 장 번호까지 표시한 것이다. 왼쪽 위 사각형 빈 공간은 두문자 자리다.
소장처: 국립세계문자박물관

에 알디네 출판사에서 1502년 출판했다는 내용이 라틴어와 로마 숫자로 명시되어 있다(도 15-9).

이처럼《역사》에는 책 제목, 저자, 목차, 서문, 출판사, 출판 연도 등 오늘날 책에서 표시되는 정보가 다 표시되어 있으며, 배치 순서도 기본적으로 같다. 근대 출판의 선구자로서의 면모가 여기에서 드러난다.

본문 편집 방식에서도 근대 출판인으로서 알도 마누치오의 면모가 드러난다.《구텐베르크 성서》의 편집 방식과 비교하여 우선 눈에 띄는 차이는 한 페이지를 2단으로 배치한《구텐베르크 성서》와 달리 한 페이지에 1단만 배치한 점이다. 오늘날의 책에서는 일반적인 레이아웃이지만 당시에는 2단으로 배치하는 경우가 많았다.

본문은 서문 다음 오른쪽 페이지부터 시작된다. 이 페이지가 왼쪽의 서문과 다른 새로운 내용이 시작된다는 사실은 본문 위쪽 여백의 제목이 달라진 데서 알 수 있다(도 15-8). 1~2행 'ΗΡΟΔΤΟΥ ΑΛΙΚΑΡΝΑΣΣΕΩΣ ΙΣΤΟΡΙΑ ΕΝ ΕΝΝΕΑ ΤΜΗΜΑΣΙΝ, ΑΚΑΙΜΟΥΣΑΣ ΚΑΛΕΙ. ΙΣΤΟ'는 책 제목이다. '할리카르나소스 (출신) 헤로도토스의 9개의 역사 서술'이라는 뜻으로 알디네 출판사 로고가 있는 속표지의 제목과는 차이가 있다. 오늘날 헤로도토스의 이 책을《역사》라고 부르는 근거가 되는 'ΙΣΤΟΡΙΑ'가 이곳에 표시되어 있다. 3행 'ΡΙΩΝ ΓΡΩΤΗ. ΚΑΕΙΩ'는 '첫 번째 장 클레이오'라는 뜻으로 장 제목과 함께 장 번호까지 표시한 것이다.

ΤΕΛΟΣ ΤΩΝ ΙΣΤΟΡΙΩΝ ΗΡΟΔΟΤΟΥ.

ΑΑ. ΒΒ. ΓΓ. ΔΔ. ΕΕ. ΖΖ. ΗΗ. ΘΘ. ΙΙ. ΚΚ. ΛΛ. ΜΜ. ΝΝ. ΞΞ. ΟΟ. ΠΠ. ΡΡ. ΣΣ.

Α πάντα τετράδια, πλὴν τοῦ τελευταίου, ὅ περ ἐστὶ δυάδιον.

Ε νετίῃσι παρ' Ἄλδῳ τῷ Ῥωμαίῳ ἔτει χιλιοστῷ πεντακοσιοστῷ δευτέρῳ, μαιμακτηριῶνος τεσσαρεσκαιδεκάτῃ φθίνοντος, οὐ μὴν γ' ἄνευ προνομίου.

AA. BB. CC. DD. EE. FF. GG. HH. II. KK. LL. MM. NN. OO. PP. QQ. RR. SS.

Sunt Quaterniones omnes, præter ultimum duernionem.

Venetiis in domo Aldi mense Septembri. M.DII. et cum priuilegio ut in cæteris.

15-9. 《역사》 마지막 페이지.
마지막 9장 끝 'ΤΕΛΟΣ'는 끝이라는 뜻으로 헤로도토스의 《역사》가 끝났다는 표시다.
책의 마지막 2행은 콜로폰이다. 라틴어와 로마 숫자로 1504년 9월
알디네 출판사에서 간행했음을 표시했다.
다른 부분과 달리 이 부분은 로만체를 사용했다.
소장처: 국립세계문자박물관

다음 페이지부터는 1장이 끝날 때까지 왼쪽 페이지에는 '헤로도토스', 오른쪽 페이지에는 장 제목 '클레이오'를 넣었다. 1장이 끝나는 곳에는 'ΗΡΟΔΤΟΥ ΙΣΤΟΡΙΩΝ ΓΡΩΤΗ(헤로도토스 역사 첫 번째)'라고 1장이 끝났음을 명확히 표시했다. 새로운 페이지부터 시작되는 2장에도 위쪽 여백에 책 제목과 장 제목을 명기했지만 1장에 비해 제목이 좀 더 간략해졌다. 3장부터는 제목을 'ΗΡΟΔΤΟΥ ΙΣΤΟΡΙΩΝ'로 간략하게 표시했다. 장이 끝나는 마지막 행에 'ΗΡΟΔΤΟΥ ΙΣΤΟΡΙΩΝ'와 각 장의 번호를 넣은 것은 같다(도 15-10). 단, 마지막 9장 끝에는 'ΤΕΛΟΣ ΤΩΝ ΙΣΤΟΡΙΩΝ ΗΡΟΔΤΟΥ'라고 달리 표시했다(도 15-8). 'ΤΕΛΟΣ'는 끝이라는 뜻으로 헤로도토스의 《역사》가 끝났다는 표시다.

《구텐베르크 성서》에도 위쪽 여백에 각 서의 제목을 표시했고(손으로 쓴 것이지만), 두문자와 장 번호로 장이 바뀌는 부분을 시각적으로 구분했지만, 《역사》에서 달라진 점이 있다. 《구텐베르크 성서》는 새로운 서가 시작될 때 페이지를 바꾸지 않았다. 반면 《역사》는 페이지 중간에서 한 장이 끝나면 다음 장 내용을 넣지 않고 여백을 남겼다. 새로운 장은 새로운 페이지에서 시작한 것이다. 오늘날에는 당연하게 여기지만 당시로서는 과감한 조치였을 것이다. 양피지라는 비싼 재료를 사용했던 관습으로 여백을 결코 남기는 법이 없었으니 말이다.

또 하나 재미있는 점은 한 장이 끝나는 마지막 페이지의 텍스트 배

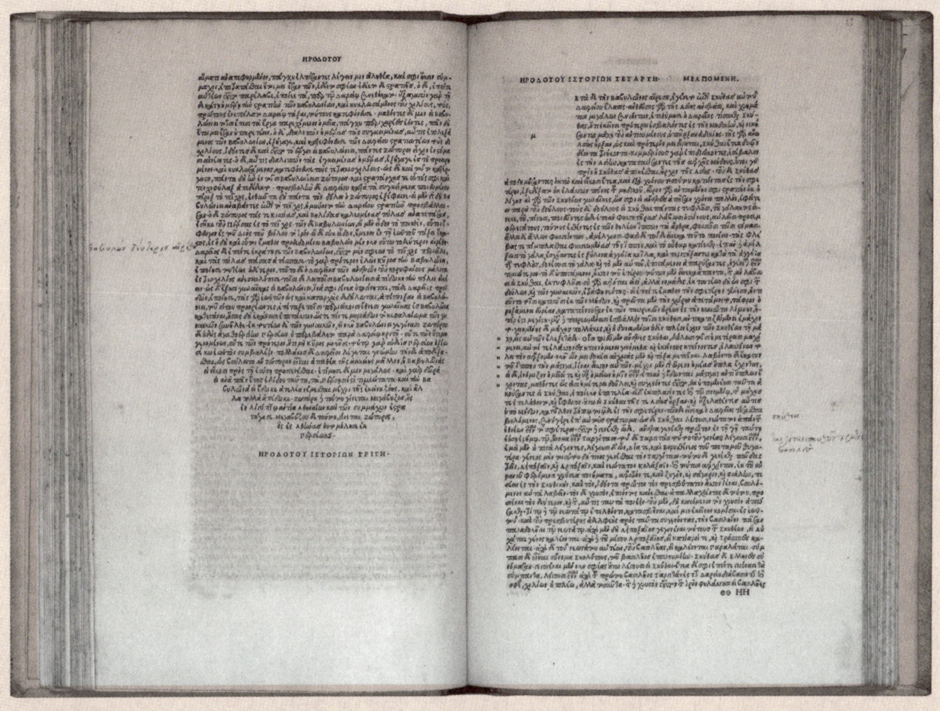

15-10. 《역사》 3장 마지막과 4장 시작 부분.
3장이 끝나는 곳에는 'ΗΡΟΔΤΟΥ ΙΣΤΟΡΙΩΝ ΓΡΙΓΗ(헤로도토스 역사 세 번째)' 라고
3장이 끝났음을 표시했다. 새로운 페이지부터 시작되는
4장 위쪽 여백에는 책 제목과 장 제목을 표시했다.
시작 부분 큰 사각형 모양의 빈자리에 표시된 글자는 그 자리에 넣을 두문자다.
소장처: 국립세계문자박물관

치 방식이다. 다른 페이지들처럼 양쪽 정렬로 맞춘 것이 아니라 아래로 가면서 좁아지는 형태로 배치했다. 그 결과 아래 여백 공간이 줄었다. 여백을 비워 둔 데에 대한 부담감인지 모르겠다. 이런 방식은 알도 마누치오가 출판한 책 중 가장 뛰어나다는 평을 받는 《폴리필로의 꿈*Hypnerotomachia Poliphili*》에 전형적으로 등장한다. 아름다운 판화로도 유명한 이 책에서 사용한, 아래로 좁아지는 텍스트의 변형 방식을 두고 글을 이미지의 일부로 만들었다고 평가한다.

알도 마누치오는 이전 필사본의 구성과 다른 새로운 편집 방식을 사용했지만, 여전히 전통적인 방식을 따르기도 했다. 각 장이 시작되는 부분에 큰 사각형 모양의 빈자리를 마련한 것이 그런 예다. 이 빈자리가 두문자를 넣을 자리다. 자세히 보면 비워 둔 지면에 글자가 한 자씩 표시되어 있다(도 15-8). 그 자리에 넣어야 할 두문자를 표시한 것이다. 알도 마누치오가 책을 출판할 당시에도 취향에 맞게 책에 두문자를 넣는 사람이 많았으므로, 두문자를 인쇄하지 않고 자리만 마련하고 거기에 들어가야 할 글자를 표시해 둔 것이다.

로만체와 이탤릭체

컴퓨터로 문서를 작성할 때 문단 모양, 글자 모양, 용지 설정 같은 레이아웃뿐 아니라 글꼴과 크기를 정해야 한다. 보통 제목은 본문보다 큰 글자를 사용하고 참고사항이나 주는 본문보다 더 작은 글자를 사용한다. 때로는 제목과 본문의 서체를 달리하여 제목은 눈에 띄는 고딕체를 사용하고, 본문은 읽기 편한 명조체를 사용하기도 한다. 책을 읽는 사람은 크게 신경 쓰지 않겠지만 책을 편집하는 사람들은 내용에 어울리는 서체를 정하기에 고심한다. 책을 볼 때 편집자가 어떤 서체를 사용했는지 보는 것도 재미의 하나다.

알도 마누치오가 편집한 《역사》에는 어떤 서체를 썼을까? 첫 페이지 제목과 목차를 다시 한번 보자. 먼저 책 제목과 목차 제목의 글자 크기가 아홉 뮤즈의 이름으로 표시한 9개 장 제목의 글자 크기와 다르다는 사실을 발견할 수 있다(도 15-5). 즉 책 제목과 목차 제목은 대문자를 사용하고, 9개 장 제목은 첫 번째 글자만 대문자를 사용하고 나머지는 소문자를 사용했다. 제목과 목차의 배치 방식뿐 아니라 글자 크기까지 달리함으로써 텍스트를 읽기 전에 제목과 목차를 바로 구분할 수 있도록 설계한 것이다.

다음 페이지 서문에서도 제목에 해당하는 2행은 대문자로 표기하고, 내용은 오늘날처럼 문장의 첫 글자만 대문자를 사용하고 나머지는 소문자를 썼다. 이어지는 《역사》 본문 역시 각 장의 시작 부분과 끝부분, 왼쪽 페이지 위쪽에 표시한 '헤로도토스'와 오른쪽에 표시한 장 제목에는 대문자, 본문에는 소문자를 사용했다. 이 역시 장이 시작되는 부분과 끝나는 부분, 펼쳐진 페이지의 위치를 금방 확인할 수 있는 장치다.

이제 대문자와 소문자의 서체를 자세히 들여다보자. 대문자와 소문자는 크기뿐 아니라 서체도 다르다. 글자 간격이 일정하고 자간이 넓으며 반듯한 대문자와 달리 자간이 좁고 옆으로 기울어진 소문자는 필기체 느낌이다. 크고 반듯한 대문자는 쉽게 눈에 띄어 제목이나 강조할 내용에 사용하기 좋지만 본문을 모두 대문자로 인쇄했다면 읽기에 아주 불편했을 것이다. 오늘날의 편집자처럼 제목에 적합한 서체와 본문에 적합한 서체를 구분한 것이다.

알도 마누치오의 서체의 특징을 이야기하기 전에 《구텐베르크 성서》의 서체를 떠올려 보자. 당시 통용되던 필사본 미사전례서의 서체를 모방한 《구텐베르크 성서》에는 각이 진 서체가 페이지 가득 빽빽이 배열되어 있다. 부드럽고 둥근 모서리가 없어 중세 고딕 건축을 반영하듯 글자선이 굵은 이 서체를 흑체黑體(Black letter)라고 한다. 르네상스 시대 이탈리아 사람들은 주로 독일을 비롯한 북유럽에서 사용한 이 서체를 '고딕체'로 불렀다. 여기에는 중세적이고 거칠다는 평가가 내포되어 있다.

14~15세기 이탈리아에서는 고대 로마인들의 서체를 바탕으로 고딕체와 확연히 다른 서체를 개발했다. 고딕체에 비해 둥글고 글자 간격도 넓으며 고대 로마의 건축양식처럼 깔끔하고 명확한 인상을 주는 서체, 바로 '로만체'다. 이탈리아의 인쇄업자들이 이 서체를 바탕으로 활자를 만들었고, 르네상스 시대 이탈리아에서 널리 사용되었다.

알도 마누치오 역시 활자 조각가 그리포Francesco Griffo(1450~ 1518)에게 의뢰해 로만체 활자를 만들었다. 인문주의자 벰보Pietro Bembo(1470~1547)의 책을 인쇄하기 위해 만든 활자의 서체 '벰보체'는 오늘날 사용되는 올드 스타일 로만체의 원형이다.

한편 당시 학자들 사이에서 로만체를 비스듬히 기울인 우아한 필기체가 유행하자 알도 마누치오는 1500~1501년 그라포에게 의뢰해 기울어진 서체, 즉 '이탤릭체' 활자를 새로 만들었다. 오늘날 영어 사용에 관한 매뉴얼에서 이탤릭체를 "밑줄에 해당하는 인쇄물"이라고 설명하듯이, 이탤릭체는 내용을 강조하거나, 작품 이름, 외국어 단어나 구를 인용할 때 사용한다. 하지만 처음 이탤릭체를 개발했을 때는 당시 일반적으로 사용되던 로만체와 구분되는 서체로 본문에 사용하려고 만들었다. 당시에는 서체 이름도 알디노체라고 했다. 오늘날 이탈리아에서 유래했다는 점을 강조해 이탤릭체라 부른다.

《역사》의 속표지에 대문자로 인쇄한 라틴어 책 제목 'HERODOTI LIBRI NOVEM QVIBVS MVSARVM. INDITA SVNT NO MINA'와 목차 제목 'MVSARVM NOMINA'가 로마시대 비문 서체를 본떠 만든 로만체 대문자다. 이 책에서 유일하게 로만체 소문자로 인쇄한 부분은 책 마지막 콜로폰이다(도 15-9). 라틴어로 인쇄된 9개 목차에서 첫 번째 글자 대문자 다음에 이어지는 소문자들은 기울어져 있다. 이 소문자가 이탤릭체다. 다음 페이지 라틴어로 된 서문의 본문 역시 이탤릭체로 인쇄했다. 에라스무스를 포함한 당대 사람들이 세계에서 가장 아름다운 활자체라고 했을 만큼 이탤릭체는 인문주의 시대 필사본의 아름다움과 기품을 인쇄본에 표현한 서체로 평가받았다. 콜로폰의 로만체 소문자와 비교하면 이텔릭체는 기울어졌을 뿐 아니라 크기도 로만체보다 작다. 서문과 콜로폰 부분을 제외하면 이 책의 본문은 기울어진 서체의 그리스어로 되어 있다. 이 활자는 1495년에 아리스토텔레스의 작품집을 인쇄하기 위해 그리스어 필사본 서체를 바탕으로 만든 활자다. 기울어진 글꼴의 이탤릭체는 그리스어 활자의 서체에서 먼저 사용된 것이다.

서체의 미학보다 이탤릭체의 더 중요한 의의는 이탤릭체로 인쇄한 책 자체에 있다. 1501년 최초로 이탤릭체로 인쇄한 베르길리우스의 작품집은 크기가 세로 15, 가로 11센티미터 정도로 오늘날의 문고판과 거의 같다. 작고 기울어진 이탤릭체를 사용하여 자간을 줄임으로써 한 면에 들어갈 수 있는 글자 수를 늘려 책 크기와 지면을 줄일 수 있었던 것이다. 이로써 인쇄 비용을 줄이고 인쇄 부수를 늘릴 수 있었다. 덕분에 인쇄 부수가 수백 권을 넘지 않던 당시에 1,000부 이상을 찍어 다 팔았다. 이후 5년 동안 두 달마다 고전 작품을 제작하여 그의 이름을 딴 알두스 문고라는 포켓북을 시리즈로 내놓았다.

알도 마누치오는 가격 때문이 아니라 주요 고객층인 식자들을 겨냥해 그들 사이에 유행하던 서체와 유사한 이탤릭체를 택한 것이며,

대중들이 구매할 수 있을 만큼 책값이 싸지도 않았다고 한다. 휴대할 수 있는 문고판도 대중을 겨냥하기보다 고등 교육을 받았으나 시간 여유가 없는 독자를 배려한 것이었다고도 한다. 하지만 그의 문고판은 대성공을 거두었고 결과적으로 휴대용 책의 시대를 열었음은 부인할 수 없다.

참고문헌

[1장] 책의 원형

李明君, 《歷代書籍裝幀藝術》, 文物出版社, 2009.

후지에다 아키라 지음, 오미영 옮김, 《문자의 문화사》, 박이정, 2006.

국립가야문화재연구소, 국립김해박물관 편, 《나무, 사람 그리고 문화: 함안 성산산성 출토 목기》, 국립가야문화재연구소, 2012.

국립경주문화재연구소, 《신라 왕경 목간》, 국립경주문화재연구소, 2022.

국립부여박물관, 국립가야문화재연구소 편, 《나무 속 암호, 목간》, 예맥, 2009.

국립부여박물관, 국립부여문화재연구소 편, 《백제목간: 나무에 쓴 백제 이야기》, 국립부여문화재연구소, 2023.

국립부여박물관, 《百濟木簡(日本語版)》, 국립부여박물관, 2008.

백제학회 한성백제연구모임, 《백제를 읽다》, 사회평론아카데미, 2020.

윤선태, 《목간이 들려주는 백제 이야기》, 주류성, 2007.

[2장] 금속판을 책처럼

국립중앙박물관, 《문자, 그 이후—한국고대문자전》, 통천문화사, 2011.

표정훈, 《책의 사전》, 유유, 2021.

송일기, 〈益山 王官塔 『金紙金剛寫經』의 文獻學的 接近〉, 《서지학연구》 24, 2002.

이영호, 〈新羅 舍利函記와 皇龍寺〉, 《목간과 문자》 25, 2020.
유혜선, 〈비파괴 성분 분석을 통한 은제 금도금 유물 연구—익산 왕궁리 오층석탑 발견 금강경판을 중심으로〉, 《동원학술논문집》 11, 2010.
국립익산박물관 추천소장품 금제사리봉영기 https://iksan.museum.go.kr/kor/html/sub04/0401.html.
국립중앙박물관 소장품 검색 금제금강경판 https://www.museum.go.kr/MUSEUM/contents/M0502000000.do?schM=view&searchId=search&relicId=4872.

[3장] 돌에 새긴 책

성균관대학교박물관, 《신라금석문 탁본전—돌에 새겨진 신라인의 삶》, 성균관대학교박물관, 2008.
표정훈, 《책의 사전》, 유유, 2021.
남동신, 〈보령 성주사지 낭혜화상탑비〉, 국사편찬위원회 금석문, 문자자료 해제 https://db.history.go.kr/ancient/level.do.
조동원, 〈신라 금석문에 대한 이해〉, 《신라금석문 탁본전—돌에 새겨진 신라인의 삶》, 성균관대학교박물관, 2008.
남동신, 〈최치원과 사산비명〉, 《신라금석문 탁본전—돌에 새겨진 신라인의 삶》, 성균관대학교박물관, 2008.

[4장] 두루마리에서 절첩으로

국립중앙박물관, 《문자, 그 이후—한국고대문자전》, 통천문화사, 2011.
문화재청, 《초조대장경—천년의 기록, 내일을 열다(초조대장경 판각 천년기념 특별전)》, 문화재청 유형문화재과, 2011.
남유미, 〈755年 新羅 白紙墨書 『大方光佛華嚴經』의 形態〉, 《서지학보》 39, 2012.
박상국, 〈신라백지묵서화엄경과 측천무후자 고찰〉, 《문화재》 37, 2004.
서지민, 〈신라 백지묵서 대방광불화엄경 변상도의 양식 특징과 신앙적 배경 연구〉,

《역사와 담론》 88, 2018.
황수영, 〈신라백지묵서화엄경〉, 《미술자료》 24, 1979.
임혜경, 〈대방광불화엄경 정원본〉, 국립중앙박물관 큐레이터추천소장품 https://www.museum.go.kr/MUSEUM/contents/M0501000000.do?schM=view&relicRecommendId=962052&sc=COM.RELIC_NAME&relicRecommendCategory=&pageSize=10&sv=%EB%8C%80%EB%B0%A9%EA%B4%91%EB%B6%88%ED%99%94%EC%97%84%EA%B2%BD%20%EC%A0%95%EC%9B%90%EB%B3%B8.

[5장] 완성형 종이책 선장본 편집의 모든 것

조계영, 《책의 탄생—조선시대 책의 형태와 구성, 제작의 모든 것》, 글항아리, 2022.
魯耀翰, 〈朝鮮前期 通鑑學의 硏鑽에 대하여—世宗代의 通鑑書 刊行을 중심으로〉, 《語文硏究》 44-4, 2016.
김하라, 〈물질로서의 책과 兪晩柱의 도서 구매—책주 曺氏와의 거래를 중심으로〉, 《한문학논집》 60, 2021.
하혜정, 국립중앙도서관 《자치통감강목》 제25(古貴古6-20-47) 해제.

[6장] 세 가지 버전의 한글책

천혜봉, 《한국서지학》, 민음사, 개정증보 2판, 2006.
김무봉, 〈『석보상절』 권20 연구〉, 《불교학연구》 34, 2013.
안승준, 유학영, 〈월인천강지곡의 부안 실상사 소장 경위와 그 전래 과정〉, 《장서각》 32, 2014.
옥영정, 〈『월인천강지곡』의 인쇄사적 가치에 대한 재고찰〉, 《국어사연구》 26, 2018.
이호권, 〈『월인석보』 행관(行款)의 변개(變改)에 대한 서지적 고찰〉, 《통합인문학연구》 15-1, 2023.
국립중앙도서관 《釋譜詳節》 第6, 9, 13, 19(한貴古朝21-243) 해제.

[7장] 정조가 기획하고 편집한 홍보 책자

조계영, 《책의 탄생—조선시대 책의 형태와 구성, 제작의 모든 것》, 글항아리, 2022.

천혜봉, 《한국서지학》, 민음사, 개정증보 2판, 2006.

강순애, 〈정조조 규장각의 도서 편찬 및 간행〉, 《규장각》 9, 1986.

김백철, 〈정조 초반 명의록과 왕권의 위상—만들어진 이미지와 실상의 경계〉, 《대동문화연구》 95, 2016.

박봉주, 〈正祖 연간 綸音의 반포와 의미〉, 서울대학교 규장각한국학연구원 왕실자료 주제별 해설https://kyudb.snu.ac.kr/book/view.do.

김혜진, 국립중앙도서관 《明義錄》(일산古2156-6) 해제.

박광현, 국립중앙도서관 《明義錄諺解》(한古朝56-나96) 해제.

한국고전번역원, 《弘齋全書》 제8권, 序引 1, 宮園儀引 번역문.

[8장] 책 속의 그림

국립세계문자박물관, 《문자와 삽화: 알브레히트 뒤러의 판화를 만나다》, 국립세계문자박물관, 2023.

류탁일, 〈초간 삼강행실도에 대하여: 초판본을 중심으로〉, 《국어국문학》 11, 1974.

옥영정, 〈삼강행실도 판본의 간행과 유통〉, 한국학중앙연구원편, 《조선시대 책의 문화사》, 휴머니스트, 2008.

윤진영, 〈지식의 유통에 있어 삼강행실도 판화의 기능과 특징〉, 《조선시대 책의 문화사》, 휴머니스트, 2008.

조현우, 〈행실도 열녀편 도상 변화의 문화적 의미—〈오륜행실도〉에 나타난 변화 양상을 중심으로〉, 《한국문학이론과 비평》 50, 2011.

최정란, 〈朝鮮時代行實圖의 書體와 木版畵樣式〉, 《서예학연구》 12, 2008.

하혜정, 국립중앙도서관 《入學圖說》(한貴古朝17-176) 해제.

[9장] 공부의 흔적

강민구, 〈조선 시대의 懸吐에 대한 인식〉, 《동방한문학》 85, 2020.

신영주, 〈한문 문헌에 대한 교감의 전통과 그 유형에 관하여—몇 가지 사례를 중심으로〉, 《한문고전연구》 17, 2008.

심경호, 〈조선전기의 註解本 간행과 문헌 가공에 대하여〉, 《대동한문학》 20, 2004.

최식, 〈한문독법(漢文讀法)의 한국적(韓國的) 특수성(特殊性)—구두(句讀), 현토(懸吐), 구결(口訣)–〉, 《한자한문교육》 27, 2011.

옥영정, 《규장각소장 宋 元 明初 刊本 조사보고서》, 규장각 중국본조사사업해제 2009년 해제.

박미라, 서울대학교 규장각한국학연구원 《예기》 해제https://kyudb.snu.ac.kr/book/view.do.

한국고전번역원, 《愚伏集》 제18권, 墓碣銘 〈通政大夫司諫院大司諫兼知製敎朴公承任墓碣銘〉 번역문.

[10장] 보존과 교정의 정석

신병주, 《조선 최고의 명저들》, 휴머니스트, 2006.

신병주, 《규장각에서 찾은 조선의 명품들》, 책과함께, 2007.

조계영, 《책의 탄생—조선시대 책의 형태와 구성, 제작의 모든 것》, 글항아리, 2022.

천혜봉, 《한국서지학》, 민음사, 개정증보 2판, 2006.

김소희, 〈조선후기 금속활자본 교정사례본—임진자 교정쇄본을 중심으로〉, 《서지학연구》 61, 2015.

조선왕조실록 편찬의 유래와 체재, 조선왕조실록홈페이지 https://sillok.history.go.kr/intro/intro.do.

조선왕조실록 편찬과 관리, 조선왕조실록홈페이지 https://sillok.history.go.kr/intro/intro.do#.

강문식, 서울대학교 규장각한국학연구원 조선왕조실록 해제 https://kyudb.snu.ac.kr/

book/view.do.
신승운, 서울대학교 규장각한국학연구원 조선왕조실록 해제 https://kyudb.snu.ac.kr/brd/listBrd.do.

[11장] 배포와 소장 이력

한국학중앙연구원 장서각, 《영조대왕》, 한국학중앙연구원, 2011.
강순애, 〈정조조 규장각의 도서 편찬 및 간행〉, 《규장각》 9, 1986.
송일기, 이재준, 〈조선시대 內賜本의 內賜記 記述 形式考〉, 《서지학연구》 44, 2009.
신영주, 〈한문 문헌에 대한 교감의 전통과 그 유형에 관하여—몇 가지 사례를 중심으로〉, 《한문고전연구》 17, 2008.
박찬흥, 장서각 춘추집전대전(K1-135) 해제 https://jsg.aks.ac.kr/dir/view?dataId=JSG_K1-135.

[12장] 낡고 헤진 책의 매력

조계영, 《책의 탄생—조선시대 책의 형태와 구성, 제작의 모든 것》, 글항아리, 2022.
표정훈, 《책의 사전》, 유유, 2021.
우정임, 〈조선전기 《性理大全》의 이해과정—節要書의 編纂·刊行을 중심으로〉, 《지역과 역사》 31, 2012.

[13장] 화려한 채색 그림이 있는 필사본

니콜 하워드, 송대범 옮김, 《책, 문명과 지식의 진화사: 파피루스에서 e-북, 그리고 그 이후》, 플래닛미디어, 2007.
마틴 라이언스, 서지원 옮김, 《책 그 살아있는 역사—종이의 탄생부터 전자책까지》, 21세기북스, 2011.
스테판 퓌셀, 최경은 옮김, 《구텐베르크와 그의 영향》, 연세대학교출판문화원, 2014.
스튜어트 A. P. 머레이, 윤영애 옮김, 《도서관의 탄생—문명의 기록과 인간의 역사》,

예경, 2012.
제임스 레이븐 외, 홍정인 옮김, 《옥스퍼드 책의 역사》, 교유서가, 2024.
키스 휴스턴, 이은진 옮김, 《책의 책: 우리 시대 가장 영향력 있는 물건의 역사》, 김영사, 2019.
크리스토퍼 드 하멜, 이종인 옮김, 《성書의 역사》, 미메시스, 2006.
크리스토퍼 드 하멜, 이종인 옮김, 《세상에서 가장 아름다운 책—중세 역사와 예술이 응축된 지상 최고의 걸작, 채색 필사본》, 21세기북스, 2016.
크리스티네 야코비-미르발트, 최경은 옮김, 《중세의 책: 기능과 장식》. 한국문화사, 2017.
헨리 페트로스키, 정영목 옮김, 《책이 사는 세계—책, 책이 잠든 공간들에 대하여》, 서해문집, 2021.
산드라 하인드먼, 〈책 속의 그림: 두 채식필사본의 기도서〉, 국립세계문자박물관, 《문자와 삽화: 알브레히트 뒤러의 판화를 만나다》, 국립세계문자박물관, 2013.
Sandra Hindman, *The Wonderland of Books of Hours*, 2023. https://www.lesenluminures.com/the-wonderland-of-books-of-hours-publication-catalogue

[14장] 서양 서양 최초의 인쇄본 성서

국립세계문자박물관, 《문자와 문명의 위대한 여정》, 온그라피, 2023.
Dobras, Wolfgang 편, *Gutenberg:Man of the Millennium-From a secret enterprise to the first media revolution*, City of Mainz, 2000.
니콜 하워드, 송대범 옮김, 《책, 문명과 지식의 진화사: 파피루스에서 e-북, 그리고 그 이후》, 플래닛미디어, 2007.
스튜어트 A. P. 머레이, 윤영애 옮김, 《도서관의 탄생—문명의 기록과 인간의 역사》, 예경, 2012.
우베 요쿰, 박희라 옮김, 《모든 책의 역사—파피루스에서 전자책까지》, 마인드큐브, 2017.

이광주, 《아름다운 책 이야기—중세사본에서 윌리엄 모리스까지》, 한길사, 2014.
제임스 레이븐 외, 홍정인 옮김, 《옥스퍼드 책의 역사》, 교유서가, 2024.
크리스토퍼 드 하멜, 이종인 옮김, 《성書의 역사》, 미메시스 2006.
키스 휴스턴, 이은진 옮김, 《책의 책: 우리 시대 가장 영향력 있는 물건의 역사》, 김영사, 2019.
헨리 페트로스키, 정영목 옮김, 《책이 사는 세계—책, 책이 잠든 공간들에 대하여》, 서해문집, 2021.
육영수, 〈프랑크푸르트 국제도서 박람회의 어제와 내일—오래된 역사, 만들어진 전통, 새로운 도전〉, 《장서각》 44, 2020.
울리히 요하네스 휴나이더, 〈1500년경 유럽의 인쇄물 레이아웃〉, 국립한글박물관, 《문자 혁명—한국과 독일의 문자 이야기》, 국립한글박물관, 2020.

[15장] 근대 출판의 선구자 알도 마누치오가 인쇄한 책

국립세계문자박물관, 《문자와 문명의 위대한 여정》, 국립세계문자박물관, 온그라피, 2023.
국립세계문자박물관, 《천천히 서둘러라: 알도 마누치오, 세상을 바꾼 위대한 출판인》, 국립세계문자박물관, 2025.
마이클 콜린스 외, 서미석 옮김, 《불멸의 서 77》, 그림씨, 2019.
마틴 라이언스, 서지원 옮김, 《책 그 살아있는 역사—종이의 탄생부터 전자책까지》, 21세기북스, 2011.
마틴 로리, 심정훈 옮김, 《알두스 마누티우스—세계를 편집한 최초의 출판인》, 도서출판 길, 2020.
알레산드로 마르초 마뇨, 김정하 옮김, 《책공장 베네치아—16세기 책의 혁명과 지식의 탄생》, 책세상, 2015.
우베 요쿰, 박희라 옮김, 《모든 책의 역사—파피루스에서 전자책까지》, 마인드큐브, 2017.

이광주, 《아름다운 책 이야기—중세사본에서 윌리엄 모리스까지》, 한길사, 2014.

키스 휴스턴, 이은진 옮김, 《책의 책: 우리 시대 가장 영향력 있는 물건의 역사》, 김영사, 2019.

헨리 페트로스키, 정영목 옮김, 《책이 사는 세계—책, 책이 잠든 공간들에 대하여》, 서해문집, 2021.

주

[ㅍ]

[ㅎ]